KB060285

刑事判例研究

〔28〕

韓國刑事判例研究會 編

博英社

Korean Journal of Criminal Case Studies

[28]

Edited by

Korean Association of Criminal Case Studies

Parkyoung Publishing & Company

Seoul, Korea

머 리 말

지난 2019년 초부터 2020년 초까지 형사판례연구회에서 발표된 소중한 논문들을 모아 형사판례연구 제28권을 발간하게 되었습니다. 형사판례연구회는 1992년 창립되어 30년에 가까운 기간 동안 매월 학계와 실무계의 전문가들이 모여 중요 형사판례에 대한 연구 결과를 발표하고 토론하는 장을 마련해 왔습니다. 본 연구회의 출범 당시를 돌이켜 보면, 학계는 심오한 법철학과 해외 형사법이론 등에 입각하여 판례에 대한 비평적 시각을 제시해 주고 실무계는 법적 안정성과 더불어 사안별 구체적 타당성에 입각한 실무적 사건 해결 필요성의 관점을 제시해 주면서 늦은 시각까지 열띤 토론이 이루어지곤 하였습니다. 그후로 오랜 기간 형사법 학계와 실무계의 최고 전문가들이 함께 자리하여 이론과 실무의 새로운 경향에 대한 정보를 공유하고 기존 판례를 비판적으로 분석·수용함으로써 형사법 판례와 이론의 발전에 크나큰 기여를 하여 왔습니다.

최근 사회의 구성원들 사이에서 다양한 시각이 표출되면서 과거와 동일·유사한 사회현상 또는 관행에 대한 평가를 달리하게 되고, 연령, 성별, 종교, 직업 등 사회적 신분을 둘러싸고 가치와 이해관계가 첨예하게 대립하는 사례가 많아지고 있습니다. 그에 따라 서로 다름에 대한 이해와 포용, 상대적 가치에 대한 존중의 필요성이 높아져 왔습니다. 이와 같은 경향을 반영하여 형사법 분야에서도 피의사실공표죄, 직무유기죄, 직권남용죄 등 그동안 잊혀져 온 듯한 법률조항들이 새롭게 부각되어 판례가 형성되고, 성인지 감수성과 같은 새로운 법적 판단 기준들이 판례를 통하여 전향적으로 수용되기에 이르렀습니다. 한편 적정한 형사절차의 중요성도 꾸준히 강조되면서 압수수색 절차에서 획득한 증거의 증거능력에 대한 법리를 한층 심화시킨 판례도 나오게 되었습니다. 이에 이번 형사판례연구에서는 전통적인 형사법리를 선언한 판례를 새로운 시각에서 분석한 연구 논문들과 함께 이러한 새로운 경향의 판례들에 대한 연구 및 토론의 성과물을 담게 되었습니다. 이 자리를 빌려 시의적절한 논제에 관하여 심도 있는 연구와 토론을 하여 주시고, 창의적이고 정제된 판례 평석 논문을 준비해 주신 회원 여러분들께 깊은 감사의 말씀을 드립니다.

근자에 세계를 뒤흔든 코로나19 사태로 말미암아 본 연구회는 수차례 온라인 연구회를 개최한 바 있습니다. 이러한 온라인 토론 방식이 현장 대면 토론 방식에 비하여 박진감과 소통성은 다소 떨어지지만 전국의 다수 회원이 동시에 참여할 수 있는 새로운 연구회 회의 방식으로서 수시로 활용할 수 있는 수단임을 확인하게 된 것은 큰 수확이라고 할 수 있습니다. 이른바 뉴노멀로 자리잡은 온라인 회의 방식의 단점을 보완하여 본 연구회의 발전을 위한 하나의 효율적인 방안으로 활용하고자 합니다. 이러한 노력 등을 통하여 학계와 실무계의 보다 많은 전문가들이 보다 적극적으로 참여할 수 있는 여건이 마련될 수 있을 것이라고 믿습니다.

한편 검찰 및 경찰 간 수사권을 조정하고, 공판중심주의의 강화에 따라 수사기관 작성 피의자신문조서의 증거능력을 일률적으로 제한하는 내용의 형사소송법 등 개정법률이 시행을 앞두고 있습니다. 가히 대변혁이라고 할 만한 이러한 제도 변화에 대응하여 학계와 실무계가 지혜를 모아 기존의 형사법 판례와 법이론을 돌아보고 해외 입법 및 제도 운용 사례 등을 검토하여 변화된 제도의 성공적인 정착을 준비하는 것이 필요합니다. 이를 위하여 본 연구회에서도 한국형사정책연구원, 사법정책연구원 등 국책연구기관, 형사법 관련 다른 학회들과의 협의를 통하여 기왕에 시행하여 온 공동학술대회를 심층적으로 운용하는 방안을 강구할 예정입니다.

끝으로 본 연구회에 한결같이 재정적·행정적 지원을 해 주고 계신 한국형사정책연구원의 한인섭 원장님께 깊이 감사드립니다. 이 책이 발간되기까지 월례회의 발표와 사회를 맡아주신 분들과 꾸준히 참여하여 토론의 깊이를 더해 주신 회원 여러분, 논문에 대한 심사와 편집을 맡아 주신 많은 분들의 노고에도 다시 한 번 깊은 감사를 드립니다. 그리고 본 연구회의 운영과 이 책의 발간 과정에서 총무간사인 류부곤 교수와 편집간사인 한국형사정책연구원 허황 박사가 묵묵히 기울여 주신 헌신적인 노고도 말씀드리지 않을 수 없습니다. 나아가 창간호부터 지금까지 변함없이 이 책의 출판을 맡아주신 박영사의 안종만 회장님, 조성호 이사님 그리고 박영사 관계자 여러분께 감사의 말씀을 전합니다.

2020년 6월
한국형사판례연구회 회장
여 훈 구

목 차

Table of Contents

도둑뇌사사건을 통해 본
과잉방위의 의미와 인정기준

김 정 환*

[대상판례] 서울고등법원 2016.1.29. 선고 (춘천)2015노11 판결(대법원 2016.5.12. 선고 2016도2794 판결)

〈사실관계〉

피고인(19세)은 2014.3.7. 의정부시에서 군 입대 신체검사를 받고 나서 거주지인 원주로 돌아와 20시경부터 친구들과 술을 마신 후 다음날인 2014.3.8. 03시경 귀가하였다. 피고인의 거주지는 단독주택으로 1층에는 외조부모가 거주하고, 2층에는 피고인과 어머니가 함께 생활하였고 가끔 누나가 거주지에 왕래하였다. 피고인은 어머니가 야간(20시부터 10시까지)에 근처 설렁탕 가게에서 일을 하여 새벽에 아무도 없는 집에 불이 켜져 있는 것을 이상하게 생각하면서 현관문을 열었는데, (흉기 등을 소지하지 않은 채) 피고인의 거주지에 침입하여 훔칠 물건을 찾다가 방에서 거실로 나오던 A(50대)와 3m 거리를 두고 마주하게 되었다. 피고인이 A에게 "당신 누구야?"라고 물었으나 A가 대답을 얼버무리며 도망가려고 하자, 피고인은 달려가 주먹으로 A의 얼굴을 수차례 세게 때려 넘어뜨렸고, 피를 흘리며 바닥에 쓰러진 A가 일어

---

* 연세대학교 법학전문대학원 교수

나려고 하자 피고인은 주먹과 발로 A의 몸을 수차례 가격하였다(이하 '최초 폭행'이라고 함). 당시 휴대전화의 사용이 정지되었던 피고인은, 1층으로 내려가 경찰에 신고하려고 현관문을 나서려고 하는데 A가 몸을 반쯤 일으켜 세 발자국 정도 기어가는 것을 보았다. 피고인은 A가 도망가지 못하도록 완전히 제압하기 위해서 운동화를 신은 발로 A의 뒤통수를 수 회 세게 밟거나 걸어찬 다음 거실에 있던 알루미늄 재질의 빨래건조대로 엎드린 A를 수차례 내리치고 허리에 차고 있던 가죽 벨트를 풀어 쇠 부분을 잡고 띠 부분으로 A를 수차례 때렸다(이하 '추가 폭행'이라고 함).[1] 피고인은 시끄러운 소리를 듣고 2층으로 올라온 외조모의 휴대전화로 2014.3.8. 03:19 112에 전화를 걸어 신고를 하였고, 2014.3.8. 03:29 다시 112에 재촉 전화를 걸었다. 치료기간을 알 수 없는 폐쇄성 비골 골절, 안와벽골절, 외상성 경막하 출혈 등의 상해를 입고 의식을 잃은 A는 그 직후 도착한 경찰이 부른 119 구조대에 의해 응급실에 후송되었다. A는 의식불명상태로 치료를 받던 중 피고인의 항소심 재판 중인 2014.12.25. 폐렴으로 사망하였다.

〈제1심판결: 춘천지방법원 원주지원 2014.8.13. 선고 2014고단444 판결〉

폭력행위등처벌에관한법률위반(집단·흉기등상해)으로 기소된 피고인은 이 사건 범행은 절도범인 피해자를 제압하는 과정에서 발생한 것으로 정당방위에 해당하거나 방위행위의 정도가 초과된 과잉방위에 해당한다고 주장하였다. 이에 대해서 제1심법원은 다음과 같이 판단하면서 징역 1년 6월을 선고하였다.[2]

"피고인이 이와 같이 절도범인 피해자를 제압하기 위하여 피해자

---

1) 제2심인 서울고등법원 2016.1.29. 선고 (춘천)2015노11 판결문에 '최초 폭행'과 '추가 폭행'이라고 기재되어 있다.
2) 보호자 역할을 하였던 피해자의 형은 피해자의 병원비(2천만 원 이상) 등에 책임을 느끼고 자살을 하였고, 피해자의 유족인 조카는 피고인의 엄벌을 탄원하였다(춘천지방법원 원주지원 2014.8.13. 선고 2014고단444 판결문, 4면).

를 폭행하였다고 하더라도, 피고인이 아무런 저항없이 도망만 가려고 했던 피해자의 머리 부위를 장시간 심하게 때려 사실상 식물인간 상태로 만든 행위는 절도범에 대한 방위행위로서의 한도를 넘어선 것이라고 하지 않을 수 없다. 따라서 이러한 방위행위는 사회통념상 용인될 수 없는 것이므로, 자기의 법익에 대한 현재의 부당한 침해를 방어하기 위한 행위로서 상당한 이유가 있는 경우라거나, 방위행위가 그 정도를 초과한 경우에 해당한다고 할 수 없다."

〈제2심판결: 서울고등법원 2016.1.29. 선고 (춘천)2015노 11 판결〉

제1심법원의 판결에 대해서 피고인은 첫째, 자신의 집에 무단침입한 범죄자인 피해자를 제압하는 과정에서 그에게 상해를 가한 것은 정당방위 또는 과잉방위에 해당하고, 둘째, 피해자를 때릴 때 사용한 빨래건조대는 (구)폭력행위등처벌에관한법률 제3조 제1항의 위험한 물건에 해당하지 않고, 셋째, 징역 1년 6월의 선고형량은 너무 무거워서 부당하다는 이유로 항소하였다. 항소심 중 피고인의 사망으로 폭력행위등처벌에관한법률위반(집단·흉기등상해)죄에서 상해치사죄(형법 제259조 제1항)로 공소장이 변경되었다. 제2심법원은 다음과 같이 판단하면서 징역 1년 6월에 집행유예 3년 및 240시간의 사회봉사를 선고하였다. 판결이유는 다음과 같다.

① 제2심법원은 정당방위와 과잉방위의 법리에 대해서 다음과 같이 전제하였다. "상당성을 결여한 방어행위도 과잉방위로 형을 감면하거나 처벌대상에서 제외할 수 있으나(대법원 1986.11.11. 선고 86도1862 판결 참조), 방어가 아닌 공격을 위한 행위나 사회통념상 방위행위로의 한도를 넘은 것이 분명한 행위는 정당방위는 물론 과잉방위로도 볼 수 없다(대법원 2001.5.15. 선고 2001도1089 판결, 2000.3.28. 선고 2000도228 판결)."

② 제2심법원은 다음으로 '정당방위'의 성립여부에 대해서 다음과 같이 명시하였다. "최초 폭행 시점을 기준으로 피해자가 피고인 또는 그 가족의 법익을 부당하게 침해하고 있었다는 사정은 충분히 인정할 수 있다. … 피고인의 최초 폭행 결과 피해자는 피를 흘리면서 바닥에 쓰러져 있었고 몸을 꿈틀거리기만 할 뿐 주먹을 휘두르는 등으로 피고인에게 대항하는 모습을 보이지 못하였으므로, 그로써 피해자의 부당한 침해는 일단 종료한 상황이었다. … 피고인은 피해자를 그대로 두는 경우 부엌에서 칼을 집어들었을 가능성도 있으므로 추가 폭행도 급박한 법익 침해를 방위하기 위한 것이었다고 주장하나, … 몸도 제대로 일으켜 세우지 못하는 피해자가 바닥을 세 발자국 정도 이동한 것을 두고 피고인에 대한 공격이 현재 진행 중이거나 임박한 상황이었다고는 도저히 볼 수 없다. 또한 피고인은 짧은 시간에 최초 및 추가 폭행이 모두 이루어졌기 때문에 구별하고 검토하지 말고 통틀어 하나의 행위로 보아야 한다고 주장하나, 피고인이 최초 폭행과 추가 폭행 사이에 사회통념상 매우 이질적인 행위가 끼어 있고 … 최초 폭행과 추가 폭행을 하나의 연속적인 행위로 묶어 파악할 수는 없으므로, 이러한 피고인의 주장도 이유 없다. … 피고인의 행위는 비록 처음에는 현재의 부당한 법익침해에 대한 반격이었을지라도, 나중에는 법익을 방위할 의사를 완전히 대체할 정도로 공격의사가 압도적이었을 뿐만 아니라 사회통념상 상당성을 갖추었다고 볼 수도 없어, 정당방위가 성립하지 않는다."

③ 제2심법원은 그 다음으로 '형벌감면적 과잉방위'(형법 제21조 제2항)의 성립여부에 대해서 다음과 같이 명시하였다. "최초 폭행 이후부터는 피해자가 피고인 또는 그 가족의 생명·신체에 급박한 위험을 초래할 만한 행동을 하였다는 사정을 전혀 찾을 수 없고, 이에 따라 추가 폭행은 일반적인 방위의 한도를 현저히 넘어선 것으로 사회통념상 방위행위라기보다는 적극적인 공격행위로 보아야 함은 앞서 본 바

와 같으므로, 형법 제21조 제2항이 정한 형의 감면사유를 인정할 수 없다."

④ 제2심법원은 나아가 피고인이 주장한 '형벌감면적 과잉방위'에 대해 명시하면서 직권으로 '오상방위'도 다음과 같이 언급하였다. "피고인은 당심 법정에서 피해자가 평소 어머니와 누나가 생활하는 방에서 나오기에 혹시 강도나 강간범일지도 모른다는 생각이 들어 매우 불안하였으며, … 피고인이 부엌 개수대 수납장으로 달려가 칼을 빼들고 자신을 위협할지도 몰라 두려웠다고 주장하고 있는데, 이러한 피고인의 주장은 진실과 무관하게 피해자에게 공격의 여력이나 의지가 있었던 것으로 착오하여 이 사건에 범행에 이르렀다는, 강학상 '오상방위' 주장으로도 선해할 수 있다. 그러나 … 종합하여 보면, 피고인은 이 사건 범행 당시 피해자가 피고인을 공격할 의사 없이 단지 도망가고자 하였음을 명백히 인식하고 있었음을 알 수 있어 피해자가 자신을 칼로 공격할까봐 두려웠다는 당심 법정 진술은 믿을 수 없을 뿐만 아니라, 스스로의 몸을 가누지도 못하는 피해자가 꿈틀거리듯이 움직인 것만으로는 피고인 또는 그 가족의 생명, 신체, 기타 법익에 급박하고도 부당한 침해가 현존한다는 착오를 일으킨 데 정당한 이유가 있다고 볼 수도 없으므로, 피고인의 행위를 넓은 의미의 오상방위로 포섭할 가능성도 없다."

⑤ 제2심법원은 그 외에 '불가벌적 과잉방위'(형법 제21조 제3항)의 성립요건에 대해서 다음과 같이 명시하였다. "형법 제21조 제2항이 요건에 부가하여 그 행위가 '야간 기타 불안스러운 상태에서 공포, 경악, 흥분 또는 당황에 기인할 것'을 요구하는 같은 조 제3항의 규정 체계상 같은 조항이 정한 불가벌적 과잉방위에 해당하기 위해서는 우선 제2항의 과잉방위에 해당하여야 한다. 그런데 피고인의 행위가 형법 제21조 제2항의 과잉방위의 요건을 충족할 수 없음은 앞서 본 바와

같으므로, 이와 다른 전제에서 피고인의 행위가 형법 제21조 제3항의 불가벌적 과잉방위라는 주장도 받아들이지 않는다.”

⑥ 제2심법원은 마지막으로 양형의 이유에서 다음과 같이 명시하였다. “피고인의 행위가 정당빙위나 과잉방위에 해당하지는 않는다 하여도 사건의 발단을 제공한 잘못이 피고인의 집에 무단침입하여 절도 범행을 하려던 피해자에게 있음은 부인할 수 없는 사실이고, 피해자를 제압하려다 흥분한 나머지 우발적으로 이 사건 범행에 이른 것은 위법성 조각사유는 될 수 없어도 책임 제한의 사유로는 충분히 참작할 수 있는 점, … 모든 양형조건들을 종합적으로 고려하여 주문과 같이 형을 정하고 그 집행을 유예하되, 재범방지 등을 위해 사회봉사를 명하기로 한다.”

〈제3심판결: 대법원 2016.5.12. 선고 2016도2794 판결〉

제2심 판결에 대해서 피고인이 상고하였는데, 대법원은 다음과 같이 판단하면서 상고를 기각판결 하였다.

“원심이 그 판시와 같은 이유를 들어 이 사건 변경된 공소사실이 유죄로 인정된다고 판단한 것은 정당하고, 거기에 상고이유 주장과 같이 논리와 경험의 법칙을 위반하여 자유심증주의의 한계를 벗어나거나 결과적 가중범에서의 인과관계, 정당방위, 과잉방위 등에 관한 법리를 오해한 위법이 없다.”

[연 구]

Ⅰ. 도입말

대상판례는 자신의 집으로 들어온 도둑을 폭행하여 사망에 이르게 한 피고인이 자신의 행위가 정당방위 또는 과잉방위에 해당한다고

주장한 사건에 대한 판결이다. 대상판례는 특히 양적 과잉형태의 과잉
방위의 인정여부가 문제되었고, 사회에서 '도둑뇌사사건'[3]이라고 불리
면서 논란이 되었던 사건에 대한 판결이다.

과잉방위의 형태는 일반적으로 질적 과잉과 양적 과잉으로 나누
어 설명된다. 질적 과잉은 내포적 과잉이라고도 부르는데 방위행위의
방법이 정도를 초과한 경우이고, 양적 과잉은 외연적 과잉이라고도 부
르는데 침해의 시간적 한계를 초과하여 현재성이 결여된 경우에 방위
행위를 한 경우이다.[4] 질적 과잉의 형태가 과잉방위의 경우라는 것에
대해서는 이론이 없는데, 양적 과잉의 형태를 과잉방위로 볼 수 있는
지가 문제 된다.[5] 실제에 있어서는 방위행위가 연속적으로 이루어진
경우에 전체 방위행위를 포괄하여 정당방위여부를 판단해야 하는지
개별적으로 정당방위여부를 판단해야 하는지가 문제 된다. 도둑뇌사
사건은 과잉방위 중 양적 과잉의 형태에 대한 사례로서 바로 이점이
문제되었고, 정당방위상황에서 시작된 방위행위가 동일한 장소에서
동일한 당사자 사이에 연속적으로 행해진 경우에 전체 행위를 포괄해
서 방위행위로 볼 수 있는지가 다투어졌다.

도둑뇌사사건에 대한 제1심판결은 기존에 많이 사용되던 정당방
위와 과잉방위에 대한 법리표현[6]을 사용한 후 간단하게 판결이유를
명시하였다. 그러나 제2심판결은 (제1심판결 이후에 사건이 언론에 보도

---

3) https://ko.wikipedia.org/wiki/%EB%8F%84%EB%91%91_%EB%87%8C%EC%82%AC_
%EC%82%AC%EA%B1%B4, 2020. 5. 4. 접속.

4) 김성돈, 형법총론(제2판), 2009, 273면; 김일수, 한국형법 I (개정판), 1996, 550면;
박상기 · 전지연, 형법학(제4판), 2018, 122면. 이강민, 형법상 과잉방위규정의
적용범위, 형사법연구 제23권 제2호, 2011.06, 105~107면에서는 질적 과잉형태
를 본래적 과잉으로 양적 과잉을 확장적 과잉으로 표현한다.

5) 시간적 한계를 넘어선 양적 과잉형태에 대한 상세한 논의는 이강민, 앞의 논
문, 112~117면 참조.

6) "이러한 방위행위는 사회통념상 용인될 수 없는 것이므로, 자기의 법익에 대
한 현재의 부당한 침해를 방어하기 위한 행위로서 상당한 이유가 있는 경우
라거나, 방위행위가 그 정도를 초과한 경우에 해당한다고 할 수 없다"(춘천
지방법원 원주지원 2014.8.13. 선고 2014고단444 판결).

되면서 사회적 관심이 집중된 영향으로 추정되는데,) 24쪽에 이르는 판결
문에서 정당방위, 형벌감면적 과잉방위, 불가벌적 과잉방위에 대한 법
리적 검토와 사안에 대한 포섭을 오상방위 상황까지 가정하여 자세하
게 명시하였다. 대법원의 확정판결은 제2심판결을 정당하다고 인정하
였을 뿐 법리적으로 특별한 내용은 없다

제2심법원은 과잉방위에 대해서 법리적으로 잘 정리하여 사안을
포섭하였는데,7) 판결이유를 보면 다음과 같은 과잉방위의 의미를 확
인할 수 있다. 첫째, 정당방위와 과잉방위의 구분기준은 '상당성'임을
밝혔다. 상당성이 인정되는 방어행위가 정당방위이고 상당성이 결여
된 방어행위가 과잉방위라고 하였다.

둘째, 불가벌적 과잉방위(형법 제21조 제3항)의 의의와 성립요건을
밝혔다. 불가벌적 과잉방위는 형벌감면적 과잉방위(형법 제21조 제2항)
가 성립하는 것을 전제로 하고, 추가적으로 그 행위가 야간 기타 불안
스러운 상태에서 공포, 경악, 흥분 또는 당황에 기인한 경우에 성립한
다고 하였다.

셋째, 형벌감면적 과잉방위(형법 제21조 제2항)의 한계기준은 '사회
통념상 방위행위'라고 밝혔다. 사회통념상 방위행위로의 한도를 넘은
것인 분명한 경우는 (형벌감면적) 과잉방위가 인정되지 않는다고 하였
다. 침해한 자를 제압하다가 흥분상태에서 우발적으로 한 것은 양형상
책임제한의 사유로 참작할 수 있더라도, 그 행위가 사회통념상 방위행
위로의 한도를 넘은 경우는 형벌감면적 과잉방위가 인정되지 않으므
로 불가벌적 과잉방위가 고려되지 않는다고 하였다.

넷째, 제1심법원은 사건을 전체적으로 하나로 보고 판단하였으
나,8) 제2심법원은 '최초 폭행'과 '추가 폭행'이라는 표현을 사용하면서

---

7) 서울고등법원 2016.1.29. 선고 (춘천)2015노11 판결.
8) 제1심판결문에는 "피고인이 이와 같이 절도범인 피해자를 제압하기 위하여
피해자를 폭행하였다고 하더라도, 피고인이 아무런 저항없이 도망만 가려고
했던 피해자의 머리 부위를 장시간 심하게 때려 사실상 식물인간 상태로 만
든 행위"라고 기재되어 있다(춘천지방법원 원주지원 2014.8.13. 선고 2014고단

피고인의 행위를 크게 2개로 구분하여 판단하였다. 최초 폭행에 대해서는 정당방위 상황을 인정하였으나, 추가 폭행에 대해서는 피해자의 부당한 침해가 종료된 상황으로서 정당방위 상황을 인정하지 않고 방위의사가 아닌 공격의사에 기한 행위로 판단하였다.

다섯째, 양적 과잉형태의 과잉방위에 있어서 오상방위의 법리가 적용될 수 있음을 전제하고, 오상방위에 대해서 침해의 현재성에 대한 착오를 정당한 이유의 유무로 판단하였다.

아래에서는 대상판결에 관련된 문헌을 정리한 후, 대상판결에서 다루어진 과잉방위의 법리를 전반적으로 검토한다. 연구내용은 판결문과 논문, 입법자료 등을 토대로 문헌연구의 방법으로 한 것이고, 국내문헌을 중심으로 검토한다.

Ⅱ. 도둑뇌사사건에 대한 문헌

도둑뇌사사건이 사회적인 관심사가 된 이후에 이 사건의 판결에 대해서 직접적으로 다룬 논문도 있고, 판결을 근거로 하여 과잉방위 일반을 다룬 논문도 발표되었다.[9] 도둑뇌사사건에 관련된 논문을 정리하면 다음과 같다.

---

444 판결).

9) 김병수, 도둑뇌사사건은 과잉방위이다, 형사법연구 제27권 제3호, 2015.09, 261면 이하; 김성규, 과잉방위의 요건과 한계, 외법논집 제40권 제2호, 2016.05, 77면 이하; 김슬기, 정당방위의 '상당성'에 대한 고찰, 원광법학 제33권 제2호, 2017.06, 27면 이하; 김준호, 절도범을 제압하기 위한 폭행이 방위행위로서의 한도를 넘어섰다고 본 사례, 법조 제705호, 2015.06, 144면 이하; 박정난, 이른바 '절도범 뇌사 사건' 판결에 비추어 본 정당방위·과잉방위에 관한 비판적 고찰, 일감법학 제41호, 2018.10, 287면 이하; 이원상, 정당방위의 성립에 대한 비판적 고찰, 비교형사법연구 제17권 제2호, 2015.07, 169면 이하; 한영수, 과잉방위의 개념을 제한적으로 해석하는 판례에 대한 비판적 고찰, 아주법학 제10권 제2호, 2016.08, 147면 이하.

1. 도둑뇌사사건의 판결을 근거로 하여 과잉방위 일반을 다룬 논문

먼저 도둑뇌사사건의 판결을 계기로 하여 과잉방위 자체를 다룬 논문으로는 김성규 교수의 '과잉방위의 요건과 한계'가 있다.10) 이 논문은 과잉방위의 형태 중 (도둑뇌사사건의 형태인) 양적 과잉의 경우에 대해서 다루었는데, 일본자료 등을 바탕으로 양적 과잉의 경우에 존재하는 수개의 행위를 어떻게 평가하는 것이 바람직한지를 다루었다. 현재의 부당한 침해에 대한 방위행위로서 1차 반격행위 후에 침해자의 공격상황이 약화된 이후에 2차 반격행위를 한 사안에서 일련의 행위 전체를 전체적으로 평가할지 행위를 구분하여 분석적으로 평가할지에 대한 논의를 설명한 후, 도둑뇌사사건의 경우에 판례는 분석적 평가의 방법을 사용하고 있다고 설명한다.11) 이후 결론적으로, 과잉방위의 형벌감면의 근거는 정당방위상황이라는 동요된 심리상태에서 행해진 과잉방위이기에 책임의 감쇄에서 찾을 수 있으므로 양적 과잉의 형태에서도 형벌감면적 과잉방위의 규정은 적용될 수 있으며, 일련의 행위 전체를 전체적으로 평가하는 방식이 요구된다고 한다.12) 다만 전체적 평가가 가능하기 위해서는 일련의 사실관계가 하나의 방위상황으로 평가될 수 있어야 하고,13) 이때 방위의사의 계속성이 중요하다고 한다.14)

도둑뇌사사건의 판결을 근거로 하여 간접적으로 과잉방위 일반을 다룬 논문으로는 그 외에 김슬기 교수의 '정당방위의 상당성에 관한 고찰'이 있다.15) 이 논문은 정당방위와 과잉방위의 구별, 형벌감면적 과잉방위와 불가벌적 과잉방위의 구별을 다루었다. 형법 제21조 제2항의 형벌감면적 과잉방위는 책임이 감소되어 형이 감경되는 경우와 책

---

10) 김성규, 과잉방위의 요건과 한계, 외법논집 제40권 제2호, 2016.05, 77면 이하.
11) 김성규, 앞의 논문, 84~86면.
12) 김성규, 앞의 논문, 88면.
13) 김성규, 앞의 논문, 86면.
14) 김성규, 앞의 논문, 88면.
15) 김슬기, 정당방위의 '상당성'에 대한 고찰, 원광법학 제33권 제2호, 2017.06, 27면 이하.

임이 소멸되지는 않았으나 책임 감소에 대한 정책적인 고려로 형이 면제되는 경우를 함께 규정한 것이고,[16] 그렇다면 형벌감면적 과잉방위에서 검토되어야 할 것은 책임을 감소시킬 만한 사정의 존재 여부라고 한다.[17] 책임을 감소시킬 만한 요소로는 첫째, 가해자의 상황 및 심리적 특수성(예를 들어, 국내 상황에 적응이 충분치 못한 어린 외국인)과 둘째, 지속적 폭력행사(예를 들어, 가정폭력이나 아동학대)가 존재하는 경우가 있으며, 이러한 경우에는 과잉방위의 성립이 적극적으로 검토되어야 한다는 입장이다.[18]

2. 도둑뇌사사건의 판결에 대한 판례평석 형태의 논문

도둑뇌사사건의 판결을 판례평석의 형태로 다룬 논문 중에 (판결과 같이) 정당당위와 과잉방위를 인정하기 어렵다는 논문은 1편 있다. 김준호 교수의 '절도범을 제압하기 위한 폭행이 방위행위로서의 한도를 넘어섰다고 본 사례'이다.[19] 이 논문은 제2심 항소심재판 중인 시점에 제1심판결을 대상으로 한 논문이다. 김준호 교수는 도둑뇌사사건은 정당방위의 상당한 이유를 인정할 수 없는 상황이고 이후 과잉방위를 인정할 수 있는지를 생각하면서,[20] 양적 과잉과 질적 과잉에 대해서 설명을 한다. 연속적인 반격 중에 침해가 종료되고 방위자가 후행반격행위 시에 침해의 종료를 인식하지 못했다면 일련의 행위 전체를 보아 양적 과잉방위의 성립을 주장할 수도 있지만, 도둑뇌사사건의 경우에는 일련의 행위 하나로 묶을 수 없는 상황이라고 본다.[21] 법리적으로 제1심판결을 뒤집기는 어렵기에, 항소심에서는 피해자가 피고인과 가족 등의 생명·신체에 위해를 가할 여지가 있었다는 사정이

---

16) 김슬기, 앞의 논문, 37면.
17) 김슬기, 앞의 논문, 38면.
18) 김슬기, 앞의 논문, 38~39면.
19) 김준호, 절도범을 제압하기 위한 폭행이 방위행위로서의 한도를 넘어섰다고 본 사례, 법조 제705호, 2015.06, 144면 이하.
20) 김준호, 앞의 논문, 170면.
21) 김준호, 앞의 논문, 158~159면.

인정된다면 결론이 달라질 수도 있다는 의견을 제시한다.[22]

반면 도둑뇌사사건의 판결을 판례평석의 형태로 다룬 논문 중에 판결에 비판적인 입장의 논문 4편이 있다. 출간 순서로 보면, 첫째, 이원상 교수의 '정당방위의 성립에 대한 비판적 고찰'이 있다.[23] 이 논문은 제2심 항소심재판 중인 시점에 제1심판결을 전제로 하였는데, 방위행위의 상당성 검토에 있어서 주거의 경우에는 다른 기준을 적용하여 절도범인 피해자가 쓰러진 것으로 정당방위 상황이 종료된 것이 아니어서 피고인의 일련의 행위는 연결된 행위로 본다.[24] 야간에 주거침입이 있었다는 정당방위상황을 고려하면 방위행위의 상당성은 인정된다고 한다.[25] 혹 정당방위를 인정할 수 없더라도 불가벌적 과잉방위로 볼 수 있다고 한다.[26]

둘째, 김병수 박사의 '도둑뇌사사건은 과잉방위이다'가 있다.[27] 이 논문도 제2심 항소심재판 중인 시점에 제1심판결을 전제로 하였는데, 도둑뇌사사건의 1심판결은 불가벌적 과잉방위에 대한 검토조차 하지 않았고, 방위행위의 장소가 주거라는 특성이 고려되지 않았고, 국민의 법의식에 악영향을 미치고 있다는 비판이 제기된다.[28] 김병수 박사는 "피고인이 피해자가 … 다시 공격할 가능성이 없다는 것을 확신(인식)하였다는 내용은 없다. 따라서 피해자가 다시 공격해 올 가능성을 전혀 배제하지는 않았을 것이다. 또한 방위행위자가 방에 있는 가족들을 보호하기 위하여 방위행위를 계속할 수도 있었을 것이다."라고 사실관계를 추정한다.[29] 그리고 양적 과잉의 경우에 있어서는 "행위들이 저

---

22) 김준호, 앞의 논문, 171면.
23) 이원상, 정당방위의 성립에 대한 비판적 고찰, 비교형사법연구 제17권 제2호, 2015.07, 169면 이하.
24) 이원상, 앞의 논문, 184~185면.
25) 이원상, 앞의 논문, 187면.
26) 이원상, 앞의 논문, 187면.
27) 김병수, 도둑뇌사사건은 과잉방위이다, 형사법연구 제27권 제3호, 2015.09, 261면 이하.
28) 김병수, 앞의 논문, 266~270면.
29) 김병수, 앞의 논문, 280면.

항없는 피해자를 악의적으로 공격하려는 명시적인 의사가 없는 한 '불리할 때는 피고인의 이익으로'라는 원칙에 의하여 '동일한 방위의사에 기하여' 방위행위로 한 것이라고 인정하여야 한다."고 하면서, 도둑뇌사사건은 형벌감면적 과잉방위에 해당한다고 본다.30)

셋째, 한영수 교수의 '과잉방위의 개념을 제한적으로 해석하는 판례에 대한 비판적 고찰'이 있다.31) 한영수 교수는 주거 내에서 무단 침입자에게 반격을 가하는 상황이라면 (주거방어자를 강하게 보호하는) 미국의 주거방위법리를 원용할 수 있다는 시각에서 출발하는데,32) 도둑뇌사사건과 같은 양적 과잉의 경우에 제1행위와 제2행위를 구분하는 분석적 평가가 이론적으로는 수긍할 수 있더라도 국민의 법감정을 고려하면 일련의 하나의 행위로 보는 전체적 평가가 타당하다고 본다.33) 도둑뇌사사건과 같이 최초의 반격행위는 정당방위상황이고 이어진 반격행위가 상대방을 제압한 이후 약간의 시간이 경과한 경우라면 형벌감면적 과잉방위가 적용되고 법률효과는 면제보다는 감경을 인정하는 것이 타당하다고 한다.34) 그리고 판례가 양형에서 책임제한의 사유를 인정하여 형의 감경을 할 것이라면, 오히려 과잉방위를 인정하고 책임이 감소되는 사안이라고 판시하는 것이 국민들의 동감을 얻었을 것이라고 한다.35)

넷째, 박정난 교수의 '이른바 절도범 뇌사 사건 판결에 비추어 본 정당방위·과잉방위에 관한 비판적 고찰'이 있다.36) 박정난 교수는 긴급하고 절박한 정당방위상황에서 국민에게 기대할 수 없고 기대해서

---

30) 김병수, 앞의 논문, 280면.
31) 한영수, 과잉방위의 개념을 제한적으로 해석하는 판례에 대한 비판적 고찰, 아주법학 제10권 제2호, 2016.08, 147면 이하.
32) 한영수, 앞의 논문, 161면.
33) 한영수, 앞의 논문, 173면.
34) 한영수, 앞의 논문, 174면.
35) 한영수, 앞의 논문, 178면.
36) 박정난, 이른바 '절도범 뇌사 사건' 판결에 비추어 본 정당방위·과잉방위에 관한 비판적 고찰, 일감법학 제41호, 2018.10, 287면 이하.

도 안 되는 지나친 침착함과 높은 윤리의식을 요구하면서 정당방위를 거의 인정하지 않는 대법원의 태도를 비판하면서,[37] 도둑뇌사사건을 1차 행위와 2차 행위로 구분하지 않고 전체적으로 판단하고 있다. 도둑뇌사사건의 경우 주거침입의 위법상태가 해소되지 않아 침해의 현재성이 있고, 피고인이 흉기를 사용한 것이 아니라 거실에 있던 알루미늄 재질의 빨래건조대와 자신의 가죽허리벨트를 가지고 침해자의 등 부위를 가격한 것은 방위행위의 상당성을 초과하지 않는다고 판단하여 정당방위를 인정할 수 있다고 본다.[38] 혹 방위행위의 상당성을 인정할 수 없다고 하더라도, 행위당시를 보면 주취상태인 피고인이 야간에 주거에서 절도범을 맞닥뜨린 상황이므로 불가벌적 과잉방위가 인정될 수 있다고 본다.[39]

3. 소 결

앞서 도둑뇌사사건의 판결에 나타난 법리를 5가지로 정리하였는데,[40] 그 중 형벌감면적 과잉방위의 한계기준에 대해서는 김슬기 교수의 논문만이 깊이 있게 다루고 있다. 도둑뇌사사건을 직·간접적으로 다룬 대부분의 논문들은 침해의 현재성과 제1행위(최초 폭행)·제2행위(추가 폭행)의 분리에 논의의 초점이 맞추어졌다. 도둑뇌사사건의 재판에서 가장 중점적으로 다투어졌던 쟁점이 제2행위(추가 폭행)시에 침해의 현재성이 존재하는지 여부였기 때문이라고 생각된다. 대부분의 논문들은 도둑뇌사사건에서 피고인의 다수의 행위(제1행위와 제2행위)를 어떻게 볼 것인지, 즉 제1행위와 제2행위를 연결시켜 연속된 행위로 볼 것인지, 분리된 행위로 볼 것인지에 따라 도둑뇌사사건에 대한 입장이 달랐다. 도둑뇌사사건에서 정당방위가 (혹은 최소한 과잉방위가) 성립한다고 보는 입장은, 최초에 정당방위상황이 존재하기 때문에 (아

---

37) 박정난, 앞의 논문, 310면.
38) 박정난, 앞의 논문, 306~308면.
39) 박정난, 앞의 논문, 309면.
40) 앞의 I. 참조.

니면 제2행위시에 주거침입이라는 침해상황이 존재하므로) 피고인의 제1행위와 제2행위를 연속된 하나의 행위로 볼 수 있다는 점을 전제하고 있다. 반대로 제1행위와 제2행위를 분리된 행위로 보는 입장에서는, 제2행위시에는 정당방위상황이 존재하지 않으므로 정당방위와 과잉방위를 인정할 수 없게 된다.

이때 피고인의 다수의 행위(제1행위와 제2행위)가 연속된 행위인지 분리된 행위인지를 판단하는 기준이 문제되는데, 논문들에서는 먼저 제2행위시에 방위자의 주관적 측면에서 판단기준을 제시하고 있다. 침해종료상황의 인식 혹은 방위의사의 계속성이라는 일반적 기준이 제시된다. 한편으로 주거라는 방위장소의 특수성이 개별적 기준으로 제시된 문헌도 있다.

도둑뇌사사건을 직·간접적으로 다룬 논문들의 세부내용에 대해서 동의하는 부분도 있고 그렇지 않은 부분도 있지만,[41] 이러한 논의들을 통해 과잉방위에 대한 연구가 깊어졌다. 특히 양적 과잉형태의 과잉방위와 관련하여 방위자의 일련의 행위를 하나의 방위행위로 볼 수 있는지의 문제에 대해서 연구가 깊어졌다. 다만 대상판례는 판결이유에서 양적 과잉형태의 과잉방위에서 다수행위의 구분에 대한 문제뿐만 아니라 과잉방위의 기초적 법리를 잘 정리하고 사안을 포섭하였는데, 대상판례에서 언급된 과잉방위의 법리 전체를 분석한 문헌이 없다는 아쉬움이 있다.

아래에서는 먼저 대상판결과 관련해서 다수의 문헌에서 깊이 있게 다루어진 양적 과잉형태의 과잉방위에서 다수행위의 구분의 문제를 검토하고(Ⅲ), 문헌에서 별로 다루어지지 않았으나 대상판례의 판결이유에서 밝혔던 형벌감면적 과잉방위(형법 제21조 제2항)와 불가벌적 과잉방위(형법 제21조 제3항)의 관계를 검토하고(Ⅳ), 다음으로 정당방위

---

41) 특히 판례평석의 논문에서 사실관계를 추정하여 논의를 전개한 경우도 있는데, 주제를 객관적이고 논리적으로 증명하는 논문의 특성에서 보면 적절치 않다.

와 과잉방위의 구분기준으로서 상당한 이유를 검토하고(Ⅴ), 마지막으
로 (형벌감면적) 과잉방위의 한계기준에 대해서도 검토하고자 한다(Ⅵ).

Ⅲ. 양적 과잉형태의 과잉방위에서 다수행위의 구분

1. 참고판례

[참고판례 1] 대법원 1986.11.11. 선고 86도1862 판결

[사실관계]

　피고인의 오빠인 A(남, 33세)는 고등학교를 졸업한 뒤 직업 없이 지내면
서 거의 매일 술주정과 행패를 계속하였다. A가 교통사고를 당하여 머리
에 큰 상해를 입어 입원치료를 받고 퇴원한 후에는 술에 취하지 않은 상
태에서도 정신이상자처럼 욕설을 하거나 흉포한 행동을 하였고, 술에 취하
면 행패를 부리는 정도가 더욱 심해졌다. 1985.8.28., 21:30경 A는 술에 몹시
취하여 가족들이 함께 사는 집에서 집 안팎을 들락날락하면서 퇴근하여
집에 돌아온 피고인에게 갖은 욕설을 퍼붓고 있다가 같은 날 24:00경 시장
에서 노점상을 하는 어머니가 장사를 마치고 집에 돌아오자 어머니에게
심한 욕설을 하면서 술값을 내놓으라고 소리치며 선풍기를 집어 던져 부
수는 등 난동을 계속하므로 이에 겁을 먹은 어머니와 피고인 및 남동생
모두 안방으로 피해 들어가 문을 잠그고 A가 잠들기를 기다렸으나, A는
잠들기는커녕 오히려 더욱 거칠게 "문을 열라"고 고함치면서 안방 문을
주먹으로 치고 발로 차고 문손잡이를 잡아 비틀고 힘을 주어 미는 등의
행패를 5시간가량 계속하여 다음 날인 1985.8.29., 05:00경에는 위 안방 문
이 거의 부서질 지경에 이르게 되었다. 이에 견디다 못한 어머니가 방문을
열고 마루로 나가자 A는 주방에 있는 싱크대에서 식칼을 찾아 꺼내어 들
고 어머니를 향해 가족들을 모두 죽이겠다고 소리치며 달려들어 어머니가
놀라서 기절하였다. 그 순간 이를 방안에서 보고 있던 남동생이 어머니의
생명이 위험하다고 느끼고 마루로 뛰어나감과 동시에 왼손으로는 어머니
를 옆으로 밀치면서 오른손으로는 A의 칼을 뺏으려 하였으나 A가 오히려
남동생의 목을 앞에서 움켜쥐고 손아귀에 힘을 주어 남동생이 숨쉬기가

곤란할 지경에 이르렀다. 그때까지 겁에 질려 방안에서 이를 보기만 하고 있던 피고인은 그대로 두면 남동생의 생명이 위험하다고 순간적으로 생각하고, 남동생을 구하기 위하여 마루로 뛰어나가 A에게 달려들어 양손으로 A의 목을 앞에서 감아쥐고 힘껏 조르면서 뒤로 밀자, A가 뒤로 넘어지므로 피고인도 함께 앞으로 쓰러진 다음, A의 몸 위에 타고 앉은 채로 정신없이 양손으로 계속 A의 목을 누르고 있던 중, 피고인의 도움으로 위기에서 풀려난 남동생이 기절하여 쓰러져 있는 어머니의 상태를 살피는 등 약간 지체한 후에 피고인이 그때까지도 A의 몸 위에서 양손으로 A의 목을 계속 누르고 있는 것을 비로소 알아차리고 "누나, 왜 이래"하고 소리치자 피고인은 그때에서야 정신을 차린 듯 A의 목에서 손을 떼면서 일어났다. 그러나 그때 이미 A는 질식된 채 사망하였다.

[판 결]

피고인이 순간적으로 남동생을 구하기 위하여 A에게 달려들어 그의 목을 조르면서 뒤로 넘어뜨린 행위는 어머니와 남동생의 생명, 신체에 대한 현재의 부당한 침해를 방위하기 위한 상당한 행위라 할 것이고, 나아가 위 사건당시 A가 피고인의 위와 같은 방위행위로 말미암아 뒤로 넘어져 피고인의 몸 아래 깔려 더 이상 침해행위를 계속하는 것이 불가능하거나 또는 적어도 현저히 곤란한 상태에 빠졌음에도 피고인이 피해자의 몸 위에 타고앉아 그의 목을 계속하여 졸라 누름으로써 결국 피해자로 하여금 질식하여 사망에 이르게 한 행위는 정당방위의 요건인 상당성을 결여한 행위라고 보아야 할 것이나, 극히 짧은 시간 내에 계속하여 행하여진 피고인의 위와 같은 일련의 행위는 이를 전체로서 하나의 행위로 보아야 할 것이므로, 방위의사에서 비롯된 피고인의 위와 같이 연속된 전후행위는 하나로서 형법 제21조 제2항 소정의 과잉방위에 해당한다 할 것이고, 당시 야간에 흉포한 성격에 술까지 취한 피해자가 식칼을 들고 피고인을 포함한 가족들의 생명, 신체를 위협하는 불의의 행패와 폭행을 하여 온 불안스러운 상태 하에서 공포, 경악, 흥분 또는 당황 등으로 말미암아 저질러진 것이라고 보아야 할 것이다.

대상판례에서 핵심적으로 다투어진 것은 피고인의 방위행위를 하나의 방위행위로 볼 수 있는지와 (이와 연결된 것으로서) 연속된 방위행위시에 부당한 현재의 침해상황이 지속적으로 존재하는지 여부이었다. 대상판례는 피고인의 방위행위를 하나의 방위행위로 보지 않고 '최초 폭행'과 '추가 폭행'으로 구분하였고, 최초 폭행 후에 현재의 부당한 침해상황은 종료하였다고 보았다.42) 그렇기에 내상판결에서는 추가 폭행을 적극적인 공격행위로 보고 형벌감면적 과잉방위를 인정하지 않았다.43)

반면 [참고판례 1]은 형법 제21조 제3항의 불가벌적 과잉방위가 인정된 경우이다. [참고판례 1]에서 대법원은 피고인의 행위가 상당성을 결한 방위행위이지만, "극히 짧은 시간 내에 계속하여 행하여진 피고인의 위와 같은 일련의 행위는 이를 전체로서 하나의 행위로 보아야 할 것이므로, 방위의사에서 비롯된 피고인의 위와 같이 연속된 전후행위는 하나로서 형법 제21조 제2항 소정의 과잉방위에 해당한다"고 판단하였다. [참고판례 1]의 사실관계를 보면, 피고인이 남동생을 구하기 위하여 마루로 뛰어나가 침해자에게 달려들어 양손으로 침해자의 목을 앞에서 감아쥐고 힘껏 조르면서 뒤로 밀자, 침해자가 뒤로 넘어지므로 피고인도 함께 앞으로 쓰러진 다음, A의 몸 위에 타고 앉은 채로 정신없이 양손으로 계속 A의 목을 누르고 있던 중, 풀려난 남동생이 기절하여 쓰러져 있는 어머니의 상태를 살피는 등 약간 지체한 후에도 피고인이 양손으로 침해자의 목을 계속 누르고 있는 것을 비로소 알아차리고 소리치자 피고인이 그때에서야 정신을 차린 듯 침해자의 목에서 손을 떼면서 일어났다.

반면 대상판례의 사실관계를 보면, 피고인은 주먹으로 침해자의

---

42) 앞의 [대상판례] 〈제2심판결〉 참조.
43) 대상판례에서는 "피고인이 최초 폭행과 추가 폭행 사이에 사회통념상 매우 이질적인 행위가 끼어 있고 … 최초 폭행과 추가 폭행을 하나의 연속적인 행위로 묶어 파악할 수는 없"다고 판단하였다(서울고등법원 2016.1.29. 선고 (춘천)2015노11 판결문, 13면).

얼굴을 수차례 세게 때려 넘어뜨렸고 피를 흘리며 바닥에 쓰러진 A가 일어나려고 하자 피고인은 주먹과 발로 A의 몸을 수차례 가격한 후 아래층으로 내려가 경찰에 신고하려고 현관문을 나서려고 하였다. 그 때 몸을 반쯤 일으켜 기어가는 침해자를 본 피고인은 침해자가 도망가지 못하도록 완전히 제압하기 위해서 운동화를 신은 발로 침해자의 뒤통수를 수 회 세게 밟거나 걷어찬 다음 거실에 있던 알루미늄 재질의 빨래건조대로 엎드린 침해자를 수차례 내리치고 허리에 차고 있던 가죽벨트를 풀어 쇠 부분을 잡고 띠 부분으로 침해자를 수차례 때렸다. [참고판례 1]과 함께 대상판례는 과잉방위 중 양적 과잉의 형태에 대한 법리적 판단을 보여주는 전형적인 사례인데, [참고판례 1]은 전체로서 하나의 행위인 경우이고 대상판례는 그렇지 않은 경우이다.

[참고판례 2] 2008.6.25, 일본최고재판소제1소법정 결정44) 평성20년
(아)제124호

일본에서 대상판례와 유사한 법리가 적용된 과잉방위 사례가 있는데, 내용은 다음과 같다.

[사실관계]45)

피고인(64세)이 ○플라자 야외흡연소 외부계단에서 흡연을 한 후 돌아가려는 순간, B, C와 함께 있던 A(76세)가 피고인을 불렀다. 피고인은 이전에도 A에게서 폭행을 당한 적이 있어서 또 맞게 되지 않을까 걱정하면서 A와 함께 옥외흡연소로 이동하였다. 피고인은 옥외흡연소에서 A로부터 갑자기 폭행을 당하자 A에게 응수하였다. 피고인과 A의 몸싸움을 보고 B와 C가 다가오려고 하자, 피고인은 1대3의 관계가 되지 않기 위해서 B 등에

---

44) 일본의 경우 상고이유서에 헌법위반·판례위반의 주장이 포함되어 있지 않은 경우에는 변론을 거치지 않고 상고기각결정이 되는데, 헌법위반이나 판례위반의 주장이 형식상 기재되어 있더라도 실질적으로 양형부당, 사실오인, 소송절차법의 법령위반, 법령적용의 오류 주장이라고 인정되는 경우에도 상고기각결정이 되며, 실제 상고기각사건 중 약 95%가 결정에 의해서 종결된다고 한다 (三井誠/酒卷匡 저, 신동운 역, 입문 일본형사수속법, 2003, 344~345면).

게 "나는 조직폭력배다"라고 말하며 위협하였다. 그리고 피고인을 펜스로 몰고 있던 A를 떨치려고 A의 뺨을 한 때 때렸는데, A가 그 자리에 있던 알루미늄 재떨이(직경 19㎝, 높이 90㎝의 원추형)를 피고인에게 던졌다. 재떨이를 피한 피고인은 재떨이를 던진 후 몸의 균형을 잃은 A의 안면을 오른손으로 구타하였고, A는 넘어지면서 후두부를 지면에 부딪치며 의식을 잃었다(이것을 '제1폭행'이라 부른다). 피고인은 격분한 나머지 뒤로 넘어져 의식을 잃은 A에 대해서 그 상황을 충분히 인식하면서도 "나를 우습게 보지마! 나를 이길 것 같아"하며 A의 복부 등을 발로 차고 밟으며, 복부에 무릎을 부딪치는 폭행을 가했다(이것을 '제2폭행'이라 부른다.). 이로 인해 A는 늑골골절, 비장좌멸, 양간막좌멸 등의 상해를 입었다. A는 구급차로 인근병원에 후송되었는데 6시간 후에 두부타박에 의한 두개골골절에 따른 지주막하출혈로 사망하였다. 사망은 제1폭행에 의한 상해에 기하여 발생한 것으로 판명되었다.

[소송의 경과]46)

제1심법원은 피고인이 신체를 방어하기 위해서 방위의사에 기하여 방위의 정도를 넘어 A에게 제1폭행과 제2폭행을 가하고 A에게 상해를 입혀 사망에 이르게 한 것은, 과잉방위에 의한 상해치사죄가 성립하며 피고인에 대해서 징역 3년 6개월의 형을 선고하였다. 이에 대해서 피고인이 항소하였다.

제2심법원은 피고인의 제1폭행에 대해서는 정당방위가 성립하지만, 제2폭행에 대해서는 A의 침해가 분명 종료되었으므로 방위의사는 인정되지 않으며 정당방위 내지 과잉방위가 성립할 여지가 없으므로 피고인은 제2폭행으로 발생한 상해의 한도에서 책임을 져야 한다며 제1심판결을 파기하였다. 피고인의 정당방위행위로 인해 넘어져 후두부를 지면에 부딪치며 의식을 잃은 A의 복부 등을 발로 차고 밟으며 복부에 무릎을 부딪치는 폭행을 가해 늑골골절, 비장좌멸, 양간막좌멸 등의 상해를 입혀 피고인에게 상해죄가 성립하며 징역 2년 6월의 형을 선고하였다. 이에 대해서 피고인은, 제1폭행과 제2폭행은 분리할 수 없고 하나로 평가해야 하며 제1폭행에 대해서 정당방위가 성립한 이상 전체적으로 정당방위를 인정하여 무죄를 인정하여야 한다고 상고하였다.

일본최고법원은 다음과 같은 논리로 상고를 기각하였다. 제1폭행으로 넘어진 A가 피고인에게 더 이상의 침해행위를 할 가능성은 없었으며 피고인은 그 점을 인식하면서도 오직 공격의사에 의해 제2폭행에 이른 것이므로, 제2폭행이 정당방위의 요건을 충족하지 못한 것은 분명하다. 양 폭행은 시간적·장소적으로 연속되어 있지만, 저항불능의 상태에 있는 A에 대해서 상당히 격한 형태의 제2폭행에 이른 것을 고려하면 그 사이에는 단절이 있었다고 할 수 있으며, 부당한 침해에 대해서 반격을 계속하던 중 그 반격이 양적으로 과잉이 된 것으로 인정되지 않는다. 그렇기에 양 폭행을 전체적으로 고찰하여 1개의 과잉방위 성립을 인정하는 것은 상당하지 않으며, 정당방위에 해당하는 제1폭행에 대해서는 죄를 물을 수 없으나, 제2폭행에 대해서는 정당방위는 물론 과잉방위도 논할 여지가 없고 이로 인해 A에게 입힌 상해에 대해 피고인은 상해죄의 책임을 져야 한다.

[참고판례 2]를 보면, 방어행위로 침해자가 넘어지면서 후두부를 지면에 부딪쳐 의식을 잃었는데, 이후 피고인은 침해자의 복부 등에 폭행을 가하였다. 사안에서 일본법원은 피고인의 폭행은 연속되어 있지만 최초의 폭행에 의해서 넘어진 침해자가 피고인에게 더 이상의 침해행위를 할 가능성이 없었기에 연속된 폭행 사이에는 단절이 있는 것으로 볼 수 있어서 제1폭행과 제2폭행으로 구분하였다.

대상판례와 [참고판례 2]는 처음에 존재하던 침해상황이 방위행위로 인하여 종료한 것으로 볼 수 있는 상황이 존재하고 그 이후에 추가적인 방위행위를 했다는 공통점이 있다. 처음에 존재하던 침해상황이 방위행위로 인하여 종료한 것으로 판단한 근거는 침해자가 더 이상의 침해행위를 할 가능성이 없었다는 점을 방위자가 인식하고 있다는 점이다. 반면 전체로서 하나의 방위행위로 본 [참고판례 1]에서는

---

45) 니시다 노리유키·야마구치 아츠시·사에키 히토시 저/서거석·송문호·강경래 역, 일본 형법 대표판례[총론], 2014, 146면.
46) 니시다 노리유키·야마구치 아츠시·사에키 히토시 저/서거석·송문호·강경래 역, 앞의 책, 147면.

침해자가 더 이상의 침해행위를 할 가능성이 없었다는 점을 방위자가
인식하고 있지 않았다.

　　대상판례와 [참고판례 1] 그리고 [참고판례 2]를 종합하여 보면,
양적 과잉 형태의 정당방위의 경우에 전체로서 하나의 방위행위로 볼
것인지 아니면 방위행위를 개별적으로 구분하여 볼 것인지에 대하여
판례가 제시하는 기준은 '처음의 방위행위의 결과 침해자가 더 이상의
침해행위를 할 가능성이 없었다는 점을 방위자가 인식하고 추가적인
방위행위를 했는지' 여부이다.

3. 다수행위의 구분기준

　　양적 과잉 형태의 과잉방위의 경우에 전체로서 하나의 방위행위
로 볼 것인지 아니면 방위행위를 개별적으로 구분하여 볼 것인지에
대한 기준으로, 연속적으로 행해진 일련의 방위행위가 포괄일죄의 접
속범에 해당될 경우라면 전체로서 과잉방위라고 설명되기도 한다.[47]
그러나 과잉방위가 문제되는 상황은 일반적인 범죄성립여부와 달리
정당방위상황에서 정당방위의사를 가지고 한 행위이므로, 이 문제는
구성요건에 해당하는 행위 자체의 특성보다는 정당방위상황의 특성을
고려해서 '동일한 정당방위상황'의 존재여부를 가지고 설명하는 것이
타당하다.[48] 정당방위의 전제상황요건으로서 부당한 침해의 현재성은
과잉방위의 전제요건이기도 하므로, 현재의 부당한 침해가 언제 개시
되고 언제 종료되는지는 정당방위의 한계뿐만 아니라 과잉방위의 한
계에 관련된다.[49] 침해의 시간적 범위를 초과하여 현재성이 결여된 경
우에 행한 양적 과잉의 형태의 방위행위는 형법 제21조 제2항이 적용
되지 않고 과잉방위로도 볼 수 없다.[50] 전체 방위행위를 포괄하여 하

---

　　47) 김일수, 과잉방위의 면책성에 관한 일고찰, 김종원화갑기념논문집, 1991, 192면.
　　48) 김병수, 앞의 논문, 274면에서 "객관적으로 공격자가 어느 정도 재차 공격할
　　　　수 있는 여력이 있거나, 여력이 있다고 볼 수 있는 여지가 있어야 할 것"이
　　　　라고 하는 것도 같은 입장으로 생각된다.
　　49) 김성규, 앞의 논문, 83면.

나의 정당방위여부를 판단할 수 있는 것은 '전체적으로 동일한 방위상황'이 존재하는 경우이다.51)

연속된 방위행위가 존재할 때 전체적으로 동일한 방위상황이 존재하는지 여부는 (형사소송에서 사실의 동일성을 판단하는 기준을 유추하여) 방어행위의 일시와 장소, 방법, 그리고 범행객체 내지 피해자 등을 고려하여 '침해행위의 기본적 사실관계'가 동일한지 여부로 판단하는 것이 타당하다. 특정 시점에서의 판단이 아니라 시간의 연속선에서 정당방위상황의 동일성을 판단하는 것이기 때문이다. 양적 과잉은 현재의 부당한 침해에 대해서 다수의 방위행위가 연결되어 행해진 경우를 상정하는 것이고, 연결되어 행해진 다수의 방위행위가 포괄하여 하나의 행위로 볼 수 있다면 (질적 과잉의 형태의) 과잉방위로 볼 수 있다는 설명52)도 연결된 다수의 방위행위에 있어서 정당방위상황의 동일성이 인정되는 것을 전제로 하는 것이다.

4. 소 결

대상판례의 경우를 보면, 피고인이 야간에 주거에 들어갔을 때 'A가 거실에서 서랍장을 뒤지며 절취품을 물색하고 있던 상황'에서 피고인이 A의 얼굴을 수차례 때려 넘어뜨린 행위(①)가 있었고, 이어서 '피를 흘리며 바닥에 쓰러진 A가 일어나려는 상황'에서 피고인이 주먹과 발로 A의 몸을 수차례 때린 행위(②)가 있었다(판례의 표현으로는 ①과 ②를 합하여 최초 폭행). 이후 피고인이 신고하기 위해 현관을 나서려는 순간 'A가 몸을 반쯤 일으켜 기어가는 상황'에서 피고인이 A의 뒤통수를 수차례 차고 알루미늄 재질의 빨래건조대로 A의 등을 수차례 때리고 허리에 차고 있던 가죽벨트를 풀어 A의 등을 수차례 때린 행위(③)가 있었다(판례의 표현으로는 추가 폭행). A가 몸을 반쯤 일으켜 기

---

50) 김성돈, 형법총론(2판), 2009, 273면; 김일수, 한국형법Ⅱ(개정판), 1996, 119면; 박상기 · 전지연, 형법학(제4판), 2018, 122면; 성낙현, 형법총론(제3판), 2020, 268면.
51) 김성규, 앞의 논문, 86면.
52) 김일수, 한국형법Ⅱ(개정판), 1996, 120면; 이용식, 형법총론, 2018, 146면.

어가는 상황은 A가 거실에서 서랍장을 뒤지며 절취품을 물색하고 있
던 상황과 기본적 사실관계가 동일하다고 보기 어렵다. 이미 자신의
몸을 제대로 가누지 못하는 상황에서 반쯤 일으켜 세발자국 정도의
거리를 움직인 A에게 절취행위의 의사를 인정하기 어렵고, ②의 행위
후 피고인이 신고하기 위해서 현관문을 열고 나가려고 한 상황이 있
기 때문이다. 따라서 ③의 행위시에는 그 이전의 행위와 구분하여 판
단하는 것이 타당하다.

[참고판례 2]의 경우를 보면, 재떨이를 던진 후 몸의 균형을 잃은
A의 안면을 피고인이 오른손으로 구타하여 A가 넘어지면서 후두부를
지면에 부딪치며 의식을 잃었는데, 피고인은 이러한 상황을 인식하고
도 A의 복부 등에 폭행을 가했다. 재떨이를 던진 후 몸의 균형을 잃
은 상황과 후두부를 지면에 부딪쳐 의식을 잃은 상황은 기본적 사실
관계가 동일하다고 보기 어렵다.

한편 [참고판례 1]의 경우는 달리 판단된다. 남동생을 구하기 위해
서 A에게 달려들어 양손으로 A의 목을 힘껏 조르면서 뒤로 민 행위
와 밀려 뒤로 넘어진 A와 함께 쓰러진 피고인이 A의 몸 위에 탄 채
로 정신없이 계속 A의 목을 누른 행위는 기본적 사실관계가 동일하다
고 판단된다. A의 침해의사가 중단된 사실을 확인할 만한 상황이 존
재하지 않기 때문이다.

결국 대상판례에서 추가 폭행 시에는 부당한 현재의 침해를 인정
할 수 없고, 따라서 형벌감면적 과잉방위는 성립할 수 없다. 그리고
불가벌적 과잉방위는 형벌감면적 과잉방위의 성립을 전제로 하는 것
이므로, 제2차 행위시에 행위자가 야간, 기타 불안스러운 상태에서 공
포, 경악, 흥분 또는 당황으로 과잉의 방위행위를 하더라도 제2차 행
위시에 부당한 현재의 침해를 인정할 수 없다면 불가벌적 과잉방위가
성립하지 못한다. 그렇기에 제2차 행위가 흥분한 상황에서 이루어진
점은 과잉방위의 성립여부와 별개로 양형에서 고려될 수 있을 뿐이다.

Ⅳ. 형벌감면적 과잉방위(형법 제21조 제2항)와 불가벌적 과잉방위 (형법 제21조 제3항)의 관계(불가벌적 과잉방위의 의미)

1. 의 의

대상판례는 판결이유에서 불가벌적 과잉방위는 형벌감면적 과잉방위가 성립하는 것을 전제로 하고, 추가적으로 그 행위가 야간 기타 불안스러운 상태에서 공포, 경악, 흥분 또는 당황에 기인한 경우에 성립한다고 불가벌적 과잉방위의 성립요건이 명시되었다.[53] 이것은 불가벌적 과잉방위의 의미와 연결하여 생각해 볼 수도 있다. 불가벌적 과잉방위가 형벌감면적 과잉방위의 요건을 갖추어야 한다는 것은 형벌감면적 과잉방위와 독립적인 성질의 것이 아니라 본질을 같이하는 것이라는 의미로 이해할 수 있기 때문이다.

아래에서는 불가벌적 과잉방위(형법 제21조 제3항)의 의미가 무엇인지, 불가벌적 과잉방위와 형벌감면적 과잉방위(형법 제21조 제2항)는 어떤 관계인지를 확인하고자 한다. 정당방위를 규정한 형법 제21조는 3개의 항으로 나누어 적용유형을 구분하고 있는데, 왜 형법 제21조에 3개의 항이 규정되어 있는지를 확인해 본다.

2. 법률규정의 비교

형법제정의 모범이 된 독일형법이나 일본형법에는 1가지 유형의 과잉방위만이 규정되어 있다. 독일형법 제32조에서 위법성이 조각되는 정당방위를 규정하고 독일형법 제33조에서 불가벌적 과잉방위만을 규정하고 있다. 독일형법 제33조에 따르면 "행위자가 혼란, 두려움 또는 놀람으로 인해 정당방위의 한계를 넘은 경우에는 처벌되지 않는다"고 하여,[54] 불가벌적 과잉방위만을 규정하고 있다. 일본형법 제36

---

53) 서울고등법원 2016.1.29. 선고 (춘천)2015노11 판결문, 4면.

54) §33 **Überschreitung der Notwehr** Überschreitet der Täter die Grenzen der Notwehr aus Verwirrung, Furcht oder Schrecken, so wird er nicht bestraft.

조 제1항에서는 정당방위를 규정하고 제2항에서는 형벌감면적 과잉방위만을 규정하고 있다.[55] 일본형법 제36조 제2항에 따르면 "방위의 정도를 초과한 행위는 정상에 따라 그 형을 감경 또는 면제할 수 있다"고 하여 형벌감면적 과잉방위만을 규정하고 있다.

반면 정당방위를 규정한 형법 제21조에서는 3가지 경우를 분류하여 규정하고 있는데, 1953.9.18. 형법이 제정된 이후 개정 없이 유지되어 온 형법 제21조에서는 정당방위를 다음과 같이 규정하고 있다.[56]

제21조(정당방위) ① 자기 또는 타인의 법익에 대한 현재의 부당한 침해를 방위하기 위한 행위는 상당한 이유가 있는 때에는 벌하지 아니한다.
② 방위행위가 그 정도를 초과한 때에는 정황에 의하여 그 형을 감경 또는 면제할 수 있다.
③ 전항의 경우에 그 행위가 야간 기타 불안스러운 상태하에서 공포, 경악, 흥분 또는 당황으로 인한 때에는 벌하지 아니한다.

형법 제21조에 관해서 일반적으로 제1항은 정당방위를 규정한 것이고, 제2항과 제3항은 과잉방위를 규정한 것이라고 한다.[57] 즉 과잉

---

55) **(正当防衛) 第三十六条** 急迫不正の侵害に対して、自己又は他人の権利を防衛するため、やむを得ずにした行為は、罰しない。
　防衛の程度を超えた行為は、情状により、その刑を減軽し、又は免除することができる。

56) 1992. 5. 27. 형법개정안에서는 정당방위를 제16조에 위치시키면서 제1항의 "현재의 부당한 침해"를 "현재의 위법한 침해"로 수정하고자 하였고(법무부, 형법개정법률안 제안이유서, 1992.10., 35~36면: '부당한'이라는 표현은 개념이 너무 넓은 표현으로 불명확한 개념이고, '부당한'이라는 것은 '위법한'으로 해석되기 때문이라는 개정근거), 2010. 10. 11. 형법개정안에서는 정당방위를 제17조에 위치시키면서 제3항의 '흥분'을 삭제하고자 하였다(법무부, 형법(총칙) 일부개정법률안 제안 이유서, 2011.4., 29면: 제3항은 책임 조각되는 것을 이유로 벌하지 않는 규정인데, 흥분은 공포·경악·당황의 심리상태와는 달리 행위자의 범죄에너지를 강화하는 상태를 표현하는 것일 수도 있기 때문이라는 개정근거).

57) 김성돈, 형법총론(제2판), 2009, 275면; 김일수·서보학, 형법총론(제11판), 2006,

방위는 형을 임의적으로 감면할 수 있는 경우(형벌감면적 과잉방위)와 범죄가 되지 않는 경우(불가벌적 과잉방위) 두 가지 유형이 존재한다고 설명한다. 형법 제21조 제2항과 제3항은 과잉방위의 2가지 형태를 규정한 것이라는 일반적 설명은 제3항의 "전항의 경우에"라는 자구 때문일 것이다. 제3항의 "전항의 경우에"라는 것은 제2항을 전제로 하므로, 제2항이 과잉방위를 규정한 것이라면 제3항도 과잉방위를 규정한 것이라고 해석할 수 있다.

그런데 이러한 설명에 대해서 의문이 제기될 수도 있다. 일반적 설명과 달리 제3항을 과잉방위의 유형이 아니라 정당방위의 유형이라고 이해하는 것도 불가능하지 않기 때문이다. 즉 제1항은 정당방위를 규정하고 제2항에서 과잉방위를 규정했는데, 불안스러운 상태에서 공포 등으로 과잉방위를 한 것은 제2항으로 포섭하지 않고 제1항으로 포섭하는 것이라고 설명할 수도 있다. 법률효과를 규정한 자구를 보면, 제3항에서는 제1항과 마찬가지로 "때에는 벌하지 아니한다."고 규정되어 있기도 하다.

형법 제21조의 법률문구나 조항체계로는 제3항이 과잉방위의 유형인지 정당방위의 유형인지는 명확하지 않다. 여기서 입법자가 입법에 있어서 모범으로 삼은 독일형법과 일본형법과 달리 정당방위 규정(제21조 제1항) 이외에 두 가지 규정(제21조 제2항과 제3항)을 둔 취지가 무엇인지를 확인할 필요성이 생긴다.

3. 입법시의 논의

형법제정당시의 정부 초안과 법제사법위원회수정안에서 제시된 법률안은 다음과 같다.58)

305면; 박상기·전지연, 형법학(제4판), 2018, 120면; 신동운, 형법총론(제9판), 2015, 289면; 오영근, 형법총론(제2판보정판), 2012, 341면.

58) 1953년 형법제정 이전에 적용된 구형법(1941년 3월 개정) 제36조는 "急迫不正의 侵害에 對하여 自己 또는 他人의 權利를 防衛하기 爲하여 不得已한데서 나온 行爲는 이를 罰하지 아니한다. 防衛의 程度를 超過한 行爲는 情狀에 依

정부 초안59)	법제사법위원회 수정안60)
제21조 자기 또는 타인의 법익에 대한 현재의 부당한 침해를 방위하기 위한 필요행위는 벌하지 않는다. 방위행위가 필요한 정도를 초과한 때에는 정황에 의하여 그 형을 감경 또는 면제할 수 있다.	제21조 자기 또는 타인의 법익에 대한 현재의 부당한 침해를 방위하기 위한 행위는 상당한 이유가 있으면 벌하지 아니한다. 방위행위가 그 정도를 초과한 때에는 정황에 의하여 그 형을 감경 또는 면제할 수 있다. 전항의 경우에 있어서 야간 기타 불안스러운 상태하에서 그 행위가 공포, 경악, 흥분 또는 당황에 인하였을 때에는 벌하지 아니한다.

정부 초안은 제21조 정당방위를 두 개의 항으로 규정했는데, 법제 사법위원회 수정안에서 세 번째 항이 추가된 것이 눈에 띈다. 정부초 안을 수정한 배경에 대해서 법제사법위원장대리 엄상섭은 1953.6.26. 제16회 국회임시회의에서 다음과 같이 설명하였다.

첫째, 정당방위의 요건을 규정한 제21조 제1항의 문구를 필요행위 가 아니라 상당한 행위로 변경한 것은, 정당방위 인정범위를 융통성 있 게 조절하기 위함이라고 한다. '필요행위'라는 표현은 너무 융통성이 없 으므로 상황에 따라 융통성이 있도록, 즉 어떤 경우에는 정당방위의 범 위가 좁거나 어떤 경우에는 넓거나 할 수 있도록 한 것이며, 필요성이라 는 것을 상당성으로 고치는 것이 근대 형법학설의 추세라고 하였다.61)

둘째, 과잉방위의 새로운 규정인 제21조 제3항을 신설한 것은, "불안스러운 상태하에서 보통 누구든지 갖다두(면) 그런 행위로 나올 수 있다 그럴 적에는 과잉방위라고 안하고 역시 보통 정당방위로 돌

하여 그 刑을 減輕 또는 免除할 수 있다."고 규정되었다(유기천, 改稿 형법학 (총론강의), 일조각, 1971, 381면).
59) 신동운 편저, 형법 제·개정 자료집, 2009, 45면.
60) 신동운 편저, 앞의 책, 83면.
61) 신동운 편저, 앞의 책, 144면.

리자는 그런 취지"라고 하였다.[62] 그러자 이범승 의원이 제21조 제3항
의 신설에 대해서, 상당성이라는 개념이 필요성과 기대가능성을 포함
하는 개념이므로 상당성이라는 표현으로 수정한 제1항으로 제3항의
경우를 포섭 가능하므로 제3항의 신설은 불필요하다는 이의를 제기하
였다.[63] 제3항이 불필요하다는 이의에 대해서 법제사법위원장대리 엄
상섭은 제2항과 제3항의 취지를 다시 설명하였다. 제2항은 "상당성의
범위를 좀 초과했다고 이렇게 생각한데 대한 규정"인데, "형법학계에
서나 형법재판에 있어서 이 상당성이라는 것은 벌써 어느 정도의 정
형성을 가지고 있"어서 "그 정형성에 비추어 보아서 좀 넘은 것이 과
잉방위라고 해가지고 제2항에 해당되는 것"이라고 하면서, 이와 같은
과잉방위 중 불안스러운 상황에서 공포·경악·흥분으로 인해서 "상
당성을 좀 넘었을 적에 대한 완화규정"이라고 설명하였다.[64] 즉 이범
승 의원은 범죄성립을 인정하지 않는 제3항을 제1항의 정당방위로 볼
수 있으므로 불필요하다는 시각이었는데, 법제사법위원장대리 엄상섭
은, 비록 처음에는 제3항을 과잉방위가 아니라 정당방위로 인정하기
위한 규정이라고 설명하였지만, 추가설명에서 제3항은 제2항의 경우
에 대한 완화규정으로서 과잉방위의 한 유형이라고 설명하였다. 제21
조 제3항의 신설에 대해서 의장대리 조봉암이 표결을 행했고, 재석 93
인 중 가 47표 부 1표로 가결되었다.[65]

　입법자료를 보면, 입법자의 의사도 다소 혼동이 있었다. 제21조
제3항은 불안스러운 상태에서 행한 과잉방위를 정당방위로 돌리는 규
정이라고도 표현하였지만, 결국 제3항은 정당방위의 한 유형을 규정
한 것이 아니라 과잉방위의 완화유형을 규정한 것임을 확인하였고 이
것이 입법으로 이어졌다.

---

62) 신동운 편저, 앞의 책, 145면.
63) 신동운 편저, 앞의 책, 145~147면.
64) 신동운 편저, 앞의 책, 147면.
65) 신동운 편저, 앞의 책, 148면.

4. 소결(과잉방위의 두 가지 유형)

형법 제21조의 문구나 법률체계를 보면, 형법 제21조 제3항이 과잉방위의 유형인지 정당방위의 유형인지는 명확하지 않다. 그런데 입법자의 의사를 확인해 보면, 제3항은 제2항의 경우에 대한 완화규정으로서 과잉방위의 유형이라는 것이 확인된다.

형법 제21조 제3항의 본질을 생각해 보더라도 제3항은 정당방위의 유형으로 볼 수는 없다. 형법 제21조 제1항은 "자기 또는 타인의 법익에 대한 현재의 부당한 침해를 방위하기 위한 행위"라는 요건을 제시하고 있는데, 이것은 '행위'에 대한 것을 규정하고 있지 '행위자'에 대한 것을 규정하지 않고 있다. 반면 형법 제21조 제3항은 "행위가 야간 기타 불안스러운 상태하에서 공포, 경악, 흥분 또는 당황으로 인한 때"라는 요건을 제시하고 있는데, 이것은 행위자의 심리적 상태를 요건으로 제시하고 있는 것이다. 형법 제21조 제1항은 범죄성립에 있어서 불법(위법성)의 단계에서 검토되는 것이고, 제3항은 책임의 단계에서 검토되는 것이다.

결국 형법 제21조 제3항은 정당방위의 한 유형이 아니라 과잉방위의 한 유형을 규정한 것으로 이해함이 타당하고, 과잉방위는 형벌감면적 과잉방위(제21조 제2항)와 불가벌적 과잉방위(제21조 제3항)의 2가지 유형이 존재한다.

Ⅴ. 정당방위와 과잉방위의 구분기준인 상당한 이유

대상판례는 기존의 대법원판결을 참조하여 상당성을 결여한 방어행위도 과잉방위로 형을 감면하거나 처벌대상에서 제외할 수 있고(대법원 1986.11.11. 선고 86도1862 판결 참조) 사회통념상 방위행위로의 한도를 넘은 행위는 정당방위는 물론 과잉방위로도 볼 수 없다(대법원 2001.5.15. 선고 2001도1089 판결, 2000.3.28. 선고 2000도228 판결 참조)고 하였다.66) 정당방위와 과잉방위의 구분기준은 '상당성'이고 형벌감면적 과잉방위의 한계기준은 '사회통념상 방위행위'라는 것이 판결이유에 명시되었다. 아래에서는 정당방위와 과잉방위의 구분기준에 대해서 먼저 살펴본다.67)

1. 의 의

형법 제21조 제1항에서는 "방위하기 위한 행위는 상당한 이유가 있는 때에는 벌하지 아니한다."고 규정되어 있고, 제2항에 의하면 "방위행위가 그 정도를 초과한 때에는 정황에 의하여 형을 감경 또는 면제할 수 있다."고 규정되어 있다. 형법 제21조 제1항과 제2항을 연결하면 상당한 이유가 있는 (즉 상당성이 인정되는) 방위행위를 정당방위로서 제1항에 규정한 것이다. 반면 상당한 이유가 없는 (즉 상당성이 인정되지 않는) 방위행위를 '그 정도를 초과한 방위행위'라고 하여 과잉방위로서 제2항에 규정한 것이다. 이렇듯 형법 제21조 제2항의 "그 정도"란 자구를 제1항과 연결하면 '상당성의 정도'라고 이해되고,68) 이에 따라 과잉방위는 '방위행위가 상당성의 정도를 초과한 경우'라고 표현하는 것이 일반적이다. 정당방위가 인정되기 위한 요건인 방위행위의 상당한 이유(즉 상당성)는 정당방위와 과잉방위를 구별하는 기준이 된다.

반면 상당성의 정도를 초과한 행위를 과잉방위로 인정한다면 형법 제21조 제1항의 의미가 무색해지고 대부분의 정당방위사건이 과잉방위사건으로 되기 때문에, 정당방위와 과잉방위를 구별하는 기준으로 상당성을 부정하고 과잉방위도 상당성 요건을 충족한 것이며, 다만 과잉방위는 방위행위의 정도가 초과한 것이라는 견해도 있다.69) 이에

---

66) 앞의 [대상판례] 〈제2심판결〉 참조.

67) 형벌감면적 과잉방위의 한계기준은 Ⅵ. 참조.

68) 김병수, 앞의 논문, 275면 각주 38); 이강민, 앞의 논문, 104면; 차용석, 형법총칙강의 1988, 603면.

69) 정승환, 정당방위의 성립요건과 과잉방위, 대한변협신문 제620호, 2014.11.24.자

따르면 과잉방위도 일단 정당방위에 속하고 다만 정당방위의 유형에
는 위법성이 조각되는 정당방위와 범죄가 성립되나 형이 감면될 수
있는 정당방위의 형태가 존재한다는 결과가 된다.

그러나 '상당한 이유(상당성)'가 정당방위와 과잉방위의 경계기준
으로 작용하는 것으로 보는 것이 형법 제21조 제1항과 제2항의 문언
상 자연스럽다. 또한 제21조 제3항의 신설에 있어서 논의된 입법자료
를 보더라도,[70] 제21조 제2항은 제1항(정당방위)에 속하지 않는 경우를
규정한 것이라고 한다. 입법자의 의사에 따르면 제21조 제2항은 제1항
(정당방위)에 속하는 경우가 아니라 제1항(정당방위)에 속하지 않는 경
우를 규정한 것이고 제2항에 속하는 경우 중 범죄로 볼 수 없는 경우
를 제3항으로 규정한 것이다.[71]

따라서 정당방위(제21조 제1항)는 방위행위의 상당성이 인정되는
경우이고, 과잉방위(제21조 제2항)는 방위행위의 상당성이 인정되지 않
는 경우로서 방위행위의 정도가 초과한 경우라고 구분하는 것이 타당
하다.

2. 상당한 이유(상당성)에 대한 전통적 해석

상당한 이유(상당성)의 해석에 대해서는 독일에서의 논의 등을 바
탕으로 전통적으로 많은 설명이 행해졌는데, 첫째, 상당한 이유를 필요
성과 요구성으로 설명하는 견해가 있다. 정당방위는 공격에 대한 방어

기사. "필자의 개인적 견해로서는 정당방위의 요건이 갖추어질 때 과잉방위
도 인정될 수 있다는 대법원의 입장이 타당하다고 생각된다. 정당방위의 요
건인 상당성이 없는 행위를 과잉방위로 인정한다면 형법 제21조 제1항이 무
색해지고, 대부분의 정당방위 사건이 과잉방위의 문제로 귀결될 것이며, 과
잉방위는 임의적 감면의 대상이기 때문에 결국 정당방위의 문제가 법원의
양형 재량에 지나치게 의존하게 된다는 점 등을 고려하였기 때문이다."

70) 입법당시 법제사법위원장대리 엄상섭은 제21조 제2항에 대해서 "상당성의 범
위를 좀 초과했다고 이렇게 생각한데 대한 규정"이라고 설명하였다(신동운
편저, 앞의 책, 147면).

71) 앞의 Ⅳ. 3. 참조.

에 필요한 행위이어야 하고(필요성), 법질서 전체의 입장에서 요구된 행위이어야 한다(요구성)는 것이다.[72] 둘째, 상당한 이유를 필요성과 적정성으로 설명하는 견해가 있다. 방위행위가 결과발생을 방지하기 위해서 필요한 상황이어야 하고(필요성), 정당방위의 수단·방법·목적이 적정하여 한다(적정성)는 것이다.[73] 셋째, 필요성으로 설명하는 견해가 있다. 공격을 방위하기 위해서 필요한 한도를 넘어서는 행위는 정당방위로 인정되지 않고 경우에 따라서 과잉방위로 형이 감면될 수 있을 뿐이라고 한다.[74] 필요성을 넘는 방위행위인지 여부는 공격행위의 완급, 피침해법익의 중대성, 다른 방어방법의 존부 등 구체적 사정을 종합하여 판단한다고 한다.[75] 넷째, 법익과 수단의 균형성을 중시하는 견해가 있다. 보호하려는 법익에 비해 침해되는 법익이 현저히 커서는 아니 되고(법익균형성), 방위행위가 침해행위에 비해 현저하게 공격적이거나 위험한 방법을 사용하지 않아야 한다(행위균형성)는 것이다.[76] 법익과 수단의 균형성을 중시하는 입장은 다수의 판례에서도 확인된다. 판례는 "방위행위가 사회적으로 상당한 것인지는 침해행위에 의해 침해되는 법익의 종류와 정도, 침해의 방법, 침해행위의 완급, 방위행위에 의해 침해될 법익의 종류와 정도 등 일체의 구체적 사정들을 참작하여 판단하여야 한다."는 표현을 지속적으로 사용해 오고 있다.[77]

상당한 이유를 어떤 기준으로 해석하는지에 대해서 이와 같이 여러 견해가 있지만, 대체로 침해행위에 비해서 과도한 방위행위를 막기 위해서 사회윤리적 제한이 필요하고 정당방위의 상당한 이유(상당성)가 인정되지 않는 4가지 사회윤리적 제한의 유형이 제시된다.[78] ① 책

72) 천진호, 형법총론, 2016, 371~373면.
73) 박상기·전지연, 형법학(제4판), 2018, 114~115면.
74) 신동운, 형법총론(제9판), 2015, 285면.
75) 신동운, 형법총론(제9판), 2015, 285면.
76) 오영근, 형법총론(제2판보정판), 2012, 335면.
77) 대법원 2017.3.15. 선고 2013도2168 판결 참조.
78) 정당방위의 사회윤리적 제한에 대해서 부정적인 입장으로는 오영근, 앞의 책, 338~339면.

임이 없거나 극히 감소된 침해에 대한 정당방위, ② 침해정도가 극히 사소한 경우, ③ 도발에 의한 정당방위, ④ 밀접한 인적 관계에 있는 자의 침해에 대한 방위행위이다.[79] 상당성이라는 개념을 구체적으로 정의하기에는 한계가 있을 수밖에 없으므로 구체적 사안에서 정당방위상황과 방위행위를 구체적으로 종합하여 판단할 수밖에 없는데, 사회윤리적 제한이란 상당성이 인정되지 않는 일련의 사례군을 의미하는 것이다.[80]

근래에는 특정한 상황에서는 일반적인 경우보다 침해의 정도가 다르게 평가받아 더 중한 침해로 평가될 수 있다는 시각에서 출발하여, 상당성이 인정되지 않는 사례군으로서 (현재의 부당한) 침해상황의 사회적 의미를 고려하여 불법적 공권력에 의한 침해, 주거침입 하에 이루어진 침해, 성적 자기결정권에 대한 침해의 경우도 제시된다.[81] 특히 주거침입 하에서 방위행위에 대해서는 방위해위의 상당한 이유를 넓게 인정해야 한다는 입장이 다수의 논문에서 확인된다.

3. 소 결

구성요건해당행위가 정당방위로서 위법성이 조각되는 기준으로서 '상당한 이유'는 확장하여 해석할 이유가 없다. 상당한 이유(상당성)를 엄격하게 해석하여 정당방위를 넓게 인정하지 않는 것이 타당하다는 근거는 정당방위의 인정근거와 형법 제21조의 규정체계에서 찾을 수 있다.

---

79) 김성돈, 형법총론(제2판), 2009, 268~270면; 박상기 · 전지연, 형법학(제4판), 2018, 117~118면; 신동운, 형법총론(제9판), 2015, 286~288면; 천진호, 형법총론, 2016, 375~377면; 한상훈 · 안성조, 형법개론(제2판), 2020, 120면. 다만 박상기 · 전지연, 같은 책과 신동운, 같은 책에서는 보증관계에 있는 자의 침해에 대한 방위행위를 사회윤리적 제한에 포함하는 것에 대해서 부정적 입장이다. 천진호, 앞의 책, 374면 이하에서는 사회윤리적 제한의 내용을 요구성으로 설명한다.

80) 김슬기, 앞의 논문, 35면.

81) 김슬기, 앞의 논문, 35면.

(1) 정당방위의 근거

정당방위의 허용범위를 정하는 기준은 정당방위의 인정근거에서 논거를 찾을 수 있다.[82] 정당방위가 정당화되는 근거원리는 일반적으로 개인보호원리와 법질서수호원리로 설명되는데, 개인보호의 원리로만 설명하는 것이 바람직하다. 그 이유는 첫째, 정당방위의 인정근거를 법질서수호원리를 배제하고 개인보호원리로만 설명할 경우, 제3자를 위한 정당방위인 긴급구조를 설명할 수 없다고 비판하면서 정당방위의 인정근거(기본원리)로서 개인보호원리와 법질서수호원리를 제시한다. 그러나 법질서수호원리를 통해서 긴급구조를 설명할 경우에는 피침해자의 의사와 관계없이도 정당방위가 가능할 수 있다. 일반적인 경우 피침해자가 자신의 침해에 대해서 방어를 원하지 않는다면 그 침해를 법이 보호할 필요가 없고, 긴급구조는 피침해자의 명시적 또는 추정적 의사에 합치해야 한다.[83]

둘째, 방위행위자가 자신의 구성요건해당행위를 통해서 법질서를 수호한다는 것은 개별적 침해행위가 전체 법질서를 위협한다는 것을 전제로 하는 것이 논리적인데, 예를 들어 절도에 대한 정당방위의 경우에 개별적인 절도행위로 인해 전체 법질서가 위협된다고 보기는 어렵다.[84]

셋째, 법질서수호의 원리로 정당방위를 설명한다면, 정당방위 이

---

82) 김정환, 정당방위의 기본사상으로서 법질서수호원리?, 비교형사법연구 제8권 제2호, 2006.12., 2면. 김성규, 앞의 논문, 79면에서도 정당방위의 요건이 되는 상당한 이유를 정당방위의 근거와 연결시키는데, (근거원리로서 법질서수호의 원리를 부정하지는 않지만) "정당방위는 개인권적 측면에서 허용되는 긴급행위로서의 방위행위가 사회권적 측면에서 인식되는 합리적인 제한 하에서 인정되는 것이라고 할 수 있고 … '상당한 이유'는 방위행위의 사회권적 측면을 드러내고 있는 것이라고 … 현재의 부당한 침해로부터 법익을 방위하기 위한 행위는 절대적인 권리가 아니라 사회생활상 필요하고도 적절한 범위 내에서 정당화되는 것이다."
83) 김정환, 앞의 논문, 18면.
84) 김정환, 앞의 논문, 21면.

외의 경우에서도 법질서수호원리를 사용할 수 있어야 하는데 그러하지 않다. 예를 들어 함정수사야말로 법질서수호의 원리로 설명될 수 있는 영역임에도 함정수사자는 미수의 고의에 의한 것이므로 처벌되지 않는다고 설명하지 법질서를 수호하기에 처벌되지 않는다고 설명하지는 않는다.[85]

이렇게 자기보호원리로만 정당방위를 설명할 경우, 침해와 방위가 충돌하는 구체적인 상황에서 개인의 침해를 방위하기 위한 행위가 무제한 인정될 수 없고 오히려 상당한 정도로 제한되는 것이 타당하다. 판례가 형법 제21조 제1항의 정당방위를 검토할 때 법익의 균형성을 고려하는 것도 법질서수호원리를 근거로 하지 않고 자기보호원리로 설명하는 것에 잘 부합된다.[86] 법질서수호라는 것을 강조하면 법질서의 무제한적인 방위를 정당화할 위험이 있다.[87]

(2) 형법 제21조의 규정체계

독일형법이나 일본형법과 달리, 제21조에서는 3가지 형태, 즉 정당방위(제21조 제1항), 형벌감면적 과잉방위(제21조 제2항), 불가벌적 과잉방위(제21조 제3항)가 규정되어 있다. 정당방위상황과 방위의사가 존재하는데 방위행위의 상당한 이유를 인정할 수 있는지 여부가 애매하여 정당방위(제21조 제1항)에 해당되는지 여부를 판단하기 어려운 경우라면, 형벌감면적 과잉방위(제21조 제2항)로 보게 되는 것이 법률체계에 맞고 입법자의 의사에도 부합한다. 특히 형벌감면적 과잉방위행위가 야간 기타 불안스러운 상태에서 공포, 경악, 흥분 또는 당황에 기인한 경우에 이루어진 것이라면 불가벌적 과잉방위가 인정되어 정당방위와 마찬가지로 무죄판결을 할 수 있기 때문이다. 형법 제21조에서는 형벌감면적 과잉방위와 불가벌적 과잉방위를 모두 규정하고 있어, 과잉방위에 대해서 독일이나 일본보다 다양한 법률효과가 인정되고

---

85) 김정환, 앞의 논문, 21면.
86) 김정환, 앞의 논문, 24~25면.
87) 김정환, 앞의 논문, 20면.

과잉방위를 더 넓게 인정할 여지가 있다.[88]

아래의 [참고판례 3]을 보면, 폭행에 대한 방위로서 농구화 신은 발로 침해자의 복부를 한차례 차서 침해자가 사망한 경우에 상당한 이유를 넓게 인정하지 않더라도 피고인의 무죄인정이 가능하다. 또한 [참고판례 1]을 보더라도, 여성이 남동생에게 폭행을 행하는 것에 대한 방위로서 양손으로 침해자의 목을 졸라 침해자가 사망한 경우에도 있어서도 상당한 이유를 넓게 인정하지 않더라도 피고인의 무죄인정이 가능하다. 방위행위로 발생된 사망이라는 중한 결과로 인해서 법익균형성의 측면에서 방위행위의 상당성을 인정하기 곤란하더라도, 침해의 상황이 중하고 방위의 방법이 중하지 않은 경우 불가벌적 과잉방위(형법 제21조 제3항)로 무죄가 가능하다.

1953년 형법제정에 있어서 입법자는 정당방위의 범위가 상황에 따라 좁거나 넓게 적용되도록 방위행위의 정도를 상당한 행위라고 규정했다고 하는데, 입법자가 불가벌적 과잉방위를 형벌감면적 과잉방위와 함께 규정하면서 정당방위를 상황에 따라 넓게 적용할 경우는 줄어들었었다.

[참고판례 3] 대법원 1974.2.26. 선고 73도2380 판결

> [사실관계]
>
> 피고인은 1969.8.30. 22:40경 자신의 처(31세)와 함께 극장구경을 마치고 귀가하는 도중, A(19세)가 피고인의 질녀(14세) 등의 소녀들에게 (음경을 내놓고 소변을 보면서) 키스를 하자고 달려드는 것을 보고 술에 취했으니 집에 돌아가라고 타이르자, 도리어 A가 피고인의 뺨을 때리고 돌을 들어 구타하려고 따라오는 것을 피하였다. 그러자 A는 피고인의 처를 땅에 넘어뜨려 깔고 앉아서 구타하였고 이것을 피고인이 다시 제지하였지만 듣지 아니하고 돌로서 피고인의 처를 때리려는 순간 피고인이 그 침해를 방위

---

88) 이강민, 앞의 논문, 103면.

하기 위하여 농구화 신은 발로 A의 복부를 한차례 차서 그 사람으로 하여
금 외상성 12지장 천공상을 입게 하여 1969.10.13. 06:25경 사망에 이르게
하였다.

[판결]

　피고인의 행위는 형법 제21조 제2항 소정의 이른바 과잉방위에 해당한
다 할 것이고, 다시 원심판결에 적시된 여러 가지 증거를 기록에 의하여
대조 검토하면, 피고인의 이 행위는 당시 야간에 술이 취한 위 피해자의
불의의 행패와 폭행으로 인한 불안스러운 상태에서의 공포, 경악, 흥분 또
는 당황에 기인되었던 것임을 알 수 있다. 그러므로 같은 취지에서 원심이
형법 제21조 제3항을 적용하여 피고인에게 무죄를 선고한 제1심 판결을
유지하였음은 정당하다.

Ⅵ. (형벌감면적) 과잉방위의 한계기준인 정황

　　대상판례에서는 기존의 대법원판결을 참조하여 형벌감면적 과잉
방위의 한계기준은 '사회통념상 방위행위'라고 판결이유에 명시되었는
데, 형법 제21조 제1항과 제2항에 따르면 자기 또는 타인의 법익에 대
한 현재의 부당한 침해라는 정당방위상황에서 한 방위행위가 '상당한
이유가 없고 정도를 초과하지만 정황상' 형벌의 감면이 인정될 수 있
는 경우가 형벌감면적 과잉방위이다. 법률규정에 따르면 형벌감면적
과잉방위의 한계요건은 '사회통념상 방위행위'가 아니라 '정황'이다. 다
만 대상판례는 '정황'의 판단기준으로서 사회통념상 방위행위인지 여
부를 사용한 것으로 보인다. 아래에서는 (형벌감면적) 과잉방위의 한계
기준에 대해서 살펴본다.

1. 형벌감면적 과잉방위의 법적 성격

형벌감면적 과잉방위(형법 제21조 제2항)의 법적 성격을 설명하는 방식은 다양하다. 불법의 감소로 설명하는 입장, 책임의 감소·소멸로 설명하는 입장, 불법과 책임의 감소·소멸로 설명하는 입장, 형의 감경은 불법·책임의 감소로 형의 면제는 형사정책적 이유로 설명하는 입장, 불법·책임의 감소와 예방적 처벌필요성의 감소·결여로 설명하는 입장 등 다양하다.[89]

해석론으로 어떤 제도의 법적 성격을 생각할 경우에 법률규정의 문구, 특히 법률효과를 고려하지 않을 수 없다.[90] 벌하지 않는다고 법률효과를 규정한 형법 제21조 제1항과 제3항은 범죄의 불성립을 인정한 것이다. 제21조 제1항은 행위의 위법성이 없는 것이고 제3항은 행위자의 책임이 없는 것이다. 그런데 제21조 제2항은 형을 감경 또는 면제할 수 있다고 규정하고 있다. 형의 감경 또는 면제가 가능할 뿐인 과잉방위(형법 제21조 제2항)는 범죄가 성립하는 것이므로 불법이 없거나 책임이 없다고 설명하기는 어렵다.[91] 임의적 감면사유로 규정하고 있는 과잉방위(형법 제21조 제2항)는 정당방위상황에서 정당방위의 의사를 가지고 한 행위라는 측면을 형벌에서 고려한 것, 즉 형벌의 목적(응보와 예방)을 고려해서 규정한 것이라고 보는 것이 타당하다.[92] 형벌의 목적(응보와 예방)을 고려해서 규정한 것이 형벌감면적 과잉방위(형법 제21조 제2항)라고 본다면, 형벌의 목적이 감경되거나 소멸된 경우로 볼 수 있는 경우에 과잉방위로 볼 수 있고 그렇지 않은 경우는 과잉방위로 볼 수 없게 된다.

다만 형벌감면적 과잉방위는 형벌의 목적(응보와 예방)을 고려해서 형벌의 목적이 감경되거나 소멸된 경우로 볼 수 있는 경우에 성립한

89) 이에 대해서는 원형식, 형법 제21조 제2항 및 제3항의 적용범위, 형사법연구 제19권 제1호, 2007.03, 47~49면 참조.
90) 같은 입장으로 원형식, 앞의 논문, 48면; 이강민, 앞의 논문, 110면.
91) 같은 입장으로 이강민, 앞의 논문, 111면.
92) 같은 입장으로 원형식, 앞의 논문, 48면; 이강민, 앞의 논문, 111면.

다고 이해하는 것에 대해서는 범죄론의 영역에 존재하는 과잉방위규정을 형벌론으로 이해한다는 비판이 가능하고, 법관의 자의적 판단이 가능할 수 있다는 비판도 가능하다. 비록 입법론으로는 과잉방위를 범죄론의 요소로 설명되도록 규정하는 것이 타당할 수 있으나, 해석론으로는 이러한 비판은 타당하지 않다. 형의 임의적 감경 또는 면제라는 것은 불필요한 형벌을 피하기 위해서 법원의 재량을 확대하는 양형의 한 형식이고,[93] 다른 임의적 감경사유인 자수의 경우에도 범행에 대한 반성이라는 범죄 후 정황, 즉 양형요소가 입법의 근거이다.[94] 제21조 제2항의 법률효과가 임의적 감경이고, 형법 제21조 제2항에 "정황에 의하여"라는 양형요소와 관련된 문구가 존재하는 것을 고려한다면, 형벌감면적 과잉방위는 형벌의 목적(응보와 예방)을 고려해서 규정한 것이라고 해석하게 된다.

2. 행위자의 과잉성 인식의 필요여부

과잉방위에 있어서 '행위자의 과잉성 인식의 필요성'에 대해서 논의가 된다. 행위자가 초과행위를 인식하고 한 경우에도 과잉방위로 볼

---

[93] 원형식, 앞의 논문, 49면 각주 24).

[94] 형의 임의적 감경 또는 면제라는 효과를 규정한 다른 대표적인 제도로는 자수(형법 제52조 제1항)가 있다. 자수의 법률효과를 임의적 감면으로 한 것은 형법제정당시 정부초안부터인데 그 이유에 대해서는 입법자료에 특별한 설명이 기록되어 있지 않으므로(신동운 편저, 앞의 책, 165면 참조), 자수의 법률효과를 임의적 감면으로 한 이유에 대해서 제도의 본질을 고려해서 생각해보게 된다. 자수는 반성을 객관적으로 드러내는 것으로 책임비난을 약화시키고 수사를 용이하게 해 주며 형벌권행사를 정확하게 한다는 것이 임의적 감면사유의 근거로 제시된다(이형국, 형법총론연구Ⅱ, 1986, 779면). 범죄자가 죄를 뉘우치지 않는 경우에는 자수로 인정되지 않는다(이은모·김정환, 형사소송법(제7판), 2019, 197면). 판례에서도 자수를 형의 감면사유로 삼는 주된 이유를 범인이 그 죄를 뉘우치고 있다는 점이라고 보고, 죄의 뉘우침이 없는 자수는 법률상 형의 감경사유가 되는 진정한 자수라고 보지 않는다(대법원 1994. 10. 14. 선고 94도2130 판결). 입법자가 자수에 필요적인 감면을 인정하지 않고 임의적인 감면을 인정한 것은 정확한 형사사법제도의 운영이라는 측면보다는 범행에 대한 반성이라는 범죄 후 정황이 주요한 배경이라고 판단된다.

수 있는지에 대해서 견해가 대립한다. 첫째, 불가벌적 과잉방위의 경우에는 행위자가 책임조각적 심리상태에서 한 방위행위이므로 상당성 초과부분에 대한 인식이 있더라도 괜찮으나 형벌감면적 과잉방위의 경우에 초과부분에 대한 인식이 있는 경우에는 과잉방위로 볼 수 없다는 견해가 있다.95) 둘째, 초과유무는 방위자의 주관에 의해서 판단되는 것이 아니라 객관적 기준에 의해서 판단되므로 초과부분에 대한 인식유무는 과잉방위 인정에 관계가 없고, 인식이 있었던 경우에는 고의범의 과잉방위가 되고 인식이 없었던 경우에는 과실범의 과잉방위가 된다는 견해가 있다.96) 셋째, 초과부분에 대한 방위자의 인식유무는 불문하면서 방위자가 인식한 경우에는 형을 감경할 뿐이고 방위자가 인식하지 못한 경우에는 형을 감경 또는 면제할 수 있다는 견해가 있다.97)

생각건대, 과잉방위의 성립요건으로 행위자의 과잉성 인식의 필요한지를 판단함에는 두 가지 측면이 고려된다. 첫째, 불가벌적 과잉방위는 형벌감면적 과잉방위가 성립함을 전제요건으로 한다는 점을 고려하면 불가벌적 과잉방위와 형벌감면적 과잉방위에서 행위자의 과잉성 인식의 필요성을 달리 보는 것은 타당하지 않다.98) 둘째, 상당성 초과행위에 대한 인식이 있는 경우가 인식이 없는 경우보다 행위반가치 측면에서 불법성이 높다고 할 수 있다. 상당성 초과행위에 대한 인식이 없을 수 있는 대표적인 경우가 불가벌적 과잉방위의 상황이다.

결론적으로 두 가지 측면을 고려하면 방위행위자의 상당성 초과부분에 대한 인식여부는 (형벌감면적·불가벌적) 과잉방위의 성립요건이라고 볼 수 없다. 법률규정이 상당성 초과부분에 대한 인식여부를 명시하지 않고 있는 상황에서, 형벌감면적 과잉방위의 성립을 위해서

---

95) 박상기·전지연, 형법학(제4판), 2018, 122면.
96) 김일수, 한국형법Ⅱ(개정판), 1996, 121면; 이강민, 앞의 논문, 120면.
97) 이상돈, 형법강의(제1판), 2010, 295면.
98) 입법자가 밝혔듯이, 과잉방위 중 불안스러운 상황에서 공포·경악·흥분으로 인해서 "상당성을 좀 넘었을 적에 대한 완화규정"이 불가벌적 과잉방위이다 (앞의 Ⅳ. 3. 참조).

그에 대한 인식이 필요하다고 보면 그에 대한 인식이 없는 경우에 불
가벌적 과잉방위가 성립할 수 없게 되기 때문이다. 그리고 상당성 초
과부분에 대한 인식이 없는 경우에만 형벌감면적 과잉방위가 성립한
다고 보면, 불가벌적 과잉방위의 규정이 별도로 존재할 의미가 없어지
기 때문이다.99)

3. 대상판례에서 제시된 형벌감면적 과잉방위 한계기준인 사회 통념상 방위행위의 모호

형법 제21조 제2항에는 형벌감면적 과잉방위의 성립요건이 "방위
행위가 그 정도를 초과한 때에는 정황에 의하여"라고 규정되어 있는
데, 이러한 성립요건이 불명확하다는 의문이 제기될 수 있다. 또한 앞
서 보았듯이 형벌감면적 과잉방위의 법적성격과 관련해서 (해석론상)
형벌의 목적(응보와 예방)을 고려해서 규정한 것이라고 볼 때, 법관의
재량이 많이 인정되는 양형의 특성으로 인해 형벌감면적 과잉방위의
인정여부가 법관의 자의적인 판단에 기인할 수 있다는 우려도 존재한
다. 이러한 문제점과 관련해서, 현재의 부당한 침해라는 정당방위상황
에서 한 방위행위가 '상당한 이유가 없고 정도를 초과하지만 정황상'
형벌의 감면이 인정될 수 있는 과잉방위는 어떠한 경우인지가 제시될
필요가 있다.

정당방위에 있어서 방위행위의 한계요건인 '상당한 이유'의 불명확
성에 대해서 헌법소원이 제기되었을 때, 헌법재판소는 "'상당한 이유'
부분에 대해서는 대법원도 일찍부터 합리적인 해석기준을 제시하고

---

99) 초과부분에 대한 인식유무는 과잉방위 인정에 관계가 없고 그에 대한 인식이
없었던 경우에는 과실범의 과잉방위가 된다는 견해가 있는데, 과잉방위의 검
토가 이미 구성요건해당성이 존재하는 불법행위를 전제로 하므로 구성요건
검토단계에서 판단해야 할 과실범의 성립여부를 초과부분에 대한 인식여부와
연결시키는 것은 타당하지 않다. 행위자가 심신미약의 상태로 인하여 방위행
위의 과잉성을 인식하지 못한 경우에는 이를 인식하지 못한 것에 대하여 주
의의무위반 자체가 부정되어 과실범의 성립이 부정될 수도 있다(원형식, 앞의
논문, 55면).

있어 건전한 상식과 통상적인 법 감정을 가진 일반인이라면 그 의미를
어느 정도 쉽게 파악할 수 있다고 할 것이므로 죄형법정주의에서 요구
하는 명확성의 원칙을 위반하였다고 할 수 없다."고 결정하였다.[100] 정
당방위의 한계로서 상당한 이유(상당성)와 관련된 다수의 판례가 존재
하고 독일에서 논의된 내용 등을 바탕으로 사회윤리적 제한 등과 같은
논의가 존재하기에 가능한 결정이었다. 그런데 방위행위가 상당한 이
유가 없고 정도를 초과하지만 형벌을 감면할 수 있는 '정황', 즉 형벌
감면적 과잉방위의 한계요건인 '정황'이 불명확하다고 의문을 제기한
다면 어떻게 답할 수 있을 것인지 궁금하다. 범죄의 성립요소가 아니
라 양형요소이므로 명확성원칙이 적용되지 않는다고 단정할 수 없다.
양형요소라 하더라도 죄형법정주의의 명확성의 원칙은 "금지된 행위
및 처벌의 종류와 정도를 보통의 상식을 갖춘 사람이면 누구나 알 수
있도록 규정하여야 하는 것"이라는 점에서는 명확성이 요청된다.[101]

　　대상판례의 판결이유에서 형벌감면적 과잉방위의 한계기준은 '사
회통념상 방위행위'라고 명시되었다.[102] 사회통념상 방위행위로의 한
도를 넘은 것이 분명한 경우는 (형벌감면적) 과잉방위도 인정되지 않는
다고 하였다. 판결이유를 보면, "일반적인 방위의 한도를 현저히 넘어
선 것으로 사회통념상 방위행위라기보다는 적극적인 공격행위로 보아
야 함은 앞서 본 바와 같으므로, 형법 제21조 제2항이 정한 형의 감면
사유를 인정할 수 없다."고 표현하였다.[103] 그렇지만 대상판례에서는
과잉방위의 정도를 초과하였지만 형이 감경 또는 면제될 수 있는 경
우가 구체적으로 어떤 경우인지 제시되지 않는다. 이로 인해 법관의
자의가 개입될 여지가 크다는 비판이 존재한다.[104]

　　대상판례의 경우에는 피고인의 추가 폭행시에 피해자가 피고인

100) 헌결 2001.6.28. 99헌바31.
101) 박상기, 형법총론(제9판), 2012, 29면.
102) 앞의 II. 2. 참조.
103) 서울고등법원 2016.1.29. 선고 (춘천)2015노11 판결문, 15면.
104) 김병수, 앞의 논문, 275면.

또는 그 가족의 생명·신체에 급박한 위험을 초래할 만한 행동을 하였다는 사정을 전혀 찾을 수 없어서, 즉 현재의 부당한 침해상황을 인정할 수 없어서 방위행위가 아니라 적극적인 공격행위라고 판단하였을 뿐이다. 즉 사회통념상 방위행위라는 한계기준이 적용된 것이 아니라, 현재의 부당한 침해의 존재라는 정당방위상황이 존재하지 않음으로 인하여 정당방위뿐만 아니라 과잉방위도 인정되지 않는 경우이다.

4. 구체적인 한계기준으로서 정황

대상판례가 형벌감면적 과잉방위를 인정할 수 있는 한계기준이 '사회통념상 방위행위'라고 밝혔지만, 형법 제21조 제1항과 제2항에 따르면 자기 또는 타인의 법익에 대한 현재의 부당한 침해라는 정당방위상황에서 한 방위행위가 '상당한 이유가 없고 정도를 초과하지만 정황상' 형벌의 감면이 인정될 수 있는 경우가 형벌감면적 과잉방위이다. 법률규정에 따르면 형벌감면적 과잉방위의 한계요건은 '사회통념상 방위행위'가 아니라 '정황'이다. 다만 대상판례는 '정황'의 판단기준으로서 사회통념상 방위행위인지 여부를 사용한 것으로 보인다.

형벌감면적 과잉방위의 구체적인 한계기준을 일반개념으로 제시한 문헌은 찾아보기 어렵고,105) 다만 일부 문헌에서 개별적 기준이 제시되고 있다. 김슬기 교수는 "형벌감면적 과잉방위에서의 고려 요소"라고 하여 "가해자 상황 및 심리의 특수성"과 "지속적 폭력 행사 상

---

105) 형벌의 목적(응보와 예방)을 고려해서 규정한 것이 형벌감면적 과잉방위(형법 제21조 제2항)라고 보는 시각의 이강민, 앞의 논문, 112면에서는 "형벌면제적 과잉방위는 행위자의 일신에 관련된 면책적 정황(행위자의 지능·성격·경험·능력·신분 등)을 고려하여, 인식 없는 과잉방위처럼 책임감소의 정도가 비교적 높고 예방적 처벌의 필요성이 비교적 낮은 경우에 가능하다. 또한 상당성의 초과의 정도가 비교적 낮은 경우에도 형을 면제할 수 있다. … 형벌감경적 과잉방위는 제2항 과잉방위의 법적 성질에 비추어, 경과실이나 무과실의 과잉방위뿐 아니라 인식 있는 과잉방위의 경우에도 책임감소의 정도와 처벌의 필요성에 따라 형을 감경할 수 있다고 해야 한다."고 일반론을 제시하고 있다.

황"이 구체적인 내용으로 제시되고 있다.106) 가해자 심리의 특수성으로 인하여 형벌감면적 과잉방위가 인정된 구체적으로 사례로서 [참고판례 7]107)이 제시된다. 지속적 폭력 행사 상황으로 인하여 형벌감면적 과잉방위가 인정된 구체적 사례로서 이혼소송중인 남편이 찾아와 가위로 폭행과 협박을 하면서 성행위를 강요하자 침대 밑에 숨겨두었던 칼로 남편의 복부 명치 부분을 1회 힘껏 찔러 사망시킨 경우(대법원 2001. 5. 15. 선고 2001도1089 판결)가 제시된다.108) 그 외에 총기소지가 일반적으로 허용되고 있는 미국에서 정당방위와 관련하여 발전한 이론인 주거방위법리를 주거 내에서 무단침입자에게 반격을 하는 상황의 정당방위와 과잉방위에서 고려할 필요성이 있다는 견해가 근래 다수 제시된다.109) 이러한 내용은 형법 제21조 제2항에 규정된 형벌감면적 과잉방위의 한계기준은 '정황'에 있어서 양형의 조건 중 일부를 구체화한 것이기도 하다.

5. 형벌감면적 과잉방위의 인정 유형

(1) 판 례

(형벌감면적) 과잉방위의 성립요건, 즉 상당한 이유를 초과하는 방위행위의 형벌을 감면할 수 있는 '정황'이 불명확하다는 의문에 대해서, (정당방위의 상당한 이유에 대한 헌법재판소결정의 논거처럼) 대법원이 이에 대한 합리적인 해석기준을 제시하고 있어 건전한 상식과 통

---

106) 김슬기, 앞의 논문, 38~39면.
107) 김슬기, 앞의 논문, 38면. 아래 VI. 5. 참조.
108) 김슬기, 앞의 논문, 39면. 이 사안에서 대법원은 "이러한 방위행위는 사회통념상 용인될 수 없는 것이므로, 자기의 법익에 대한 현재의 부당한 침해를 방어하기 위한 행위로서 상당한 이유가 있는 경우라거나, 방위행위가 그 정도를 초과한 경우에 해당한다고 할 수 없다."고 판결하였다(대법원 2001.5.15. 선고 2001도1089 판결). 지속적 가정폭력의 경우 과잉방위를 적용하는 것이 타당하다는 견해로는 김병수, 앞의 논문, 277면.
109) 김병수, 앞의 논문, 278면, 김슬기, 앞의 논문, 33면, 박정난, 앞의 논문 298면; 한영수, 앞의 논문, 161면 등.

상적인 법 감정을 가진 일반인이 '정황'의 의미를 어느 정도 쉽게 파악할 수 있는지를 살펴보고자 한다.[110] 다만 형벌감면적 과잉방위가 인정된 사례가 많지 않아, 대법원종합법률정보에서 접근 가능한 판례 중 형벌감면적 과잉방위가 인정된 사례와 앞에서 제시된 불가벌적 과잉방위가 인정된 사례를 살펴, '정황'의 유형을 분류하고자 한다.

[참고판례 4] 대구고법 1973.11.12. 선고 73노575 형사부판결

[사실관계]

　피고인(남, 고등학교 2학년)이 외사촌 동생의 머리를 잘못 깎았고 그의 머리를 빨리 씻겨주지 아니한다는 이유로 친형(남, 20세)인 A로부터 주먹과 발로 전신을 여러 차례 구타당한 다음 계속하여 길이 1미터 직경 7센티미터짜리 나무 몽둥이로 구타당하자 그를 내쫓기 위하여 그 옆에 있는 부엌 앞 나무상자 위에 놓여있던 부엌칼 2자루를 한 손에 한 자루씩 들고나옴에 A가 그 집 밖으로 달아나므로 대문을 걸어 잠근 후 그대로 부엌칼을 든 채 좁은 계단을 통하여 옥상으로 올라가 숨어 있었다. 잠시 후 피고인이 동정을 살피기 위하여 옥상계단을 중간쯤 내려오는 순간 마침 왼손에 재봉틀용 의자를 들어 이를 방패로 삼고 오른손에는 위 몽둥이를 들어 죽인다고 하면서 올라오는 A를 발견하고 뒷걸음으로 그 계단을 몇 계단 올라갔으나 그 계단과 옥상의 구조상 더 피신하기가 어렵게 됨으로써 진퇴양난에 빠지게 되었을 때 A가 접근하여 몽둥이로 때리므로 심히 불안스러운 상태에서 그대로 있다가는 더 구타당할 것으로만 생각하고 공포와 당황한 나머지 그 침해를 방위하겠다는 일념아래 바른손에 들고 있던 부엌칼로 A의 좌측가슴부분을 한번 찔러 좌측흉부 및 심장부자창으로 사망케 하였다.

[판 결]

　피고인의 이건 범행은 피고인의 생명 신체에 대한 현재의 부당한 침해를 방어하기 위한 행위이긴 하나 법익침해의 균형을 잃었으므로 정당방위

110) 헌결 2001.6.28. 99헌바31 참조.

라고는 할 수 없을지언정 과잉방위행위로 보아 그 형을 감경할 필요가 있다고 인정된다.

[참고판례 5] 대법원 1985.9.10. 선고 85도1370 판결

[사실관계]

　신백식품점 앞길을 술에 취하여 지나가던 A, B(폭력전과자), C가 피고인에게 이유 없이 욕설을 하여 피고인이 이에 대꾸를 하자, A가 피고인의 얼굴에 연필깎기용 면도칼을 들이대며 찌를 듯이 위협을 하였다. 피고인은 이에 겁이 나서 위 신백식품점 안으로 일단 피신을 하였으나 가게주인이 가게에서 나가라고 요구하여 가게 밖으로 나왔고, A가 그 부근의 가게에서 가지고 나온 소주병을 깨뜨려 던져서 피고인의 왼쪽 손목에 맞게 하고 B는 신백식품점에서 들고 나온 사이다병을 깨뜨려 던져 피고인의 오른쪽 손목에 맞게 하고 C도 이 새끼 죽으려고 환장하였느냐고 하면서 시멘트벽돌을 집어 던지는 등 3인이 공격행위를 하였다. 피고인은 공격행위를 계속하여 올 경우 이에 대항하기 위하여 자신이 전화케이블선공사 도구로 사용하던 곡괭이 자루를 집어 들고 약 50미터 떨어진 일신타이어 수리점 앞까지 도망가는데 A는 각목을 들고, B는 빈 전화케이블선을 들고 계속 쫓아와 마구 휘두르며 피고인의 어깨, 머리, 왼손, 옆구리 등을 마구 때리므로, 이에 대항하여 피고인도 곡괭이자루를 마구 휘둘렀다. 그 결과 A의 머리뒷부분을 1회 힘껏 가격하여 A가 사망하고 B는 상해를 입었으며 피고인 자신도 왼쪽 셋째손가락이 부러지는 상해를 입었다.

[판　결]

　집단구타를 당하게 된 피고인이 더 이상 도피하기 어려운 상황에서 이를 방어하기 위하여 반격적인 행위를 하려던 것이 그 정도가 지나친 행위를 한 것이 뚜렷하므로, 원심이 피고인의 위 행위를 과잉방위에 해당한다고 판단한 조치 또한 정당하게 시인된다. 따라서 상고를 기각하고, 상고후의 미결구금일수중 일부를 본형에 산입하기로 판결한다.

[참고판례 6] 대법원 1996.11.8. 선고 96도1995 판결

[사실관계]

피고인이 자신의 집 근처인 여러 상점들이 밀집해 있는 삼거리 대로변에서 A와 서로 언쟁을 하던 중 A 등이 맨손으로 폭행을 가하여 수세에 몰리자 이에 대항하기 위해서 구명신호총으로 백색신호탄 1발을 공중을 향하여 발사하여 A를 협박하였다.

[판 결]

피고인의 행위는 자기의 법익에 대한 현재의 부당한 침해를 방위하기 위한 것이라고 볼 수 있으나, 맨손으로 공격하는 상대방에 대하여 위험한 물건인 이 사건 구명신호총을 가지고 대항하는 것은 당시의 상황에 비추어 사회통념상 그 정도를 초과한 방위행위로서 상당성이 결여된 것이라고 보지 아니할 수 없고, 또한 피고인과 A가 서로 언쟁을 하던 장소가 피고인 집 근처이고 여러 상점들이 밀집해 있는 삼거리 대로변으로 어둡지 아니하였던 것으로 보이며 당시 그 주변에는 주민의 다수가 위와 같은 상황을 구경하고 있었다는 것이어서 이러한 상황에 비추어 당시 피고인의 위와 같은 대항행위가 야간의 공포나 당황으로 인한 것이었다고 보기도 어렵다. 원심이 위와 같은 취지에서 피고인의 정당방위 또는 야간의 공포나 당황으로 인한 과잉방위 주장을 배척하고 다만 그 정황을 참작하여 형을 감경한 조치는 옳다.

[참고판례 7] 대구지방법원 서부지원 2009.7.23. 선고 2009고합23
판결

[사실관계]

캄보디아 국적의 이주여성인 18세의 피고인은 2008.3.20. 20세 연상의 A(소아마비로 왼쪽다리 장애)와 결혼하여 임신 3개월의 상태이었다. 피고인이 2009.1.30. 20:00경부터 A의 친구 등과 함께 술을 마시고 있는데, 만취한 A가 피고인과 친구들에게 욕설과 폭언을 하고 자신이 사 온 전복죽을 피

고인이 먹지 않는다고 전복죽을 집어던지는 등의 폭력적 행태를 보였다.
피고인과 A가 택시를 타고 귀가 하던 중, A는 피고인에게 폭언과 욕설을
하고 핸드폰으로 피고인의 머리를 때리기도 하였다. 피고인과 A는 같은
날 23:40경 집에 귀가하였는데, A가 슈퍼마켓에 술을 사러 간 사이에 피고
인은 시어머니에게 전화하여 술에 취한 A로부터 구타를 당하고 있으니 도
와달라고 부탁하였다. 시어머니는 야심한 시간에 피고인의 집까지 가는 것
이 어렵다는 의사를 밝힌 후 A를 만류하기 위해서 A와 2차례 전화통화를
하였다. 시어머니의 전화통화로 감정이 격앙된 A가 집에 들어와 재차 손
과 발로 피고인의 옆구리와 머리를 수회 구타하였다. 그러자 피고인은 주
방에 있던 부엌칼(칼날길이 19㎝)을 들고 나와 A에게 겁을 주다가, 계속하여
발로 피고인의 옆구리를 1회 차고 달려드는 A의 왼쪽 상복부를 부엌칼로 1
회 찌른 다음 재차 오른쪽 하복부를 1회 찔렀다. 이로 인해 A는 2009.2.4.
04:55경 병원 중환자실에서 사망하였다.

[판 결]
　피고인과 변호인은 ① 살인의 고의가 없었다, ② 정당방위에 해당한다,
③ 불가벌적 과잉방위에 해당한고 주장하였으나, 법원은 다음과 같은 이유
로 살인죄의 성립을 인정한 후 형벌감면적 과잉방위를 인정하여 징역 4년
을 선고하였다. 첫째, 제반 사정을 종합하면 피고인에게는 적어도 살인의
미필적 고의가 있었다. 둘째, 방어행위에 사용한 수단이나 행위태양에 있
어 사회통념상 용인되는 정도를 현저히 초과하여 상당성이 결여된 행위라
고 평가하였다.111) 셋째, 범행시간대가 야간이라는 이유만으로 특히 불안스
러운 상황에서 저질러진 범행이라고 보기 어렵고 인격적 모멸감에 따른
분노 등 공격적 충동이 발현된 측면이 있는 점에 비추어 불가벌적 과잉방
위를 인정하지 않았다. 넷째, 입국한 지 10개월 정도 밖에 되지 않아 국내
생활에 익숙하지 않은 외국여성이 위급한 상황을 모면할 적절한 방법에
일정한 제약이 있고, 심리적으로 매우 불안한 초산의 임산부이고, 평소보
다 더 심해진 피해자의 폭력적 태도에 대응하는 과정이었다는 점을 고려
하면 정황에 의하여 과잉방위를 인정하여 법률상 감경을 한다.

---

111) "긴밀한 인적 관계가 유지되는 부부관계나 친자관계와 같이 상호간에 보호

(2) 판례의 유형분석

첫 번째 유형은 생명이나 신체에 대한 중한 위험의 침해상황에서 위험한 물건을 사용한 방위행위로 침해자가 사망한 경우이다. [참고판례 1], [참고판례 4], [참고판례 5], [참고판례 7]을 보면, 폭행 혹은 특수폭행의 형태로 시작된 침해로 인하여 방위자 또는 제3자의 생명·신체에 대한 위험이 존재하는 상황에서 행한 빙위행위로 침해자가 사망한 경우이다. 이때 방위행위자는 칼이나 곡괭이자루와 같은 위험한 물건을 사용하였거나 일정시간동안 목을 눌렀다. 침해자의 사망이라는 중한 침해결과로 인하여 방위행위의 상당성이 인정되지 않아 정당방위는 부정되고 과잉방위를 인정한 경우이다. 이 중 [참고판례 1]은 불안스러운 상태 하에서 공포, 경악, 흥분 또는 당황 등으로 말미암은 것이라고 보아 불가벌적 과잉방위까지 인정되었다.

두 번째 유형은 생명이나 신체에 대한 중한 위험이 존재하지 않는 침해상황에서 위험한 물건을 사용하지 않은 방위행위로 침해자가 사망한 경우이다. [참고판례 3]은 생명에 대한 위험이 존재하지 않는 폭행형태의 침해에 대해서 행한 방위행위로 침해자가 사망한 경우인데, 침해방식이 운동화발로 1차례 복부를 가격한 것으로 위험한 물건을 사용하지 않았다. 침해자의 사망이라는 중한 침해결과로 인하여 방위행위의 상당성이 인정되지 않아 정당방위는 부정되었지만 과잉방위는 인정된 경우이다. [참고판례 3]은 [참고판례 1]과 마찬가지로 불안스러운 상태 하에서 공포, 경악, 흥분 또는 당황 등으로 말미암은 것이라고 보아 불가벌적 과잉방위까지 인정되었다.

세 번째 유형은 생명이나 신체에 대한 중한 위험이 존재하지 않

의무나 배려의무가 있는 자의 침해에 대하여는 경미한 침해에 대하여는 서로 수인하거나 또는 다른 회피수단을 통하여 자신의 법익을 보호할 수 있다면 먼저 회피수단을 동원하여야 하는 등 정당방위를 제한적으로 인정하는 것이 일반적"이라는 점이 제반 사정 중 한 가지로 적시되었다(대구지방법원 서부지원 2009.7.23. 선고 2009고합23 판결문 10면).

는 침해상황에서 위험한 물건을 사용하였지만 생명·신체의 침해는 발생하지 않은 경우이다. [참고판례 6]은 생명에 대한 위험이 존재하지 않는 폭행의 침해에 대해서 구명신호총을 공중에 발사하여 방위행위에 위험한 물건을 사용하였다. 침해자의 사망이나 상해라는 중한 결과는 없지만 방위행위의 위험성으로 인하여 방위행위의 상당성 인정되지 않아 정당방위는 부정되었고, 다만 과잉방위가 인정되었다.

6. 소 결

대상판례에서 형벌감면적 과잉방위의 한계기준은 '사회통념상 방위행위'라고 밝혔지만, 과잉방위의 그 정도를 초과하였지만 형이 감경 또는 면제될 수 있는 경우가 구체적으로 어떤 경우인지는 제시되지 않는다. 형법 제21조 제1항과 제2항에 따르면 자기 또는 타인의 법익에 대한 현재의 부당한 침해라는 정당방위상황에서 한 방위행위가 '상당한 이유가 없고 정도를 초과하지만 정황상' 형벌의 감면이 인정될 수 있는 경우가 형벌감면적 과잉방위이다. 형벌감면적 과잉방위의 한계요건은 '정황'인데, '정황'의 구체적 내용이 설명되어야 한다. 상당한 이유를 초과하는 방위행위의 형벌을 감면할 수 있는 '정황'이 불명확하다는 의문에 대해서는 대법원이 합리적인 해석기준을 제시하고 있어 건전한 상식과 통상적인 법 감정을 가진 일반인이 '정황'의 의미를 어느 정도 쉽게 파악할 수 있어야 죄형법정주의에 반하지 않기 때문이다.

형벌감면적 과잉방위가 인정된 소수의 판례와 불가벌적 과잉방위가 인정된 소수의 판례를 살펴, '정황'의 유형을 분류해보면 다음과 같다. ① 생명이나 신체에 대한 중한 위험의 침해상황에서 위험한 물건을 사용한 방위행위로 침해자가 사망한 경우이다. ② 생명이나 신체에 대한 중한 위험이 존재하지 않는 침해상황에서 위험한 물건을 사용하지 않은 방위행위로 침해자가 사망한 경우이다. ③ 생명이나 신체에 대한 중한 위험이 존재하지 않는 침해상황에서 위험한 물건을 사용하였지만 생명·신체의 침해는 발생하지 않은 경우이다.

형벌감면적 과잉방위의 한계요건인 '정황'을 판단할 수 있는 유형분류는 위와 같이 가능하다. 그러나 참고된 판례의 숫자가 적어, 이러한 유형분류가 일반론으로 사용될 수 있는지에 대해서는 의견이 일치되기는 어렵다.

Ⅶ. 맺음말

'도둑뇌사사건'이라고 일컬어졌던 대법원 2016.5.12. 선고 2016도 2794 판결과 서울고등법원 2016.1.29. 선고 (춘천)2015노11 판결을 살펴보았다. 대상판례에서 핵심적으로 다투어진 것은 피고인의 방위행위를 하나의 방위행위로 볼 수 있는지와 (이와 연결된 것으로서) 연속된 방위행위시에 부당한 현재의 침해상황이 지속적으로 존재하는지 여부이었다. 대상판례는 피고인의 방위행위를 하나의 방위행위로 보지 않고 '최초 폭행'과 '추가 폭행'으로 구분하였고, 최초 폭행 후에 현재의 부당한 침해상황은 종료하였다고 보았다. 그렇기에 대상판결에서는 추가 폭행을 적극적인 공격행위로 보고 형벌감면적 과잉방위를 인정하지 않았다. 과잉방위의 문제가 되는 행위는 정당방위상황에서 정당방위의사를 가지고 한 행위이므로 정당방위상황의 특성을 고려해서 '동일한 정당방위상황'의 존재 여부를 가지고 설명하는 것이 타당하다. 전체 방위행위를 포괄하여 하나의 정당방위여부를 판단할 수 있는 것은 '전체적으로 동일한 방위상황'이 존재하는 경우이다. 대상판례의 사안에서 추가 폭행 시에는 부당한 현재의 침해를 인정할 수 없고, 따라서 형벌감면적 과잉방위는 성립할 수 없다.112)

다음으로 대상판례는 판결이유에서 불가벌적 과잉방위(형법 제21조 제3항)는 형벌감면적 과잉방위(형법 제21조 제2항)가 성립하는 것을

---

112) 앞의 Ⅲ. 3.과 4. 참조.

전제로 하여 그 행위가 야간 기타 불안스러운 상태에서 공포, 경악,
흥분 또는 당황에 기인한 경우에 성립한다고 보았다. 형법 제21조의
문구나 법률체계를 보면, 형법 제21조 제3항이 과잉방위의 유형인지
정당방위의 유형인지는 명확하지 않으나, 법률제정 시의 자료를 확인
해 보면 제3항은 제2항의 경우에 대한 완화규정으로서 과잉방위의 유
형이라는 것이 확인된다. 그리고 정당방위를 규정한 형법 제21조 제1
항은 '행위'에 대한 것을 규정하고 있지만 형법 제21조 제3항은 '행위
자'의 심리적 상태를 요건으로 제시하고 있는 것이므로, 형법 제21조
제3항은 정당방위의 유형으로 볼 수 없다.113)

그리고 대상판례는 기존의 대법원판결을 참조하여 정당방위와 과
잉방위의 구분기준은 '상당성'이고 형벌감면적 과잉방위의 한계기준은
'사회통념상 방위행위'라고 판결이유에서 설명하였다. 먼저 정당방위
와 과잉방위의 구분기준에 대해서 살펴보면, '상당한 이유(상당성)'를
정당방위와 과잉방위의 구분기준으로 보는 것이 형법 제21조 제1항과
제2항의 문언상 자연스럽다. 또한 제21조 제3항의 신설에 있어서 논의
된 입법자료를 보더라도 제21조 제2항은 제1항(정당방위)에 속하는 경
우가 아니라 제1항에 속하지 않는 경우를 규정한 것이고 제2항에 속
하는 경우 중 범죄로 볼 수 없는 경우를 제3항으로 규정한 것이다. 정
당방위(제21조 제1항)는 방위행위의 상당성이 인정되는 경우이고, 과잉
방위(제21조 제2항)는 방위행위의 상당성이 인정되지 않는 경우로서 방
위행위의 정도가 초과한 경우라고 구분하는 것이 타당하다. 이때 구성
요건해당행위가 정당방위의 인정기준으로서 '상당한 이유'를 확장하여
해석할 이유가 없는데, 상당한 이유(상당성)를 엄격하게 해석하여 정당
방위를 넓게 인정하지 않는 것이 타당하다는 근거는 정당방위의 인정
근거와 형법 제21조의 규정체계에서 찾을 수 있다.114)

마지막으로 대상판례는 기존의 대법원판결을 참조하여 형벌감면

---

113) 앞의 Ⅳ. 3.과 4. 참조.
114) 앞의 Ⅴ. 3. 참조.

적 과잉방위의 한계기준은 '사회통념상 방위행위'라고 판결이유에서 명시하였는데, 형법 제21조 제1항과 제2항에 따르면 자기 또는 타인의 법익에 대한 현재의 부당한 침해라는 정당방위상황에서 한 방위행위가 '상당한 이유가 없고 정도를 초과하지만 정황상' 형벌의 감면이 인정될 수 있는 경우가 형벌감면적 과잉방위이다. 법률규정에 따르면 (형벌감면적) 과잉방위의 한계요건은 '사회통념상 방위행위'가 아니라 '정황'이다. 다만 대상판례는 '정황'의 판단기준으로서 사회통념상 방위행위인지 여부를 사용한 것으로 보이고, 과잉방위의 정도를 초과하였지만 형이 감경 또는 면제될 수 있는 경우가 구체적으로 어떤 경우인지 제시되지는 않았다. 형벌감면적 과잉잉방위가 인정된 판례와 불가벌적 과잉방위가 인정된 판례를 살펴, (형벌감면적) 과잉방위의 한계요건인 '정황'의 유형을 분류해보면 다음과 같다. ① 생명이나 신체에 대한 중한 위험의 침해상황에서 위험한 물건을 사용한 방위행위로 침해자가 사망한 경우이다. ② 생명이나 신체에 대한 중한 위험이 존재하지 않는 침해상황에서 위험한 물건을 사용하지 않은 방위행위로 침해자가 사망한 경우이다. ③ 생명이나 신체에 대한 중한 위험이 존재하지 않는 침해상황에서 위험한 물건을 사용하였지만 생명·신체의 침해는 발생하지 않은 경우이다.

[주 제 어]
정당방위, 과잉방위, 도둑뇌사사건, 상당성, 사회통념상 방위행위, 정황

[Key Words]
self-defense, excessive self-defense, socially acceptable action of defense, objectively reasonable fore

접수일자: 2020. 5. 21. 심사일자: 2020. 6. 29. 게재확정일자: 2020. 6. 29.

[참고문헌]

김병수, 도둑뇌사사건은 과잉방위이다, 형사법연구 제27권 제3호, 2015.09.

김성규, 과잉방위의 요건과 한계, 외법논집 제40권 제2호, 2016.05.

김성돈, 형법총론(제2판), 2009.

김슬기, 정당방위의 '상당성'에 대한 고찰, 원광법학 제33권 제2호, 2017.06.

김일수, 한국형법 I (개정판), 1996.

김일수, 과잉방위의 면책성에 관한 일고찰, 김종원화갑기념논문집, 1991.

김정환, 정당방위의 기본사상으로서 법질서수호원리?, 비교형사법연구 제8
    권 제2호, 2006.12.

김준호, 절도범을 제압하기 위한 폭행이 방위행위로서의 한도를 넘어섰다고
    본 사례, 법조 제705호, 2015.06.

박상기, 형법총론(제9판), 2012.

박상기 · 전지연, 형법학(제4판), 2018.

박정난, 이른바 '절도범 뇌사 사건' 판결에 비추어 본 정당방위 · 과잉방위에
    관한 비판적 고찰, 일감법학 제41호, 2018.10.

법무부, 형법(총칙)일부개정법률안 제안 이유서, 2011.4.

성낙현, 형법총론(제3판), 2020.

신동운, 형법총론(제9판), 2015.

신동운 편저, 형법 제 · 개정 자료집, 2009.

유기천, 改稿 형법학(총론강의), 일조각, 1971.

오영근, 형법총론(제2판보정판), 2012.

원형식, 형법 제21조 제2항 및 제3항의 적용범위, 형사법연구 제19권 제1호,
    2007.03.

이강민, 형법상 과잉방위규정의 적용범위, 형사법연구 제23권 제2호, 2011.06.

이상돈, 형법강의(제1판), 2010.

이용식, 형법총론, 2018.

이원상, 정당방위의 성립에 대한 비판적 고찰, 비교형사법연구 제17권 제2
    호, 2015.07.

이은모 · 김정환, 형사소송법(제7판), 2019.

이형국, 형법총론연구Ⅱ, 1986.

차용석, 형법총칙강의 1988.

천진호, 형법총론, 2016.

한상훈·안성조, 형법개론(제2판), 2020.

한영수, 과잉방위의 개념을 제한적으로 해석하는 판례에 대한 비판적 고찰,
    아주법학 제10권 세2호, 2016.08.

三井誠/酒卷匡 저, 신동운 역, 입문 일본형사수속법, 2003.

니시다 노리유키·야마구치 아츠시·사에키 히토시 저/서거석·송문호·강
    경래 역, 일본 형법 대표판례[총론], 2014.

[Abstract]

Excessive Self-Defense

Kim, Jong-Hwan*

The point of contention was whether the defendant's act of self-defense could be rightfully seen as a self-defense and whether the consecutive self-defense makes the unjust current infringement situation continuously available. The stated case did not see the defendant's action as one action but had divided the action of self-defense as 'Initial Assault' and 'Additional Assault', and ruled that the infringement was terminated after the initial assault. Therefore, the Supreme Court considered the defendant's additional assault as an active act of aggression and refused to recognize it as an excessive self-defense, which could have reduced the level of penalty. The issue of excessive self-defense should be considered with the understanding that the situation of self-defense was within the scope of conducting the right of self-defense, therefore should be judged based on the existence of 'equal self-defense situation'. Only in the presence of a 'totally identical defense situation' can the defendant's actions constitute self-defense as a whole. In this case, the additional assault cannot be considered as being infringed of the current unjustly, such as having no imminent danger of serious body injury or death, thus, the defendant's additional assault does not constitute excessive self-defense providing alleviation to its penalty.

Also, the Supreme Court judged that in cases where excessive self-defense (Article 21, clause 2 of the Criminal Act) is due to fear, shock, excitement or embarrassment at night or other unstable conditions,

* Professor, Yonsei University Law School

the act cannot be punished (Article 21, clause 3 of the Criminal Act). Judging from the wording or system of Article 21 of the Criminal Act, it is not clear whether the acts prescribed by Article 21 (3) belong to excessive self-defense or self-defense. However, if you check the data at the time of enactment, it can be confirmed that it's for the excessive self-defense as clause 3 is a mitigation provision for the case in clause 2. And while the clause 1 which prescribes the right of self-defense stipulates self-defense around the 'action', Article 21 clause 3 of the Criminal Law presents the psychological state of 'actors' as a requirement, therefore Article 21 (3) cannot be seen as a type of self-defense.

In addition, the stated case referred to the existing Supreme Court ruling, explaining that the criterion for distinguishing between self-defense and excessive self-defense is 'objectively reasonable fore' and limitation to the excessive self-defense is dependent on the 'socially acceptable action of defense'. The interpretation of 'objectively reasonable force' is natural when referring to the in the literacy statements of Article 21 (1) and (2) of the Criminal Law. Self-defense means an 'objectively reasonable' case of defense action, and it is reasonable to distinguish excessive self-defense as an excess of the degree of defense action. Given the reasons for recognizing self-defense and the regulatory system under Article 21 of the Criminal Act, it is reasonable to interpret strictly whether it constitutes an action of objective and reasonable defense.

Finally, the Supreme Court referred to the existing Supreme Court ruling and stated in the reason for the ruling that an act of excessive self-defense is limited to 'socially acceptable action of defense'. According to Article 21 (1) and 21 (2), 'excessive self-defense, which reduce or exempt the sentence' is an act of self-defense which occurred under the circumstances that there is an unfair infringement of the current and the act of self-defense, although it is excessive, has 'no probable cause but the situation' allows alleviation of penalty. The law states the limitation to the excessive self-defense is the 'situation' not the 'socially acceptable action of defense'. The supreme Court seems to have used 'socially acceptable action of defense' as a criterion for judging 'situation'. The Supreme Court did not specifically suggest in which cases the sentence can be reduced or exempted as excessive self-defense. The cases in which excessive self-defense is recognized are as follows. ① In the event of an infringement of a life or a serious danger to the body, an intruder is killed by an act of defense using dangerous goods. ② In the event of an infringement in which there is no grave danger to life or to the body, an intruder is killed by an act of defense that does not use dangerous goods. ③ This is the case where dangerous objects are used in situations where there is no serious danger to life or body, but no invasion of life or body has occurred.

피의사실공표의 형법적 정당화에서 민사판결 법리 원용의 불합리성

이 근 우*

[대상 판결] 대법원 2001. 11. 30. 선고 2000다68474 판결

[판결요지]

[1] 일반 국민들은 사회에서 발생하는 제반 범죄에 관한 알권리를 가지고 있고 수사기관이 피의사실에 관하여 발표를 하는 것은 국민들의 이러한 권리를 충족하기 위한 방법의 일환이라 할 것이나, 한편 헌법 제27조 제4항은 형사피고인에 대한 무죄추정의 원칙을 천명하고 있고, 형법 제126조는 검찰, 경찰 기타 범죄수사에 관한 직무를 행하는 자 또는 이를 감독하거나 보조하는 자가 그 직무를 행함에 당하여 지득한 피의사실을 공판청구 전에 공표하는 행위를 범죄로 규정하고 있으며, 형사소송법 제198조는 검사, 사법경찰관리 기타 직무상 수사에 관계있는 자는 비밀을 엄수하며 피의자 또는 다른 사람의 인권을 존중하여야 한다고 규정하고 있는바, 수사기관의 피의사실 공표행위는 공권력에 의한 수사결과를 바탕으로 한 것으로 국민들에게 그 내용이 진실이라는 강한 신뢰를 부여함은 물론 그로 인하여 피의자나 피해자 나아가 그 주변 인물들에 대하여 치명적인 피해를 가할 수도 있다는 점을 고려할 때, 수사기관의 발표는 원칙적으로 일반 국민들의 정당한 관심의 대상이 되는 사항에 관하여 객관적이고도 충분한 증거

---

* 가천대학교 법학과 부교수, 법학박사.

나 자료를 바탕으로 한 사실 발표에 한정되어야 하고, 이를 발표함에 있어서도 정당한 목적 하에 수사결과를 발표할 수 있는 권한을 가진 자에 의하여 공식의 절차에 따라 행하여져야 하며, 무죄추정의 원칙에 반하여 유죄를 속단하게 할 우려가 있는 표현이나 추측 또는 예단을 불러일으킬 우려가 있는 표현을 피하는 등 그 내용이나 표현 방법에 대하여도 유념하지 아니하면 아니 될 것이므로, 수사기관의 피의사실 공표행위가 위법성을 조각하는지의 여부를 판단함에 있어서는 공표 목적의 공익성과 공표 내용의 공공성, 공표의 필요성, 공표된 피의사실의 객관성 및 정확성, 공표의 절차와 형식, 그 표현 방법, 피의사실의 공표로 인하여 생기는 피침해이익의 성질, 내용 등을 종합적으로 참작하여야 한다.

[2] 피해자의 진술 외에는 직접 증거가 없고 피의자가 피의사실을 강력히 부인하고 있어 보강수사가 필요한 상황이며, 피의사실의 내용이 국민들에게 급박히 알릴 현실적 필요성이 있다고 보기 어려움에도 불구하고, 검사가 마치 피의자의 범행이 확정된 듯한 표현을 사용하여 검찰청 내부절차를 밟지도 않고 각 언론사의 기자들을 상대로 언론에 의한 보도를 전제로 피의사실을 공표한 경우, 피의사실 공표행위의 위법성이 조각되지 않는다고 한 사례.

[참조조문] [1] 민법 제750조, 제751조, 헌법 제27조 제4항, 형법 제126조, 제310조, 형사소송법 제198조 [2] 민법 제750조, 제751조, 형법 제310조

[참조판례] [1] 대법원 1999. 1. 26. 선고 97다10215, 10222 판결 (공1999상, 330)

[전 문]

[원심판결] 창원지법 2000. 11. 9. 선고 2000나4078 판결
[주문] 상고를 기각한다. 상고비용은 피고의 부담으로 한다.
[이유] 상고이유를 판단한다.

1. 제1, 2, 3점에 대하여

원심은, 그 판시 증거에 의하여, 부산지방검찰청 강력부는 1997년 4월경 소외 1로부터 자신이 도박자금을 갚지 않는다는 이유로 마산지역 폭력배들로부터 협박을 받고 있으며 조만간 그들에게 수천만 원의 금품을 주어야 하니 처벌하여 달라는 신고를 받았고, 소외 1의 제보에 따라 같은 달 17일 16:00경 그가 금품을 주기로 한 커피숍에서 소외 2, 3과 함께 있던 원고를 현행범인으로 체포한 사실, 원고에 대한 구속영장이 발부되기 전날인 같은 달 18일 오후경 원고가 현행범으로 체포되어 그 영장청구가 준비되고 있다는 사실을 알게 된 부산, 경남 지역의 법조출입기자들 10여 명이 담당 검사를 찾아가자, 담당 검사가 사건내용을 설명하면서 그 자리에서 수사기록을 열람할 수 있게 한 사실을 인정한 다음, 담당 검사가 직무상 알게 된 원고에 대한 피의사실을 공표하여 그 피의사실이 언론에 보도되게 함으로써 원고의 명예를 훼손하였다고 판단하였다.

기록에 비추어 살펴보면, 이러한 원심의 사실인정 및 판단은 수긍할 수 있고, 거기에 상고이유의 주장과 같은 채증법칙을 위배한 사실오인이나 피의사실 공표에 관한 법리오해의 위법이 있다고 할 수 없다.

2. 제4점에 대하여

가. 일반 국민들은 사회에서 발생하는 제반 범죄에 관한 알권리를 가지고 있고 수사기관이 피의사실에 관하여 발표를 하는 것은 국민들

의 이러한 권리를 충족하기 위한 방법의 일환이라 할 것이나, 한편 헌법 제27조 제4항은 형사피고인에 대한 무죄추정의 원칙을 천명하고 있고, 형법 제126조는 검찰, 경찰 기타 범죄수사에 관한 직무를 행하는 자 또는 이를 감독하거나 보조하는 자가 그 직무를 행함에 당하여 지득한 피의사실을 공판청구 전에 공표하는 행위를 범죄로 규정하고 있으며, 형사소송법 제198조는 검사, 사법경찰관리 기타 직무상 수사에 관계 있는 자는 비밀을 엄수하며 피의자 또는 다른 사람의 인권을 존중하여야 한다고 규정하고 있는바, 수사기관의 피의사실 공표행위는 공권력에 의한 수사결과를 바탕으로 한 것으로 국민들에게 그 내용이 진실이라는 강한 신뢰를 부여함은 물론 그로 인하여 피의자나 피해자 나아가 그 주변 인물들에 대하여 치명적인 피해를 가할 수도 있다는 점을 고려할 때, 수사기관의 발표는 원칙적으로 일반 국민들의 정당한 관심의 대상이 되는 사항에 관하여 객관적이고도 충분한 증거나 자료를 바탕으로 한 사실 발표에 한정되어야 하고, 이를 발표함에 있어서도 정당한 목적 하에 수사결과를 발표할 수 있는 권한을 가진 자에 의하여 공식의 절차에 따라 행하여져야 하며, 무죄추정의 원칙에 반하여 유죄를 속단하게 할 우려가 있는 표현이나 추측 또는 예단을 불러일으킬 우려가 있는 표현을 피하는 등 그 내용이나 표현 방법에 대하여도 유념하지 아니하면 아니 된다 할 것이다. 따라서 수사기관의 피의사실 공표행위가 위법성을 조각하는지의 여부를 판단함에 있어서는 공표 목적의 공익성과 공표 내용의 공공성, 공표의 필요성, 공표된 피의사실의 객관성 및 정확성, 공표의 절차와 형식, 그 표현 방법, 피의사실의 공표로 인하여 생기는 피침해이익의 성질, 내용 등을 종합적으로 참작하여야 할 것이다(대법원 1999. 1. 26. 선고 97다10215, 10222 판결 참조).

기록에 의하여 살펴보면, (중략) 무죄판결이 확정된 사실을 알 수 있다.

사실관계가 그러하다면, 검사가 피의사실을 공표 당시 피해자의 진술 내용이나 원고를 체포할 당시의 정황에 비추어 원고가 범행에 가담하였다는 혐의가 전혀 없다고는 할 수 없으나, 한편 피해자의 진술 외에는 직접 증거가 없고, 원고가 대질심문까지 하면서도 피의사실을 강력히 부인하고 있었으므로 검사로서는 피의사실을 공표하기에 앞서 공범에 대한 보강수사 등을 통하여 피해자 진술의 신빙성을 밝혀 보았어야 함에도, 이러한 수사를 하지 아니한 채 피의사실을 공표한 이상 그 당시 피의사실의 진실성을 담보할 만한 객관적이고도 충분한 증거를 확보한 상태였다고는 할 수 없는 점, 그럼에도 불구하고 검사가 피의사실을 공표하면서 마치 원고의 범행이 확정된 듯한 표현을 사용한 것으로 보이는 점, 검사는 각 언론사의 기자들을 상대로 언론에 의한 보도를 전제로 피의사실을 공표한 것이고 언론매체를 통하여 원고에 대한 피의사실이 공표될 경우 피의자인 원고는 물론 그 가족 등 그 주변 인물에 대하여 사실상 회복하기 어려운 정신적, 물질적 피해를 가할 우려가 있음을 충분히 예상할 수 있었던 점, 검사가 피의사실을 공표함에 있어 검찰청 내부절차를 밟지도 않았고, 피의사실의 내용에 비추어 이를 국민들에게 급박히 알릴 현실적 필요성이 있다고 보기도 어려운 점 등을 고려할 때, 피의사실 공표 당시 그 피의사실을 뒷받침할 만한 어느 정도의 증거가 확보되어 있었던 면이 인정된다고 할지라도, 그러한 사정만으로는 이 사건 피의사실 공표행위가 <u>정당행위로서 위법성이 조각된다고 볼 수는 없다.</u>

원심은 이 사건 피의사실 공표행위가 정당행위로서 위법성이 조각된다는 피고의 항변에 대하여 판단을 하지 않고 있으나 위에서 본 바와 같이 피고의 항변은 결국 받아들여질 수 없는 것이므로 원심의 판단유탈의 잘못은 판결 결과에 영향을 미친 것은 아니라 할 것이다. 상고이유의 주장은 받아들일 수 없다.

3. 그러므로 상고를 기각하고 상고비용은 패소자인 피고의 부담으로 하기로 관여 대법관의 의견이 일치되어 주문과 같이 판

결한다.

대법관 조무제(재판장) 유지담 강신욱(주심) 손지열

[평 석]

I. 들어가며

피의사실공표죄는 10여 년 전까지 연구논문이 2~3편 정도 발표될
뿐일 정도로 학문적 관심에서는 벗어나 있던 구성요건이었고, 지금도
형법각론 교과서에서 본죄에 대한 별도 항목을 두고 있지 않은 경우
가 많다. 이처럼 본죄는 다른 나라 형법전에서는 찾아보기 힘든 내용
인 피의사실을 공표하는 수사기관 구성원을 직접 형사처벌하는 것이
어서 별도 항목을 두고 있는 형법각론 교과서에서도 행정상 징계로도
족한 것을 형법전에 포함시킨 과도한 구성요건이라는 점을 지적[1]하는
외에는 단어풀이에 가까운 해설이 있는 경우가 대부분이다. 하지만 현
실적으로는 수사기관의 피의사실공표의 폐해를 지적하는 목소리가 존
재했고, 민사판결에서는 여러 차례 직간접적으로 다루어져서 여러 차
례 피고 대한민국의 불법행위 책임을 인정한 바 있다.[2] 지난 10여 년
동안 특징적인 다수의 사건들로 인하여 피의사실공표죄를 둘러싼 논
쟁이 활발해졌고, 최근에도 다양한 사건에서 피의사실공표죄가 관심
의 대상이 되고 있다.[3]

---

1) 이는 최초 제정 당시에도 논란이 되었던 사항이다. 형법제정자료집(1), 한국형
   사정책연구원, 344쪽 이하 변진갑 의원의 발언 내용 참조.
2) 그밖에는 국가인권위원회에 헌법소원으로서 다루어진 사례가 다수 존재한다.
   이러한 점을 보면 수사기관이 기소하지 않아 형사판결이 없을 뿐, 이 규정을
   근거로 꾸준하게 국가인권위원회와 법원이 공권력 행사의 위법을 확인하거
   나, 손해배상의 근거로 적용되었다는 점에서 '死文化' 된 것이라고 단정할 수
   는 없다.
3) 중앙일보, 박태인 기자, 피의사실공표죄 노건평도 피해자 … "법원 판단 받아

이 평석의 대상인 민사판결은 드물게 수사기관의 불법행위책임을 인정한 판결 중의 하나인데 그 취지에도 불구하고 형법적 관점에서는 불충분하거나 대상판결이 의도하지 않았던 불필요한 오해를 불러올 수 있는 부분이 있어 쟁점별로 면밀하게 검토하여 보고자 한다.

첫째 대상판결 참조조문에 형법 제310조가 적시된 것은 타당한가 하는 것이다. 주지하다시피 제310조는 제307조 제1항의 경우에만 적용되는 것으로 조문에 명시되어 있는데, 제126조 위반을 정당화하는 사유로서 확장 혹은 유추적용될 수 있을 것인가 하는 점이다. 물론 대상판결이 민사판결이어서 유추가 허용되고, 형법적으로도 피고인에게 유리한 효과를 가져오는 위법성조각사유의 확장은 허용되는 것이라고 할 수 있지만, 필자의 소견으로는 형법적으로는 피의사실공표죄의 정당화에 있어서는 형법 제20조 정당행위 규정 특히 사회상규의 판단에서 제310조의 취지를 원용할 수 있을지는 모르나, 직접 적용될 수 있는 것은 아니라고 판단되기 때문이다.

둘째 대상판결이 대법원 1999. 1. 26. 선고 97다10215, 10222 판결을 참조하여 설시한 "수사기관의 피의사실 공표행위가 위법성을 조각하는지의 여부를 판단함에 있어서는 공표 목적의 공익성과 공표 내용의 공공성, 공표의 필요성, 공표된 피의사실의 객관성 및 정확성, 공표의 절차와 형식, 그 표현 방법, 피의사실의 공표로 인하여 생기는 피침해이익의 성질, 내용 등을 종합적으로 참작하여야 할 것"이라는 것이 그대로 형사법적 위법성판단기준으로도 타당할 것인가 하는 것이다. 이는 대상판결 [이유] 2의 후반부에서 원고가 '정당행위'를 위법성조각사유로서 주장한 것과 마찬가지로 대법원이 이를 피의사실공표를

봐야 한다", 수정 2019.07.22 14:35; 인천일보, 박범준 기자, 피의사실공표죄 불똥 튈라 ⋯ 사건공개 몸 사리는 인천검경, 승인 2019.08.19; 뉴시스, 이윤희 기자, 김성태 측 "딸 관련 보도 중 검찰 관계자 인용만 500건", 입력 2019.08.29; 한겨레, 김원철 기자, 민주당, 검찰에 불만 쏟아내 ⋯ "피의사실 공표는 적폐행위", 수정 2019.08.28. 21:26; 뉴스1, 윤다정 기자, "입도 뻥긋 마라" ⋯ 조국 수사 '깜깜이' 되나, 수정 2019.08.30. 17:08; YTN, 김도원 기자, 靑 "윤석열 총장, 검찰 피의사실 공표 수사해야", 입력 2019.08.30. 18:45.

정당화할 수 있는 '사회상규' 판단의 기준으로 제시하고 있는 것으로
보이기 때문이다. 참고로 대법원 2018다285274 판결(심리불속행, 선고일
자 불명)[4]의 원심에서는 "원고에 대한 공표 목적의 공익성, 공표 내용
의 공공성, 공표의 필요성이 <u>있다고 하여도</u> 공표의 절차와 형식, 그
표현 방법, 피의사실의 공표로 인하여 생기는 피침해이익의 성질, 내
용 등에 비추어 정당성을 결여한 것으로, 피고 대한민국은 특별한 사
정이 없는 한 소속 공무원인 위 B의 불법행위로 인하여 원고가 입은
손해를 배상할 책임이 있다."는 형식으로 좀 더 구체화되어 있다. 이
러한 표현을 보면 '공표 목적의 공익성, 공표 내용의 공공성, 공표의
필요성'이 피의사실공표의 허용요건이고, '공표의 절차와 형식, 그 표
현 방법'이 형식적 요건, 그리고 '피침해이익의 성질, 내용 등'이 이익
형량되는 것처럼 표현되어 있다. 그러나 형법 제12조 피의사실공표의
위법성조각사유를 이렇게 이해하는 것은 이를 일반 사인의 명예훼손
행위와 유사하게 보는 것으로서 본 조항의 입법취지를 몰각시킬 우려
가 있을 뿐만 아니라, 이러한 민사판결의 기준이 그대로 받아들여질
경우 형법 제126조에도 불구하고 수사기관에 의한 피의사실공표를 지

---

4) 언론중재위원회, 2018 언론관련판결 분석보고서, 제2부 언론 관련 판결 사례,
116쪽에 따르면 "(경찰관) B는 기자인 C가 원고에 대하여 취재를 하고 있다
는 등의 내용을 알면서도 원고에 대한 피의사실을 공소제기 전에 C에게 전
화통화로 말하였고, 이로써 원고의 피의사실이 이 사건 보도를 통하여 방송
되었으므로 원고는 B의 피의사실 공표로 인하여 개인정보자기결정권을 침해
당하였다고 할 것이다."라고 판결요지를 요약하고 있다. 심리불속행이어서 검
색되지 않는 이 사건 원심판결(서울중앙지방법원 2018. 10. 11. 선고 2018나
36945 판결)은 피고 대한민국의 '개인적인 대화를 한 것에 불과하여 공표에
해당하지 않으며 B의 행위에 위법성이 없다'는 취지의 주장에 대하여, '살피
건대, 앞서 든 증거에 변론 전체의 취지를 종합하면, 공표란 불특정다수인에
게 그 내용을 알리는 것이고, 특정한 1인에게 알리는 행위도 이로 인하여 불
특정다수인이 알 수 있을 때는 공표에 해당'한다고 판단하여 <u>경찰관이 기자
1인에게 전화상으로 전달한 것이라도 기사화할 것을 예견하고 하는 경우를
'공표'로 판단하였다는 점에 의의가</u> 있으나, 적어도 위 보고서의 요약에서는
피의사실공표죄의 피침해이익을 '개인정보자기결정권'으로 보고 있다는 점에
서는 매우 의문의 여지가 많은 판결이라고 할 수 있다.

나치게 광범위하게 허용할 여지를 열어두고 있다고 판단된다. 실제로 지난 10년간 검찰이 피의사실공표로 고소된 사건을 기소한 예가 전무하고, 불기소 처분된 내역 중 가장 높은 빈도의 처분 주문은 각하가 111건이고, 혐의없음 91건, 죄가안됨 34건으로 확인된다. 그 대부분의 불기소처분 이유서에는 민사판결에서의 취지와 거의 유사한 사유가 기입되어 있다. 보다 심층적으로 연구하려면 법원이 민사적으로 피의사실공표의 위법성을 인정한 사례 중 고소, 고발이 이루어진 것을 찾아 그 사건을 검찰이 어떠한 사유를 들어 불기소처분 하였는지를 비교, 분석할 수 있었으면 좋았을 것이나, 자료 수집에 한계가 있었다.

II. 피의사실공표죄의 구성요건상 쟁점

1. 개 관

앞서 언급한 바와 같이 본죄의 성격이 독특한 것이고, 특별한 이론적 분석이 드물었기 때문에 형법각론상의 범죄 가운데 명예훼손죄와 유사한 성격으로 파악하는 견해가 과거에 다수 존재했다. 피의사실공표를 통하여 주로 피의자의 명예가 손상되는 결과를 초래하는 면이 있음은 분명하지만, 이러한 이해는 우리 입법자가 제126조를 특별히 규정한 취지를 몰각시키는 것으로 불충분한 이해를 촉발하게 된다. 본죄는 명예훼손죄와는 달리 형법전의 편제상 개인적 법익에 관한 죄가 아니라, 국가적 법익을 침해하는 범죄로서 특히 공무원이 직무상 부여된 권한을 남용하는 범죄들과 함께 규정되어 있다. 그래서 명예훼손죄의 반의사불벌과 같은 피해자의 처분권이 존재하지 않고, 법정형도 행위자를 공직에서 즉시 배제할 수 있을 정도로 대단히 상향되어 있다. 이러한 우리 형법에 고유한 특성에 주목하여 피의사실공표죄 자체에 대한 성격을 분석하지 않고, 명예훼손죄에 유사하게 파악함으로써 본죄의 위법성조각사유를 논함에 있어 너무 쉽게 제310조 유사의 공익성 판단을 거론하게 되는 것이다.

또 하나 본죄의 이해를 어렵게 하는 이유로 짐작되는 것은 본죄의 구성요건적 행위인 피의사실공표 행위가 조문상은 너무도 간략하고 엄격하게 규정되어 있지만, 실은 그동안 우리 사회에서 너무 일상적으로 행하여지던 것이어서 일종의 둔감화 현상이 나타난 것은 아닌가 하는 것이다. 그래서 피의사실공표 행위의 전형적 형상에 대해서도 각자의 인식이 다르게 잡혀 있는 것은 아닌가 한다. 과거에 우리는 간첩단 사건, 비리 사건, 혹은 조직폭력배 사건 등 특정한 대형 사건의 경우에 수사기관 종사자가 실명이 적힌 조직도가 그려진 커다란 판 앞에서 상세하고 친절하게 사건을 해설하던 기억을 가지고 있다. 또 어떤 사건의 경우에는 채 수사가 시작되기도 전에 고위관계자가 엄단 방침을 발표하거나 담화문을 배포하였던 것도 보았다. 지금도 세인들의 주목을 받을 만한 사건이 미디어에 포착되면, 사건의 배경이나 체포된 피의자의 발언 등이 그대로 미디어에 노출되는 것을 보고 있어서 이것이 왜 문제가 되는지 느끼기 힘들기 때문이다.

2. 보호법익

본죄를 제정할 당시에 우리 입법자가 본죄의 보호법익에 대한 숙고가 있었던 것인지는 분명하지 않다. 다만 제정취지를 엿볼 수 있는 '형법제정자료집'[5]을 보면, 우리 형법의 사실상의 실질적 입법자라고 할 수 있는 엄상섭 의원은 "경찰서문 앞에만 가도 당장에 신문에 나

---

5) 이 자료집을 수집하여 간행하신, 신동운 교수께서 지난 형사학대회(5개학회연합학술대회)에서 토론 과정에서 언급하신 바에 따르면, 일본의 '개정형법가안'이 '선거방해'규정을 상세하게 가지고 있는 것처럼, 당시 일본에서 검찰, 경찰 등의 공표가 문제가 되어 논의되었으나 실제 가안에서는 성안되지 않은 것으로 안다고 하신 바 있다(서울대 석사학위 논문에서도 유사한 언급이 있으나 출처가 없다). 엄상섭 의원도 후에 본인이 다시 출마할 때, 지검장을 찾아가서 자신에 관한 수사 사실이 공표되면 안 된다고 엄포를 놓으신 바 있다는 일화를 전하기도 하셨다. 실제 우리 형법 제7장의 규정들은 '개정형법가안'과 너무도 유사한 방식, 법정형으로 규정되어 있다.

고 여러 가지로 말썽이 되어서' … '엎찌러진 물을 다시 주어담지 못하
는 결과가 나서 그 피해자의 취지는 대단히 곤란할 것이다. 이러한 입
장에서 이 조문을 신설한 것입니다."라고 기술하고 있다. 이러한 표현
을 보면 당시 엄의원은 피의사실을 공표당하는 자의 권리침해를 1차
적으로 고려하였던 것으로 볼 여지도 있다. 특히 '신문기자의 탐문기
사 정도가 아니라, 수사관이나 혹은 기타의 권위 있는 사람의 담화발
표로서도 나오고 혹은 권위 있는 사람의 말한 바에 의해서도 나오고'
라는 구절을 보면 구성요건적 행위를 '누설'과 구별하여 '공표'로 삼은
연유를 미루어 짐작해 볼 수 있다. 물론 형법의 해석은 과거 입법자의
의사에 구속되는 것은 아니고, 오늘날의 관념에 따라 충전, 보충되어
야 한다는 점에서 새로운 해석론이 전개되어야 함은 당연하다. 그래서
피의사실공표의 실태와 문제점에 대한 각자의 인식에 따라 다양하게
논의가 전개되고 있다. 본죄의 보호법익에 대해서는 최근에 다양한 견
해가 제시되고 있고, 과거와 같이 본죄를 구체적 피해자의 명예침해
등 인격권으로 보는 견해는 상당 부분 극복된 것으로 보인다.6) 특히
오늘날은 많은 문헌에서 김봉수 교수의 주장처럼 '무죄추정 받을 권
리'와 '공정한 재판'이 가장 유력한 보호법익으로 등장하고 있다.7) 제
정 당시의 입법취지를 훨씬 넘는 것이지만, 형사사법의 현실을 고려하
면 대단히 경청할 만한 주장이다. 특히 헌법상 무죄추정 원칙, 공정한
재판을 받을 권리 등을 강조하는 견해에서는 본죄의 주체를 신분범이
아니라 일반범으로 하여야 한다거나 적용시기도 지나치게 협소한 것
으로 파악하기도 한다.8)

---

6) 본죄의 보호법익을 이렇게 보는 경우 명예훼손죄에서 나타나는 명예권과 알
  권리의 대립구도로. 이 문제를 파악하는 경향이 나타나게 된다.
7) 김봉수, "피의사실공표의 허용한계에 관한 형법적 고찰", 미디어와 인권, 그리
  고 형사법, 제8회 한국형사학대회(5개학회연합학술대회), 2019.6.15. 발표문.
8) 나아가 최근은 변화된 미디어 환경 특히 1인 미디어 시대를 논거로 들어 주
  체의 제한을 완전히 삭제함으로써 '누구든지' 피의사실을 공표하는 것을 금지
  하여야 한다거나, 공정한 재판을 보호법익으로 보는 경우 '공소제기 전까지'
  라는 시기적 세한을 해제하여 논리적으로는 판결이 확정될 때까지 피의사실

그러나 제126조를 이렇게 무죄추정 원칙, 형사사법의 공정성과 같은 헌법상 기본권과 제도보장을 직접 보호하는 형법 규정으로 이해하게 되면, 제126조는 제138조(법정 또는 국회회의장 모욕)처럼 제8장 공무방해의 죄에서 규정되고 있지 않다는 점에서 체계적 위치 설정도 잘못되어 있고, 문언적으로는 너무 협소한 언어적 한계를 가지고 있어서, 곧바로 '과잉보호' 혹은 '과소보호'에 해당한다는 비판에 직면하게 된다. 즉 우리 헌법 제27조 제1항에 공정한 재판의 이념이 내재되어 있다고 보면 그 대상은 '모든 국민(사람)'이고, 동조 제4항 무죄추정의 경우에는 '형사피고인'으로 규정되어 있는데, 형법 제126조는 피고인이 되기 이전 단계인 '피의자의 피의사실'만을 보호하고 있는 이유를 해명하여야 한다. 또한 무죄추정과 공정한 재판을 받을 권리를 철저히 보호하여야 한다면, 구체적 개인으로 식별될 수 있는 '용의자 단계부터 유죄의 재판이 확정될 때까지' 피의사실의 공표는 금지되어야 마땅할 것이나, 제126조는 '공소 제기 전까지' 금지하고 있을 뿐이므로 대단한 '과소보호'라고 보아야 한다.

또한 이렇게 보면 우리 헌법의 체계와 문언상 수사기관 뿐만 아니라, 법원을 포함한 모든 국가기관 그리고 모든 국민이 타인의 기본권을 존중하여야 할 의무를 지는 것이므로 이를 헌법 제37조 제2항에 따라 '법률로써' 허용하는 경우가 아닌 한, '유죄의 판결이 확정될 때까지는' 수사기관 종사자의 행위 뿐만 아니라 모든 국민들이 준수해야 하는 것이므로 어떠한 범죄 관련 보도와 사적 SNS도 금지되어야 한다고 주장해야만 한다. 나아가 현행법상 다수 존재하는 범죄가 아닌 행정상 위법사실의 조사 결과나, 행정법적 제재의 일종인 '법 위반 사실의 공표'까지도 그 위반 사실에 대하여 형법이 규정되어 있는 경우에는 유죄의 확정 판결이 선행하는 경우가 아니라면, 장차 공정한 재판을 받을 권리를 침해하게 될 가능성이 있으므로, 철저하게 금지되어야만 한다는 논리에 이르러야 한다.

공표를 금지하려는 것이다.

이러한 견해들은 종래와 달리 본죄의 취지를 높이 평가하면서 보다 강화하려는 취지라는 점에서는 긍정할 만한 것이고, 향후 공정한 재판 보장을 위한 법률의 제정시에 반영되어야 할 것이지만, 이는 현행 형법 제126조의 입법취지를 넘는 것일뿐더러, 현재의 제126조를 제대로 적용하는 데에는 불필요한 논의를 촉발시킨다는 점에서 적극적으로 찬동하기는 힘들다. '보호법익론'은 그 기능 중의 하나가 그 법익이 형법적 보호의 필요성이 있는가는 뒷받침하는 것과 함께 당해 행위가 보호법익 침해의 가능성이 없는 경우에 이를 형법적 불법에서 배제하는 기능도 수행한다. 무죄추정이나 공정한 재판만을 본죄의 보호법익으로 보는 경우에는 당해 피의자가 자백하고 완전하게 자유로운 의사로 충분한 증거관계에 동의한 경우 혹은 현행범과 같이 진범임에 분명한 자에 대한 증거관계가 뒷받침되는 공표처럼 재판의 공정한 결과에 영향을 미치지 않을 것으로 보이는 공표행위나, 친고죄에서 피해자의 고소 철회가 있는 등 불기소처분이 내려지는 경우처럼 소추조건이 갖추어지지 않아 형사재판이 개시될 가능성이 없는 경우의 공표도 처벌되어야 하는 이유를 설명하기 힘들어 보인다.

우리 제정 헌법에는 현행 헌법 제27조 제4항이 규정하는바 '무죄추정' 원칙은 규정되지 아니하였다.[9] 제정 과정에서의 논의 과정을 보

9) 제정 대한민국헌법 [헌법 제1호, 1948. 7. 17., 제정]
제22조 모든 국민은 법률의 정한 법관에 의하여 법률에 의한 재판을 받을 권리가 있다.
제23조 모든 국민은 행위시의 법률에 의하여 범죄를 구성하지 아니하는 행위에 대하여 소추를 받지 아니하며 또 동일한 범죄에 대하여 두 번 처벌되지 아니한다.
제24조 형사피고인은 상당한 이유가 없는 한 지체없이 공개재판을 받을 권리가 있다. 형사피고인으로서 구금되었던 자가 무죄판결을 받은 때에는 법률의 정하는 바에 의하여 국가에 대하여 보상을 청구할 수 있다.
대한민국헌법[헌법 제9호] 제26조 ① 모든 국민은 헌법과 법률에 정한 법관에 의하여 법률에 의한 재판을 받을 권리를 가진다.
② 군인 또는 군무원이 아닌 국민은 대한민국의 영역 안에서는 중대한 군사상 기밀·초병·초소·유해음식물공급·포로·군용물·군사시설에 관한 죄 중 법률에 정한 경우와, 비상계엄이 선포되거나 대통령이 법원의 권한에 관하여

면 당시 수사기관의 행태로 인한 문제를 지적하고는 있지만, 형법 제
126조의 제정되던 1953년 당시를 기준으로 보면 이 규정이 본래부터
헌법상 무죄추정 원칙을 직접적 보호대상으로 삼았다고는 볼 수 없는
것이다. 나아가 우리 헌법상 무죄추정 원칙이 당해 사건의 법관에게
적용되는 것임은 분명하지만, 수사기관, 미디어 종사자, 일반국민 등
우리 헌법의 모든 수범자에게 동일한 수준으로 적용되어야 하는 것인
지 여전히 불분명하며, '유죄의 판결이 확정될 때까지' 적용되어야 할
헌법상 무죄추정 원칙에도 불구하고 수사기관이 충분한 증거를 확보
하여 유죄의 확신을 얻은 경우라도 '공소제기 전'까지만 피의사실공표
가 금지되는 것인지를 설명하기도 힘들다.

또한 제정 형사소송법 [법률 제341호, 1954. 9. 23.] 제198조(주의사
항)는 "검사, 사법경찰관리 기타 직무상 수사에 관계있는 자는 비밀을
엄수하며 피의자 또는 다른 사람의 인권을 존중하고 수사에 방해되는
일이 없도록 주의하여야 한다."고 규정하여 현행 형사소송법 제198조
제2항의 규정만 존재하였다.[10] 당시 규정에서 피의사실공표죄의 보호
법익을 찾으려 할 때에는 수사상 비밀 엄수, 피의자 등의 인권, 수사
방해 등을 본죄의 보호법익으로서 검토할 수 있었을 것이고, 과거의
교과서에서는 이를 열거하고 있다. 그러나 이러한 수사상 비밀, 인권
보호, 수사방해금지와 같은 것도 부분적으로는 본죄를 통하여 보호되
는 것이지만, 수사기관이 수사의 대상이 된 자에 대하여 사건과 무관

비상조치를 한 경우를 제외하고는 군법회의의 재판을 받지 아니한다.
③ 모든 국민은 신속한 재판을 받을 권리를 가진다. 형사피고인은 상당한 이
유가 없는 한 지체없이 공개재판을 받을 권리를 가진다.
④ 형사피고인은 유죄의 판결이 확정될 때까지는 무죄로 추정된다.
10) 현행 형사소송법 제198조(준수사항) ① 피의자에 대한 수사는 불구속 상태에
서 함을 원칙으로 한다. ② 검사·사법경찰관리와 그 밖에 직무상 수사에 관
계있는 자는 피의자 또는 다른 사람의 인권을 존중하고 수사과정에서 취득한
비밀을 엄수하며 수사에 방해되는 일이 없도록 하여야 한다. ③ 검사·사법경
찰관리와 그 밖에 직무상 수사에 관계있는 자는 수사과정에서 수사와 관련하
여 작성하거나 취득한 서류 또는 물건에 대한 목록을 빠짐없이 작성하여야
한다.

한 주변적 사실을 공표함으로써 수사를 유리하게 이끌려고 하는 경우 등 다양한 형태의 피의사실공표 행위의 폐해를 모두 담기에는 부족한 것으로 보인다.

공정한 재판에 법정 밖에서 공정한 재판에 부당한 영향력을 미칠 수 있는 행태들에 대해서는 장차 사건관련자들의 인권과 공정한 재판 보장을 위하여 범죄보도에 관한 법률로서는 규율되어야 할 필요성이 높지만, 이것을 곧바로 제126조의 직접적 보호법익으로 삼는 것은 무리한 것으로 보인다. 현 시점에서 제126조의 충실한 적용을 위해서는 보호법익을 너무 크게 잡기 보다는 문언에 충실하게 수사관련자들에 대한 특별한 의무범죄로 이해하는 것이 어떨까 한다. 즉 우리 형법 제 126조는 피의사실공표가 초래할 부당 혹은 정당한 결과와는 절연되어 수사관련자에 의한 공소제기 전의 피의사실공표 행위 그 자체로서 그 구성요건해당성이 충족된다고 보아야 한다.

3. 주 체

우리 형법 제126조는 '검찰, 경찰 기타 범죄수사에 관한 직무를 행하는 자 또는 이를 감독하거나 보조하는 자'로 본죄의 주체를 제한 하고 있다. 일부 견해에서는 SNS 등을 고려한 일반범으로의 확장을 논하기도 하는데, 이렇게 되면 일반 시민의 표현의 자유와 충돌하게 되고, 특히 최근 증가하고 있는 피해자(라고 주장하는 자)에 의한 피해 사실 공표까지도 본죄의 범주에서 다루어야 하게 된다는 문제와 맞닥 치게 된다. 거명된 자에 대한 명예훼손의 관점에서 공표의 파급력 등 에서는 유사하지만, 이를 국가 수사기관의 공표 및 그게 따른 기사화 의 경우와는 그 신뢰성 수준에서 차이가 있어서 완전하게 동일하게 취급하는 것은 문제가 있다. 필자의 이해에서 피의사실공표는 수사기 관+언론이라는 이중의 권위에 뒷받침되고 있기 때문에 그 폐해가 개 인에 의한 대량정보전달의 경우와는 급을 달리하는 것으로 여겨진다.

물론 본죄의 주체가 다소 협소하다는 점에는 동의하는데 몇 가지 경우에는 본죄의 주체가 될 수 있을지 생각해볼 여지가 있다. 특히 현실적으로 직접 문제가 되는 것은 공소제기 전 각종 영장청구, 발부 과정에서 관여하는 판사나 법원직원 등을 '기타 범죄수사에 관한 직무를 행하는 자 또는 감독하거나 보조하는 자'로 볼 수 있을까 하는 문제제기가 일부에서 이루어지고 있다. 다만 법원 자체의 강령으로서 이를 금지하고 있으나, 이러한 법원 내부의 행정적 제한을 본죄를 적용하는 것과 동일시할 수 있을 것인가의 문제는 남는다. 또한 이를 특별히 논의하는 경우는 없으나, 법무부 장관은 '감독하는 자'로 볼 수 있을 것이나, 그 하위직으로서 수사관련자가 아닌 법무부 직원은 감독자를 보조하는 자이지, 수사직무를 행하는 자를 보조하는 자는 아니어서 해석상의 문제는 남는다. 그렇다면 대통령 비서실의 민정수석처럼 법률적 의미의 '감독'은 아니지만, '보고', 혹은 '협의'를 받을 수 있는 자들은 어떻게 보아야 할까? 또 하나 아직 문제가 제기된 바 없지만 생각해볼 수 있는 것은 각종 행정기관이 행정조사를 통하여 획득한 사실을 '고발'하면서 공표하는 경우를 어떻게 파악하여야 할 것인지, 특히 그 기관이 특별사법경찰로 지명받은 자들을 통하여 수사한 경우에 문제가 될 수 있을 것이다. 이들에 대해서는 법무부 훈령과 같이 공보를 허용하는 근거가 될 수 있는 규정은 없다.

간과할 수 없는 공범 문제

피의사실 공표에 따라 이를 보도한 기자를 공동정범으로 보아야 한다는 필자의 이전 논문에서의 주장에 대하여 여러 차례 비판 받은 바 있다. 표현이 불분명하였던 것이 있는데, 이를 보도한 자 모두를 피의사실공표의 공동정범으로 보아야 한다는 것이 아니었다. 단순히 수사기관의 공표를 받아 보도한 기자는 출판물에 의한 명예훼손죄 성립에 대한 일반적 논의로 충분하다. 그러나 피의사실공표 유형 중에 특히 특수수사 등에서 수사에 착수하거나 확대하기에 불충분한 자료 밖에 없을 때, 일부 검사가 특정 기자에게 일정한 정보를 제공하고 이를 기사화하면 이를 받아서 이를 기정 사실화하여 수사 착수, 확대의 근거로 활용하는 행태가 있다. 이때 당해 수사에 관여한 자가 아니면 도저히 알 수 없는 정보가 기사화되지만 이러한 기사 자체에서 출처를 수사과장, 담당검사, 차장검사 등 특정인으로 명시하는 경우는 없고 대부분 '경찰, 검찰 관계자'로 표현한다. 특정인에게 발설하는 경우에도 그 상대방이 기자거나, 이를 기사화할 수 있는 정황을 알고 있는 경우에는 이를 공표로 보아야 한다는 관점에서 실제로 이를 피의사실공표죄로 수사한다고 할 때, 기자를 공동정범으로 보지 않으면 이를 수사할 방법이 없다는 점을 고려한 주장이었다. 이러한 형태의 피의사실공표라면 이에 적극가담한 기자라도 본죄의 신분범성 때문에 단순 참고인에 불과한 것으로 본다면 그에게 이 사실을 알린 자를 확인하여 수사할 방법이 없지 않을까 하는 것이다. 더구나 미디어 종사자에게는 '취재원 비닉권'(-秘匿權, Protection of sources)이 있다는 주장도 존재하고, 실제로 수사, 재판 과정에서 미디어나 기자가 취재원 비닉권을 주장한 예가 다수 있다. 명예훼손의 책임만을 묻는 경우에는 미디어나 기자가 스스로의 책임을 면하기 위하여 취재원의 신뢰할만함을 항변하는 과정에서 수사기관 종사자의 실명이 공개될 수 있지만, 자신은 참고인에 불과한 피의사실공표죄 수사과정에서는 누가 자신에게 피의사실을 전달하였는지 밝힐 이유, 수사에 협조할 이유조차 없기 때문이다.

4. 피의사실

"일반적으로 '피의사실'이라 함은 수사기관이 혐의를 두고 있는 범죄사실을 의미하는데, 법현실에서는 고소장, 고발장, 범죄인지서, 사법경찰관작성 의견서, 긴급체포서, 체포영장, 구속영장, 압수·수색·

검증영장 등에 기재된 범죄사실이 이에 해당한다. 그리고 제126조를 특수직무범죄로 이해하는 현행 해석론은 이를 '직무를 행함에 있어서 알게 된 피의사실', 즉 직무행위 자체는 또는 외형상 직무행위를 통해서 지득한 사실도 포함한다"는 견해가 있다.[11] 이처럼 실무상 관련 개념을 활용하여 '피의사실'의 범위를 엄격하게 해석하는 경우 오히려 그 폐해가 더 크다고 할 수 있는 피공표자에 적용될 혐의 밖의 사실 — 내연관계나, 가족 등의 비위사실 등 — 에 대한 공표 문제가 본죄의 적용 영역에서 배제된다. 또 이러한 사실들은 '업무상 비밀'이라고 보기에도 힘들다.

이론적 정밀함은 자신할 수 없지만, 심정적으로는 본죄의 해석에서 '피의사실'의 범위를 지나치게 제한적으로 보아서는 안 된다고 판단된다. 왜냐하면 본죄의 해석에서 '재판의 공정성'에 지나친 무게를 두는 경우에는 재판에서 심판 대상이 될 공소사실에 관련된 사실로 피의사실의 범위가 좁혀지겠지만, 오히려 구체적 피해자의 신용 및 명예 훼손을 고려하는 경우에는 수사기관이 (그 권위를 빌어) 수사단계에서 공표하는 피의자 관련 사실을 대상으로 보아야 피공표자를 두텁게 보호할 수 있다.[12] 당연하게도 피의사실의 범위는 수사과정에서 유동적으로 변할 수 있는 것이고, 기소편의주의 하에서 얼마든지 공소사실에서 배제될 수 있는 성질의 것이다. 또 직접적 논거가 될 수는 없지만, 국감법 등에서도 '수사 중인 사안'이라는 포괄적 형태로 조거거부 사유를 규정하고 있다는 점에서 공표가 금지되는 피의사실의 범위는 굳이 기소의 대상이 되는 사실에 한정할 필연성은 없다. (불편하게 느끼실 분도 있겠지만 극단적인 예를 들자면, '논두렁 시계'는 해당 피의자와

---

11) 이원석, 알 권리와 피의사실공표죄의 관계, 해외연수검사연구논문집, 제21집 제2호, 법무연수원, 2006.

12) '지득'의 시점이 중요한 것도, 해당 수사과정에서 '지득'하였을 것임도 중요하지 않다고 판단된다. 지금은 해체되었다고 하지만, 검찰도 소위 '범정'을 운영한 바 있고, 다른 수사기관 중에는 매우 막강한 '정보'수집기능을 수행하는 경우도 있기 때문이다. 역사적으로는 기소나 처벌을 이 중요하지 않은 '망신주기' 수사도 익히 경험한 바 있다.

관련해서는 아직 혐의사실로 볼 수 없는 것이었다. 송두율선생 사건은 기소
도 이루어지지 않았다.) 피의사실의 구체성은 제시된 사실들이 수사과
정에서 알게 된 사실로서 특정 피의자와 연결될 수 있는 것에 해당한
다면 그 자체로서 그 피의자의 범죄사실을 구성하지 않더라도 여기에
서의 피의사실에 해당한다고 보아야 한다. 참고로 불기소처분 이유 중
에는 내사 중인 사실이어서 '피의사실이 아니라'고 판단한 예도 있다.

또 하나 언급해야 할 것은 '의견 표명'의 문제이다. 제126조는 그
문언에서 '피의사실'의 공표를 금지하고 있다. 그런데 명예훼손죄에서
는 사실의 적시와 달리 의견의 표명은 구성요건해당성이 없는 것으로
보고 있다. 그렇다면 본죄에서도 사실의 공표만 금지되는 것으로 보
고, 수사관련자의 의견 표명은 허용되는 것으로 보아야 하는가? 증거
가치 판단이든, 혐의관련 의견이든 피의사실과 관련되는 한, 의견의
표명도 금지되어야 하는 것으로 판단된다. 법무부 훈령에서는 이를 공
개금지대상으로 본다.

5. 공 표

네이버 국어사전에서는 "공표(公表) [명사] 여러 사람에게 널리 드
러내어 알림. '공개 발표', '발표1'로 순화"라고 알려주고 있다. 그래서
과거 필자는 주로 '중간수사발표'라는 공식적 공표를 중심으로 논문을
발표한 바 있다. 그러나 거기에서도 언급한 바와 같이 특수한 경우가
아니면, 수사기관도 대부분 피의사실공표를 의식하고 있기 때문에 '공
식적 발표'라는 형태를 취하지는 않고, 경찰은 송치시에, 검찰의 경우
에는 공식적 '보도자료'는 공소제기일에 맞추어 엠바고가 걸린 형태로
배포하고 있다.

이처럼 공표라는 말 자체가 정식의 절차를 거친 것을 전제로 하
는 공식적 발표라는 의미인데, 민사판결에서는 이러한 절차를 거치면
마치 위법성이 조각되는 것처럼 판시되고 있어서 본죄가 규정하는 바

공소제기 전까지의 원칙적 금지조차 공식적 발표형태라면 허용되는 것 같은 오해를 유발하고 있다.[13] 또한 일부 견해와 같이 수사관련자가 어떠한 형태로든 그 사실을 알 권한이 없는 외부인에게 피의사실을 알리는 모든 행위를 공표라고 보게 되면 이를 누설과 동일시하는 것인데, 이는 몇 가지 문제를 발생시킨다. 다른 범죄가 있어서 고소인인 그 범죄의 피해자에게 수사기관이 범인에 대한 수사 진행상황을 알려준 경우나 혹은 출석에 불응하고 소재불명인 피의자를 탐문하는 과정에서 이러이러한 범죄로 수사 중 이라는 사실을 주변인에게 알린

---

13) 평석대상판결의 밑줄부분 참조. 다수의 개별 특별검사법에서 중간수사발표와 유사한 규정이 있으나, 피의사실 자체를 공표하는 것은 형식적으로는 금지되어 있다. '옷 로비' 사건 특별검사에 대한 기소유예 처분 이후의 개별 특검법에는 제8조 정도에 거의 일률적 형태로 1회에 한하여 특별검사의 중간수사발표를 허용하고 있다. 삼성 비자금 의혹 관련 특별검사의 임명 등에 관한 법률[법률 제8668호, 2007. 12. 10. 제정] 제8조(특별검사등의 의무) ③ 특별검사등과 제6조제4항에 따라 파견된 공무원 및 특별검사의 직무보조를 위하여 채용된 자는 제9조제3항·제4항 및 제11조에 따른 경우를 제외하고는 수사내용을 공표하거나 누설하여서는 아니 된다. 다만, <u>특별검사는 수사완료 전에 1회에 한하여 중간수사결과를 발표할 수 있다.</u> 다만 박근혜 정부의 최순실 등 민간인에 의한 국정농단 의혹 사건 규명을 위한 특별검사의 임명 등에 관한 법률[법률 제14276호, 2016. 11. 22. 제정] 제12조(사건의 대국민보고) 특별검사 또는 특별검사의 명을 받은 특별검사보는 제2조 각 호의 사건에 대하여 국민의 알권리 보장을 위하여 <u>피의사실 외의 수사과정에 대하여 언론브리핑을 실시할 수 있다.</u>고 규정하여 피의사실에 대한 브리핑을 배제하는 대신, 언론브리핑 횟수 제한이 없다. 드루킹의 인터넷상 불법 댓글 조작 사건과 관련된 진상규명을 위한 특별검사의 임명 등에 관한 법률[법률 제15622호, 2018. 5. 29. 제정]도 같은 형식으로 규정되어 있다.

반대로 특별검사의 임명 등에 관한 법률[시행 2014. 6. 19.] [법률 제12423호, 2014. 3. 18. 제정] 제9조(특별검사 등의 의무) ③ 특별검사등과 제7조제4항에 따라 파견된 공무원 및 특별검사의 직무보조를 위하여 채용된 자는 제10조제3항·제4항(수사기간 연장을 위한 대통령 보고임), 제12조(불기소, 기소 결정, 판결이 확정되었을 경우 대통령과 국회에 대한 서면 보고) 및 제17조(회계보고 등)에 따른 경우를 제외하고는 정당한 사유 없이 수사내용을 공표하거나 누설하여서는 아니 된다. 제22조(벌칙) ③ <u>특별검사등이나 제7조제4항에 따라 파견된 공무원 또는 특별검사의 직무보조를 위하여 채용된 자가 제9조제3항을 위반하여 직무상 알게 된 수사내용을 공소제기 전에 공표한 때에는 3년 이하의 징역 또는 5년 이하의 자격정지에 처한다.</u>

경우 피의사실공표라고 보아야 할 것인가 하는 것이다.[14]

하지만 이러한 행태는 공무상비밀누설이나, 명예훼손의 문제로 다루어져야지 피의사실공표의 문제로 다루어져서는 안 된다. 즉 공표 행위는 수사관련자 스스로의 공개적 의사표명 내지 보도될 정황임을 알면서 기자나 그 전달자에게 알리는 것처럼 단순한 '적시', '누설'을 넘어서는 행위에 이르러야 한다고 보아야 한다. 이러한 측면을 불기소 처분 이유 등에서는 공표행위의 고의 없음의 문제로 다루고 있다. 문제는 '공표'가 아닌 '구두공보' 혹은 '백 브리핑'이라고 불리는 비공식 적 티타임 등에서의 사건 설명 등을 어떻게 볼 것인가 하는 것이다.

6. 소 결

피의사실공표죄가 그동안 학문적 논의의 중심에서 벗어나 있었고, 형사법원에서 판결을 통한 유형화, 구체화가 이루어진 바가 없기 때문에 여전히 애매하고, 모호한 부분이 있는 것은 사실이다. 이러한 부분은 치열한 학문적 논의 과정에서 구체화되어야 할 것이다. 그러나 필자의 판단에 더 큰 문제는 위법성조각사유의 문제로 보인다. 본죄의 문언이 비교적 단순하기 때문에 구성요건해당성의 충족 여부에 대한 판단이 비교적 용이하지만, 그래서 오히려 본죄의 불법을 판단하는 중점이 위법성조각사유를 어느 정도로 인정할 수 있을 것인가 문제에 실리게 된다. 그 경우에 현실적으로 문제가 되는 것이 그동안 민사판결에서 설시되어온 판단기준을 형사판결에서 원용하는 것이 타당한가 하는 문제이다. 학계의 치열한 논의를 통해 별도의 정당화 사유가 명시된 법률이 제정될 수도 없다면, 본죄의 허용구성요건에 대하여 사실 상 법원에 모든 것을 맡겨두는 결과가 발생할지도 모른다.

---

14) 전자는 피의사실공표로 고소된 사건이고, 후자는 헌법소원청구된 사안이다. 물론 이러한 경우는 명예훼손으로서는 충분히 구성요건해당성이 있다. 유사사안으로는 전북대 총장선거 후보자에 대한 수사가 이루어지고 있다는 경찰관의 전화를 받은 교수 중 일부가 이러한 전화 받은 사실을 기자회견한 사안이 있다.

Ⅲ. 피의사실공표죄의 위법성조각사유

1. 개 관

교과서적 설명으로는 '위법성'은 민사, 형사의 구별 없이 법질서 전
체의 관점에서 내리는 무가치 판단으로 설명된다. 대상 민사판결에서도
양자의 위법성 판단을 구별하지 않고 판결문에서 설시하고 있다.15) 그
러나 대상 판결의 취지 가운데에 분명히 경청할 것도 있지만, 이를 그
대로 형사법적 판단에서 원용할 수 있는 것은 아님에도 이 민사판결의
설시내용이 실무가들이 작성한 상당수의 논문에서 그대로 형사법적인
위법성조각사유의 판단기준으로서 제시되고 있어서 일부 오해를 유발
하고, 검찰 내부적으로도 그간 피의사실공표행위에 대한 불기소처분의
이유에서 이 기준을 활용하고 있어서 법원이 설시한 위법성조각사유를
'죄가 안됨'의 사유로 삼는 것으로 보인다. 또한 주의하여야 하는 것은
관련된 민사판결의 대다수의 사례들이 대한민국을 피고로, 피의사실공
표를 청구원인으로 하여 제기된 소송이 아니고, 수사기관의 피의사실공
표 행위에 기하여 이를 보도한 언론의 기사를 문제삼아 기자와 언론사
에 대하여 불법행위를 원인으로 한 손해배상을 청구한 사안에 부수하
여 본죄의 위법성조각사유에 관한 설시가 이루어진 것이라는 점이다.

개괄적으로 보자면 민사판결에서 설시된 본죄의 위법성조각사유
의 판단은 본조의 특성에 대한 면밀한 분석 없이 지나치게 넓은 허용
범위를 설정하게 되는 것은 아닌지, 반대로 법원의 태도 여하에 따라
서는 만능열쇠처럼 사용되는 사회상규 해석론을 경유하여 대단히 협
소한 예외만을 인정할 수도 있다. 이러한 가능성은 법원이 형법 제20
조 '기타 사회상규에 위배되지 아니하는 행위'의 판단 기준 설정 및
그 적용 여부를 통하여 비판 받은 것과 동일한 문제의식이다.16) 여하

---

15) 물론 민법 제750조 의 '불법행위'와 형사법적인 '불법'은 구별되는 개념임은
당연하다.

16) 김성돈, 한국 형법의 사회상규기능조항의 기능과 형법학의 과제, 성균관법학
제24권 제4호, 2012, 특히 266쪽, 272~277쪽 참조; 김성돈, 한국 형법의 사회상

튼 너무 성급하게 사회상규의 논의에 들어가기 전에 형법적 분석을
통하여 본죄의 특성에 따라 독자적으로 위법성조각사유를 검토할 필
요가 있다.

2. 일반적 위법성조각사유의 적용 가능성

형법 제20조를 제외한 나머지 위법성조각사유들의 적용가능성을
간략하게 검토하여 본다.

이전에 필자는 명예훼손죄에서 예외적으로 즉시반박의 형태로 정당
방위가 허용될 가능성이 있음을 주장한 바 있다. 그러나 피의사실공표
죄의 경우에는 행위주체가 국가기관으로서 물리적 체포까지도 가능한
권한을 부여받은 수사기관이므로 자신의 피의사실공표를 정당방위를 원
용하여 정당화할 경우를 상상하기 힘들다. 마찬가지로 재산적 청구권에
대하여 인정되는 자구행위도 적용될 여지는 없는 것으로 보인다.

긴급피난은 예외적으로 가능하다고 판단된다. 임박한 추가적 피
해를 방지하기 위한 긴급성이 있는 경우 공소제기 전에 피의자와 피
의사실을 공표하는 것은 허용된다. 나아가 피의자 본인을 위해서 그가
피의자가 아님을 공표하는 형태로 피의사실공표가 허용되는 경우도
있을 수는 있다.

피해자의 승낙에 의한 정당화 문제도 본죄를 명예훼손죄와 유사
한 무엇으로 본다면 '처벌불원'의 의사표시와 유사한 취지로 이를 긍
정할 수 있겠지만, 본죄를 수사관계자의 특별한 형법적 금지를 규정하
는 것으로 보는 경우에는 이를 부정하는 것이 타당하다. 나아가 본죄
가 국가적 법익 침해이므로 피해자인 국가가 허용조건을 정하면 피해
자의 승낙처럼 논리구성할 수는 있겠으나, 이는 본조의 취지를 몰각시
키는 것이라고 할 수 있다. 또한 수사기관의 피의사실공표행위의 피해

규조항의 계보와 그 입법의 의의, 형사법연구, 제24권 제4호, 27~31쪽에서는
사회상규 규정을 처벌 긍정, 부정의 이중잣대로 활용하는 의심이 있음을 지
적하고 있다.

자에는 피의자 등 수사의 대상이 되는 자뿐만 아니라, 피의자에 의해 선행하여 저질러진 이전 범죄의 피해자도 포함된다고 보아야 한다. 살인사건 등의 극초기에 체포된 피의자가 자신의 범행원인 내지 동기를 진술한 것을 수사기관이 그대로 미디어에 제공하여 기사화 되면, 이미 사망한 살인피해자와 그 가족들의 인격권도 손상되는 것이기 때문이다.17)

3. 형법 제20조에 의한 정당화 여부(사회상규 위반 여부 제외)

가. 법령에 의한 행위

특강법, 성폭력법 등에 소위 '신상공개' 제도가 법률적으로 규정되어 있으므로 이를 법령에 의한 행위로 볼 수는 있다. 법원에 의한 어떠한 판단도 없이 개별 수사기관의 판단만으로 신상공개를 허용하는 이 규정의 위헌성은 별도로 검토되어야 하겠지만, 분명한 것은 당해 법률에 규정된 사항 이외의 공개는 이 법률 규정에 의하여 정당화될 수 없는 피의사실공표로 보아야 한다는 것이다. 또한 법무부, 경찰청의 내부 기준을 정한 준칙 형태의 지침이 있으나, 이들 준칙은 부령이거나 훈령 형태로서 해당 기관 소속 내부자에 대한 복무지침일 뿐이므로, 당연히 법체계적으로도 형법상의 법률적 금지를 허용할 수 있는 형법 제20조에서의 '법령'으로 볼 수 없으므로 형법적 불법을 조각할 수 있는 근거가 될 수 없다. 민사판결에서 피고가 이 준칙 등을 원용하고 법원이 그 당부를 판단한 예도 찾아보았으면 좋았을 것이나, 이를 찾지는 못하였다.

나. 업무로 인한 행위

상당부분 사회상규의 판단과 중첩되는 것이지만, 이미 수십여 년 동안 수사기관은 피의사실공표를 행하여 왔고, 각 기관 내부 지침에 따라 공보관, 공보담당자가 규정되어 있다는 점에서 이를 '업무'로 볼

---

17) 최근의 예로는 모텔종업원인 피의자가 토막살인을 저지르고 피해자가 모텔비 4만원을 주지 않고 모욕하여 살인하였다고 진술한 것이 그대로 기사화된 바 있다. 그 기사의 댓글에서 피해자는 죽어서도 모욕 받고 있다.

수 있을 것인가 하는 의문도 있을 수 있을 것이다. 아무리 반복적으로 행하여져 왔더라도 사회상규는 불법적 관행을 포함할 수는 없다. 다만 법률이 허용하는 체포를 위한 수색, 압수 등 수사방법을 집행함에 있어 외부자에게 피의사실을 알린 경우 업무로 인한 행위로 정당화될 수 있다는 견해[18]도 있으나, 필자는 이러한 사례처럼 미디어와 관련되지 않은 피의사실 적시의 경우는 '공표'가 아니라고 보므로, 이는 피의사실공표가 아니라, 명예훼손이나 공무상비밀누설행위의 정당화사유라고 보는 것이 타당하다고 판단한다.

Ⅳ. 민사판결에서의 위법성조각사유 판단의 문제점

1. 명예훼손죄 이론의 유추?

가. 형법적 불법에서의 본질적 차이

많은 문헌에서 제126조 위반의 해석에 있어서 명예훼손죄의 해석론과 지나치게 유사한 입장을 취하는 경우가 있다. 그러나 이러한 해석론은 국가적 법익침해 범죄 중에 공무원의 직무범죄로 규정된 본죄의 취지를 외면하는 것이다. 개인적 법익 침해범죄인 단순 폭행에 대하여 제125조의 폭행, 가혹행위죄를 규정한 취지처럼, 이 죄도 구체적 피해자에 대한 "신용유지, 명예유지에 곤란"을 초래하는 침해지만, 수사기관 종사자에 의해 저질러지는 경우 개인적 법익 침해를 넘는 국가적 법익의 침해가 더해진다는 점에서 그 성격을 달리하는 것으로 보아야 하므로 독직폭행을 규정한 제125조에 단순 폭행 등에서 인정되는 반의사불벌이 적용되지 않는 것처럼, 이 죄에서도 명예훼손죄와 달리 반의사불벌 규정이 적용되지 않는 이유가 될 수 있다. 주로 언론관련 다수 문헌에서 본죄의 위법성조각사유로서 사회상규의 해석론처럼 설시하고 있는 제310조 유사의 해석론은 근거를 찾기 힘든 것이다.

---

18) 서아람, 수사기관의 피의사실공표 - 피의사실공표죄와 처벌의 당위성을 중심으로, 우리법연구회 논문집 제7집 2010~2017(2/2), 322쪽.

법무부가 1992년 형법 개정안에서 본죄에 대하여 이러한 취지의 입법을 시도하였으나 받아들여지지 않았다.

　나. 수사관련자에게 수사 중인 사항에 대한 표현의 자유는 없다.

　형법적으로도 수사기관이 '기밀', '비밀' 등에 대해서는 알려야할 의무도 없을뿐더러, 반대의 의무만 있을 뿐이다. 또한 제126조의 경우는 비밀, 기밀과는 달리 일반 시민이든, 기자든 스스로 탐지하여 공표하는 것을 막는 조문이 아니다. 기본적으로 미국에서 발전된 알 권리 이론은 국가기관에 대한 청구권인데, 아직은 확정되지 아니 한 수사 중인 사실에 대하여 '호기심', '관음증세'를 충족시키기 위한 관심까지 '일반 국민의 정당한 관심사'로 보아 청구권까지 인정할 수는 없다.[19] 현재의 실태는 공안사건이나 정치적 사건의 경우가 아니라면, 이러저러한 경로로 기자가 탐지하거나, 추측한 사실을 경찰, 검사에게 문의하거나, 넘겨짚은 후 이를 '경찰 관계자, 검찰 관계자에 따르면'이라는 인용표시를 함으로써 기사 내용에 권위를 부여하고, 단독 취재에 따르는 민형사상 책임을 회피하는 수단으로 활용하는 경우가 대부분이다. 본죄의 입법취지처럼 수사기관이 그 권위를 빌어 권한을 남용하는 것[20]을 1차적 규율대상으로 하는 본죄의 해석은 개인이 표현의 자유를 가지는 영역에서의 의사표명을 규율하는 명예훼손죄의 법리와는 전혀 다른 고려가 필요하다.

　이는 개인적 법익인 명예에 관한 죄에 편성된 제307조 제1항 명예훼손죄와 제310조와 국가적 법익에 관한 죄에서 특히 공무원의 직무 범죄로 편성된 제126조 피의사실공표죄의 특성과 민사판결의 피고

---

19) 물론 현재와 같이 수사기관에 대한 높은 불신이 있는 상황에서 수사가 올바르게 진행되고 있는가에 대한 감시가 필요할 것이나, 이는 본죄의 폐지나 광범위한 공표 허용을 통하여 달성할 수 있는 것은 아니다. 수사기관은 응당 자신들에게 필요하고 유리한 만큼 발표하는 것이다. 공소제기 시에 자신 있게 이루어진 많은 공표 중에서도 결국 법원에 의하여 무죄로 판결된 사례도 허다하다.

20) 이는 정부 혹은 정권 차원의 권력남용일 수도 있고, 수사관련자 개인의 권한 남용일 수도 있다.

가 주로 공무원이 아닌 기자 등이어서 제126조의 정범으로 곧바로 파악하기 힘들고 수사기관 소속인 정범의 피의사실공표범죄에 편승한 명예훼손 행위에 대한 민사판결이라는 차이를 간과했기 한 것인데, 이는 학원 강사가 자신의 자식을 잘 가르쳐 달라는 학부모의 부탁을 받으면서 100만원을 받은 경우와 공무원인 교사가 동일한 행동의 한 경우를 구별하지 못하는 것보다 더 이상한 일이다. (진정)신분범은 단지 신분이 있다 없다 하는 기계적 판단을 넘어서 그 신분자에게는 신분 없는 자와 달리 '특별한 의무'가 주어져 있고 이를 위반하였기 때문에 그는 다른 비신분자라면 처벌 받지 않았을 행위에 대해서도 형사책임을 지는 것이다. 이를 특별히 '의무범'이라고도 하는 것이다.

　우리의 명예훼손죄 자체가 많은 비난을 받고 있지만, 기본적으로는 '표현의 자유'를 의식하고 있어서 제310조를 만들어 낸 것이다. 물론 '의식'하고 있을 뿐, 적극 옹호하고 있지는 않다. 이를 오래된 교과서에서 '사실의 증명'이라고 부르지만 이는 오래된 일본 교과서의 흔적일 뿐, 우리 형법 제310조는 사실의 증명과는 무관하다. 상당성을 인정받을 수 있는 착오를 제외하면, 이미 사실임을 전제로 하여야만 제310조로 올 수 있다. 독일, 일본의 유사한 규정과 비교하여 보면 우리 제310조는 직접적으로 증명 문제가 등장하지 아니함을 알 수 있다. 여하튼 우리 제310조의 핵심은 '오로지 공공의 이익'에 있다. 사실적시 명예훼손 처벌한다는 점과 제310조에서의 '오로지'라는 문언을 보면 사실 우리 입법자는 표현의 자유보다는 명예 보호에 치중한 것이 사실이다. 반대해석을 해보자면 명예훼손처럼 보이더라도 정당한 목적이 있거나 사실임이 소송상 입증되면 처벌하지 아니하는 독일, 일본과 달리 우리는 사실임에도 불구하고 그것에 '오로지 공공의 이익'이 있어야 정당화될 수 있기 때문이다.

　이처럼 우리의 명예훼손 법제는 다른 나라에 비하여 대단히 독특하게 규정되어 있다. 사실의 (소송상) 증명을 통해서 위법성을 조각시킬 수 있는 법제들과 달리 우리는 사실(진실)임을 전제로 거기에 '오로

지', '공공의 이익'을 인정할 수 있어야 위법성을 조각시키는 형태로 규정하고 있는 것이 제310조이다. '오로지'나 '공공'의 범위에 대해서는 이미 다수의 판결을 통하여 그 개념적 축소가 이루어진 바 있다. 그런데 우리와 매우 유사한 일본의 보도 환경에서 '범죄보도'는 그 자체로서 기본적으로 공익성을 가지는 것으로 이해되고 있다.21) 우리 형법이 특이한 구성을 취하고 있을 뿐, 오늘날은 일반인이나, 미디어가 표현의 자유를 가지고 있다는 점이 당연히 전제되고 있다. 그래서 피의사실공표를 통한 언론보도를 대상으로 하는 민사판결에서도 매우 어려운 여러 가지 조건을 충족시키는 경우에만 위법성이 조각되는 것으로 설시하면서도, 이를 공표당한 자의 명예훼손에 대한 불법행위 성립으로 파악하는 입장을 떨치지 못하고 있어서 '공익성'이 인정되는 경우에는 형량의 저울추를 옮겨놓고 있는 것은 아닌가 한다.

그런데 수사기관 등 종사자들이 정당한 업무를 수행하는 자라면 당연히 공익성을 가지고 행동하는 자들로 보아야 한다. 그럼에도 불구하고 우리 입법자가 특별히 제126조를 통한 금지를 설정하여 공소제기 이전 단계에서의 공표는 그 시점에서나 사후적으로나 공표된 사실이 진실로 밝혀졌는지 혹은 진실인 것으로 믿을 만한 상당한 이유가 있었는지의 여부를 묻지 않고, 공소제기 전의 공표 그 자체를 범죄로 규정하고 있다. 이른바 거동범, 추상적 위험범의 형태이다. 제126조의 주체로 열거된 자들은 수사 중인 피의사실에 관해서는 표현의 자유를 주장할 수 없는, 수사사항에 대한 법률상의 묵비 의무를 지는 자이다. 따라서 피의사실공표 행위는 제310조에서처럼 공익성 논증처럼 쉽게 정당화할 수 없고, 형법적 적용에 있어서는 추가적 (인명)피해의 방지

---

21) 일본 형법 제230조의2에는 우리 제310조와 유사하지만 사실의 증명이 있는 때에 벌하지 않는 규정을 두고 있다. 그러면서 제2항에는 "전항의 규정의 적용에 있어서는 공소제기 전의 범죄행위에 관한 사실은 공공의 이해에 관한 사실로 본다."라는 간주 규정을 두고 있어서, 미디어는 보도하는 사실의 진실 여부 혹은 진실하다고 믿는 데에 대한 상당성 문제만 남게 되는 셈이다. 그러나 우리의 명예훼손법제는 진실한 사실의 적시도 공익성이 없으면 처벌대상이 된다는 점에 차이가 있다.

등 '긴급피난'에 유사한 극히 예외적인 경우에만 정당화될 수 있는 것
으로 이해되어야 하는 것이다.

물론 65년 동안 적용되지 않고 있던 조항을 새삼 적용할 때에는
특수한 문제가 발생할 수 있다. 거의 신법이 제정되는 것과 같은 효과
를 나타내지만, 형법 제정 당시부터 존재했던 조문이므로 형식적인 죄
형법정원칙 위반은 아니고 당연히 판례도 없으므로 판례변경의 소급
효나 법률의 착오 문제도 아니다. 그러나 사실상의 불적용 상태가 이
렇게 오래 지속되고 사회적으로 통용되어온 그동안의 형사사법적 외
면 혹은 불집행 상태를 어떻게 판결결과에 반영할 것인가 하는 문제
가 있다. 예를 들어 지금 울산지검이 울산지방경찰청 광수대 팀장 등
에 대하여 피의사실공표죄를 적용하여 수사 중인 사안22)(현재는 대검

---

22) 피의사실공표 경찰관 수사 여부, 대검 수사심의위서 결론, 입력 2019.07.02.
18:17 (울산=연합뉴스) 허광무 기자 hkm@yna.co.kr = 경찰관의 피의사실공표
혐의를 수사 중인 울산지검은 해당 사건에 대해 수사 계속 진행과 기소 · 불
기소 여부 등을 심의해 달라며 대검찰청에 검찰수사심의위원회 소집을 요청
했다고 2일 밝혔다. 대검 산하 검찰수사심의위원회는 수사 계속 여부, 기소
또는 불기소 여부, 구속영장 청구 및 재청구 여부 등을 심의하는 역할을 한
다. 사건 관계자는 각 지검 검찰시민위원회에 수사심의위원회 소집을 요청할
수 있다. 이 요청이 들어오면 지검 시민위원회는 대검 산하 수사심의위원회
소집을 요청할 것인지를 심의하는 '부의(附議) 심의위원회'를 열어 결론을 낸
다. 울산지검에 따르면 검찰이 피의사실공표 혐의를 적용해 수사 중인 경찰
관들의 변호인들이 수사심의위원회 소집을 지난달 요청했다. 이에 따라 울산
지검은 최근 부산고검(울산지검 · 창원지검 · 부산지검) 산하 검찰시민위원회
위원 중 추첨으로 선정된 14명으로 부의 심의위원회를 구성, 회의를 열었다.
그 결과 14명 중 9명이 대검 수사심의위원회 소집을 찬성했고, 울산지검장은
대검에 수사심의위원회 소집을 요청했다. 관련 예규에 따라 대검은 수사심의
위원회를 소집해 수사 계속과 기소 여부 등을 심의하게 된다. 심의 결과에
따라 경찰관들의 기소 여부도 결정될 전망이다. 수사심의위원회 심의 결과가
강제력은 없지만, 시민 대표들의 결정이어서 검찰이 그 결과를 무시하기는
어렵다.
울산지검은 "이번 수사와 일련의 절차를 계기로 피의사실공표 행위의 불법
성에 대한 인식이 제고되고, 더불어 사회적 논의가 확산하기를 기대한다"고
밝혔다. 올해 초 울산지방경찰청은 약사 면허증을 위조해 약사 행세를 한 남
성을 구속한 내용을 담은 보도자료를 냈는데, 울산지검은 해당 행위가 피의
사실공표에 해당한다고 보고 경찰관 2명을 피의자로 입건해 수사하고 있다.

검찰수사심의위원회에 부의된 상태) 에서 해당 수사를 수사권 남용이라고 할 수 있을 것인가 하는 문제와 유사하다. 과거에 도로점거 시위에 처음으로 일반교통방해죄를 적용하여 처벌하였던 것에서 볼 수 있듯, 이미 존재하고 있었지만, 적용되지 않았던 조항을 적용한다고 해서 이를 죄형법정원칙 위반으로 파악하기는 쉽지 않다. 물론 유사한 사안에서 다른 행위자들에게 적용하지 않았던 것을 하필 이 사안에서 적용하고 있다는 점에서 상당한 정도로 恣意性을 의심 받기는 하겠지만, 앞으로도 이러한 방향으로 적용하려는 것이 명확하다면 '시범케이스'가 될 수도 있어서 해당 경찰관들이 억울하기는 하겠지만, 이는 책임에 영향을 미치는 것으로 보아 양형에서 고려될 사안으로 보인다.

2. 평석대상 판결의 문제점

수사기관의 발표는 원칙적으로 일반 국민들의 정당한 관심의 대상이 되는 사항에 관하여 객관적이고도 충분한 증거나 자료를 바탕으로 한 사실 발표에 한정되어야 하고, 이를 발표함에 있어서도 정당한 목적 하에 수사결과를 발표할 수 있는 권한을 가진 자에 의하여 공식의 절차에 따라 행하여져야 하며, 무죄추정의 원칙에 반하여 유죄를

해당사안의 배경은 울산지검, 피의사실공표 물어 경찰 압박 … 2년째 검경 갈등, 2019.06.08 08:46 경찰 "국민 알아야 할 내용까지 피의사실공표 운운은 이해 불가", (울산=연합뉴스) 김근주 기자 = 고래고기 환부 사건과 김기현 전 울산시장 측근 비리 사건 등으로 촉발된 울산 검경 갈등이 2년 가까이 지났지만 봉합되지 않고 있다. 검찰은 최근 일부 사건에 대한 피의사실공표 여부와 관련해 경찰관 2명에게 출석을 통보했고, 경찰은 검찰이 압박용으로 피의사실공표죄를 이용하고 있다며 반발하는 분위기다. 8일 경찰에 따르면 울산지검은 울산지방경찰청 수사 계장급 1명과 팀장급 1명에 대해 출석요구를 통보했다. 울산지검은 울산경찰청이 지난 1월 배포한, 약사 면허증을 위조해 약국을 돌며 환자에게 약을 지어준 남성을 구속한 내용을 담은 자료 등이 피의사실공표에 해당한다고 보고 출석 통보한 것으로 알려졌다. 울산지검은 또 지난달 남부경찰서가 배포한 아파트 상습 털이범 구속 관련 자료 등이 피의사실공표 위반 소지가 있으니 시정하라는 취지로 경찰에 공문을 보냈다. 경찰에선 이 같은 검찰 조처를 압박용으로 본다.

속단하게 할 우려가 있는 표현이나 추측 또는 예단을 불러일으킬 우려가 있는 표현을 피하는 등 그 내용이나 표현 방법에 대하여도 유념하지 아니하면 아니 될 것이므로, 수사기관의 피의사실 공표행위가 위법성을 조각하는지의 여부를 판단함에 있어서는 공표 목적의 공익성과 공표 내용의 공공성, 공표의 필요성, 공표된 피의사실의 객관성 및 정확성, 공표의 절차와 형식, 그 표현 방법, 피의사실의 공표로 인하여 생기는 피침해이익의 성질, 내용 등을 종합적으로 참작하여야 한다.

(참고판결) 공표 목적의 공익성, 공표 내용의 공공성, 공표의 필요성이 있다고 하여도 공표의 절차와 형식, 그 표현 방법, 피의사실의 공표로 인하여 생기는 피침해이익의 성질, 내용 등에 비추어 정당성을 결여한 것으로, 피고 대한민국은 특별한 사정이 없는 한 소속 공무원인 위 B의 불법행위로 인하여 원고가 입은 손해를 배상할 책임이 있다.

평석대상 판결과 참조판결23)에서는 마치 공표 목적의 공익성, 공표 내용의 공공성, 공표의 필요성이 있으면 공표가 허용되는 것이지만, 그 공표의 절차와 형식, 그 표현 방법, 피의사실의 공표로 인하여 생기는 피침해이익의 성질, 내용 등을 고려하여 피의사실공표의 정당성을 인정할 수 있는 것으로 설시하고 있지만, 이는 형법 제126조의 문언에 정면으로 배치되는 것이다. 범죄수사는 본래 공익적 목적으로 수행되는 국가작용이고, 사건 이전부터 공적 인물이 아니더라도 범죄의 성격에 따라 일반국민들의 높은 관심을 받을 수 있어서 수사 즉시 공적 관심사가 되거나, 공익성이 인정되는 경우라고 하더라도 공소제기 전까지는 그 피의사실을 공표하지 못한다는 것이 제126조의 취지이기 때문이다. 즉 제126조 위반을 정당화할 수 있는 공익성은 제310

---

23) 피의사실공표 문제를 망라적으로 검토한 흥미로운 논문으로서 서아람, 수사기관의 피의사실공표 – 피의사실공표죄와 처벌의 당위성을 중심으로, 우리법연구회 논문집 제7집 2010~2017(2/2), 235~347쪽이 있다. 서 판사는 '피의사실공표죄를 법전 밖으로 끄집어 낼 필요가 있다'는 입장을 취하면서 상세하게 관련 문제를 검토하고 있고 특히 327~328쪽에서는 민사 판결에서 나타난 논의 문제점을 간략히지만 정확하게 지적하고 있다.

조에서의 공공의 이익과 동일시할 수 없는 것이다.

또한 본죄는 내사 혹은 수사 착수시부터 공소제기시까지 잠정적으로만 공표를 금지하고 있는 것이므로 그러한 시기상의 제한에도 불구하고 공소제기 전에 공표해야만 할 중대한 공익이 존재해야 함을 전제로 그것이 공소제기시까지 기다려서는 공표의 목적을 달성할 수 없을 것이라는 의미에서 '공표의 긴급성' 또한 핵심적으로 요구되는 것이다. 즉 제126조의 정당화사유로서는 일반적 의미의 공익성 보다는 다른 추가적 법익침해를 방지하는 등의 구체적 이익이 있어야 하고 그것도 긴급성이 요청되는 것이어야 함에도 대상판결에서는 이러한 점이 반영되어 있지 않다.

또한 공표 사실의 객관성, 정확성 기준도 명예훼손죄에서는 제310조 적용의 전제로서 제307조 제1항이 적용되기 위해 필요한 것이지만, 제126조의 적용에 있어서는 긴급피난에 유사한 정당화를 위해서는 의미가 있을지 모르지만, 그 밖의 경우에는 공소제기 전의 공표를 정당화할 수 있는 독자적 요소가 될 수는 없다. 더구나 피의자의 자백처럼 수사기관에 확신을 얻기 위한 자료와 달리 공판정에서 사용될 수 있는 증거자료는 증거능력 있는 증거여야 하는 것이라는 점 또한 고려되어야 한다.

또한 민사판결들이 피침해이익과의 형량을 언급하고 있는 점도 이를 개인적 피해자의 인격권침해의 범주에서만 파악해서는 안 되고, 국가수사권의 공정한 행사와 범죄의 처벌은 미디어를 통해서가 아니라 법정에서 이루어져야 한다는 점을 고려하면 주요한 고려사항으로 보기 힘든 사항으로 판단된다.

V. 맺는 말

이상에서 검토한 바와 같이 지금까지 주로 명예훼손을 원인으로 한 불법행위 성립 여부에 대한 민사판결에서 부수적으로 피의사실공표의 위법성조각사유처럼 설시되어온 기준들은 형사법적으로는 형법 제126조 피의사실공표의 위법성조각사유를 판단하는 기준으로 적용될 수 없는 것으로서 형법 제20조 사회상규의 기준으로서도 적절하지 않다. 60여 년을 적용되지 않아서 사문화되었다거나, 알 권리를 방해하는 것으로 폐지하여야 한다는 비판까지 받아온 불법적 피의사실공표 관행을 극복하기 위해서는 정당/위법의 어느 쪽으로도 활용될 수 있는 耳懸鈴鼻懸鈴의 모호한 종전 설시내용을 재활용해서는 안 되고, 학계와 실무가 함께 구성요건해당성, 위법성조각사유의 기준을 모색할 필요가 있다.

[주 제 어]
피의사실공표, 형법 제126조, 위법성조각사유, 명예훼손, 표현의 자유

[Key Words]
Public Announcement of the Suspected Crime, Article 126 of the Criminal Code, Criminal Justification, Defamation, Freedom of Expression

접수일자: 2020. 5. 21. 심사일자: 2020. 6. 26. 게재확정일자: 2020. 6. 26.

[참고문헌]

언론중재위원회, 2018 언론관련판결 분석보고서, 제2부 언론 관련 판결 사례, 2019.

김봉수, "피의사실공표의 허용한계에 관한 형법적 고찰", 미디어와 인권, 그리고 형사법, 제8회 한국형사학대회(5개학회연합학술대회), 2019.6.15. 발표문.

김성돈, 한국 형법의 사회상규기능조항의 기능과 형법학의 과제, 성균관법학 제24권 제4호, 2012

김성돈, 한국 형법의 사회상규조항의 계보와 그 입법의 의의, 형사법연구, 제24권 제4호.

서아람, 수사기관의 피의사실공표 — 피의사실공표죄와 처벌의 당위성을 중심으로, 우리법연구회 논문집 제7집 2010~2017(2/2), 2018.

이원석, 알 권리와 피의사실공표죄의 관계, 해외연수검사연구논문집, 제21집 제2호, 법무연수원, 2006.

연합뉴스, 허광무 기자 피의사실공표 경찰관 수사 여부, 대검 수사심의위서 결론, 2019.07.02.

중앙일보, 박태인 기자, 피의사실공표죄 노건평도 피해자 … "법원 판단 받아봐야 한다", 2019.07.22.

인천일보, 박범준 기자, 피의사실공표죄 불똥 튈라 … 사건공개 몸 사리는 인천검경, 승인 2019.08.19.

뉴시스, 이윤희 기자, 김성태 측 "딸 관련 보도 중 검찰 관계자 인용만 500건", 2019.08.29.

한겨레, 김원철 기자, 민주당, 검찰에 불만 쏟아내 … "피의사실 공표는 적폐행위", 수정 2019.08.28.

뉴스1, 윤다정 기자, "입도 뻥긋 마라" … 조국 수사 '깜깜이' 되나, 수정 2019.08.30.

YTN, 김도원 기자, 靑 "윤석열 총장, 검찰 피의사실 공표 수사해야", 2019.08.30.

[Abstract]

The Irrationality of the Use of the Civil Judgment in the Criminal Justification of Public Announcement of the Suspected Crime

Lee, Keun-Woo*

This paper critically analyzes the purpose of the Supreme Court's civil judgment, which is being used in reviewing the reasons for illegality in Article 126 of the public announcement of criminal law in many papers, from a criminal law perspective. Through this review, I would like to point out that the purpose of this civil judgment is that it cannot be used in judging the grounds for the criminal offense of prosecution. Although the Korean Penal Code states that it is not possible to publicize the facts of the crime until the lawsuit was filed against the person concerned, the provision has not been applied and forgotten in the past 60years. However, in recent years, there has been a move towards the active application of this regulation. At this point, the indiscriminate use of civil judgments only makes the application difficult for the active application of Article 126 of the Criminal Code.

* Associate professor, Gachon University, Ph.D in Law.

허위작성공문서행사죄의
주체 및 객체에 대한 고찰

김 봉 수*

[대상판결] 대법원 2010. 1. 14. 선고 2009도9963 판결

[사실관계]

군청 산림과 소속 공무원인 피고인 甲과 乙이 공모하여 乙이 기안하고 甲이 전결한 해당 임야에 대한 허위의 '산지이용구분 내역 통보'를 군청 민원봉사과에 보내거나, 또는 피고인 乙이 일부 임야에 대하여는 단독으로, 일부 임야에 대하여는 공무원 아닌 피고인 丙과 공모하여 허위의 각 '산지이용구분 내역 통보' 공문을 기안하고 그 정을 모르는 피고인 甲의 전결로 위 각 공문을 군청 민원봉사과로 보내어, 그 정을 모르는 민원봉사과 소속 공무원으로 하여금 군수 명의의 위 각 임야에 대한 토지이용계획확인서를 작성·발급하게 하였다.

[판시내용]

피고인 甲, 乙이 위 각 토지이용계획확인서의 작성권한자라고 볼 수 없을 뿐만 아니라 위 각 문서의 발급을 담당하는 민원봉사과 소속 공무원의 업무를 보조하는 직무에 종사하거나 위 각 문서의 작성을 기안하는 업무에 종사하는 지위에서 위 각 '산지이용구분 내역 통보' 공문을 보내 준 것으로 보기도 어려우므로, 피고인 甲, 乙을 각 허위

---

* 전남대학교 법학전문대학원 교수, 법학박사.

공문서작성죄의 간접정범 내지 간접정범의 공동정범으로 볼 수는 없다고 할 것이고, 피고인 乙에게 각 허위공문서작성죄의 간접정범으로서의 죄책이 인정되지 않으므로 그와 공모한 공무원 아닌 피고인 丙 역시 각 허위공문서작성죄의 간접정범의 공동정범으로 처단할 수 없다 할 것이다.

또한 <u>허위 내용이 기재된 공문서를 행사하였다고 하더라도 그 공문서가 허위공문서작성죄에 의하여 만들어진 것이 아닌 이상 이를 허위작성공문서행사죄로 처벌할 수는 없는 것인바,</u> 이러한 점에서 피고인들에게 각 허위작성공문서행사죄의 간접정범 내지 간접정범의 공동정범으로서의 죄책 역시 물을 수 없다고 봄이 상당하다.

[참고판례] 대법원 2009. 3. 26. 선고 2008도93 판결

허위공문서작성죄 및 그 행사죄는 "공무원"만이 그 주체가 될 수 <u>있는 신분범</u>이라 할 것이므로, 신분상 공무원이 아님이 분명한 피고인들을 허위공문서작성죄 및 그 행사죄로 처벌하려면 그에 관한 특별규정이 있어야 할 것이고, 그들의 업무가 국가의 사무에 해당한다거나, 그들이 소속된 영상물등급위원회의 행정기관성이 인정된다는 사정만으로는 피고인들을 위 죄로 처벌할 수 없다고 할 것이다.

Ⅰ. 문제제기

허위공문서작성죄는 공문서의 무형위조를 처벌하는 문서에 관한 죄로서, '공무원이 행사할 목적으로 그 직무에 관하여 문서 또는 도화를 허위로 작성하거나 변개한 때' 성립하는 신분범죄이다. 따라서 '공무원'이라는 신분이 없는 자는 정범이 될 수 없다. 하지만 대법원은 "공문서의 작성권한이 있는 공무원의 직무를 보좌하는 자가 그 직위를 이용하여 행사할 목적으로 허위의 내용이 기재된 문서 초안을 그 정을 모르는 상사에게 제출하여 결재하도록 하는 등의 방법으로 작성

권한이 있는 공무원으로 하여금 허위의 공문서를 작성하게 한 경우에
는 간접정범이 성립"1)한다고 판시함으로써, 허위공문서작성죄의 정범
성립범위를 '작성권한 있는 공무원'에서 '문서발급을 담당하는 공무원
의 업무를 보조하는 직무에 종사하거나 문서의 작성을 기안하는 업무
에 종사하는 지위에 있는 자'까지 확장하고 있다. 이는 신분범과 관련
하여 제33조를 원용할 수 없는 간접정범의 한계를 극복하기 위한 법
리로서 이해되고, 위 [대상판결]에서도 재확인되고 있다.

　다만 [대상판결]은 피고인들이 (전술한 행위주체의 범주에 속하지 않
기 때문에) 허위공문서작성죄의 간접정범도 될 수 없다고 하면서, 더
나아가 "허위 내용이 기재된 공문서를 행사하였다고 하더라도 그 공
문서가 허위공문서작성죄에 의하여 만들어진 것이 아닌 이상 이를 허
위작성공문서행사죄로 처벌할 수는 없"기 때문에 "허위작성공문서행
사죄의 간접정범 내지 간접정범의 공동정범으로서의 죄책 역시 물을
수 없다"고 판시하고 있다. 이 판시내용이 본 판례평석에서 주목하고
자 하는 부분이다.

　이하에서는 '정을 모르는 공무원을 이용하여 허위공문서를 작성
케 하였으나 비신분자라는 이유로 허위공문서작성죄에 있어서 (간접)
정범의 죄책을 지지 않은 자가 당해 허위공문서를 행사한 경우(이하
'[문제사안]'으로 약칭)를 논의의 대상으로 하여, (1) 대법원이 허위작성
공문서행사죄도 성립하지 않는다고 판시하면서 제시한 논거들을 검토
해 보고, 이를 통해 드러나는 허위작성공문서행사죄에 대한 법원의 인
식 내지 이해가 무엇인지를 구체화시켜 보고자 한다. 그리고 이를 바
탕으로 (2) 해당 논거 및 판례법리의 타당성 여부를 비판적인 관점에
서 분석하고, (3) 보호법익 및 위·변조죄·허위작성죄 등과의 관계 속
에서 허위작성공문서행사죄의 체계적 지위 및 규범적 의미를 새롭게
정립해 보고자 한다.

---

1) 대법원 1992. 1. 17. 선고 91도2837 판결.

Ⅱ. 판례를 통해서 본 허위작성공문서행사죄

1. [문제사안]에서 행사죄의 성립을 부정하는 판례의 논거

'정을 모르는 공무원을 이용하여 허위공문서를 작성케 하였으나 비신분자라는 이유로 허위공문서작성죄에 있어서 (간접)정범의 죄책을 지지 않은 자가 당해 허위공문서를 행사한 경우에 있어서, [대상판결]은 (허위공문서작성죄의 간접정범은 물론) "허위작성공문서행사죄의 간접정범도 성립하지 않는다"고 판시하면서, 그 이유로 ① "허위 내용이 기재된 공문서를 행사하였다고 하더라도 그 공문서가 허위공문서작성죄에 의하여 만들어진 것이 아닌 이상 이를 허위작성공문서행사죄로 처벌할 수는 없다"고 설시하고 있다. 한편 [참고판례]은 ② "허위공문서작성죄 및 그 행사죄는 '공무원'만이 그 주체가 될 수 있는 신분범"이기 때문에, 허위작성공문서행사죄가 성립하지 않는다고 판시하였다.

먼저 [문제사안]과 관련하여 허위작성공문서행사죄가 불성립하는 근거를 [대상판결]은 행위객체의 성질에서, [참고판례]는 행위주체의 신분성에서 찾고 있다.

2. 허위작성공문서행사죄에 대한 법원의 인식 및 이해

위의 논거와 법리를 종합하면, 대법원은 허위작성공문서행사죄를 ❶ '공무원'이 행위주체인 신분범죄로 이해하는 한편, ❷ 행위객체는 '허위작성죄의 성립을 전제로 하여 만들어진 공문서'로 본다. 그리고 양자의 논거가 결합하여, 공무원이 아닌 비신분자는 허위공문서작성죄의 주체가 될 수 없기 때문에, 따라서 행사죄의 주체도 될 수 없으며, 허위공문서작성죄가 성립하지 않았기 때문에 해당 문서도 행사죄의 객체가 될 수 없다는 결론에 이른다. 하지만 허위작성공문서행사죄에 대한 위와 같은 법원의 인식은 학계에서의 해석과는 동떨어진 것으로, 양자 사이에는 매우 근본적인 시각차가 존재한다.

먼저 허위작성공문서행사죄가 위·변조죄 및 허위공문서작성죄에 비해 주목받지 못하여 이 문제를 집중적으로 다루고 있는 선행연구가 없는 상황이긴 하지만, 형법교과서들만 살펴보더라도, 행사죄를 신분범죄로 서술하고 있는 문헌은 찾을 수 없다. 더욱이 행사죄의 객체를 '허위작성죄의 위법·유책한 성립을 통해 만들어진 공문서'로 한정하여 해석하는 견해도 존재하지 않는다.

그렇다면 하나의 죄를 둘러싼 법원의 이해와 학계의 해석이 이처럼 부조화하는 이유는 무엇일까? 그 답을 구하기 위해 이하에서는 [대상판결]과 [참고판례]가 제시하고 있는 논거들과 행사죄에 대한 법원의 해석을 분석하면서, 그 타당성 여부를 비판적인 관점에서 검토해 보고자 한다.

Ⅲ. 허위작성공문서행사죄의 판례법리에 대한 비판적 고찰

1. 허위작성공문서행사죄의 행위주체 — 신분범죄인가?

[문서에 관한 죄의 체계]

	공문서 (가중구성요건)	사문서 (기본구성요건)
형식주의 ↓ 부진정문서 ↓ 유형위조 (작성명의위조)	공문서등위조/변조죄(§225) 자격모용공문서작성죄(§226) 공전자기록위작/변작죄(§227의2)	사문서등위조/변조죄(§231) 자격모용사문서작성죄(§232) 사전자기록위작/변작죄(§232의2)
실질주의 ↓ 진정&부진정 문서	허위공문서작성죄(§227) 공정증서원본부실기재죄(§228)	허위진단서등작성죄(§233)

↓ 무형위조 (허위내용작성)	※ 실질주의-진정문서-무형변조(通/判) : 동일성을 해하지 않을 정도의 내용 변경행위	
행사	위조공문서등 행사죄(§229)	위조사문서등 행사죄(§234)
부정행사	공문서부정행사죄(§230)	사문서부정행사죄(§236)

위의 [표]와 같이 우리 형법은 <문서에 관한 죄>를 객체와 행위를 조합하여 체계화하고 있다. 즉 객체인 문서를 크게 '공문서'와 '사문서'로 영역화하고, 각 영역별로 유형위조(작성명의위조), 무형위조(허위내용작성), 행사, 부정행사 등의 행위들을 구성요건화하여 처벌함으로써, '문서에 대한 공공의 신용'2)이라는 사회적 법익을 보호하고자

---

2) 대법원 1998. 4. 10. 선고 98도164, 98감도12 판결 문서위조죄는 문서의 진정에 대한 공공의 신용을 그 보호법익으로 하는 것이므로, 피고인이 위조하였다는 국제운전면허증이 그 유효기간을 경과하여 본래의 용법에 따라 사용할 수는 없게 되었다고 하더라도, 이를 행사하는 경우 그 상대방이 유효기간을 쉽게 알 수 없도록 되어 있거나 위 문서 자체가 진정하게 작성된 것으로서 피고인이 명의자로부터 국제운전면허를 받은 것으로 오신하기에 충분한 정도의 형식과 외관을 갖추고 있다면 피고인의 행위는 문서위조죄에 해당한다고 보아야 할 것이다.
대법원 1993. 7. 27. 선고 93도1435 판결 문서위조 또는 변조 및 동행사죄의 보호법익은 문서 자체의 가치가 아니고 문서에 대한 공공의 신용이므로 문서위조 또는 변조의 객체가 되는 문서는 반드시 원본에 한한다고 보아야 할 근거는 없고 문서의 사본이라도 원본과 동일한 의식내용을 보유하고 증명수단으로서 원본과 같은 사회적 기능과 신용을 가지는 것으로 인정된다면 이를 위 문서의 개념에 포함시키는 것이 상당하다 할 것이고, 나아가 광의의 문서의 개념에 포함되는 도화의 경우에 있어서도 마찬가지로 해석하여야 한다.
대법원 2010. 7. 29. 선고 2010도2705 판결 형법상 문서에 관한 죄로써 보호하고자 하는 것은 구체적인 문서 그 자체가 아니라, 문서에 화체된 사람의 의사표현에 관한 안전성과 신용이다. 그리고 그 객체인 '문서 또는 도화'라고 함은 문자나 이에 준하는 가독적 부호 또는 상형적 부호로써 어느 정도 계속적으로 물체 위에 고착된 어떤 사람의 의사 또는 관념의 표현으로서, 그 내용이 법률상 또는 사회생활상 의미 있는 사항에 관한 증거가 될 수 있는 것을 말한다. 또한 그 문서 등에 작성명의인의 날인 등이 없다고 하여도 그 명의자의 문서 등이라고 믿을 만한 형식과 외관을 갖춘 경우에는 그 죄의 객체

한다.

그리고 공문서에 관한 죄는 '공문서의 신용 및 신뢰'에 대한 보호의 필요성이 상대적으로 크다는 점에서 동일한 행위임에도 불구하고 (사문서에 비하여) 가중처벌한다.

하지만 행위주체와 관련하여 명시적으로 신분을 요구하는 구성요건은 허위공문서작성죄(제227조)와 허위진단서등작성죄(제233조) 뿐이다.

(1) 공문서의 '무형위조'와 '신분(범)'

앞서 본 바와 같이 문서에 관한 죄는 '문서' 그 자체의 물성(物性)가 아니라 '문서에 대한 공공의 신용'을 보호법익으로 한다. 하지만 구체적으로 문서의 어느 부분에 대한 공공의 신용을 보호할 것인지에 관해서는 문서의 '형식(성립의 진정)'에 대한 공공의 신용을 보호대상으로 하는 '형식주의'와 문서의 '실질(내용의 진실성)'에 대한 공공의 신용을 보호하려는 '실질주의'가 대립한다. 그리고 우리 형법은 형식주의를 원칙으로 하되, 예외적으로 실질주의를 가미했다고 평가되고 있다.[3]

그리고 실질주의의 관점에서 공문서의 내용적 진실성을 보호하기 위한 규정이 바로 '허위공문서작성죄'이다. 즉 허위공문서작성죄의 객체는 작성(권한)자와 명의자는 동일하지만(=문서의 형식으로서 성립의 진정은 인정되지만), 문서의 내용이 허위인 공문서를 의미하고, 여기서의 공문서를 '공무소 또는 공무원이 그의 직무에 관하여 작성한 문서'로 정의하는 한, 동죄의 행위주체는 '작성권한 있는 공무원'으로 제한된다.

즉 형법 제227조의 허위공문서작성죄는 허위공문서의 [생성단계]를 규율하기 위한 규정으로 볼 수 있고, 때문에 공문서의 생성주체인 '작성권한 있는 공무원'을 그 수범자로 설정하고 있는 것이다.

(2) 허위공문서의 '행사'와 '신분'?

대법원판례의 정의에 따르면, 제229조 행사죄의 구성요건행위인

___

가 될 수 있다.
3) 이용식, 『형법각론』, 박영사, 2019, 162면.

'행사'란 위조 · 변조 · 허위작성 · 자격모용작성 · 위작 · 변작된 문서 또는 전자기록을 "진정한 문서인 것처럼 그 문서의 효용방법에 따라 이를 사용하는 것"4)을 의미하는데, 제시 · 교부하거나 비치 · 열람할 수 있도록 두거나 우편물로 발송하여 도달하게 하는 등 그 행사의 방법이 진정한 문서의 효용에 따른 사용인 한 아무런 제한이 없다. 즉 제229조의 행사죄는 문서의 형식 및 내용 면에서 신용이 결여된 공문서를 진정문서처럼 사용함으로써 공공의 신용을 침해할 위험이 있는 행위를 처벌하는 규정으로서, 신용성이 결여된 공문서의 [사용단계]를 규율영역으로 한다. 때문에 [사용단계]에서 객체가 허위공문서인 한, 그 '행사'는 누구나 할 수 있고, 행사의 주체와 관련하여 특별한 행위자격이나 신분은 요하지 않는다.

무엇보다 제229조의 취지가 [사용단계]에서 (허위공문서의) 행사행위를 통한 공공의 신용성 침해를 규율하고자 하는 것이고, 제229조의 법문상 행사의 주체를 신분자인 공무원으로 제한하여 해석할 아무런 문리(文理)적 근거도 없는 상황에서, [참고판례]와 같이 허위작성공문서행사죄를 '신분자의 행사(행위)'만을 규율하는 신분범죄로 이해하는 것은 '불필요한 가벌성을 좁히는 해석'이 아니라 '처벌의 공백을 방치하는 해석'이라는 점에서 문제가 있다.

요컨대, 허위공문서의 [생성단계]와 달리 그 [사용단계]에서는 행위주체를 제한하거나 신분범화 하는 것이 필요하지도 않을 뿐 아니라 바람직하지도 않다. 따라서 허위공문서의 작성에 직 · 간접적으로 관여한 자(신분자/비신분자)는 물론이고, (허위작성에는 관여하지 않았지만) 추후에 허위공문서임을 알고 있는 자가 당해 허위공문서를 그 정을 모르는 자를 상대로 진정한 문서처럼 사용하면 허위작성공문서행사죄

---

4) 대법원 2008. 10. 23. 선고 2008도5200 판결. "위조된 문서 그 자체를 직접 상대방에게 제시하거나 이를 기계적인 방법으로 복사하여 그 복사본을 제시하는 경우는 물론, 이를 모사전송의 방법으로 제시하거나 컴퓨터에 연결된 스캐너(scanner)로 읽어 들여 이미지화한 다음 이를 전송하여 컴퓨터 화면상에서 보게 하는 경우도 행사에 해당하여 위조문서행사죄가 성립한다".

가 성립한다고 보는 것이 제229조의 법문과 취지에 부합하는 해석이
라 할 수 있다.

2. 허위작성공문서행사죄의 행위객체
- 위법·유책한 행위에 의해 만들어진 공문서이어야 하는가?

(1) '제225조 내지 제228조의 죄에 의하여 만들어진'의 의미에 대
한 법원의 해석

대법원은 [대상판결]에서 "허위 내용이 기재된 공문서를 행사하였
다고 하더라도 그 공문서가 허위공문서작성죄에 의하여 만들어진 것
이 아닌 이상" 이를 허위작성공문서행사죄로 처벌할 수 없다고 판시
하고 있다. 이러한 법리는 형법 제229조의 해석에서 비롯된 것으로 보
인다.

즉 형법 제229조의 표현 '제225조 내지 제228조의 죄에 의하여 만
들어진'의 의미를 법원은 위·변조 및 허위작성죄 등과 같이 '선행범
죄의 위법·유책한 성립을 통해서 생성된'의 의미로 읽는다. 즉 공문
서에 관한 선행범죄로서 허위공문서작성죄가 위법·유책하게 성립하
지 않으면, 이를 통해서 만들어진 허위공문서는 설사 내용이 허위이더
라도 행사죄의 객체가 되지 않는다는 것이다.

(2) '작성죄의 성부'와 '문서의 허위성'은 서로 차원을 달리 하는
문제
- 작성자에게 죄가 성립하지 않는다 하여 '허위문서'가 '진실한 문서'
가 되는가?

행위자에게 신분이 없어 허위공문서작성죄가 성립하지 않는다는
것과 그 과정에서 작성된 문서가 허위공문서에 해당하는지는 서로 별
개의 판단을 요하는 문제이다. 즉 제229조에 따라서 '행사'를 금지해야
할 공문서인지 여부는 위·변조 및 허위작성·자격모용작성 등의 행
위를 통해서 생성된 당해 문서의 '내용'이 '공공의 신용을 해할 위험이

있는 것인지'를 기준으로 판단되어야 한다.

따라서 [문제사안]과 같이 정작 허위공문서작성죄에 의해 처벌되는 자가 없다 하더라도, 그 과정에서 생성된 공문서의 내용이 객관적인 사실에 반하는 '허위'인 경우에는 여전히 공공의 신용을 침해할 우려가 있는 공문서에 해당하고, 따라서 그 행사가 금지되어야 한다.

다시 말해서, 작성자에게 죄가 성립하지 않는다고 해서 허위내용이 기재된 공문서가 '진실한 문서' 혹은 '아무런 제재 없이 행사되어도 무방한(공공의 신용에 무해한) 공문서'가 되는 것은 아니다.

요컨대 문서의 허위성은 어디까지나 문서내용에서 도출되는 것이지, 작성죄의 성부에 의해 좌우되는 것이 아니다. 그러한 측면에서 작성죄의 성부와 무관하게 허위내용이 기재된 공문서는 여전히 허위공문서이고, 공공의 신용을 보호는 차원에서 행사죄의 객체가 되어야 한다.

따라서 신분이 없어 허위공문서작성죄로 처벌되지 않은 자도 당해 허위공문서를 행사하였다면, ① 행사죄는 신분범죄가 아니고, ② (작성죄의 성부와 무관하게) 당해 문서는 여전히 허위내용이 기재된 허위공문서이므로 허위작성공문서행사죄로 처벌하는 것이, 문서죄의 보호법익 및 불법의 실질 나아가 처벌의 필요성 측면에서도 바람직하다.

(3) 공문서의 공신력과 (행사에 의한) 법익침해(위험)의 유무

한편 [문제사안]의 경우, 비록 타인의 기망과 명의인의 착오에 의한 것이긴 하지만 작성권한 있는 공무원(의 명의)에 의하여 작성된 이상, (설사 그 내용이 허위이더라도) '형식상 또는 외관상' 공문서로서 대외적으로 내용적 효력을 갖는 것이고, 행사로 인하여 그 허위내용을 신뢰한 선의의 피해자가 발생하더라도 공문서의 공신력에 의해 그 제3자의 신뢰는 보호될 수 있기 때문에 행사로 인한 법익침해는 존재하지 않고, 따라서 [문제사안]에서 허위작성공문서행사죄는 성립하지 않는다는 반론5)도 가능하다.

---

5) 위 반론은 학술대회 발표 이후 토론과정에서 대법원형사판례연구회 회원께서 제기해주신 것으로, 이 자리를 빌려 감사드린다.

하지만 허위공문서를 신뢰한 선의의 제3자에 대한 사후적 피해구제가 가능하다는 것과 허위공문서행사로 인하여 법익(공공의 신용)을 침해할 위험이 발생하였는지의 문제는 별개의 문제로 보아야 한다. 즉 사후적 피해구제가 이루진다고 해서 허위공문서의 행사로 인해 발생한 법익침해의 위험이 소급적으로 제거될 수는 없다.

특히 이는 위조문서행사죄에 있어서 '행사'의 의미와 기수시기에 대한 대법원의 기존 법리에 비추어 보더라도 더욱 그러하다. 먼저 대법원은 행사죄의 '행사'를 "위조 내지 허위 작성된 문서를 진정한 것으로 사용함으로써 문서에 대한 공공의 신용을 해칠 우려가 있는 행위"라고 정의하면서, "행사는 상대방으로 하여금 위조된 문서를 인식할 수 있는 상태에 둠으로써, 기수"[6]가 된다고 보고 있다. 즉 상대방이 실제로 그 내용을 직접 보거나 인식할 것을 요하지 않는다.

따라서 허위로 작성된 공문서를 그 정을 모르는 상대방이 인식할 수 있는 상태에 두었다면, 허위작성공문서행사죄는 이미 기수에 이른 것이고, 그 이후 허위공문서의 내용에 터 잡은 법률관계가 실제로 형성되었는지, 공문서의 공신력에 따라 피해구제가 이루어졌는지 여부는 행사죄의 성립에 아무런 영향을 미치지 못한다고 보는 것이 합리적이다.

IV. 허위공문서의 '작성죄'와 '행사죄'의 관계에 대한 고찰

1. 목적으로서의 '행사' vs 목적의 실현행위로서의 '행사'의 구별

(1) 목적범(허위공문서작성죄)에서 '목적(행사)'과 구성요건'행위 (작성)'의 의미

목적범에 있어서 구성요건'행위'는 ① 목적의 실현을 위한 '사전준비(행위)'로서의 의미를 갖는 경우와 ② 그 자체가 목적의 '실현(이행)행위'인 경우가 있는데, 허위공문서작성죄에 있어서 '작성'행위는 '행사'목

---

6) 대법원 2005. 1. 28. 선고 2004두4663 판결.

적7)과 관련하여 '사전준비행위(물적 예비행위)'로서의 의미를 갖는다.8)

이를 다시 '공문서에 대한 공공의 신용'이라는 보호법익의 관점에서 보면, 행사목적 없는 '작성'행위는 법익에 대한 침해나 구체적 위험으로서의 의미를 갖지 못하지만, 행사할 목적을 가지고 한 작성행위는 구체적으로 설정된 목적과의 관계 속에서 '목적의 실현가능성'이라는 구체적인 위험을 창출하는 제227조의 구성요건행위가 된다.

(2) 허위공문서의 '작성죄'와 '행사죄'의 법적 성격

위와 같이 목적이 내재된 작성행위를 사전준비(예비)행위로 이해하게 되면, 행사죄에 있어서의 '행사'행위는 목적을 직접적으로 현실화

---

7) 문서죄의 '행사목적'에 관한 선행연구로는 이경렬, "목적범에서 행사'할 목적'의 인정에 관한 의문 − 대법원 2004도788 판결과 2012도2468 및 88도1105 판결의 비교 −", 2017/09, 363~388면 참조.

8) 목적범의 분류와 관련해서는 정영일, "목적범에 관한 판례연구", 형사판례연구[9], 박영사, 2001, 235~256면; 이용식, "고의와 목적에 관하여", 죽헌 박양빈 교수 화갑기념논문집, 1996, 393~404면; 손지선, "목적범에 관한 고찰 − '불완전한 이행위범과 단축된 결과범' 분류기준의 재고", 형사법연구 제30권 제1호, 2018/03, 111~140면 참조. 특히 손지선 박사("목적범에 관한 고찰", 124면)는 ① 당해 목적 내지 고의를 실현하기 위한 추가적인 구성요건행위가 있어야 목적범이 성립하는 경우를 '불완전한 이행위범'으로, ② 실행된 구성요건 해당행위 자체가 목적의 내용을 직접적으로 실현케 할 수 있는 구체적 위험성이 있기 때문에 목적범이 성립하는 경우를 '단축된 결과범'으로 분류하면서, 문서에 관한 죄에 있어서의 목적범을 '단축된 결과범'으로 평가하고 있다. 즉 위조/변조/자격모용작성/(공문서)허위작성행위 자체가 (추가적 행위 없이도) '행사할 목적'을 직접적으로 실현케 할 수 있다고 본다. 반면 제198조(아편등 소지죄), 제199조(아편흡식기등 소지죄), 제211조 제1항(통화유사물 제조등 죄), 제222조 제1항(인지 · 우표유사물 제조등 죄) 등에서의 '판매할 목적'과 제242조(음행매개죄), 제247조(도박장소등 개설죄), 제288조(약취 · 유인죄), 제299조(인신매매죄)의 '영리의 목적'과 관련해서는 해당 구성요건행위(소지 · 제조 · 수입 · 수출/간음 · 개설 · 약취 · 유인 · 인신매매 등) 이외에 추가적으로 '판매' 및 '영리' 목적을 수행하는 직 · 간접행위가 필요하기 때문에, '불완전한 이행위범'으로 평가하고 있다. 하지만 '판매' 및 '영리' 목적과 마찬가지로 '행사의 목적' 역시 위 · 변조, 자격모용작성, 허위작성 등의 사전준비행위 이외에 목적을 수행하는 추가적인 행위인 행사(행위)가 필요하다는 점에서 (이 분류기준에 따르더라도) '불완전한 이행위범'으로 보는 것이 타당하다.

(실현)하는 행위 또는 법익을 실질적으로 침해하는 행위로서의 의미를 획득하게 된다.

따라서 허위공문서작성죄는 목적범·신분범·구체적 위험범의 성격을 갖는 반면, 허위작성공문서행사죄는 목적실현(이행)범·비신분범·침해범으로 이해할 수 있다. 이러한 양 죄의 관련성과 법적 성격에 있어서의 차이는 후술하는 죄수관계에 있어서도 중요한 의미를 갖는다.

2. 허위공문서'작성죄'와 '행사죄'의 죄수판단

기존 논의를 보면, 행사목적으로 위조·변조·자격모용작성·허위작성한 자가 해당 문서를 행사한 경우, 문서위조·변조·자격모용작성·허위작성 등의 죄와 함께 각각의 행사죄가 성립하고, 양 죄는 실체적 경합관계에 있다는 것이 다수설과 판례9)의 입장이다. 하지만 수죄의 성립을 인정하면서도 그 관계를 상상적 경합으로 보는 견해10)가 있는가 하면, 양 죄의 관계를 법조경합의 보충관계로 보아서 일죄, 즉 위조문서등 행사죄만11) 혹은 위조·변조등의 죄만12) 성립한다고 보는 견해도 존재한다.

생각건대, 어떠한 범죄의 진행과정을 형법이 단계별(예비-미수-기수)로 규율하기 위해 이를 개별적으로 구성요건화하여 처벌하는 것은 입법정책적 판단 내지 선택이라는 점에서 문제가 없으나, 중복판단 내지 이중처벌의 문제를 최소화하기 위해서는 죄수판단 과정에서의 정리가 필요하다. 그리고 죄수판단에 있어서 일차적으로 그 기능을 하는 것이 바로 '법조경합'이다. 즉 외관상 수죄가 성립하여 경합하는 것처

9) 대법원 1991. 9. 10. 선고 91도1722 판결 피고인이 예금통장을 강취하고 예금자 명의의 예금청구서를 위조한 다음 이를 은행원에게 제출행사하여 예금 인출금 명목의 금원을 교부받았다면 강도, 사문서위조, 동행사, 사기의 각 범죄가 성립하고 이들은 실체적 경합관계에 있다 할 것이다.
10) 배종대, 『형법각론』, 홍문사, 2001, 637면; 이재상, 『형법각론』, 박영사, 2002, 547면.
11) 오영근, 『형법각론』, 대명출판사, 2002, 793면.
12) 김일수·서보학, 『형법각론』, 박영사, 2003, 720면.

럼 보이지만, 실제로는 법조문의 형식적인 경합(특별관계, 보충관계, 흡수관계)에 지나지 않아서 종국적으로 하나의 죄만이 성립하는 경우가 이에 해당한다.

앞서 살펴 본 바와 같이 [목적-구성요건행위]의 관계적 틀 속에서 허위공문서의 '작성'죄와 '행사'죄를 본다면, 전자는 '목적을 위한 사전 준비행위(범죄)'이고 후자는 '목적 자체를 실현·이행하는 행위(범죄)'로 볼 수 있고, 이는 '예비(범)-기수(범)'관계와 유사하다는 점에서 양 죄를 법조경합의 보충관계로 파악하고, [보충-기본]의 구조 속에서 기본범죄에 해당하는 행사죄만이 성립한다고 보는 것이 타당하다.

물론 양 죄의 관계를 법조경합으로 보면서도 이를 흡수관계로 파악하여, 작성자가 행사한 경우에 행사는 불가벌적 사후행위가 된다고 보는 견해[13]도 존재한다. 하지만 비신분범죄로서 공무원 이외의 자도 행위주체가 될 수 있는 허위작성공문서행사죄와 달리, 허위공문서작성죄는 신분범죄로서 공문서에 대한 공공의 신용 이외에 신분자의 직무위반성에 대한 평가도 함께 포함되어 있다고 본다면, 불법 및 책임의 내용에 있어서 '포섭되지 않는 잉여'가 존재하고, 따라서 양 죄를 [부분-전체]로 보아 흡수관계로 이해하는 것은 바람직하지 않다.

V. 결 론

지금까지 논증한 바와 같이 비신분자이기 때문에 허위공문서작성죄의 간접정범으로 처벌되지 않는 자가 그 과정에서 생성한 허위내용의 공문서를 행사한 경우, 대법원은 ❶ 행사죄도 신분범죄이기 때문에 행사죄의 주체가 될 수 없고[참고판례의 논거], ❷ 행사죄의 객체는 작성죄의 위법·유책한 성립을 전제로 한 허위공문서만을 의미하므로, 작성죄가 불성립하는 과정에서 생성된 허위문서는 제229조의 객체에 해당하지 않기 때문에[대상판결의 논거], 위 [문제사안]에서 허위작성

---

13) 이상돈, 『형법강론』, 박영사, 2015, 1353면.

공문서행사죄가 성립하지 않는다고 판단하였다. 하지만 허위작성공문
서행사죄에 대한 위와 같은 법원의 해석은 행사죄의 주체 및 객체 그
리고 작성죄와의 관계에 대한 잘못된 이해에 터 잡은 것으로서 타당
하지 않다.

　요컨대, 허위공문서작성죄는 공문서의 [생성단계]에서 행해지는
'무형위조'라는 불법의 본질상 '작성권한 있는 공무원'만이 주체인 신
분범이 될 수밖에 없지만, [사용단계]에서의 '행사'와 관련해서는 행위
주체를 제한할 명문상 또는 해석상 이유가 없고, (설사 판례와 같이 신
분범죄로 보더라도) '공공의 신용성'이라는 보호법익의 관점에서 바람직
하지 않다. 즉 허위작성공문서행사죄는 ① 신분범죄가 아니기 때문에
누구든지 행위주체가 될 수 있고, ② 제229조의 '제225조 내지 제228
조의 죄에 의하여 만들어진'의 의미는 '작성죄의 성립을 전제로 한다'
는 '규범적' 의미가 아니라, '위조·변조·자격모용작성·허위작성행위
또는 그 과정에 의해서 생성되었다'는 '사실적' 의미로 이해하는 것이
바람직하다. 즉 선행범죄의 성립 여부 및 유책하게 처벌되는 자의 존
부와 무관하게 그 과정에서 생성된 문서는 작성명의·자격·내용의
진실성 측면에서 공문서로서의 신용성이 결여된 문서로서 그 행사가
금지되어야 하는 대상(행사죄의 객체)이 된다.

　따라서 허위공문서작성죄의 성부 내지 (실행·간접)정범의 부존재
여부와 관계없이 허위내용이 기재된 문서는 여전히 허위문서이고, 이
를 행사하는 것은 공문서에 대한 공공의 신용을 보호하는 차원에서
금지되어야 하기 때문에, 비록 비신분자란 이유로 허위공문서작성죄
(의 간접정범)로 처벌되지 않는 자라 하더라도 당해 문서를 행사하였다
면, 허위작성공문서행사죄가 성립한다고 해석하는 것이 보호법익 및
양 죄의 관계 등을 고려했을 때 보다 타당하다.

[주 제 어]
허위공문서작성죄, 허위작성공문서행사죄, 무형위조, 공공의 신용, 행사할 목적

[Key Words]
preparation of falsified Public documents, uttering of falsified Public documents, intangible forge, public credit, purpose of exercise

접수일자: 2020. 5. 25. 심사일자: 2020. 6. 24. 게재확정일자: 2020. 6. 24.

[참고문헌]

〈단행본〉

김일수 · 서보학, 『형법각론』, 박영사, 2003.

배종대, 『형법각론』, 홍문사, 2001.

오영근, 『형법각론』, 대명출판사, 2002.

이상돈, 『형법강론』, 박영사, 2015.

이용식, 『형법각론』, 박영사, 2019.

이재상, 『형법각론』, 박영사, 2002.

〈논문〉

김혜경, "문서위조죄에 있어서의 복사와 행사의 개념", 형사판례연구[18], 박
　　영사, 2010.

손지선, "목적범에 관한 고찰 — '불완전한 이행위범과 단축된 결과범' 분류
　　기준의 재고", 형사법연구 제30권 제1호, 2018/03.

이경렬, "목적범에서 행사'할 목적'의 인정에 관한 의문 — 대법원 2004도788
　　판결과 2012도2468 및 88도1105 판결의 비교 —", 2017/09.

이용식, "고의와 목적에 관하여", 죽헌 박양빈교수 화갑기념논문집, 1996.

정영일, "목적범에 관한 판례연구", 형사판례연구[9], 박영사, 2001.

[Abstract]

A Study on the Subjects and Objects
the Crime of Uttering of Falsified Public Documents

Kim, Bong-Su*

The Criminal Law stipulates the crime of preparing of false official document in Article 227 and uttering of falsified Public documents in Article 229.

The former is defined as "If a public official prepares falsely or alters any document or drawing with the intention of use, in connection with his/her duties, he/she shall be punished by imprisonment for not more than seven years, or a fine not exceeding 20 million won", while the latter is defined as "Any person who utters any document, drawing, special media records, such as electronic records, original of the authentic deed, license, permit, registration certificate, or passport, which is made by the crime as prescribed in Articles 225 through 228, shall be punished by the penalty as prescribed against each crime".

With regard to the interpretation of Article 229, the Supreme Court understands the subject of this crime as a person of status, and the object is limited to false official documents generated by the crime of preparation.

However, the Criminal Law stipulates that the subject of Article 227 is limited to the person of status as 'a public official', while there are no restrictions on the subject of Article 229.

Meanwhile, the "false official documents" as the object of Article 229 is sufficient if the contents of the official documents are false against

---

* Professor, School of Law, Chonnam National University, Ph.D in Law.

objective facts. Therefore, the "false official document" referred to in Article 229 does not necessarily presuppose the establishment and punishment of crime of writing false official documents.

Therefore, even if it is not punished for the preparation of false official documents, the document, written in the process, should be regarded as a false official document, and if it is exercised, the crime of uttering false official documents will be established.

준강간 불능미수
— 대법원 2019. 3. 28. 선고 2018도16002 전원합의체 판결 (인정된 죄명: 준강간미수, 변경된 죄명: 준강간) —

김 한 균*

I. 대상판결

1. 사안 개요

(1) 제1심 기소내용과 판단

피고인은 자신 집에서 피고인 처, 피해자와 함께 술을 마시다가 다음날 01:00경 피고인 처가 먼저 잠이 들고 피해자도 안방으로 들어가자 따라 들어간 뒤, 누워 있는 피해자 옆에서 피해자 가슴과 음부를 만지다가, <u>몸을 비틀고 소리를 내어 상황을 벗어나려는 피해자 입을 막고</u>[1] 1회 간음하여 강간하였다.

제1심은 <u>예비적 죄명으로 준강간</u>을, 예비적 공소사실로 '피고인은 술에 취하여 누워 있는 피해자를 <u>피해자의 항거불능 상태를 이용하여 강간하였다</u>'라는 내용을 추가하는 공소장변경을 허가하였다.

제1심은 군검사가 제출한 증거만으로는 항거를 불가능하게 하거나 현저히 곤란하게 할 정도 폭행 또는 협박이 있었을 것이라고 쉽사리 단정할 수 없다는 등 이유로 <u>主位的 공소사실인 강간 부분을 무죄</u>로 판단하고, 예비적 공소사실인 준강간 부분을 유죄로 판단하였다.

---

* 한국형사정책연구원 선임연구위원, 법학박사.
1) 이후 항소심에서 '몸을 비틀고 소리를 내어 상황을 벗어나려는 피해자의 입을 막고' 부분은 착오 기재라는 이유로 범죄사실에서 삭제하였다.

(2) 항소심 기소내용과 판단

피고인측은 피해자 항거불능 상태를 이용하였다는 점에 대한 범죄의 증명이 없다고 항소하였다. 그러자 군검사는 제1심에서 유죄가 인정된 준강간죄에 대하여 준강간미수죄를 예비적으로 추가하였다. 피고인 주장과 같이 피해자가 항거불능 상태에 있지 않았나 하더라도 피고인에게는 준강간 고의가 있었으므로 준강간미수죄(불능미수) 성립이 가능하다는 것이다.

항소심은 예비적 죄명으로 준강간미수를, 예비적 공소사실로 '피고인은 피해자가 실제로는 반항이 불가능할 정도로 술에 취하지 아니하여 항거불능 상태에 있는 피해자를 강간할 수 없음에도 불구하고, 피해자가 술에 만취하여 항거불능 상태에 있다고 誤認하여 누워 있는 피해자를 간음하였다. 이로써 피고인은 피해자의 항거불능 상태를 이용하여 피해자를 강간하려 하다가 미수에 그쳤다'는 내용을 추가하는 공소장변경을 허가하였다.

항소심은 군검사가 제출한 증거만으로 피해자가 사건 당시 심신상실 또는 항거불능 상태에 있었다고 인정하기에 부족하다고 판단했다. 피해자가 당시 깊은 잠에 빠져 있지는 않았던 것으로 보이고, 피해자가 마신 술의 양으로 술에 만취해 있었다고 단정하기 어렵기 때문이다. 다만 피해자가 "너무 무서워서 소리도 제대로 내지 못했다"는 취지로 제대로 저항하지 못한 이유를 증언했고, 피고인이 범행 이후 피해자에게 여러 차례 사죄 의미를 담은 메시지를 보낸 점을 인정하여, 제1심에서 유죄가 인정된 준강간 부분을 무죄로 판단하고, 예비적 공소사실로 추가한 준강간 불능미수 부분을 유죄로 판단하였다.[2]

---

2) 고등군사법원 2018. 9. 13. 선고 2018노88 판결.

(3) 상고이유

피고인만 유죄 부분에 대하여 상고하였다. 상고이유로 첫째, 준강간 고의가 없었다. 둘째, 피해자가 실제로는 심신상실 또는 항거불능 상태에 있지 않아 성적 자기결정권 침해가 없는 성관계를 하였으므로 준강간 결과발생 가능성이나 법익침해 위험성이 없어 준강간죄 불능미수가 성립하지 않는다고 주장하였다.

2. 대법원 판결(2018도16002) 요지 해설

(1) 준강간 고의 여부

첫째, 준강간 고의는 피해자가 심신상실 또는 항거불능 상태라는 점과 그러한 상태를 이용하여 간음한다는 구성요건적 결과 발생 가능성을 인식하고 그러한 위험을 용인하는 내심 의사를 말한다. 피고인이 고의를 부인하는 경우라면, 사물의 성질상 犯意와 관련성이 있는 간접사실 또는 정황사실을 증명하는 방법을 택할 수밖에 없다. 무엇이 관련성이 있는 간접사실 또는 정황사실에 해당하는지를 판단할 때에는 정상적인 경험칙에 바탕을 두고 치밀한 관찰력이나 분석력으로 사실의 연결 상태를 합리적으로 판단하는 방법으로 하여야 한다.[3]

둘째, 범죄사실 발생 가능성에 대한 인식이 있고 나아가 범죄사실이 발생할 위험을 용인하는 내심 의사가 있었다면 미필적 고의가 인정될 수 있다. 행위자가 범죄사실이 발생할 가능성을 용인하고 있었는지 여부는 행위자 진술에 의존하지 않고 외부에 나타난 행위 형태와 행위 상황 등 구체적인 사정을 기초로 일반인이라면 해당 범죄사실이 발생할 가능성을 어떻게 평가할 것인지를 고려하면서 행위자 입장에서 그 심리상태를 追認함으로써 판단할 수 있다.[4]

따라서 다수의견은 ① 피고인과 피고인 처 그리고 피해자가 함께

3) 대법원 2006. 2. 23. 선고 2005도8645 판결.
4) 대법원 2004. 5. 14. 선고 2004도74 판결; 대법원 2017. 1. 12. 선고 2016도15470 판결.

술을 마신 경위, ② 피고인과 피해자가 마신 각 술의 양, ③ 피해자가 심신상실 또는 항거불능의 상태에 이르지 않았더라도 장시간 주량을 초과하는 술을 마셔 취한 상태로 안방에 들어가 누워있던 상황, ④ 피고인이 준강간 범행에 착수할 당시 피해자 상태, ⑤ 범행 후 피고인과 피해자가 주고받은 문자메시지 내용 등을 살펴볼 때 피고인에게 준강간 고의가 인정된다고 판단한다.

(2) 준강간죄 불능미수 여부

첫째, 형법 제299조 준강간죄는 정신적·신체적 사정으로 인하여 성적인 관계에 있어 자기방어를 할 수 없는 사람의 성적 자기결정권을 보호법익으로 한다.[5] 준강간죄에서 행위 대상은 '심신상실 또는 항거불능의 상태에 있는 사람'이다. 구성요건 해당행위는 '심신상실 또는 항거불능의 상태를 이용하여 간음'하는 것이다. 심신상실 또는 항거불능 상태에 있는 사람에 대하여 그 사람의 그러한 상태를 이용하여 간음행위를 하면 준강간죄 기수에 이른다.

둘째, 피고인이 피해자가 심신상실 또는 항거불능 상태에 있다고 인식하고 그러한 상태를 이용하여 간음할 의사로 피해자를 간음하였으나 실행 착수 당시부터 피해자가 실제로는 심신상실 또는 항거불능 상태에 있지 않은 경우에는, 실행 수단 또는 대상 착오로 인하여 준강간죄에서 규정하고 있는 구성요건적 결과 발생이 처음부터 불가능하였고 실제로 그러한 결과가 발생하였다고 할 수 없다. 이 경우 피고인이 행위 당시에 인식한 사정을 놓고 일반인이 객관적으로 판단하여 보았을 때 정신적·신체적 사정으로 인하여 성적 관계에 있어서 자기방어를 할 수 없는 사람의 성적 자기결정권을 침해하여 준강간 결과가 발생할 위험성이 있었다면 불능미수가 성립한다.

따라서 다수의견은 피고인이 준강간 실행에 착수하였으나 범죄가 기수에 이르지 못하였으므로 준강간죄 미수범이 성립한다고 판단한다.

---

5) 대법원 2000. 5. 26. 선고 98도3257 판결.

즉 피고인이 행위 당시에 인식한 사정을 놓고 일반인이 객관적으로 판단하여 보았을 때 준강간 결과가 발생할 위험성이 있었으므로 준강간죄 불능미수가 성립한다.[6]

3. 대법원 판결 반대의견 및 다수 보충의견 취지 해설

(1) 불능미수에서 결과발생 불가능

가. 반대의견

첫째, 형법 제27조 불능범이란 실행 수단 또는 대상의 착오로 인하여 결과 발생 또는 법익침해 가능성이 절대로 있을 수 없는 경우를 말한다.[7] '결과 발생이 불가능'하다는 것은 범죄기수 불가능뿐만 아니라 범죄실현 불가능을 포함하는 개념이다. 행위가 종료된 사후적 시점에서 판단하게 되면 형법에 규정된 모든 형태 미수범은 결과가 발생하지 않은 사태라고 볼 수 있으므로, 만약 '결과불발생'(제25조)과 '결과발생불가능'(제27조)을 구분하지 않는다면 장애미수범과 불능미수범은 구별되지 않게 될 것이다 라는 것이다.

둘째, 형법 제27조 입법취지는, 행위자가 의도한 구성요건 실현이 객관적으로 가능하지 않았기 때문에 원칙적으로 미수범으로도 처벌 대상이 되지 않을 것이지만 규범적 관점에서 보아 위험성 요건을 충족하는 예외적인 경우에는 미수범으로 형사처벌을 가능하게 하자는 데 있다. 때문에 형법 제27조 결과 발생 불가능 여부는 실행 수단이나 대상을 착오한 행위자가 아니라 그 행위 자체 의미를 통찰력이 있는 일반인 기준에서 보아 어떠한 조건하에서도 결과 발생 개연성이 존재하지 않는지(결과발생불가능)를 기준으로 판단하여야 한다.[8] 즉 형법

---

6) 대법원 2005. 12. 8. 선고 2005도8105 판결; 대법원 2015. 8. 13. 선고 2015도7343 판결.
7) 대법원 1998. 10. 23. 선고 98도2313 판결; 대법원 2007. 7. 26. 선고 2007도3687 판결.
8) 따라서 일정한 조건하에서는 결과 발생의 개연성이 존재하지만 특별히 그 행위 당시의 사정으로 인해 결과 발생이 이루어지지 못한 경우(결과불발)는 불능미수가 아니라 장애미수가 될 뿐이다.

제27조상 '결과 발생의 불가능'은 사실관계 확정단계에서 밝혀지는 '결과불발생'과는 엄격히 구별되는 개념이라는 것이다.

셋째, 준강간죄에서 구성요건결과 발생 여부는 간음이 이루어졌는지, 즉 개인의 성적 자기결정권이 침해되었는지 여부를 기준으로 판단하여야 한다. 이 사건에서 제1심 및 항소심 모두 <u>간음이 행하여졌다는 사실을 인정하고 있다.</u> 다만 제1심은 구성요건행위인 강간의 특별한 행위양태인 '폭행 또는 협박'을 하였다는 점에 대한 증거가 없다고 판단하였고, 항소심은 준강간의 특별한 행위양태인 '심신상실 또는 항거불능의 상태를 이용하여' 간음하였다는 점에 대한 증거가 없다고 판단하였을 따름이다. 그리고 <u>간음으로 인하여 피해자의 성적 자기결정권이 침해되었다는 점에 대해서는 의문이 없다.</u> 그렇다면 본 사안은 형법 제27조상 '결과의 발생이 불가능'한 경우, 즉 범죄행위의 성질상 결과 발생 또는 법익침해의 가능성이 절대로 있을 수 없는 경우에 해당하지 않다고 보아야 한다는 것이다.

따라서 반대의견에 따르면 이 사건은 <u>미수범 영역에서 논의할 문제가 아니다.</u>

나. 다수 보충의견

첫째, 형법 제27조는 '결과 발생의 불가능' 유무를 기준으로 불능미수와 장애미수를 구별하고, '위험성' 여부를 기준으로 불능미수와 불가벌적 불능범을 구별하고 있다. '결과 발생의 불가능'은 불능미수의 본질적 표지로서 불능미수 또는 장애미수 여부에 따라 구성요건적 결과 내용이 달라지는 것은 아니다. 따라서 <u>형법 제27조에서 정한 '결과의 발생'을 형법 제25조 제1항</u>(결과가 발생하지 아니한 때), <u>제26조</u>(결과의 발생을 방지한 때)상 '결과의 발생'과 다르게 해석할 근거가 없고, 불능미수도 미수범의 한 유형이므로 형법 제27조상 '결과 발생의 불가능'은 처음부터 구성요건이 충족될 가능성이 없어 범죄가 기수에 이를 수 없다는 의미로 해석하여야 한다는 것이다.

둘째, 강간죄나 준강간죄는 간음 자체를 처벌하는 것이 아니라 폭행·협박으로 피해자의 성적 자기결정권을 침해하는 방법으로 간음이 이루어졌을 때 범죄로 규정하고 처벌하는 것이다. 따라서 피고인이 목적 내지 의욕한 대로 간음이 이루어졌다 하더라도, 폭행이나 협박에 의하여 혹은 피해자의 심신상실이나 항거불능 상태를 이용하여 간음한 것이 아니라면 강간죄나 준강간죄는 기수에 이르렀다고 할 수 없게 된다는 것이다.

셋째, 심신상실 또는 항거불능의 상태에 있지 아니한 사람을 간음하는 것은 준강간죄 대상이나 구성요건적 행위가 아니므로 간음이 발생하였다고 하더라도 준강간죄의 기수에 이르렀다고 할 수 없다. 피고인이 피해자가 심신상실 또는 항거불능 상태에 있다고 인식하고 그러한 상태를 이용하여 간음할 의사로 피해자를 간음하였으나, 피해자가 실제로는 심신상실 또는 항거불능 상태에 있지 않았다면, 준강간 고의를 가지고 실행에 착수할 당시 실행의 수단 또는 대상의 착오로 구성요건이 충족될 가능성이 없어 결과적으로 준강간죄 기수에 이를 가능성이 없었던 경우에 해당하므로 준강간죄의 불능미수 성립 여부가 문제된다는 것이다.

(2) 준강간죄의 행위객체와 구성요건적 결과

가. 반대의견

첫째, 다수의견은 준강간죄의 행위객체를 '심신상실 또는 항거불능의 상태에 있는 사람'이라고 보기 때문에, 준강간의 구성요건적 결과 또한 항거불능상태에 있는 사람에 대한 간음으로 본다. 그러나 형법 제299조는 '사람의 심신상실 또는 항거불능의 상태를 이용하여 간음한 자'라고 규정하였으니, 심신상실 또는 항거불능의 상태를 이용하는 것은 범행 방법으로서 구성요건의 특별한 행위양태에 해당하고, 구성요건행위 객체는 사람이다. 그리고 강간죄나 준강간죄나 구성요건 결과는 사람에 대한 간음이다. 다만 강간죄 경우에는 '폭행 또는 협박으로' 항거를 불가능하게 하는 데 반하여, 준강간죄 경우에는 이미 존재하고 있는 '항거불능의 상태를 이용'한다는 점이 다를 뿐이다. 따라서 다수의견은 범행 방법 내지 행위양태의 차이를 구성요건적 결과의 차이로 해석함으로써, 형벌조항의 문언 범위를 벗어나는 해석이라는 것이다.

둘째, 다수의견은 피해자가 실제로는 심신상실 또는 항거불능의 상태에 있지 않은 경우에는, 실행의 수단 또는 대상의 착오로 인하여 준강간 결과발생(항거불능상태 사람에 대한 간음으로 인한 성적 자기결정권 침해)이 불가능하였고 실제로 준강간죄의 구성요건적 결과는 발생하지 않았다고 본다. 다만 피고인이 행위 당시에 인식한 사정을 놓고 객관적으로 일반인의 판단으로 보았을 때 준강간 결과가 발생할 위험성이 있었으므로 준강간죄의 불능미수가 성립한다고 한다.

그러나 반대의견에 따르면 준강간죄의 행위객체는 사람이므로, 구성요건실현 대상이 될 수 없다는 의미에서의 대상의 착오는 존재하지 않는다. 피고인이 피해자를 간음 대상으로 삼은 데에 객체의 동일성에 관한 착오도 없었다. 방법의 착오나 객체의 착오를 생각하기 어렵다는 것이다.

셋째, 다수의견은 실행 수단 또는 대상의 착오로 인하여 준강간의 결과 발생이 불가능한 경우에 해당한다고 본다. 그러나 반대의견은 구성요건해당성 문제와 착오로 인한 결과발생 불가능 경우를 혼동한 결과라고 비판한다. 다수의견처럼 보게 되면, 본 사안처럼 검사가 준강간의 구성요건요소인 사실(피해자의 항거불능상태 이용)을 증명하지 못한 때에도 피고인 행위가 준강간 구성요건을 충족하지 못하여서 (피해자가 항거불능 상태가 아니었으니) 준강간 결과발생이 불가능한 때에 해당한다고 하여 불능미수범으로 처벌할 수 있다는 결론에 이르게 되기 때문이다. 따라서 반대의견에 따르면 준강간의 미수가 아니라 구성요건요소에 해당하는 <u>특별한 행위양태에 대한 증거가 충분한지 여부가 문제되는 사안일 따름이다.</u>

나. 다수 보충의견

첫째, 반대의견은 간음 자체가 강간죄와 준강간죄의 구성요건적 결과라고 주장하나, 이는 강간죄와 준강간죄를 별개의 구성요건으로 규정한 형법 체계에 반한다. 강간죄와 준강간죄에서, 보호법익인 성적 자기결정권의 침해라는 결과는 간음행위만에 의해 발생하는 것이 아니고 피해자의 자기결정권을 침해하는 별도의 가해자의 행위 또는 피해자의 상태 등과 결합하여서만 발생하는 것이다. 따라서 반대의견은 간음을 구성요건적 행위이면서 구성요건적 결과로 보고 있는데, 이는 구성요건적 '행위'와 구성요건적 결과 발생을 의미하는 '기수'를 혼동하고 있다는 것이다.

둘째, 반대의견은 준강간죄의 행위의 객체가 단순히 '사람'임을 전제로 피고인에게 대상의 착오가 존재하지 않는다고 본다. 그러나 형법 제299조상 준강간죄는 '사람의 심신상실 또는 항거불능의 상태'를 이용하여야 하므로 행위객체는 심신상실 또는 항거불능 상태에 있는 사람이라고 해석할 수밖에 없다. 간음의 상대방이 아닌 다른 사람의 심신상실 또는 항거불능의 상태를 이용하는 것이 아니기 때문이다. 다수의견은 이러한 문언의 통상적인 의미와 범위 안에서 형법 제299조를 체계적이고 논리적으로 해석하였다는 것이다.

셋째, 반대의견은 준강간 행위의 객체를 '심신상실 또는 항거불능의 상태에 있는 사람'이라고 해석하는 다수의견이 형벌조항의 문언 범위를 벗어난 것이라고 한다. 그러나 형법 제27조상 '실행의 수단의 착오'는 행위자가 시도한 행위방법으로는 결과의 발생이 처음부터 불가능하다는 수단의 불가능성 또는 부적합성을 말한다. '대상의 착오'는 행위자가 시도한 행위의 객체가 구성요건을 충족시킬 대상이 될 수 없다는 대상의 불가능성 또는 부적합성을 말한다. 준강간죄의 행위 객체는 '심신상실 또는 항거불능의 상태에 있는 사람'이고, 그 구성요건에 해당하는 행위는 '심신상실 또는 항거불능의 상태를 이용하여 간음'하는 것이다. 준강간죄에서 피해자가 심신상실 또는 항거불능의 상태에 있다는 것은 대상의 성질이기도 하지만 실행 수단의 전제이기도 하다. 피고인이 피해자가 심신상실 또는 항거불능의 상태에 있다고 인식하고 그러한 상태를 이용하여 간음할 의사로 간음하였으나, 피해자가 실제로는 심신상실 또는 항거불능의 상태에 있지 않았다면 피고인이 시도한 행위방법이나 행위객체에 대한 불가능성 또는 부적합성으로 인하여 준강간죄의 기수에 이를 가능성이 처음부터 없는 경우에 해당한다는 것이다.

넷째, 반대의견은 다수의견이 어떠한 점에서 피고인에게 실행의 수단의 착오가 있었는지 설명하지 않는다고 비판한다. 그러나 불능미수에서 실행 수단의 착오 또는 대상의 착오가 명확히 구분된다고 볼 수 없을 뿐만 아니라 수단의 착오와 대상의 착오 중 어느 것인지를 구분한다고 해서, 결과의 발생이 불가능하다는 불능미수 결론에 영향을 미치는 것도 아니므로 구분할 실익도 없다.

다섯째, 반대의견이 전제하는바 형법 제27조 불능미수 요건인 '수단 또는 대상의 착오로 인한 결과 발생의 불가능'의 의미가 사람일 줄 알았는데 실제로는 사람이 아닌 경우 등만을 말하는 것이라면, 피고인이 쓰러져 있는 피해자를 보고 준강간 의사로 간음하였으나, 그 실행의 착수 당시 이미 피해자가 사망한 경우에는 준강간죄의 불능미수가 성립하고, 피해자가 생존하였으나 실제로는 심신상실 또는 항거불능의 상태에 있지 않은 경우에는 무죄라는 결론에 이르게 된다.

그러나 피해자가 사망하였다는 사정이나 생존하였지만 심신상실 또는 항거불능 상태에 있지 않았다는 사정은 준강간죄 구성요건실현 가능성이 없어 기수에 이를 수 없다는 점에서 동일한데도, 생존한 피해자보다 사망한 피해자의 성적 자기결정권을 더 강하게 보호하는 셈이 되어 불합리하다는 것이다.

II. 사안과 판례 평석 논점

본 전원합의체 판례는 준강간 불능미수의 법리를 최초로 설명한 판례라는 평가9)를 받는다. 법원의 법률해석과 적용 의견을 변경하거나 새로운 해석 내용을 제시하였다기보다는, 유무죄 판단을 떠나 다수의견 및 두 개의 보충의견과 반대의견이 불능미수와 준강간죄 관련 쟁점과 가능한 판단입장들을 펼쳐보였다는 데서 이론적·실무적으로 살펴 정리해 볼 만한 의미가 있는 판결이다.

살피건대 제1심은 주위적 공소사실인 강간에 대해 무죄, 예비적 공소사실인 준강간에 대해 유죄판단을 하였는데, 항소심은 주위적 공소사실인 준강간에 대해 무죄, 예비적 공소사실인 준강간 미수에 대해 유죄를 판단하였고, 대법원은 준강간 불능미수 유죄판단을 유지하였다.10)

1. 다수의견 및 보충의견과 반대의견 쟁점분석

첫째, 다수의견은 불능미수를 결과발생 불가능으로 본다. 이에 반대의견은 장애 및 중지미수의 결과 불발생이나 방지는 사후적 결과불발생으로, 불능미수의 결과발생 불가능은 사전적 결과발생불능으로 구분한다.

둘째, 다수의견은 준강간죄 구성요건적 결과를 피고인이 유발하지 아니한 피해자의 심신상실 또는 항거불능상태에 처한 사람에 대한 간음으로 본다. 이에 반대의견은 강간죄와 준간강죄의 구성요건적 결과는 사람에 대한 간음으로 동일하다고 본다. 다만 강간죄의 행위양태

---

9) '헷갈리는 준강간 미수에 대법원 처벌해야 철퇴' (중앙일보 2019년 3월 29일자); 김상오, 준강간 불능미수 판례에 대한 이해와 오해, 홍익법학 21(1), 2020, 536면; 김태명, 술에 취해 항거가 곤란한 사람에 대한 준강간죄의 불능미수, 법학연구 59, 2019, 46면.

10) 기소 내용의 거듭된 변경은 검찰이 제기한 처벌의지에 법원 또한 영향을 받지 않았는지 살펴볼 여지가 있음을 보여준다. 같은 취지로는 김태명, 술에 취해 항거가 곤란한 사람에 대한 준강간죄의 불능미수, 45면; 류화진, 준강간의 불능미수, 이화젠더법학 11(2), 2019, 54면.

는 폭행 또는 협박이고, 준강간죄의 행위양태는 피해자의 항거불능 상태 이용이라는 점에서 차이가 난다. 즉 강간죄 경우에는 폭행 또는 협박으로 항거를 불가능하게 하는 데 반하여, 준강간죄 경우에는 이미 존재하고 있는 항거불능 상태를 이용한다는 점이 다를 뿐이다.

셋째, 다수의견은 준강간죄의 행위객체를 항거불능상태에 처한 사람으로 본다. 따라서 본 사안에서 항거불능상태에 있는 사람으로 착오하고 준강간의 실행착수로 나아갔으므로 대상의 착오에 해당되며, 따라서 불능미수에서 대상의 착오로 인하여 결과발생, 즉 항거불능상태에 빠진 사람에 대한 간음으로 인한 성적 자기결정권 침해도 불가능하되 위험성은 있는 경우로서 불능미수라는 판단에 이른다. 이에 비해 반대의견은 준강간죄의 객체는 사람이고, 구성요건적 결과는 사람에 대한 간음으로 인한 성적 자기결정권 침해이며, 실행의 착오나 대상의 착오는 없고 다만 준강간죄의 행위양태인 항거불능상태의 이용에 대한 입증이 없다면 준강간죄의 미수가 아닌 준강간죄 무죄 사안이라고 본다.11)

[표] 다수의견, 보충의견과 반대의견 주요쟁점별 판단비교

	불능미수의 성립	준강간죄의 행위객체와 구성요건적 결과	판단
다수의견	• 불능미수의 요건은 결과불발생 또는 결과발생불가능	• 준강간죄는 행위자와 무관하게 야기된 항거불능상태에 처한 사람에 대한 간음으로 인한 피해자의 성적자기결정권 침해.	• 준강간 실행의 착수는 있었으나 피해자 항거불능상태에서의 간음결과 발생이 불가능한 경우이므로 (준강간 기수가 될 수 없으므로) 준강간 불능미수

---

11) 다만 반대의견이 "미수범의 영역에서 논의할 문제가 아니다"라고만 제시하였다는 점은 무죄 취지일 수도 있지만 기수판단으로도 볼 여지가 있다는 지적은 김상오, 준강간 불능미수 판례에 대한 이해와 오해, 547면.

반 대 의 견	• 불능미수의 요건은 사전적 결과발생불 가능	• 강간죄와 준강간죄의 행위객체는 사람이며, 구성요건적 결과는 간음으로 인한 피해자의 성적자기결정권 침해. • 강간죄와 준강간죄 는 폭행협박 가해와 기존항거불능상태이 용 행위양태의 차이 로 구별될 뿐임.	• 간음결과로 기수에 이 르렀으며, 항거불능상 태이용 입증 없으면 준강간 무죄.
다 수 보 충 의 견	• 미수판단에서 구성요 건적 결과발생/불발 생 내용은 동일하며, 불능미수에서도 결과 발생의 불가능은 기 수에 이르지 아니하 였다는 의미.	• 형법체계는 강간죄와 준강간죄를 간음결과 가 피해자의 자기결 정권을 침해하는 가 해자 행위로 발생하 는 경우와, 피해자의 상태와 결합하여 발 생하는 경우로 구분 하여 규정. • 폭행협박에 의하여 또 는 피해자의 항거불능 상태를 이용하여 간음 할 때 각각 강간죄 및 준강간죄 기수성립.	

2. 사실관계에 대한 보충적 분석

본 사안 사실관계와 관련하여 살펴보자면 세 가지 가능성을 생각
해 볼 수 있다.

첫째, 피고인과 상대방이 합의된 성관계였던 경우다. 그렇다면 피
고인의 처가 자고 있는 안방을 장소로 굳이 선택했을 리 없다. 물론
본 사안 피고인과 피고인의 처, 상대방이 남녀3인성행위 관계이거나,

피고인과 상대방이 타인 앞에서의 성행위에 특별한 취향을 가진 경우일 수는 있으나 이는 형법이 개입할 문제가 전혀 아니다. 따라서 범행 장소와 정황상 합의에 의한 성관계로 보기 어려운데다가, 그렇기 때문에 피고인이 강간의 고의가 있었다고 보기도 어렵다. 일반인의 경험칙상 부인이 자고 있는 자신의 안방에서 타인을 강간할 의사를 가졌을 가능성은 적기 때문이나.

둘째, 피고인에게 준강간의 고의가 있었지만 상대방은 오히려 이를 기회로 항거불능을 가장하여 성관계에 응하였던 경우다. 불가벌적 불능범의 경우라 할 것이다.

셋째, 피고인이 인식한 상황에 비추어 준강간의 고의가 인정되는데 다만 피해자의 항거불능상태를 이용한다는 피고인의 인식과 행위 양태에 실제와 다른 점이 있어서 피해자는 만취로 인한 항거불능이 아니라 '너무 두려운 나머지' 심리적으로 항거불능 상태에 빠진 경우다.

본 사안의 사실관계는 세 번째 경우에 해당되는 것으로 보인다. 그렇다면 법원은 다음과 같은 점을 더욱 치밀하게 살펴보지 않은 아쉬움이 있다.

첫째, 준강간죄의 항거불능 요건에서 물리적·심리적 항거불능의 의미를 살펴보아야 한다. 피해자는 추행이 시작된 상황(가슴을 만지고 바지와 팬티를 벗긴 행위)에서 너무 무서운 나머지 항거하지 못했다고 진술한 사실이 있다. 그렇다면 피해자가 주취상태 하에서 가해자의 집 안 가해자의 처가 옆에 있는 상황에서 추행 상황에 처하여 극도의 두려움으로 인한 심리적 항거불능 상태에 있었고, 그로 인하여 항거불능 상태에서의 간음결과에 이르렀다면 이는 다수의견의 관점에 따른다 해도 미수라기보다는 준강간 고의와 실행에 인과적으로 연결된 준강간의 구성요건적 결과가 발생한 것이라 볼 수 있을 것이다. 항소심에서 인정한 바 피해자가 "너무 무서워서 소리도 제대로 내지 못했다"는 취지로 제대로 저항하지 못한 이유를 증언했고, 피고인이 범행 이후 피해자에게 여러 차례 "내가 잘못했다. 모든 일에 책임은 내게 있

다"는 등 사죄의 의미를 담은 메시지를 보낸 점을 살폈어야 한다.12)

둘째, 불능미수 성립요건을 살펴볼 때, 준강간의 고의와 관련해서는 범행장소와 정황상 합의 성관계일 가능성도 없고, 강간의 가능성도 없다면 피고인 부인에도 불구하고 일반인의 경험칙상 준강간의 고의가 있었다고 볼 수 있다. 준강간의 실행의 착수와 여부, 실행수단이나 대상의 착오 여부, 결과발생의 불가능과 그럼에도 불구하고 가벌적 위험성이 있는지의 여부에 대해 각각 법원의 다수의견과 반대의견이 각각 살핀 점을 검토해 볼 필요가 있다.

Ⅲ. 준강간에서 항거불능 상태

제299조 준강간죄에서 심신상실이라 함은 사물변별과 의사결정능력이 없는 경우뿐만 아니라 간음 상황에 처하여 관련행동이 뜻하는 바를 정확히 이해하지 못하여서 동의하였는지 부동의하였는지 또는 저항하였는지 명백히 알 수 없는 상태도 포함한다. 따라서 항거불능이란 심신상실 이외 사유로 인하여 육체적 심리적으로 반항이 불가능한 경우를 뜻한다.13) 심신상실이나 항거불능의 상태에 이르게 된 원인은 불문이다. 다만 행위자가 간음 목적으로 직접 피해자 심신상실 상태를 야기한 경우에는 강간죄를 구성한다.14)

1. 판례의 태도

판례에 따르면 준강간죄에서 항거불능의 상태라 함은 제297조 강간죄와 균형상 심신상실 이외의 원인 때문에 심리적 또는 물리적으로 반항이 절대적으로 불가능하거나 현저히 곤란한 경우를 의미한다. 준강간죄의 보호법익은 정신적 또는 신체적 사정으로 인하여 성적인 자

---

12) 같은 취지로 류화진, 준강간의 불능미수, 53~54면.
13) 이재상, 형법총론, 제9판, 2013, 박영사, 170면.
14) 이재상, 형법총론, 170면.

기방어를 할 수 없는 사람의 성적 자기결정권 보호다.15)

　반면, 심리적 물리적 반항이 불가능하거나 현저히 곤란한 경우에 해당되지 않는다고 판단한 예는 주로 함께 술을 마신 후의 주취상태에서 간음상황과 관련된다. 예컨대, 피고인 등이 피해자에게 강제로 술을 먹인 것이 아니고 피고인등 3인이 한잔씩 권하기에 마셨다는 사안에서 법원은 피해사는 주점경영자로시 자신의 주량을 알았을 것이고 탁주 3잔에 항거불능의 상태에 빠진다는 것을 알았다면 아무리 손님의 강권이라고 3잔을 마실리는 없다 할 것이고, 사건 이튿날 아침식사까지 피해자가 피고인 등에게 제공하였던 사실로부터 피해자가 사건 당시 의식불명의 인사불성 상태였다거나 의식은 있었어도 항거불능 상태였다고 보기 어렵다고 판단하였다.16)

　정리하면 판례는 항거불능이나 현저한 곤란상태를 의식불명이기 때문에 항거불능인 상태, 또는 의식이 있어도 항거불능인 상태로 본다. 그러나 과음으로 인한 알코올 유도성 일시적 기억상실(blackout)은 준강간의 항거불능상태로 보지 아니한다.17) 최근 피해자의 항거불능 상태가 쟁점이었던 사안이 그 예다. 법원은 CCTV 영상에 담긴 모습으로 봤을 때 피해자가 항거불능 상태가 아니라고 판단했는데, 피해자가 술을 많이 마셔 잠이 든 사람처럼 몸에 힘이 빠져 있어 목이나 팔을 가누지 못하는 상태는 아니라고 보았기 때문이다. 그 근거는 승강기를 타고 내릴 때 피해자가 피고인의 한쪽 팔을 붙잡고 있었던 점, 피고인이 두 차례 피해자 몸을 들춰 자세를 고쳐 잡을 때도 피해자가 동일한 자세를 안정적으로 유지한 점, 안겨있던 피해자가 얼굴 위로 흘러내린 자신의 머리카락을 쓸어넘겨 귀 뒤에 고정했다는 점에 비추어 머리카락이 얼굴과 귀를 가리게 된 미세한 촉감을 느낀 여성이 머리카락을 쓸어 올리며 다시 흘러내리지 않도록 귀 뒤로 정확하게 고정하는 세밀

---

　15) 대법원 2000. 5. 26. 선고 98도3257 판결.
　16) 대법원 1978. 1. 10. 선고 77도3678 판결.
　17) 대법원 2019. 4. 23. 선고 2019도1960 판결.

한 동작은 도저히 잠결에 무의식적으로 할 수 있는 행동으로 볼 수 없다는 점이다. 또한 성관계 이후 피해자가 친구에게 전화를 건 시점까지 약 22분가량 걸린 점으로 볼 때 만취해 항거불능 상태인 사람이 22분 만에 다른 사람에게 전화해 의사소통할 정도로 회복된다는 것은 이례적이라는 점이다. 법원은 정황을 비춰봤을 때 피해자가 피고인과의 성관계 전후 사정을 기억하지 못하거나 제대로 진술하지 못하는 것은 술을 마시고 겪는 일시적 기억상실중인 '블랙아웃' 중상일 가능성이 있다고 봤다. 블랙아웃은 알코올 때문에 기억에 문제가 생기지만 뇌의 다른 부분은 정상적 활동을 하는 현상을 말한다. 하지만 법원은 피해자에게 그런 증상이 있었더라도 이를 성관계 당시 심신상실이나 항거불능 상태였던 것과 동일하게 볼 수는 없다고 판단했다.[18]

2. 음주상태와 항거불능상태

항거불능 내지 현저한 곤란이라 함은 피해자의 의사에 반한 성관계에 대한 부동의의사가 가해상대방에게 전달되어 실현될 수 없거나 현저하게 어려운 상황이라 할 것인데, 의사에 반하는 경우를 지나치게 세밀하게 해석하고 강제성을 매우 엄격하게 해석하는 경향이 보인다. 이는 가해자의 시선[19]이 법원판단에 반영되었다는 비판의 소지가 있는 부분이다. 이른바 만취 후 블랙아웃 상황이 사물변별과 의사결정능력의 단기적 상실, 심리적 물리적으로 항거불능인 상태와 엄밀하게 구분되는 것인지도 의문이 남는다. 더구나 본 2018년 전원합의체 판결의 경우 피해자의 음주상태가 항거불능에 이르지 아니하였다는 점만 판단하였을 뿐, 심리적으로 극히 두려운 상태에서 저항할 수 없었다는 사정은 그리 세밀하게 살피지 아니한 것으로 보인다.

특히 위의 2019년 대법원판결례의 경우 준강간죄의 항거불능과

---

18) 대법원 2019. 4. 23. 선고 2019도1960 판결.
19) 이은의, 강간과 준강간 사이의 사각지대에 선 피해사건들, 젠더법학 8(2), 한국젠더법학회, 2017, 123면.

음주상태 연관성에 대해 좀 더 살펴볼 필요성을 보여준다. 만취상태의 피해자에게 확인된 신체적 동작, 즉 ① 피해자가 피고인의 한쪽 팔을 붙잡고 있었던 점, ② 피고인이 두 차례 피해자 몸을 들춰 자세를 고쳐 잡을 때도 피해자가 동일한 자세를 안정적으로 유지한 점, ③ 안겨 있던 피해자가 얼굴 위로 흘러내린 자신의 머리카락을 쓸어넘겨 귀 뒤에 고정했다는 점에 비추어 머리카락이 얼굴과 귀를 가리게 된 미세한 촉감을 느낀 여성이 머리카락을 쓸어 올리며 다시 흘러내리지 않도록 귀 뒤로 정확하게 고정하는 세밀한 행동, ④ 만취해 항거불능 상태인 사람이 22분 만에 다른 사람에게 전화해 의사소통한 점에 비추어 심신상실도 항거불능도 아니었다고 판단하였다. 즉 성적 자기결정권 행사가능한 신체적 정신적 상태에서 성관계에 동의하거나 적극 부동의하지는 않았다는 판단으로 보인다.

그런데 만취상태는 ① 일시적 기억상실의 경우, ② 사물변별과 의사결정 능력이 전무할 만큼 의식이 없고 신체가 마비된 경우, ③ 무의식적인 신체동작은 가능하지만 성적 관계와 행동의 뜻을 이해하고 관련 의사표시와 관계의 신체적 수행이 가능할 만큼의 사물변별 및 의사결정 능력이 없는 경우, ④ 주취로 인하여 성적으로 흥분한 경우 등 다양한 양상일 것이다. 준강간의 항거불능상태에 상응하는 만취상태라 함은 ②의 경우뿐만 아니라 ③의 경우도 가리킬 수 있을 것이라면, 2019년 대법원판결례의 사실판단은 그다지 엄밀하다고 보기 어렵다.

이는 음주로 인하여 사물변별과 의사결정 능력에 영향이 미치는 정도는 개인차가 크기 때문이다.[20] 술은 대뇌 측두엽에 있는 해마에 영향을 미쳐 뇌의 정보입력과정에 이상을 일으키고, 이때 장기기억에 대한 회상은 비교적 온전한데 단기간 상황에 대한 기억은 회상하지 못하며, 만취가 아닌 소량 음주라도 뇌 영역간 협력활동에 영향을 미쳐 기억외상이나 의식적, 무의식적 인식을 변화시키고 기억도 희미해

---

20) 송승현, 준강간죄의 수단 방법에 있어 심신상실과 음주의 연관성, 강원법학 55, 2018, 622면.

지게 한다. 음주상태에서의 반응 또한 작업기억과 장기기억 작용으로 인해 무의식적 인식상태에서 발생한 추상적 일반적 반응으로도 구체적 개별적 반응으로 볼 여지도 있다.[21)

생각건대 준강간죄를 강간죄에 준하여 처벌하는 핵심은 폭행 협박 이외의 심신상실 내지 항거불능 상태에 처한 피해자가 성적 자기결정권 주체로서 매우 취약한 상태에 있고, 가해자는 이러한 취약상태를 비록 야기하지는 아니하였더라도 이를 의도적으로 악용하여 성폭력으로 나아감으로써 피해자를 자기결정권의 주체이면서 성적 관계형성의 대등한 타방 당사자 인격이 아닌 일방적인 성적 욕망 내지 폭력을 발하는 도구의 지위로 떨어뜨렸다는 데 있는 것이다. 따라서 만취상태의 피해자일지라도, 또한 그 만취상태가 무의식적인 신체동작은 여전히 가능하고 심지어 성적 흥분유발상태일지라도 성적 자기결정권에 기하여 성적 관계를 형성할 수 없는 취약 상태라면, 이를 악의적으로 이용한 행위는 명백한 성적 자기결정권 침해의 성폭력이 아닐 수 없다. 다만 현실적으로 다수 준강간 사례가 가해자와 피해자가 함께 음주하여 만취한 상황, 만취하여 수면에 빠진 상황, 우발적 성관계 상황과 연관되어 있기 때문에 성적 관계 동의의사에 대한 추정, 항거불능상태를 악용한 준강간의 인식과 의사, 소극적으로 동의된 성관계 등 판단이 어려운 부분이 있는 것은 사실이다. 여기서 기이한 전문영역화[22) 현실 또한 일부 비롯된 것으로 보인다.

Ⅳ. 준강간 불능미수의 성립요건

1. 실행의 착수

준강간죄의 구성요건적 행위는 '심신상실 또는 항거불능의 상태

---

21) 송승현, 준강간죄의 수단 방법에 있어 심신상실과 음주의 연관성, 617~621면.
22) 이른바 '준강간 형사전문변호사' 광고안내가 네이버 등 검색사이트에 다수 노출되어 있다.

를 이용한 간음'이다. 이는 행위자가 해당 상태를 인식하였을 뿐만 아니라, 그 상태로 인하여 간음이 가능하거나 용이하게 되었음을 뜻한다. 다만 동기가 되었을 것까지 요하는 것은 아니다.23) 강간죄의 경우 간음을 위해 폭행 협박을 개시했을 때 실행의 착수가 있다면, 준강간죄의 경우 행위자의 폭행 협박 행위나 이에 준하는 심신상실 또는 항거불능 상태를 만드는 행위를 요하지 아니하므로, (그렇다면 강간죄의 사안이 될 뿐이다.) 준강간죄의 실행의 착수는 행위자가 준강간 실행행위를 개시함을 뜻한다.

판례에 따르면 피고인은 피해자가 잠을 자는 사이에 피해자의 옷을 벗기고 신체부위를 만지고 간음행위를 하려고 하였으나 피해자가 잠에서 깨어 거부하는 듯한 기색을 보이자 더 이상 간음행위에 나아가는 것을 포기하였다면, 피해자의 항거불능의 상태를 이용하여 간음을 할 의도를 가지고 간음 수단이라고 할 수 있는 행동을 시작한 것으로서 준강간죄의 실행에 착수하였다고 보아야 할 것이다. 이어서 피고인 행위로 인해 피해자가 잠에서 깨어나 피고인이 간음행위를 하려고 할 때에는 객관적으로 항거불능 상태에 있지 아니하였다고 하더라도 준강간미수죄 성립에 지장이 없다.24) 법원은 이러한 판결들을 통하여 장애미수와 불능미수가 구별되고, 불능미수는 실행의 착수 당시부터 결과적으로 구성요건 충족이 불가능하지만 위험성이 있으면 성립한다는 것을 분명히 하였다.

본 대법원 판결 다수의견에 따르면 준강간죄의 구성요건적 결과는 '심신상실 또는 항거불능상태를 이용한 간음'일 것이며, 구성요건적 행위는 '심신상실 또는 항거불능상태의 이용'일 것이다. 그렇다면 이용하는 행위라 함은 심신상실 내지 항거불능상태에 빠진 (빠진 것으로 외관과 정황상 판단되는) 피해자를 인식하고 준강간의 의사로 간음이라는 결과에 이르러가기 위해 피고인이 인식한 피해자의 심신상실 내지

---

23) 이재상, 형법총론, 171면.
24) 대법원 2000. 1. 14. 선고 99도5187 판결.

항거불능상태를 이용하는 것이어야 할 것이다. 본 사안처럼 항거불능 상태 이용 간음의 목적으로 옷을 벗기거나 신체에 접촉하는 행위를 이용하는 행위로 볼 것이다.

2. 결과발생 불가능과 위험성

통설은 불능미수에서 실행의 수단 또는 대상의 착오로 인해 결과 발생이 불가능할 것을 요한다. 즉 기수에 이를 수 없음을 의미한다. 사실적으로 결과발생이 불가능하면 불능미수 영역에 포섭한 다음 위험성 여부에 따라 가벌성 여부를 판단한다. 다만 가벌적 불능미수는 결과발생 불가능성과 그럼에도 불구한 위험성이 결합된 형태인데, 결과발생 불가능은 사후적 관점에서 불가능한 경우이고, 위험성은 사전적 관점에서 결과발생이 가능한 경우로 해석하는 견해, 결과발생 가능성은 현실적 가능성 또는 구체적 위험성이고, 위험성은 추상적 위험이라고 해석하는 견해, 결과발생 가능성은 사실적 현실적 가능성, 위험성은 경험적 규범적 판단이라고 해석하는 견해로 나뉜다.[25] 불능미수의 위험성에 대한 판례 태도는 중의적이고 자의적이다.[26]

본 사안판례에서 반대의견은 결과가 현실적으로 발생하지 않았다는 것(결과불발생)과 범죄실현이 불가능하다는 것(결과발생불가능)을 구분해야 불능미수를 장애미수로부터 구분할 수 있다고 본다. 반면 다수의견 보충의견은 불능미수도 다른 미수범과 마찬가지로 범죄가 기수에 이르지 않은 유형이며, 다만 형법 제27조상 '결과 발생의 불가능'은 처음부터 구성요건이 충족될 가능성이 없어 범죄가 기수에 이를 수 없다는 의미로 해석한다. 그리고 다수의견과 보충의견은 준강간죄에서 결과발생은 간음이 아니라 항거불능 상태하에서의 간음이며, 간음 결과발생으로 기수가 되는 것이 아니라 성적 자기결정권을 침해하는

---

25) 이재상, 형법총론, 399면.
26) 김준혁, 불능미수에 있어서 결과발생불가능성에 관한 고찰, 법학연구 38, 한국법학회, 2010, 140면; 한상훈, 불능미수의 위험성에 대한 재검토, 형사정책연구 24(1), 한국형사정책연구원, 2013, 43~44면.

방법으로 간음이 이루어졌을 때 기수가 되므로, 본 사안 간음은 하였
으나 피해자가 항거불능 상태에 있지 아니하였다면 항거불능상태 이
용 간음으로 성적 자기결정권을 침해한 기수에 이르렀다고 할 수 없
다는 것이다. 그러므로 피고인에게 준강간 의사가 인정되고 실행의 착
수가 있었으나 항거불능 상태를 이용한 간음결과 발생이 불가능하되,
일반인의 객관적 경험에 비추어 볼 때 항서불능상태 이용 간음으로
인한 피해자 성적 자기결정권 침해의 위험성이 있으므로 가벌적 불능
미수가 된다는 것이다.[27]

　　물론 미수 개념에는 결과가 발생하지 않았다는 내용이 내재해 있
다.[28] 그런데도 다수의견은 준강간의 구성요건적 결과를 간음이 아니
라 항거불능상태이용 간음으로 특정하고, 보충의견은 더 나아가 간음
이라는 결과발생으로 기수가 되는 것이 아니라 성적 자기결정권을 침
해하는 방법(항거불능상태 이용과 동어반복이다)으로 이루어진 간음으로
기수가 된다고 이론을 구성하여서 실제 피해자 입장에서는 간음이라
는 결과는 발생했는데도 불구하고, 성적 자기결정권이 침해될 수 없는
상황에 있었기 때문에(의식이 있어서 항거불능상태가 아니었기 때문에)
준강간 기수가 아니고 미수라는 결론에 이르러 간다. 상식적으로 수긍
하기 쉽지 아니한 점, 피해자 관점이 합당하게 고려되었는지 의문인
점이 여전히 남는 부분이다.

3. 불능미수에서 실행의 수단 또는 대상의 착오

　　불능미수에서 수단의 착오는 수단 자체의 불가능성을 뜻한다. 대
상의 착오는 객체의 사실적·법적 불가능성을 뜻한다.[29] 법원은 피고
인이 피해자가 심신상실의 상태에 있다고 인식하여 피해자 성기에 손
가락을 넣었으나, 피해자가 실제로는 심신상실 상태에 있지 않았던 사

---

27) 이창섭, 준강간죄의 불능미수에 대한 고찰, 형사정책 31(4), 2020, 116면.
28) 김준혁, 불능미수에 있어서 결과발생불가능성에 관한 고찰, 140면.
29) 이재상, 형법총론, 400면.

안에서 피고인 행위가 대상의 착오로 인하여 준유사강간 결과 발생이 불가능하였고 그 위험성이 인정된다고 보아 준유사강간죄 불능미수가 성립될 여지가 있다고 판단한 바 있다.30) 또한 야간주거침입절도 후 준강제추행 미수로 공소가 제기된 사건에서 피고인이 피해자의 주거에 침입할 당시 피해자는 이미 사망한 상태였기 때문에 피고인의 행위는 대상의 착오로 인하여 결과의 발생이 불가능한 때에 해당하지만 위험성이 있기 때문에 원심이 피고인을 주거침입 후 준강제추행의 불능미수 유죄로 인정한 것은 정당하다고 판단한 판례31)도 있다.

본 사안판례 보충의견은 형법 제27조상 '실행의 수단의 착오'는 행위자가 시도한 행위방법으로는 결과 발생이 처음부터 불가능하다는 수단의 불가능성뿐만 아니라 부적합성도 포함된다고 본다. '대상의 착오' 역시 행위자가 시도한 행위 객체가 구성요건을 충족시킬 대상이 될 수 없다는 대상의 불가능성 또는 부적합성을 뜻한다는 것이다. 다수의견에 따라 준강간죄 행위 객체는 '심신상실 또는 항거불능의 상태에 있는 사람'이고, 구성요건해당행위는 '심신상실 또는 항거불능의 상태를 이용하여 간음'하는 것으로 보면, 준강간죄에서 피해자가 항거불능 상태에 있다는 것은 대상의 성질이기도 하지만 실행 수단의 전제이기도 하다. 따라서 반대의견 주장처럼 준강간죄 행위객체는 '사람'이므로 대상의 착오가 존재하지 않고, 실행의 수단의 착오는 해당되지 아니하는 사안이 아니라 불능미수에서 실행의 수단 또는 대상의 착오가 존재하는 사안이라고 본다. 행위수단의 측면에서 볼 때 준강간죄는 사람의 심신상실과 항거불능 상태를 이용하는 죄라면,32) 실행의 수단의 착오에 해당한다고 평가할 수 있다.

또한 보충의견은 반대의견처럼 대상의 착오 의미를 사람일 줄 알았는데 실제로는 사람이 아닌 경우를 말하는 것이라면, 피고인이 쓰러

---

30) 대법원 2015. 8. 13. 선고 2015도7343 판결.
31) 대법원 2013. 7. 11. 선고 2013도5355 판결.
32) 최은하, 장애인준강간죄의 항거곤란 해석론의 전환, 형사정책연구 26(3), 한국형사정책연구원, 2015, 10면.

져 있는 피해자를 보고 준강간 의사로 간음하였으나, 그 실행의 착수 당시 이미 피해자가 사망한 경우에는 준강간죄 불능미수가 성립하고, 피해자가 생존하였으나 실제로는 항거불능 상태에 있지 않은 경우에는 무죄라는 결론에 이르게 되어 불합리할 것이라는 점을 적절히 지적한다.

그러나 사망하여 항거불능인 상태였다면 '대상의 착오로 인하여 결과의 발생이 불가능하면서 위험성이 없는 때' 일 것이므로 불가벌적 불능범으로 처리할 것이다. 또한 보충의견에 따른다면, 대상의 성질에 대한 착오(객체의 불가능은 성질과 다르다)와 실행수단의 전제에 대한 착오(수단 자체와 수단의 전제상황에 대한 착오와는 다르다)이지 실행의 수단 착오나 대상의 착오가 아닐 것이다. 결과발생 불가능성으로 불능미수를 전제하고 착오를 구성한 결과라 볼 수 있다. 그렇다면 결국 대상의 성질에 대한 인식, 실행수단의 전제상황에 대한 인식, 즉 구성요건에 관한 입증의 문제이지 착오 문제가 아니라고 볼 수 있다.

V. 준강간죄와 성적 자기결정권 침해

1. 보충의견의 문제제기에 대한 검토

본 판결 두 보충의견 중의 하나(민유숙, 노정희 대법관)는 피고인의 폭행·협박 또는 피해자의 심신상실이나 항거불능 상태를 이용한 행위에 의하여 간음이 이루어지지 않은 이상 피해자의 성적 자기결정권 침해가 없거나 침해 위험성도 없으므로 미수범도 성립할 수 없는 것 아닌가 하는 문제에 대해 답한다.

우선 성폭력사안에서 피해자가 심신상실이나 항거불능상태에 이르지 않는다면 피해자에게 성관계를 강요하는 것이 불가능하다는 편견이 없는지 되묻는다. 이는 인격적 존재에 부여된 자기결정권과 특별히 성적 자기결정권은 현실공간에서 개별적 존재, 특별히 여성의 현실

지위에서 어떻게 행사되거나 제약되는지 살펴볼 문제라는 점을 환기시켜주는 문제제기다.

첫째, 준강간죄에서 '항거불능의 상태'를 반항이 절대적으로 불가능하거나 현저히 곤란한 경우로 해석하는 경향33)은 강간죄 성립에서 폭행·협박의 정도를 가장 엄격하게 요구하는 최협의설의 입장34)과 균형 때문이라고 지적한다. 강간죄에서 폭행·협박의 정도를 최협의로 제한하는 근거는 항거불능 또는 현저한 항거곤란 정도가 아니고서는 피해자 의사에 반하여 강간하는 것이 불가능하다는 관념이다. 이는 피해자의 처지와 의사를 구체적으로 살피지 않고 다만 외부적으로 적극 대항하지 않았다면 결국 성관계에 동의한 것이므로 피해자의 성적 자기결정권 침해는 없다는 결론으로 비약한다는 문제를 지적하는 것이다.

둘째, 구체적 인간은 구체적 상황에 처하여 일반인이 객관적·사후적으로 볼 때에는 사소한 공격행위일지라도 당시의 구체적 상황에서는 심각한 두려움을 느끼거나 심리적·육체적 마비나 혼란을 겪을 수도 있다. 따라서 "부조리하고 비정상적인 범죄 상황에서 피해자에게만 합리적이고 바람직한 선택을 강요하여 이에 실패했다고 비난하는 우를 범해서는 안 된다. 즉, 강간죄와 준강간죄를 규정한 형법규범과 대법원이 그 해석을 통하여 요구하는 정도의 폭행·협박이나 항거불능 상태의 이용에 의하지 않은 간음이라 하더라도 실제 피해자의 성적 자기결정권이 침해되는 경우가 충분히 있을 수 있다. 그리고 그 가능성은 구성요건적 행위를 엄격하게 해석할수록 커진다."35)

셋째, 준강간죄의 불능미수 성립 여부에 관한 본 사안에서 피고인이 준강간 고의로 실행에 착수했으나 피고인의 착오로 인하여 피해자의 항거불능 상태를 이용한 간음이 객관적으로 불가능했던 반면, 피고인이 인식한 사정을 객관적으로 평가할 때 준강간의 기수에 이를 위

---

33) 하태훈, 준강간죄와 성폭법 제8조의 항거불능의 의미, 고려법학 49, 2007, 245면.
34) 대법원 2009. 4. 23. 선고 2009도2001 판결.
35) 대법원 2019. 3. 28. 선고 2018도16002 전원합의체 판결.

험성은 있었다면 준강간의 불능미수 성립은 인정된다할 것이다. "그런
데 오히려 피고인이 의욕한 대로 간음이 실현됐다는 사실을 들어 피
해자의 성적 자기결정권이 침해될 위험성이 없었다고 한다면 이는 본
말이 전도된 해석이라고 할 수밖에 없다."[36]

　따라서 보충의견이 지적하는 바는 피고인의 준강간 의사, 피해자
의 항거부재, 간음의 결과 세 가지 사실판단을 조합하여 준강간 내지
준강간 미수 문제가 아니라는 결론은 추상적인 성적 자기결정권을 구
체적으로 지니고 행사할 피해자 여성에 대한 이해부족에서 나온다는
것이다. 즉 성적 자기결정권에 대한 침해에 맞서 항거 불가능하거나
현저히 곤란한 상황은 사물을 변별하고 의사를 결정하고 신체적 동작
이나 언어적 표현이 불가능한 상태뿐만 아니라 일정하게 제약됨으로
써 성적 행동과 관계형성에 대한 피해자측의 결정권이 폭력적으로 무
시 내지 부인되는 상황을 포함한다. 준강간 행위자가 피해자의 심신상
실 또는 항거불능 상태를 이용하여 간음하였다는 범죄사실은 피해자
의 성적 자기결정권 행사가 불가능하거나 현저히 곤란한 상황을 알면
서도 이를 존중하지 않고 자신과 마찬가지로 피해자 또한 성적 자기
결정권 주체라는 점 또한 무시한 채, 일방적으로 성적 관계로 나아갔
기 때문에 성적 폭력으로서 범죄가 되는 것이다.

2. 준강간과 비동의 간음

(1) 비동의 간음으로서 준강간

　현재 논의 중인 비동의간음죄 입법론과 관련하여 영국 사례를 보
면, 1976년 개정 성범죄법(Sexual Offence Act)에서 비동의를 요건으로
하는 강간죄 개념 규정을 두었다. 판례는 비동의를 피해자가 잠이 든
경우를 포함한 의식이 없는 경우, 만취하거나 약물에 취한 나머지 동
의할 수 없었던 경우 등으로 판단하였다. 1982년 항소법원 판결에서
이르러 비로소 특히 여성의 성적 자기결정권(sexual autonomy)에 초점을

---

36) 대법원 2019. 3. 28. 선고 2018도16002 전원합의체 판결

맞추어 강간을 성교당시 동의하지 아니한 여성에 대한 불법적인 성교행위로 정의하고, 피해자 여성의 동의여부에 폭행, 협박, 기망은 고려되지 아니하며, 여성의 단순한 승낙 또는 상대남성 의사에 대한 소극적 수용(submission)은 동의로 볼 수 없다고 판시하였다. 이에 따라 2003년 성범죄법 제74조에 따르면 성범죄 사안에서 동의(consent) 여부는 '자신의 선택(choice)으로 승낙(agree)하고, 그러한 선택을 할 수 있는 자유(freedom)와 능력(capacity)이 있을 때' 인정된다. 즉 성적 행동의사가 있는 경우 양 당사자는 사전에 명백히 동의의사를 확인해야 하며, 양 당사자가 성적 행동에 대해 이해한 자유로운 상태에서 동의가 이루어져야 한다. 선택의 능력은 연령과 의사결정능력을 내용으로 하는데, 문제 시점에서 성적 행동에 관여 내지 참여할지 여부를 스스로 결정할 수 있어야 한다. 선택능력은 음주 또는 약물과 관련하여 문제된다. 판례에 따르면, 당사자가 음주로 인하여 성교를 선택할 능력을 일시적으로 상실하였다면 동의가 존재하지 않으므로 강간죄가 성립된다.[37]

생각건대 준강간에서 심신상실 또는 항거불능 상태 중 다수는 명정상태일 것인데 이는 곧 일방 피해자의 동의 표시가 불가능하거나 상호동의가 불가능한 경우가 된다. 게다가 남자가 명정상태여서 성적 행동에 대한 자기결정을 내릴 수 없는 상황일 때 이를 무시하거나 간과하고 성적 도구화되는 경우보다는 여자가 같은 상태일 때 준강간 행위객체가 되는 경우가 대부분일 것이다. 즉 만취상태 준강간 범죄현상은 성차별이 구조화되어 있는 사태로서 비동의상태 간음의 유형으로 구성할 가능성도 검토해 볼 수 있을 것이다.[38]

(2) 준강간과 성적자기결정권 행사

첫째, 준강간죄에서 성적 자기결정권 침해 의미가 분명히 드러날

---

37) 김한균, 비동의간음죄 입법론의 비판적 검토, 형사법의 신동향 59, 대검찰청, 2018, 424~425면.
38) 같은 취지로는 김태명, 술에 취해 항거가 곤란한 사람에 대한 준강간죄의 불능미수, 63면.

수 있을 것이다. 물론 성적 자기결정권이 일방의 성적 관계 판단결정 권한을 의미하지는 아니한다. 법적으로 간음을 포함한 성적 관계를 이 해해 본다면 다음과 같다. 즉 각 성적 자기결정권 주체인 2인 이상의 당사자가 성적 관계에 참여할 의사를 가지고 성적 관계 형성에 있어 서 각자 자신의 참여형태와 기여정도를 자기결정권에 기하여 판단결 정하여 당사자간 의사소통과 상호조정을 통하여 성적 향유 관계에로 합치시키는 행태라 할 것이다. 그렇다면 준강간 범죄사태는 심신상실 또는 항거불능 상태가 아니라, 성행위 상대방이 타방에게 성행위의 동 의여부를 확인할 수 있는 방법이 없는 상태[39]로 이해되는 것이다.

즉 준강간에서 성적 자기결정권 침해는 성적 관계의 상호주체가 합당하게 각자의 자기결정권을 행사할 수 없는 상황에서 발생한다. 피 해 당사자는 수면상태든지 기절상태든지 만취상태든지 블랙아웃 상태 든지 타방 당사자와의 성적 관계에 참여하고 성적 관계를 형성하는데 있어서 자기쪽에 주어진 결정권 부분을 행사할 수 있는 상태가 아니 다. 그런데 이를 인식하면서도 가해 당사자가 일방적으로 성적 관계로 나아갔다면 이는 피해 당사자가 성적 자기결정권 인격 주체임을 부인 하고 자신만의 성적 관계의사를 관철하는 물적 도구로 취급한 것이 되므로 폭력, 성폭력, 성범죄가 되는 것이다.

둘째, 준강간죄의 보호법익은 성적 자유 내지 성적 자기결정권이 되, 엄밀히 보자면 심신상실 또는 항거불능상태로 인하여 성적 자기결 정권을 행사할 수 없는 사람이 단순히 성욕을 비롯한 불법적 욕구의 객체나 도구가 되지 않도록 보호하는데 있다. 고유의 인격체로서의 자 기결정권까지 보호법익의 범위에 들어간다고 볼 수 있다. 따라서 준강 간죄를 협의의 폭행·협박과 같은 강제력이 존재하지 아니하여도 심 리적·물리적 항거불능 내지 곤란상태에서 강간에 준하는 성적 자기 결정권 침해결과를 인정하는 범죄형태로 검토해 볼 가능성이 있다. 즉

---

39) Gideon Yaffe, Attempts - In the Philosophy of Action and the Criminal Law, 2010, 132면.

일종의 비동의간음죄를 기존 형법조항을 통해 수용하는 방식을 뜻한다.

셋째, 피해자의 관점에서, 그리고 피해자의 성적 자기결정권을 두 텁게 보호한다는 점에서 본다면 항거불능상태에서 간음을 당하여 성적 자기결정권 침해 피해를 입는 결과에 있어서는 강간과 준강간이 다르지 않다 할 수 있겠다. 본 판례 반대의견 또한 강간죄 경우에는 폭행·협박으로 항거를 불가능하게 하는 데 반하여, 준강간죄 경우에는 이미 존재하고 있는 항거불능 상태를 이용한다는 점이 다를 뿐 사람에 대한 간음이라는 결과는 동일하다고 본다.

그렇지만 다시 피해자 관점에서 더 살펴본다면 항거불능상태에 이를 때까지 폭행 협박을 당하여 성적 자기결정권 침해로서 간음 피해까지 이르게 된 경우와 가해자와 무관하게 본인이 처하게 된 항거불능상태에서 이를 악용한 가해자가 개입되어 성적 자기결정권 침해로서 간음피해에 이르게 된 경우 피해경험의 질적 측면은 동일할 수 있을지라도 피해경험의 총량에서는 차이가 있을 것이다.

넷째, 실제 주취상태는 동시에 흥분상태일 수도 있다. 음주흥분상태에서 성행위를 명시적 혹은 묵시적 양방 합의로 개시했는데 일방이 시간경과에 따라 블랙아웃 상태가 되어서 부분적으로 의식을 상실하거나 기억을 상실한 상태에서 타방이 동의 없이 진행한 성적 행위는 준강간이라 할 것인가. 강간 및 준강간을 비동의간음으로 대체한다면 당사자간 성적 행위 개시부터 종료에 이르는 절차에서 일회 포괄적 동의로 충분하다 할 수는 없으나, 성적 행위 절차 각 단계마다 동의확인과 양방 자기결정의 합치가 지속적이고 반복적으로 확인되기도 어려울 것이다. 그렇다고 성행위가 본질적으로 남성이 우위의 물리적 힘과 사회적 지위로 일방적으로 강요하는 폭력상태로 언제든지 전환될 수 있는 관계형상이어서 타방 약자인 여성의 동의 또는 동의가능성 여부에 따라 형법이 개입하지 아니하는 사생활 영역에서 형법이 개입해야 마땅할 폭력(성폭력)의 영역으로 전환이 전적으로 좌우될 것이라 하기도 어렵다.

물론 성적 행위와 관계는 폭력을 그 자체 전제하지는 아니하며, 고유한 프라이버시의 영역이다. 다만 폭력은 폭행·협박·위계·위력 뿐만 아니라 성적 결정을 포함한 자기결정권 행사를 무시하거나 간과하는 형태로도 행해질 수 있다. 이처럼 성적 관계가 폭력의 공간이 되면 더 이상 사적 영역이 아닌 형법이 마땅히 개입해야 하는 공적 영역이 된다.

Ⅵ. 결 론

본 전원합의체 판결 대상사안을 인정된 사실관계만을 두고 본다 해도, 피해자는 음주로 인한 심신상실 또는 항거불능상태에 있던 것이 아니라, 저항도 동의도 할 만한 객관적 정황에 있지 아니한 상황에서 심리적 항거불능 상태에 처해 있었다. 반면 피고인은 피해자가 음주로 인하여 심신상실 또는 항거불능상태에 있음을 인식하고 이를 이용하여 간음으로 나아가려는 의사였던 것이 아니라, 음주 상태라는 점만을 인식하였을 뿐 항거하지 아니하니 동의하였다고 착오한 것인데, 피해자에게 심리적 항거불능 상태를 초래한 객관적 정황을 피고인 또한 알고 있었음에도 동의하였다고 경솔히 판단하여 결과적으로 항거불능 상태의 피해자를 간음한 결과에 이르렀다. 따라서 대법원의 불능미수 판결과 달리 판단할 여지가 여전히 남는다.[40]

2018년 대법원 전원합의체 판결의 다수의견, 보충의견과 반대의견 주요쟁점에 따른 판단내용과 그에 대한 평가를 정리해보면 다음과 같다.

첫째, 다수의견은 준강간죄의 행위대상은 심신상실 또는 항거불능상태의 사람, 실행행위는 심신상실상태를 이용한 간음, 구성요건적 결과는 심신상실상태의 사람에 대한 간음으로 본다. 반대의견은 준강간죄의 행위대상은 사람, 실행행위는 간음, 강간죄와 구별되는 특별한

---

40) 이는 본 판례에 대한 평석논문들에서도 지적되는 바다. 김상오, 준강간 불능미수 판례에 대한 이해와 오해, 561면; 김태명, 술에 취해 항거가 곤란한 사람에 대한 준강간죄의 불능미수, 64면; 류화진, 준강간의 불능미수, 54면.

행위양태가 심신상실 또는 항거불능상태 이용, 구성요건적 결과는 사람에 대한 간음으로 본다. 폭행 협박으로 인하여 항거불능이 야기되고 간음결과에 이른 피해와, 피해자가 이미 항거불능에 빠져있는 상태에서 가해자가 개입한 간음결과에 이른 피해는 구별될 필요가 있으므로, 강간죄와 준강간죄의 행위객체 및 구성요건적 결과를 구별해야 한다.

둘째, 다수의견은 불능미수에서 결과발생의 불가능은 결과불발생 또는 결과발생불능(그러나 위험성은 인정되는 경우)을 의미한다고 본다. 반대의견은 불능미수에서 결과발생의 불가능은 결과발생불능(그러나 위험성은 인정되는 경우)으로 본다. 따라서 다수의견은 실행수단이나 대상의 착오로 인하여 결과발생불가능, 즉 기수불가능하지만, 결과발생 위험성은 인정되므로 준강간죄의 불능미수라 판단한 것이다. 반면 반대의견은 사람에 대한 간음의 결과는 발생한 이상, 준강간죄에 특별한 행위양태의 입증 문제이므로 입증에 따라 준강간죄의 무죄판단도 기수 유죄라는 판단도 가능하게 된다.

살피건대, 다수의견에 따를 때 결과발생의 위험성이라 함은 준강간의 실행 착수가 피해자가 처해 있는 상태를 이용한 간음의 위험성을 유발하거나 그러할 가능성을 높이는 경우, 또는 준강간의 실행 착수로 인하여 피해자가 항거불능상태에서 항거가능상태로 전환되면서 이를 다시 폭행 협박 등의 수단으로 억압하면서 강간죄의 결과인 간음으로 이어질 위험성을 유발하거나 그러할 가능성을 높이는 경우라 할 것이다.

무엇보다 결과발생의 위험성 판단에 있어서 사실관계와 관련하여 고려할 점은 본 사안 피고인, 피고인의 처, 피해자 3인이 음주한 상황에서 피고인 본인의 처와 피해자가 자는 피고인 본인의 안방에서 피해자와 합의하에 성관계를 하거나, 반대로 피해자를 폭행 협박하거나 항거를 억압하는 강간이 의도되거나 실행에 옮겨질 가능성은 매우 적다는 점이다. 그렇다면 피고인이 의도할 수 있었고 가능성과 위험성의 측면에서 상정해 볼 수 있는 경우는 피해자가 처해 있는 항거불능상

태를 이용한 간음, 즉 준강간인 경우 뿐이다. 따라서 준강간죄 고의로
실행에 착수하였으나 실행의 수단 내지 대상의 착오로 인하여 준강간
죄 구성요건적 결과발생이 불가능했으니 결과발생에 이르지도 아니하
였으되 위험성은 인정되므로 다수의견의 결론은 준강간의 불능미수에
이를 수밖에 없다.

    그러나 반대의견에 따른다면 본 사안은 제1심과 항소심 모두 산
음 결과가 발생하였음을 인정한다. 따라서 결과불발생의 미수 사안이
아닐 뿐더러 결과발생불능이 표지인 불능미수도 못 된다. 피해자의 항
거불능상태를 오인하였다는 사실은 형법 제27조상 실행의 수단이나
대상의 착오에 해당하지 아니한다. 불능미수가 문제되지 아니한다. 결
국 준강간죄 성립요건인 준강간의 고의와 항거불능상태에 대한 사실
입증의 문제다. 따라서 본 사안에서 피고인의 강간 고의는 없었던 것
으로 보이며 폭행 협박으로 착수하지도 않았고, 피해자의 심신상실 상
태도 아니었는데 피해자의 저항이나 이를 억압하기 위한 폭행 협박도
확인되지 않는다면 강간죄는 성립하지 아니한다. 피고인의 항거불능
상태에 대한 인식 여부와 피해자의 항거불능상태도 존재에 대한 입증
이 없다면 준강간죄 또한 성립하지 아니한다. 과실의 준강간죄 역시
논할 여지 전무하다.

[주 제 어]
준강간죄, 불능미수, 항거불능, 비동의간음죄

[Key Words]
Rape by intoxication, Criminal attempt, Impossible attempt, Inability to resist,
Sexual intercourse without consent

    접수일자: 2020. 5. 21. 심사일자: 2020. 6. 29. 게재확정일자: 2020. 6. 29.

[참고문헌]

김상오, 준강간 불능미수 판례에 대한 이해와 오해, 홍익법학 21(1), 홍익대
    학교 법학연구소, 2020.

김준혁, 불능미수에 있어서 결과발생불가능성에 관한 고찰, 법학연구 38, 한
    국법학회, 2010.

김태명, 술에 취해 항거가 곤란한 사람에 대한 준강간죄의 불능미수, 법학
    연구 59, 전북대학교 법학연구소, 2019.

김한균, 비동의간음죄 입법론의 비판적 검토, 형사법의 신동향 59, 대검찰청,
    2018.

류화진, 준강간의 불능미수, 이화젠더법학 11(2), 이화여자대학교 젠더법학연
    구소, 2019.

송승현, 준강간죄의 수단·방법에 있어 심신상실과 음주의 연관성, 강원법학
    55, 강원대학교 비교법학연구소, 2018.

이은의, 강간과 준강간 사이의 사각지대에 선 피해사건들, 젠더법학 8(2), 한
    국젠더법학회, 2017.

이재상, 형법총론, 제9판, 박영사, 2013.

이창섭, 준강간죄의 불능미수에 대한 고찰, 형사정책 31(4), 한국형사정책학
    회, 2020.

하태훈, 준강간죄와 성폭법 제8조의 항거불능의 의미, 고려법학 49, 고려대
    학교 법학연구소, 2007.

Yaffe, Gideon, Attempts - In the Philosophy of Action and the Criminal Law,
    Oxford University Press, 2010.

[Abstract]

Impossible Attempt of Rape by Intoxication
― Supreme Court of Korea en banc Decision 2018Do16002

Kim, Han-Kyun*

This essay studies the decision of Korean Supreme Court in the year of 2019, the en banc Decision 2018Do16002, which for the first time provides ruling on the issue of impossible attempt of rape by intoxication. According to the article Article 27 of the Korean Criminal Act, even though the occurrence of a crime is impossible because of the means adopted for the commission of the crime or because of mistake of objects, the punishment shall be imposed if there has been a resulting danger, but the punishment may be mitigated or remitted. According to the Article 297 of the Act, a person who has sexual intercourse with another or commits an indecent act on another by taking advantage of the other's condition of unconsciousness or inability to resist shall be punished in accordance with Article 297(Rape).

The ruling of en banc Decision 2018Do16002 is that even if the victim was not in a state of unconsciousness or inability to resist, if the defendant made mistakenly recognized the victim was in such state, the defendant committed impossible attempt, which is to be punishable due to its danger of violating the victim's right to self-determination in sexual matters.

---

* Senior Research Fellow, Korean Institute of Criminology, Ph.D. in Law.

항거불능의 상태에 있지 않은 사람에 대한 준강간의 시도
— 불능미수? 장애미수? —

[대상판결] 대법원 2019. 3. 28. 선고 2018도16002 전원합의체 판결

1. 사실관계

상근예비역으로 근무하던 피고인은 2017. 4. 17. 22:30경 자신의 집에서 피고인의 처, 그리고 피해자(여, 22세)와 함께 술을 마시기 시작하였는데 다음 날 01:00경 피고인의 처가 먼저 잠이 들고 02:00경 피해자도 안방으로 들어가자 피고인은 피해자를 따라 방에 들어갔다. 그 후 피해자가 실제로는 반항이 불가능할 정도로 술에 취하지 아니하여 준강간의 대상이 될 수 없음에도, 만취되어 항거불능상태에 있는 것으로 오인하고 피해자의 옆에서 그의 가슴을 만지고 팬티 속으로 손을 넣어 음부를 만지다가 바지와 팬티를 벗긴 후 피해자를 1회 간음하였다.

2. 사건의 경과

(1) 군검찰은 강간으로 기소하였으며, 공소장을 변경하여 예비적 죄명으로 준강간을 추가하였다. 제1심인 보통군사법원은 군검사가 제출한 증거들만으로는 항거를 불가능하게 하거나 현저히 곤란하게 할

---

* 성균관대학교 과학수사학과 초빙교수, 법학박사.

정도의 폭행 또는 협박이 있었을 것이라고 쉽사리 단정할 수 없다는 등의 이유로 주위적 공소사실인 강간 부분을 이유에서 무죄로 판단하고, 예비적 공소사실인 준강간 부분을 유죄로 판단하여 징역 3년을 선고하였고, 이에 대하여 피고인만 항소하였다.2)

(2) 고등군사법원은 피해자가 사건 전후에 휴대폰 동영상을 보았고 다른 친구와 문자메시지를 주고받았다는 사실 등으로 미루어 술에 취하지 않은 상태였다는 점을 확인하였고, 이에 군검찰은 예비적 죄명으로 준강간미수를 추가하였다. 이에 고등군사법원은 군검사가 제출한 증거들만으로 피해자가 이 사건 당시 심신상실 또는 항거불능의 상태에 있었다고 인정하기에 부족하다는 이유로 제1심에서 유죄가 인정된 준강간 부분을 이유에서 무죄로 판단하고, 예비적 공소사실로 추가한 준강간의 불능미수 부분을 유죄로 판단하면서 징역 2년을 선고하면서 아동청소년 관련기관 취업제한 5년을 명령하였다.3)

(3) 이에 피고인은 첫째 준강간의 고의가 없었다는 점, 둘째 피해자가 실제로 심신상실 또는 항거불능의 상태에 있지 않았으므로 성적 자기결정권을 침해하지 않았다는 이유에서 무죄를 주장하며 상고하였다.

3. 판결요지

(1) 준강간의 고의

형법 제297조는 "폭행 또는 협박으로 사람을 강간한 자는 3년 이상의 유기징역에 처한다."라고 규정하고, 제299조는 "사람의 심신상실 또는 항거불능의 상태를 이용하여 간음 또는 추행을 한 자는 제297조, 제297조의2 및 제298조의 예에 의한다."라고 규정하고 있다. 형법은 폭행 또는 협박의 방법이 아닌 심신상실 또는 항거불능의 상태를 이용하여 간음한 행위를 강간죄에 준하여 처벌하고 있으므로, <u>준강간의 고의는 피해자가 심신상실 또는 항거불능의 상태에 있다는 것과 그러</u>

---

2) 제2작전사령부 보통군사법원 2018. 2. 6. 선고 2017고99 판결.
3) 고등군사법원 2018. 9. 13. 선고 2018노88 판결.

한 상태를 이용하여 간음한다는 구성요건적 결과 발생의 가능성을 인식하고 그러한 위험을 용인하는 내심의 의사를 말한다.

(2) 준강간의 불능미수

[다수의견]

형법 제300조는 준강간죄의 미수범을 처벌한다. 또한 형법 제27조는 "실행의 수단 또는 대상의 착오로 인하여 결과의 발생이 불가능하더라도 위험성이 있는 때에는 처벌한다. 단, 형을 감경 또는 면제할 수 있다."라고 규정하여 불능미수범을 처벌하고 있다.

따라서 피고인이 피해자가 심신상실 또는 항거불능의 상태에 있다고 인식하고 그러한 상태를 이용하여 간음할 의사로 피해자를 간음하였으나 피해자가 실제로는 심신상실 또는 항거불능의 상태에 있지 않은 경우에는, 실행의 수단 또는 대상의 착오로 인하여 준강간죄에서 규정하고 있는 구성요건적 결과의 발생이 처음부터 불가능하였고 실제로 그러한 결과가 발생하였다고 할 수 없다. 피고인이 준강간의 실행에 착수하였으나 범죄가 기수에 이르지 못하였으므로 준강간죄의 미수범이 성립한다. 피고인이 행위 당시에 인식한 사정을 놓고 일반인이 객관적으로 판단하여 보았을 때 준강간의 결과가 발생할 위험성이 있었으므로 준강간죄의 불능미수가 성립한다.

구체적인 이유는 다음과 같다.

① 형법 제27조에서 규정하고 있는 불능미수는 행위자에게 **범죄의사**가 있고 **실행의 착수**라고 볼 수 있는 행위가 있지만 실행의 **수단이나 대상의 착오로 처음부터 구성요건이 충족될 가능성이 없는 경우**이다. 다만 결과적으로 구성요건의 충족은 불가능하지만, 그 행위의 **위험성**이 있으면 불능미수로 처벌한다. 불능미수는 행위자가 실제로 존재하지 않는 사실을 존재한다고 오인하였다는 측면에서 존재하는 사실을 인식하지 못한 사실의 착오와 다르다.

② 형법은 제25조 제1항에서 "범죄의 실행에 착수하여 행위를 종

료하지 못하였거나 결과가 발생하지 아니한 때에는 미수범으로 처벌한다."라고 하여 장애미수를 규정하고, 제26조에서 "범인이 자의로 실행에 착수한 행위를 중지하거나 그 행위로 인한 결과의 발생을 방지한 때에는 형을 감경 또는 면제한다."라고 하여 중지미수를 규정하고 있다. 장애미수 또는 중지미수는 범죄의 실행에 착수할 당시 실행행위를 놓고 판단하였을 때 행위자가 의도한 범죄의 기수가 성립할 가능성이 있었으므로 처음부터 기수가 될 가능성이 객관적으로 배제되는 불능미수와 구별된다.

③ 형법 제27조에서 정한 '실행의 수단 또는 대상의 착오'는 행위자가 시도한 행위방법 또는 행위객체로는 결과의 발생이 처음부터 불가능하다는 것을 의미한다. 그리고 '결과 발생의 불가능'은 실행의 수단 또는 대상의 원시적 불가능성으로 인하여 범죄가 기수에 이를 수 없는 것을 의미한다고 보아야 한다.

한편 불능범과 구별되는 불능미수의 성립요건인 '위험성'은 피고인이 행위 당시에 인식한 사정을 놓고 일반인이 객관적으로 판단하여 결과 발생의 가능성이 있는지 여부를 따져야 한다.

④ 형법 제299조에서 정한 준강간죄는 사람의 심신상실 또는 항거불능의 상태를 이용하여 간음함으로써 성립하는 범죄로서, 정신적 · 신체적 사정으로 인하여 성적인 자기방어를 할 수 없는 사람의 성적 자기결정권을 보호법익으로 한다. 심신상실 또는 항거불능의 상태는 피해자인 사람에게 존재하여야 하므로 준강간죄에서 행위의 대상은 '심신상실 또는 항거불능의 상태에 있는 사람'이다. 그리고 구성요건에 해당하는 행위는 그러한 '심신상실 또는 항거불능의 상태를 이용하여 간음'하는 것이다. 심신상실 또는 항거불능의 상태에 있는 사람에 대하여 그 사람의 그러한 상태를 이용하여 간음행위를 하면 구성요건이 충족되어 준강간죄가 기수에 이른다.

피고인이 피해자가 심신상실 또는 항거불능의 상태에 있다고 인식하고 그러한 상태를 이용하여 간음할 의사를 가지고 간음하였으나,

실행의 착수 당시부터 피해자가 실제로는 심신상실 또는 항거불능의 상태에 있지 않았다면, 실행의 수단 또는 대상의 착오로 준강간죄의 기수에 이를 가능성이 처음부터 없다고 볼 수 있다. 이 경우 피고인이 행위 당시에 인식한 사정을 놓고 일반인이 객관적으로 판단하여 보았을 때 정신적·신체적 사정으로 인하여 성적인 자기방어를 할 수 없는 사람의 성적 자기결정권을 침해하여 준강간의 결과가 발생할 위험성이 있었다면 불능미수가 성립한다.

[반대의견]

① 형법 제13조(범의)는 "죄의 성립요소인 사실을 인식하지 못한 행위는 벌하지 아니한다."라고 규정하고 있다. 여기에서 '죄의 성립요소인 사실'이란 형법에 규정된 범죄유형인 구성요건에서 외부적 표지인 객관적 구성요건요소, 즉 행위주체·객체·행위·결과 등을 말한다. 이와 달리 행위자의 내면에 속하는 심리적·정신적 상태를 주관적 구성요건요소라고 하는데, 고의가 대표적인 예이다. 형법 제13조는 고의범이 성립하려면 행위자는 객관적 구성요건요소인 행위주체·객체·행위·결과 등에 관한 인식을 갖고 있어야 한다고 규정하고 있으므로, 구성요건 중에 특별한 행위양태(예컨대 강간죄에서의 '폭행·협박'이나 준강간죄에서의 '심신상실 또는 항거불능의 상태를 이용' 등)를 필요로 하는 경우에는 이러한 사정의 존재까지도 행위자가 인식하여야 한다.

② 형법 제27조(불능범)는 "실행의 수단 또는 대상의 착오로 인하여 결과의 발생이 불가능하더라도 위험성이 있는 때에는 처벌한다. 단, 형을 감경 또는 면제할 수 있다."라고 규정하고 있다. 이 조항 표제에서 말하는 '불능범'이란 범죄행위의 성질상 결과 발생 또는 법익 침해의 가능성이 절대로 있을 수 없는 경우를 말한다. 여기에서 '실행의 수단의 착오'란 실행에 착수하였으나 행위자가 선택한 실행수단의 성질상 그 수단으로는 의욕한 결과 발생을 현실적으로 일으킬 수 없음에도 무지나 오인으로 인하여 당해 구성요건적 행위의 기수가능성을

상정한 경우를 의미한다. 그리고 대상의 착오란 행위자가 선택한 행위 객체의 성질상 그 행위객체가 흠결되어 있거나 침해될 수 없는 상태에 놓여 있어 의욕한 결과 발생을 현실적으로 일으킬 수 없음에도 무지나 오인으로 인하여 당해 구성요건적 행위의 기수가능성을 상정한 경우를 의미한다. 한편 형법 제27조에서 '결과 발생이 불가능'하다는 것은 범죄기수의 불가능뿐만 아니라 범죄실현의 불가능을 포함하는 개념이다. 행위가 종료된 사후적 시점에서 판단하게 되면 형법에 규정된 모든 형태의 미수범은 결과가 발생하지 않은 사태라고 볼 수 있으므로, 만약 '결과불발생', 즉 결과가 현실적으로 발생하지 않았다는 것과 '결과발생불가능', 즉 범죄실현이 불가능하다는 것을 구분하지 않는다면 장애미수범과 불능미수범은 구별되지 않는다. 다시 말하면, 형법 제27조의 '결과 발생의 불가능'은 사실관계의 확정단계에서 밝혀지는 '결과불발생'과는 엄격히 구별되는 개념이다.

이 조항의 표제는 '불능범'으로 되어 있지만, 그 내용은 가벌적 불능범, 즉 '불능미수'에 관한 것이다. 불능미수란 행위의 성질상 어떠한 경우에도 구성요건이 실현될 가능성이 없지만 '위험성' 때문에 미수범으로 처벌하는 경우를 말한다. 판례는 불능미수의 판단 기준으로서 위험성의 판단은 피고인이 행위 당시에 인식한 사정을 놓고 이것이 객관적으로 일반인의 판단으로 보아 결과 발생의 가능성이 있느냐를 따져야 한다는 입장을 취하고 있다.4)

형법 제27조의 입법 취지는, 행위자가 의도한 대로 구성요건을 실현하는 것이 객관적으로 보아 애당초 가능하지 않았기 때문에 원칙적으로 미수범으로도 처벌의 대상이 되지 않을 것이지만 규범적 관점에서 보아 위험성 요건을 충족하는 예외적인 경우에는 미수범으로 보아 형사처벌을 가능하게 하자는 데 있다. 그렇기 때문에 형법 제27조에서 말하는 결과 발생의 불가능 여부는 실행의 수단이나 대상을 착오한 행

---

4) 따라서 2007도3687(초우뿌리 사건), 2013도5355(사망자에 대한 준강제추행의 불능미수 사건)는 정당하다.

위자가 아니라 그 행위 자체의 의미를 통찰력이 있는 일반인의 기준에서 보아 어떠한 조건하에서도 결과 발생의 개연성이 존재하지 않는지를 기준으로 판단하여야 한다. 따라서 일정한 조건하에서는 결과 발생의 개연성이 존재하지만 특별히 그 행위 당시의 사정으로 인해 결과 발생이 이루어지지 못한 경우는 불능미수가 아니라 장애미수가 될 뿐이다.

③ 강간죄나 준강간죄는 구성요건결과의 발생을 요건으로 하는 결과범이자 보호법익의 현실적 침해를 요하는 침해범이다. 그러므로 강간죄나 준강간죄에서 구성요건결과가 발생하였는지 여부는 간음이 이루어졌는지, 즉 그 보호법익인 개인의 성적 자기결정권이 침해되었는지를 기준으로 판단하여야 한다.

다수의견은 준강간죄의 행위의 객체를 '심신상실 또는 항거불능의 상태에 있는 사람'이라고 보고 있다. 그러나 형법 제299조는 "사람의 심신상실 또는 항거불능의 상태를 이용하여 간음 또는 추행을 한 자는 제297조, 제297조의2 및 제298조의 예에 의한다."라고 규정함으로써 '심신상실 또는 항거불능의 상태를 이용'하여 '사람'을 '간음 또는 추행'하는 것을 처벌하고 있다. 즉 심신상실 또는 항거불능의 상태를 이용하는 것은 범행 방법으로서 구성요건의 특별한 행위양태에 해당하고, 구성요건행위의 객체는 사람이다. 이러한 점은 "폭행 또는 협박으로 사람을 강간한 자는 3년 이상의 유기징역에 처한다."라고 정한 형법 제297조의 규정과 비교하여 보면 보다 분명하게 드러난다. 형법 제297조의 '폭행 또는 협박으로'에 대응하는 부분이 형법 제299조의 '사람의 심신상실 또는 항거불능의 상태를 이용하여'라는 부분이다. 구성요건행위이자 구성요건결과인 간음이 피해자가 저항할 수 없는 상태에 놓였을 때 이루어진다는 점은 강간죄나 준강간죄 모두 마찬가지이다. 다만 강간죄의 경우에는 '폭행 또는 협박으로' 항거를 불가능하게 하는 데 반하여, 준강간죄의 경우에는 이미 존재하고 있는 '항거불능의 상태를 이용'한다는 점이 다를 뿐이다. 다수의견의 견해는 형벌조항의 문언의 범위를 벗어나는 해석이다.

④ 결론적으로, 다수의견은 구성요건해당성 또는 구성요건의 충족의 문제와 형법 제27조에서 말하는 결과 발생의 불가능의 의미를 혼동하고 있다. 만약 다수의견처럼 보게 되면, 피고인의 행위가 검사가 공소 제기한 범죄의 구성요건을 충족하지 못하면 그 결과의 발생이 불가능한 때에 해당한다는 것과 다름없고, 검사가 공소장에 기재한 적용법조에서 규정하고 있는 범죄의 구성요건요소가 되는 사실을 증명하지 못한 때에도 불능미수범으로 처벌할 수 있다는 결론에 이르게 된다. 이러한 해석론은 근대형법의 기본원칙인 죄형법정주의를 전면적으로 형해화하는 결과를 초래하는 것이어서 도저히 받아들일 수 없다.

[보충의견 1]

① 반대의견은 준강간죄의 행위의 객체가 '사람'이므로 이 사건에서 피고인에게 대상의 착오가 존재한다고 볼 수 없다고 한다. 그러나 형법 제299조에서 규정하고 있는 준강간죄는 사람의 심신상실 또는 항거불능의 상태를 이용하여 간음하는 범죄이고, 여기에서 '이용하여'라 함은 행위자가 심신상실 또는 항거불능의 상태에 있는 사람을 인식하고 그러한 상태 때문에 간음이 용이하게 되었음을 말하므로, 준강간죄에서 행위의 객체는 '심신상실 또는 항거불능의 상태에 있는 사람'이라고 보아야 한다.

② 반대의견은 준강간죄의 구성요건결과인 간음으로 인하여 피해자의 성적 자기결정권이 침해된 이상 불능미수범이 성립할 여지가 없다고 한다. 나아가 다수의견은 구성요건해당성 또는 구성요건의 충족의 문제와 결과 발생이 불가능한 경우를 혼동하고 있다고 한다. 그러나 형법 제299조의 준강간죄는 심신상실 또는 항거불능의 상태에 있는 사람을 그러한 상태를 이용하여 간음한 때 구성요건적 결과가 발생하여 기수에 이른다. 심신상실 또는 항거불능의 상태에 있지 아니한 사람을 간음하는 것은 준강간죄의 대상이나 구성요건적 행위가 아니

므로 간음이 발생하였다고 하더라도 준강간죄의 기수에 이르렀다고 할 수 없다. 피고인이 피해자가 심신상실 또는 항거불능의 상태에 있다고 인식하고 그러한 상태를 이용하여 간음할 의사로 피해자를 간음하였으나, 피해자가 실제로는 심신상실 또는 항거불능의 상태에 있지 않았다면, 실행의 착수 당시 실행의 수단 또는 대상의 착오로 구성요건이 충족될 가능성이 없어 결과적으로 준강간죄의 기수에 이를 가능성이 없었던 경우에 해당하므로 준강간죄의 불능미수 성립 여부가 문제된다.

③ 반대의견은 다수의견에 따르면 범죄의 구성요건을 충족하지 못하는 행위는 언제나 불능범이 되어 위험성이 있으면 미수범으로 처벌할 수 있다는 결론에 이르게 되며, 이러한 해석론은 죄형법정주의를 전면적으로 형해화하는 결과를 초래한다고 한다. 그러나 형법 제27조는 실행의 수단 또는 대상의 착오로 인하여 결과의 발생이 불가능하더라도 위험성이 있는 때에는 처벌한다고 규정함으로써 예외적으로 가벌적 불능미수의 성립을 인정하고 있다. 따라서 다수의견의 논리가 죄형법정주의를 형해화한다고 볼 수 없다.

[보충의견 2]

① 반대의견은 이 사건에서 간음이라는 구성요건결과가 발생하였고, 간음으로 인하여 피해자의 성적 자기결정권이 침해되었으므로 형법 제27조에서 말하는 결과의 발생이 불가능한 경우에 해당하지 않으며, 미수범의 영역에서 논의할 문제가 아니라고 주장한다. 그러나 강간죄나 준강간죄는 간음 자체를 처벌하는 것이 아니라 폭행·협박으로 피해자의 거부의사를 억압하는 등 피해자의 성적 자기결정권을 침해하는 방법으로 간음이 이루어졌을 때 이를 범죄로 규정하고 처벌하는 것이다. 따라서 피고인이 목적 내지 의욕한 대로 간음이 이루어졌다 하더라도, 폭행이나 협박에 의하여 혹은 피해자의 심신상실이나 항거불능의 상태를 이용하여 간음한 것이 아니라면 강간죄나 준강간죄

는 기수에 이르렀다고 할 수 없게 된다.

② 나아가 피고인의 폭행이나 협박에 의하여 또는 심신상실이나 항거불능의 상태를 이용한 행위에 의하여 간음이 이루어지지 않은 이상 피해자의 성적 자기결정권의 침해가 없거나 침해의 위험성도 없으므로 미수범도 성립할 수 없는 것 아닌가 하는 의문이 제기될 수 있다. …… 그러나 이는 피해자의 의사를 자의적으로 해석하여, 피해자가 사력을 다하여 대항하지 않았다면 피해자는 성관계에 동의한 것이고 고로 피해자의 성적 자기결정권의 침해는 없다는 비약적 결론과 크게 다르지 않다. …… 객관적·사후적으로 볼 때에는 사소한 공격행위일지라도 당시의 구체적 상황에서는 심각한 두려움을 느끼거나 심리적·육체적 마비나 혼란을 겪을 수도 있다. …… 피고인이 의욕한 대로 간음이 실현됐다는 사실을 들어 피해자의 성적 자기결정권이 침해될 위험성이 없었다고 한다면 이는 본말이 전도된 해석이라고 할 수밖에 없다.

[연 구]

Ⅰ. 들어가는 말

본 판결의 사실관계는 이외로 단순하다고 할 수 있다. 행위자는 항거불능 상태에 있지 않는 피해자에 대하여 술에 취해 항거불능상태에 있는 것으로 생각하고 그 기회를 이용하여 준강간의 실행에 착수하여 성관계를 한 것이다. 그런데 본 판결을 전원합의체에서 결정한 것은 다수의견, 반대의견, 보충의견까지 나오면서 피고인의 행위가 준강간의 불능미수에 해당하는가를 다투고 있기 때문인 것으로 보인다.

다수의견과 보충의견은 행위자가 준강간의 고의를 가지고 실행에 착수하였으나 마침 피해자가 항거불능의 상태가 아니었기 때문에 준강간의 결과발생이 불가능하였지만 위험성이 있으므로 준강간의 불능미수가 된다는 것이다. 이에 대하여 반대의견은 형법 제27조에서 말하는 결과발생의 불가능과 관련하여 일정한 조건하에서는 결과 발생의 개연성이 존재하지만 특별히 그 행위 당시의 사정으로 인해 결과 발생이 이루어지지 못한 경우는 불능미수가 아니라 장애미수가 될 뿐이라고 하고, 또한 이 사건은 처음부터 준강간죄의 구성요건을 충족하지 못한 사안일 뿐 미수범의 문제로 다룰 것은 아니라는 것이다.

이하에서는 준강간과 불능미수에 대한 일반적 논의를 알아보고 다수의견과 반대의견이 충돌하는 지점에 논의를 집중해보고자 한다.

Ⅱ. 불능미수의 성립요건

불능미수란 행위자가 범행결의를 하고 실행에 착수하였으나, 그가 선택한 수단이나 대상이 객관적으로 의욕한 결과의 야기에 적합하지 못한(즉 불가능한) 것으로 인정되는 경우를 말하는데, 형법 제27조는 "실행의 수단 또는 대상의 착오가 있어 결과발생이 불가능한 경우"를 원칙적으로 처벌하지 않고, 다만 예외적으로 "위험성"이 있는 경우에 한하여 가벌적인 불능미수로 처벌할 수 있도록 규정하고 있다.5)

대법원 다수의견도 형법 제27조에서 규정하고 있는 불능미수는 행위자에게 <u>범죄의사</u>가 있고 <u>실행의 착수</u>라고 볼 수 있는 행위가 있지만 실행의 <u>수단이나 대상의 착오로 처음부터 구성요건이 충족될 가능성이 없는 경우</u>이다. 다만 결과적으로 구성요건의 충족은 불가능하지만, 그 행위의 <u>위험성</u>이 있으면 불능미수로 처벌하는 것으로 이해한다. 따라서 불능미수는 행위자가 실제로 존재하지 않는 사실을 존재한다고 오인하였다는 측면에서 존재하는 사실을 인식하지 못한 사실의 착오와 다르다고 한다. 그리고 형법은 제25조 제1항에서 장애미수를 규정하고, 제26조에서 중지미수를 규정하고 있는데, <u>장애미수 또는 중지미수는 범죄의 실행에 착수할 당시 실행행위를 놓고 판단하였을 때</u>

---

5) 김성돈, 형법총론(제5판), SKKUP(2018), 431면.

행위자가 의도한 범죄의 기수가 성립할 가능성이 있었으므로 처음부
터 기수가 될 가능성이 객관적으로 배제되는 불능미수와 구별된다고
한다. 또한 형법 제27조에서 정한 '실행의 수단 또는 대상의 착오'는
행위자가 시도한 행위방법 또는 행위객체로는 결과의 발생이 처음부
터 불가능하다는 것을 의미하고, '결과 발생의 불가능'은 실행의 수단
또는 대상의 원시적 불기능성으로 인하여 범죄가 기수에 이를 수 없는
것을 의미한다고 한다. 그리고 불능범과 구별되는 불능미수의 성립요건
인 '위험성'은 피고인이 행위 당시에 인식한 사정을 놓고 일반인이 객관
적으로 판단하여 결과 발생의 가능성이 있는지 여부를 따져야 한다.6)

결국 불능미수가 성립하기 위하여는 "범행결의(고의)", "실행의 착
수", "수단 또는 대상의 착오로 인한 결과발생의 불가능"과 "위험성"
이라는 요건이 필요한 것을 알 수 있다.

1. 범행결의(고의)·실행의 착수

준강간의 고의는 피해자가 심신상실 또는 항거불능의 상태에 있
다는 것과 심신상실 또는 항거불능 상태를 이용하여 간음한다는 구성
요건적 결과 발생의 가능성을 인식하고 그러한 위험을 용인하는 내심
의 의사를 말한다.

본 사안에서 다수의견은 "피고인과 피고인의 처 그리고 피해자가
함께 술을 마신 경위, 피고인과 피해자가 마신 각 술의 양, 피해자가
심신상실 또는 항거불능의 상태에 이르지 않았더라도 장시간 주량을
초과하는 술을 마셔 취한 상태로 안방에 들어가 누워 있던 상황, 피고
인이 준강간의 범행에 착수할 당시 피해자의 상태, 범행 후 피고인과
피해자가 주고받은 문자메시지의 내용 등을 살펴보더라도, 원심이 피
고인에게 준강간의 고의를 인정한 것은 정당하다."고 하여 행위자의
준강간의 고의를 인정하였고, 이에 대하여 반대의견도 다른 의견이 없
는 것으로 보인다. 다만 반대의견은 고의의 인식대상인 행위객체에 대

6) 대법원 2019. 3. 28. 선고 2018도16002 전원합의체 판결.

하여는 "심신상실 또는 항거불능의 상태에 있는 사람"이라는 다수의 견과 달리 단순히 "사람"이라고 하는 차이점을 보이고 있다.

또한 준강강죄에서 실행의 착수는 '피해자의 항거불능 상태를 이용하여 간음할 의도를 가지고 간음의 수단이라고 할 수 있는 행동을 시작한 때'라고 할 수 있다.[7] 따라서 본 사안에서 피고인이 '누워있는 피해자의 옆에서 피해자의 가슴을 만지고 팬티 속으로 손을 넣어 음부를 만지는 행위'를 한 시점에서 실행의 착수는 인정된다. 판결문에서는 이러한 실행의 착수에 대한 논증은 없었지만, 판결문에서 "피고인이 준강간의 실행에 착수하였으나 범죄가 기수에 이르지 못하였으므로……"라는 문구를 통하여 실행의 착수를 인정하였다고 할 수 있다.

따라서 본 사안에서 고의와 실행의 착수에 대하여는 다수의견과 반대의견 사이에 차이 없이 인정된다고 판단하고 있다.

2. 결과발생의 불가능

불능미수범이 인정되려면 결과발생이 불가능하여야 하고, 그 불가능은 수단 또는 객체의 착오에 의한 것이어야 한다.[8]

---

7) 대법원 2000. 1. 14. 선고 99도5187 "피고인은 피해자가 잠을 자는 사이에 피해자의 바지와 팬티를 발목까지 벗기고 웃옷을 가슴 위까지 올린 다음, 피고인의 바지를 아래로 내린 상태에서 피해자의 가슴, 엉덩이, 음부 등을 만지고 피고인이 성기를 피해자의 음부에 삽입하려고 하였으나 피해자가 몸을 뒤척이고 비트는 등 잠에서 깨어 거부하는 듯한 기색을 보이자 더 이상 간음행위에 나아가는 것을 포기한 사실을 알아볼 수 있는바, 사실관계가 그와 같다면 피고인의 행위를 전체적으로 관찰할 때, <u>피고인은 잠을 자고 있는 피해자의 옷을 벗기고 자신의 바지를 내린 상태에서 피해자의 음부 등을 만지는 행위를 한 시점에서 피해자의 항거불능의 상태를 이용하여 간음을 할 의도를 가지고 간음의 수단이라고 할 수 있는 행동을 시작한 것</u>으로서 준강간죄의 실행에 착수하였다."

8) 주체의 착오로 인한 결과불발생도 불능미수의 문제로 취급해야 한다는 견해(박상기, 형법총론(제6판), 박영사(2004), 368면)도 있지만, 형법 제27조가 수단이나 대상에 관한 착오로 제한하고 있기 때문에 주체에 관한 착오는 원칙적으로 형법 제27조의 적용대상이 될 수 없고, 불가벌적 환각범으로 처리하면 될 것이다.

‘수단의 착오’라는 것은 결과발생에 이르는 데에 객관적으로 무용한 수단을 유용하다고 오신한 경우이고, ‘대상의 착오’는 그 대상에 대하여는 원하는 결과발생이 원천적으로 불가능함을 모르고 있는 경우를 말한다.

대법원 다수의견은 “형법 제27조에서 정한 ‘실행의 수단 또는 대상의 착오’는 행위자가 시도한 행위방법 또는 행위객체로는 결과의 발생이 처음부터 불가능하다는 것을 의미한다”고 하고, 반대의견에서는 “‘실행의 수단의 착오’란 실행에 착수하였으나 행위자가 선택한 실행수단의 성질상 그 수단으로는 의욕한 결과 발생을 현실적으로 일으킬 수 없음에도 무지나 오인으로 인하여 당해 구성요건적 행위의 기수가능성을 상정한 경우를 의미하고, 대상의 착오란 행위자가 선택한 행위객체의 성질상 그 행위객체가 흠결되어 있거나 침해될 수 없는 상태에 놓여 있어 의욕한 결과 발생을 현실적으로 일으킬 수 없음에도 무지나 오인으로 인하여 당해 구성요건적 행위의 기수가능성을 상정한 경우를 의미한다”고 한다고 하여 다수의견이 밝히지 않았던 부분에 대하여 자세히 설시하고 있다.9)

결국 수단 또는 대상의 ‘착오’라는 것은 인식사실과 발생사실의 불일치를 의미하는 일반적 착오의 개념 전체를 포섭하는 것이 아니라, ‘결과발생의 불가능’만을 의미하는 것으로 파악할 수 있다.

문제는 이러한 결과발생 불가능을 판단하는 시점·기준과 관련해서 ‘사전적·규범적 판단설’과 ‘사후적·사실적 판단설’이 대립되고 있다는 점이다.10)

(1) 사전적·규범적 판단설

이 견해는 ‘결과발생의 불가능’과 ‘결과의 불발생’은 불능미수와

---

9) 대법원 2019. 3. 28. 선고 2018도16002 전원합의체 판결.
10) 견해의 대립과 관련하여 사전판단설은 주로 규범적 판단설의 입장에서 주장되며, 사후판단설은 주로 사실판단설의 입장에서 주장되고 있는 것으로 파악하여 논의의 편의를 위해서 저자가 구분한 것이다. 실제로는 사실판단설의 입장에서도 사전판단을 하여야 한다는 견해도 있다.

장애미수를 구분하는 기준이기에 당연히 구분되어야 하는 개념인데, 결과발생의 불가능을 사후적으로 판단할 경우 양자의 구분이 어렵다고 한다. 즉 모든 미수의 경우에는 결과가 발생하지 않은 상황을 전제로 하기 때문에 결과가 발생하지 않게 된 이유를 행위가 종료된 사후적 시점에서 인과적으로 소급하여 따져보면 항상 결과발생을 불가능하게끔 한 조건과 만나게 되므로, 모든 미수는 항상 결과발생이 불가능했다는 것이고, 그렇다면 결과발생의 불가능과 결과의 불발생을 구분할 수 없게 되므로 모든 미수는 불능미수가 될 것이고, 따라서 불능미수와 장애미수의 구별에 대한 의미가 없어진다고 한다. 결국 이러한 문제를 해결하기 위해서는 결과발생 불가능의 판단시점을 실행의 착수시기인 실행행위의 직접적 개시점으로 파악해야 한다는 것이다.[11]

또한 이 견해는 결과발생의 불가능을 판단하는 기준은 사실적인 것이 아니라 규범적인 개념으로 이해한다. 통찰력 있는 일반인의 보편적 관점으로부터 행위 당시 행위 자체의 객관적인 속성에 비추어 그 행위가 구성요건을 실현할 수 있는 가능성이 있는지를 판단한다.[12] 예를 들어 빈 주머니에 손을 넣어 소매치기를 시도한 경우에 중요한 것은 '빈 주머니에서 과연 돈을 꺼낼 수 있는가'하는 사실적 물음이 아니라, 그 행위가 보편적으로 재물절취라는 결과발생을 가져올 수 있는 유형의 행위인가의 여부라는 것이다. 주머니에 손을 넣어 금품을 훔치는 행위는 결과발생을 가능하게 하는 행위이나, 마침 주머니가 비어

---

11) 천진호, "불능미수범의 '결과발생 불가능'과 관련한 해석상의 문제점", 동아법학 제42호(2008), 94면; 홍영기, "불능미수의 가능성 표지 – 장애미수와 불능미수의 구별요건", 형사법연구 제20권 제1호(2008), 62면 이하.

12) 이승준, "불능미수에 관한 연구", 박사학위논문, 연세대학교(2004), 87면 이하; 이정원, "불능범의 새로운 이해", 형사정책연구 제52권(2002), 75면 이하; 임상규, "형법 제27조의 위험성과 그 실무적 함의", 성균관법학 제20권 제3호(2008), 742면; 정영일, "불능미수의 불법구조에 관한 재검토", 형사정책연구 제20권 제3호(2009), 74면 이하; 천진호, "불능미수범의 '결과발생 불가능'과 관련한 해석상의 문제점", 98면 이하; 홍영기, "불능미수의 가능성 표지 – 장애미수와 불능미수의 구별요건", 69면 이하.

있는 것은 미수의 원인 가운데 장애이므로 장애미수이고, 그 행위의 일반적인 속성이 결과를 일으키기에 가능하지 않은 경우에만 불능미수가 된다는 것이다. 결국 여기서 가능성 판단의 준거점은 결과발생 여부가 확인되는 시점이 아니라, 실행행위의 직접적인 개시점으로 앞당겨져야 한다는 것이다.[13]

(2) 사후적 · 사실적 판단설

이 견해는 결과발생의 불가능을 자연과학적 · 사실적 개념으로 이해한다. 즉 개별사안에서 결과가 발생하지 않은 이후의 제반 사정을 고려하여 결과발생이 가능한지를 경험과학적으로 분석하여 그것이 가능한 경우를 장애미수, 그렇지 않은 경우를 불능미수로 나눈다.[14] 예컨대 빈 주머니에 손을 넣어 소매치기를 시도한 경우에, 그로부터 절도하는 것은 물리적으로 불가능하지만 그럼에도 위험성이 있는 행위이므로 가벌적인 불능미수가 된다.

이 견해는 형법 제27조의 위험성 표지를 판단하는 시점과 기준이 '사전적 · 규범적 판단'에 의해져야 하고, 따라서 해석의 충돌을 피하기 위해 결과발생의 불가능은 '사후적 · 사실적 판단'에 의하여야 한다고 한다.

대상판례에서 다수의견은 불능미수에 대해 '처음부터 구성요건이 충족될 가능성이 없는' 경우라고 하거나 '원시적 불가능성'이라는 논증언어를 이용하고 있고 그에 따라 해당사안을 불능미수로 판단하였는데, 이는 '결과발생의 불가능'을 사실적인 개념으로 이해한 결과이다. 보충의견도 이와 다르지 않다.[15]

---

13) 홍영기, "준강간의 미수 – 장애미수와 불능미수의 구분", 법조 제68권 제3호 (2019.6), 669면.
14) 김성돈, 형법총론(제5판) 433면; 김호기, "살인죄에 있어서 불능미수와 장애미수의 구별", 형사법연구 제19권 제3호(2007), 575면 이하; 오영근, 형법총론(제3판), 박영사(2014), 340면; 이재상 · 장영민 · 강동범, 형법총론(제9판), 박영사(2018), 29/9.
15) 홍영기, "준강간의 미수 – 장애미수와 불능미수의 구분", 668면.

(3) 소 결

가. 사후적 판단의 타당성

근래에 사전적 판단을 주장하는 학자가 늘어가는 이유에 대하여, 미수는 어떠한 이유에서든 결과가 발생하지 않은 상황의 문제이므로 사후적 시각에서 결과가 없게 된 인과적 이유를 소급하여 따진다면 언제나 결과발생을 불가능하게끔 하는 사실적인 조건과 만나게 되므로 사전적 판단이 타당하다고 한다.16)

그러나 이러한 근거로 사전적 판단이 타당하다는 것은 문제가 있다. 왜냐하면 결과의 불발생은 ① 수단 자체의 성질상 결과를 발생시키기에 문제가 있어서 결과가 불발생한 것일 수도 있고, ② 당해 수단이 그 성질상 결과를 발생시키기에 충분한 수단이었음에도 불구하고 우연한 사정이 개입하게 되어 결과가 발생하지 않았을 수도 있기 때문이다. 즉, 장애미수와 불능미수는 모두 결과의 불발생을 전제로 한다는 점에서는 공통되지만, 장애미수는 우연한 사정이 개입되어 결과가 불발생한 경우인 반면, 불능미수의 경우에는 결과불발생의 요인이 우연한 사정에 의한 것이 아니라 당해 상황 및 동일한 조건하의 다른 상황에서도 그 성질상 결과가 발생하기 어려웠거나 결과가 발생할 수 없는 수단(또는 대상)이었다는 점에서 장애미수와 구분된다고 할 것이다. 양자는 모두 결과가 불발생하였다는 점에서는 공통되지만, 그 결과불발생의 요인이 우연한 사정 때문이었는지, 아니면 그 성질상 처음부터 결과를 발생시키기에 어려운 요인이었는지는 분명 차이가 있다.17) 따라서 단지 인과적 소급으로 인한 결과불발생의 요인이 존재한다는 이유만으로 사후적 판단설이 '결과불가능'과 '결과불발생'을 구분하지 못한다는 비판은 타당하지 않다고 생각된다.

사전적 판단설은 실행의 착수시점에서 행위 그 자체의 의미를 일

---

16) 홍영기, "준강간의 미수-장애미수와 불능미수의 구분", 670면.
17) 김재현, "가능미수와 불능미수의 구별기준 - 수단 또는 대상의 착오로 인한 결과발생의 불가능 -", 비교형사법연구 제17권 제1호(2015), 189~190면.

반인의 입장에서 판단하는 것인 반면, 사후적 판단설은 사후적으로 밝혀진 결과불발생의 요인에 대한 분석이 이루어진다는 점에서 양자는 차이가 있다. 예컨대, 살해하고자 칼로 찔렀으나 운 좋게 두꺼운 지갑에 찔려 살아 난 경우와 살해의도로 총을 쏘았는데 총알이 빗나가서 위기를 모면한 경우, 사전적 판단설은 칼로 찌르는 행위 자체를 일반인의 입장에서 평가하므로 이 때 장애미수로 판단하게 될 것이다. 이와 달리 사후적 판단설에 의하면 사후적으로 밝혀진 두꺼운 지갑의 존재와 총알의 빗나감은 다른 상황에서도 항상 동일하게 일어날 수 없는 경우, 즉 우연한 사정이라고 할 수 있으므로 사전판단설과 동일하게 장애미수로 취급하게 된다. 위와 같은 사례들을 결과발생이 불가능했던 사안이라고 하고자 한다면 당해 상황이 아닌 동일한 수단을 이용한 다른 상황 하에서도 똑같이 두꺼운 지갑에 칼이 찔려 살아나야 한다는 것이 증명되어야만 할 것이다.[18]

사전적 판단의 또 다른 문제점은 행위시점에 특수한 과학적 사정으로 인해 통찰력 있는 일반인이라고 하더라도 일반인이 알 수 없는 전문적 지식이 요구되는 사안의 경우에는 가능성과 불가능을 결정하기에는 난점이 따른다.[19] 예를 들어, '행위시에 행위자는 치사량에 현저히 미달인 독약인 줄 모르고 독약으로 살해시도를 하였으나 미수에 그친 경우'이다. 동일한 수단인 치사량에 현저히 미달한 독약으로 다른 상황에서 살인시도를 하였다면 거의 결과가 발생하지 않을 것이다. 사전적 판단설은 사전에 일반이 판단한 '독약'을 먹인다는 사정만 인

---

18) 김재현, "가능미수와 불능미수의 구별기준 - 수단 또는 대상의 착오로 인한 결과발생의 불가능 - ", 189면.

19) 이러한 경우의 문제점을 해결하기 위하여 사전적 판단설에서도 일반인의 판단이 아니라, 과학적 전문가의 판단에 의하여야 한다는 주장도 있다. 그러나 과학적 전문가라고 해도 일반인과 같이 착오할 수밖에 없는 경우(예를 들어, 극약관리실에 청산가리라고 쓰인 병 안에 관리자의 실수로 설탕이 들어 있었던 경우)에는 장애미수로 취급하게 된다. 그러나 사후적 판단설에서는 사후에 밝혀진 사정, 즉 관리자의 실수로 청산가리가 아닌 설탕이 들어 있었음이 밝혀진 경우 결과발생의 불가능으로 판단할 것이다.

식하고 있으므로 결과발생 가능성이 있다고 파악할 것인 반면, 사후적 판단설에 의하면 사후에 사실적 · 자연과학적으로 밝혀진 '현저히 치사량에 미달하는 독약'이라는 점을 인식하고 결과발생이 불가능하다고 판단할 것이다. 이러한 사례는 거의 대부분의 경우 결과발생이 불가능하므로 불능미수로 판단하는 것이 타당할 것이다. 이러한 점에서 사전적 판단은 아무리 전문적 지식과 통찰력을 가진 사람이라고 할지라도 행위 시에 잘못된 판단이 있을 수 있고 그러한 판단을 절대시한다는 점에서 사후적 판단이 타당하다고 생각된다.

나. 사실적 판단의 타당성

형법 제27조의 '결과발생 불가능' 요건을 판단하는 기준에 관한 논의는 '위험성' 요건과의 충돌을 막기 위한 방법으로 행하여 졌다고 할 수 있다. 따라서 위험성을 판단하는 기준만큼은 '규범적 판단'에 의하여야 한다는 것이 학계의 일반적 입장이고, 따라서 해석의 충돌을 피하기 위하여 결과발생의 불가능은 '사후적 · 사실적 판단'에 의해야 한다는 것이 일반적 견해라고 할 수 있다.

결과발생의 불가능을 규범적으로 판단할 경우 개념에 대한 직관적 파악이 쉽지 않고, 평가가 단순해지지 않을 수 있는 문제점이 있다. 이에 대하여 이러한 복잡한 사안에 해결방법을 다음과 같이 들 수 있다. 예를 들어 살아 있는 사람인 줄 오인하고 시체에 대해 추행을 시도한 경우에,[20] 객관적인 상황에서 판단력이 있는 일반인이 시체로 인식할 수 있는 때였다면 불능미수가 되는 것으로 보아야 하고, 살아 있는 사람과 동일한 상태로 생각되었으나 추행 직전에 마침 피해자가 사망한 경우라면 장애미수가 되는 것으로 해석한다.[21]

그러나 일반인이 시체로 인식할 수 있었을 때에는 시체에 대한 추행은 성립할 수 없기에 불능범이 되는 것이고, 추행 직전에 피해자가 사망한 경우라는 것은 사후적으로 밝혀진 사실이기에 사전적 · 규

---

20) 대법원 2013. 7. 11. 선고 2013도5355 판결.
21) 홍영기, "준강간의 미수 - 장애미수와 불능미수의 구분", 670면.

범적 판단을 요구하는 견해에 모순된다고 할 수 있다.

또한 규범적 판단설은 행위시에 일반인의 관점에서 판단해야 한다는 기준을 내세우는데, 제27조의 위험성 판단과 혼동했다는 점에서 타당하지 않다고 생각한다. 즉, 미수범이 처벌되는 근거는 법익침해의 위험성이라는 결과반가치가 인정되기 때문인데, 미수범의 위험성은 실행의 착수 시에 발현되어야 한다는 점과 불법의 평가방법은 일반인에 의한다는 객관적 위법성론이 확립되어 있으므로 이를 종합하면 미수범의 위험성은 실행의 착수 시에 일반인의 입장에서 판단해야 한다는 기준이 도출된다. 따라서 결과발생의 불가능을 규범적 판단설에 의한다면 위험성의 판단기준과 상호 충돌하게 되고, 나아가 불능미수로 파악해야 하는 미수사태를 장애미수로 취급하게 되는 경우가 많을 것이므로 사실상 장애미수와 불능미수의 구분이 무의미해질 수 있다.22)

3. 위험성

불능미수가 가벌적인가 불가벌적인가를 평가하는 핵심적인 표지는 '위험성'이다. 여기서 형법 제27조의 '위험성'이란 구체적으로 어떤 의미내용을 가지고 있는 표지이며, 위험성의 존부판단은 어떻게 할 것인가에 관해 여러 가지 견해가 대립하고 있다.

(1) 위험성 개념의 형법적 의미
가. 위험성의 독자성 부정설
형법 제27조의 위험성개념을 구성요건실현가능성 내지 결과발생의 개연성으로 이해하는 견해이다.23) 이 견해는 형법 제27조의 위험성개념을 '결과가 실제로 발생하지 않았으나 결과발생의 가능성(즉 위험

---

22) 김재현, "가능미수와 불능미수의 구별기준 — 수단 또는 대상의 착오로 인한 결과발생의 불가능 —", 189면.
23) 천진호, "불능미수의 위험성 판단 — 해석상의 오류를 중심으로", 비교형사법연구 제1권 제1호(1999), 85면; 허일태, "불능미수범에 있어서 위험성의 의미", 형사법연구 제13호(2000), 118면.

성)이 있기 때문에 미수범을 처벌할 수 있다'는 의미의 미수범일반의 처벌근거로 이론상 등장하는 위험성 개념과 동일한 개념이라고 한다. 이에 따르면 형법 제27조의 위험성 개념은 불능미수사례를 가벌적인 불능미수와 불가벌적인 불능미수로 구분하는 독자적인 의의를 가지지 않는다고 한다.

이 견해에 의하면 위험성은 모든 미수범의 일반적 처벌근거에 불과하기 때문에 형법 제27조에는 착오가 있더라도 위험성이 없는 불가벌적 불능미수사례는 규정하고 있지도 않고 따라서 이 규정의 위험성 개념은 무의미한 개념이라고 한다.[24] 따라서 이 견해는 형법 제27조에 따라 수단 또는 대상의 착오가 있고 결과발생이 불가능하더라도 가벌적인 불능미수가 된다고 한다.

나. 위험성의 독자성 긍정설

형법 제27조의 위험성개념을 '결과발생의 가능성'과 다르게 보거나 평가상의 구성요건실현가능성으로 해석하는 견해[25]이다. 이 견해는 형법 제27조의 위험성과 미수범일반의 처벌근거로서 이론상 등장하는 결과발생의 사실상의 가능성(위험성)이라는 개념을 본질적으로 다른 개념으로 본다. 이에 따르면 불능미수의 경우에는 수단 또는 대상의 착오로 인해 결과발생의 가능성(위험성)이 없어서 원칙적으로 미수범으로 처벌할 수 없으나(불가벌적 불능미수), 예외적으로 형법 제27조에서 말하는 '또 다른 위험성이 있으면' 다시 (약화된 강도로) 처벌할 수 있기 때문에(가벌적 불능미수), 이때의 또 다른 위험성은 미수범일반의 이론상의 처벌근거인 위험성과는 다른 독자적인 의미내용을 가진 독립된 표지라고 이해한다.

이 견해에 따르면 형법 제27조는 착오가 있지만 위험성이 없어서 가벌성이 부정되는 불가벌적 불능미수사례와 착오도 있고 위험성도

---

24) 천진호, "불능미수의 위험성 판단 — 해석상의 오류를 중심으로", 85면.
25) 김종원(한국형사법학회편), 형사법강좌Ⅱ, 박영사(1984), 625면; 김성돈, 형법총론(제5판), 436면.

있어서 가벌성이 인정되는 가벌적 불능미수사례를 모두 포함하고 있다고 하게 된다.

다. 소결 : 위험성의 독자성 긍정

불능미수범의 경우에는 '사후적'으로 이미 결과발생의 가능성이 없다는 결론이 내려진 경우를 대상으로 한다. 이러한 전제에서 형법 제27조가 다시 '위험성'이라는 표지를 요건으로 내세우고 있는 것은 결과발생의 가능성 유무를 다른 시점인 사전에 판단하여 다른 방법으로 평가하도록 요구하고 있는 것으로 보아야 한다. 즉 '사후적으로' 볼 때 결과발생이 사실상 불가능하더라도 행위 당시의 '사전적인' 시점에서 '평가'해 볼 때 장래적으로 결과발생이 가능한 것인지를 평가하여 위험성여부를 평가하도록 하고 있는 것이다.[26] 그러므로 형법 제27조의 위험성은 일반 미수범의 처벌근거로서의 위험성과는 구별되는 독자적인 의미를 가지는 표지이다.[27]

현행 형법 제27조에 의하면 행위자가 착오를 일으켜서 결과발생이 불가능한 경우 처벌근거가 매우 미약하기 때문에 적극적으로 '위험성'이 확인되지 않으면 행위자를 불가벌적으로 판단하는 것이다. 따라서 위험성의 독자성을 부정하는 견해는 우리 형법 제27조의 위험성 표지를 무시함으로써 형법이 마련한 법치국가적 안전핀의 하나를 무시하는 결과에 이를 수 있기 때문에 받아들일 수 없다.[28]

(2) 위험성 판단의 기준

위험성 판단기준에 대하여는, '범죄행위의 성질'에 초점을 맞추어 '결과발생의 위험성' 유무를 판단하려는 견해(구객관설), 주관적으로 범죄의사가 확실하게 표시된 이상 그것이 객관적으로 절대불능인 때에도 미수범으로 처벌하여야 한다는 견해(주관설)도 있었지만 현재 둘 다 극단적 태도로서 현재 주장자는 없다.

---

26) 김성돈, 형법총론(제5판), 436면.
27) 김성돈, 형법총론(제5판), 436면.
28) 김성돈, 형법총론(제5판), 437면.

현재는 행위시에 행위자가 인식한 사실을 기초로 하여 행위자가
생각한 대로의 사정이 존재하였으면 일반인의 판단에서 결과발생의
가능성이 있는 경우 위험성이 인정된다는 입장(추상적 위험설)29)과 행
위 당시에 행위자가 인식한 사실과 일반인이 인식할 수 있었던 사정
을 기초로 일반적 경험법칙에 따라 사후적으로 '결과발생의 개연성'이
있다고 인정할 때에는 구체적 위험성이 있으므로 가벌적 불능미수범
으로 처리된다고 하는 입장(구체적 위험설)이 있다.30)

대법원의 태도가 구체적 위험성설에 입각한 것이라고 보는 견해31)
도 있지만, 대법원이 추상적 위험설을 취하고 있다고 할 수 있다.32)

형법 제27조 위험성의 독자성을 긍정하는 한, 위험성개념을 법익
침해의 위험성이나 사실상의 결과발생의 가능성과 결부시켜서는 안
된다. 따라서 형법 제27조의 위험성개념을 사실적·자연과학적 구성요
건실현의 가능성으로 해석하는 전제하에서 구체적 위험성설이나 추상
적 위험성설 혹은 구객관설의 태도를 취하는 것은 결국 형법 제27조의
위험성개념의 독자성을 부인하는 태도와 다를 바 없게 되어 수용할 수
가 없다. 생각건대 제27조의 요건상 불능미수의 경우에는 결과발생이
'사실상' 불가능함이 이미 인정되어 있기 때문에 위험성은 '평가상'의
결과발생의 가능성으로 이해할 수밖에 없다. 이러한 상황을 감안하여

29) 김성돈, 형법총론(제5판), 439면.
30) 이재상·장영민·강동범, 형법총론(제9판), 29/24.
31) 신동운, 형법총론, 법문사(2001), 484면.
32) 대법원 2005. 12. 8. 선고 2005도8105 "불능범의 판단 기준으로서 위험성 판단
은 피고인이 행위 당시에 인식한 사정을 놓고 이것이 객관적으로 일반인의
판단으로 보아 결과 발생의 가능성이 있느냐를 따져야 하고(대법원·1978. 3.
28. 선고 77도4049 판결 참조), 한편 민사소송법상 소송비용의 청구는 소송비
용액 확정절차에 의하도록 규정하고 있으므로, 위 절차에 의하지 아니하고
손해배상금 청구의 소 등으로 소송비용의 지급을 구하는 것은 소의 이익이
없는 부적법한 소로서 허용될 수 없다고 할 것이다. 따라서 소송비용을 편취
할 의사로 소송비용의 지급을 구하는 손해배상청구의 소를 제기하였다고 하
더라도 이는 객관적으로 소송비용의 청구방법에 관한 법률적 지식을 가진 일
반인의 판단으로 보아 결과 발생의 가능성이 없어 위험성이 인정되지 않는다
고 할 것이다."

객관적 관찰자는 행위당시의 시점으로 거슬러 올라가서 다시 결과발생의 가능성이 인정될 수 있는지 '평가'해 보아야 한다. 이러한 관점에서 본다면 사후판단에 따라 결과발생의 가능성(개연성) 여부를 판단하는 구체적 위험성설의 태도보다는 행위당시의 시점에서 판단하는 추상적 위험성설이 우리 형법의 해석론상 타당한 견해라고 생각된다.[33]

Ⅲ. 대법원 판결에 대한 검토

이상의 논의를 종합하여 보면, 행위자가 의욕했던 결과가 발생하지 않은 사례에 대해 불능미수범에 대한 형법 제27조를 적용할 수 있으려면 다음과 같은 단계의 절차를 거쳐야 할 것이다.

먼저 행위자에게 범행결의와 실행의 착수가 인정되어야 한다. 그후 행위자가 투입한 수단 또는 행위자가 지목한 대상에 대하여 결과가 발생하지 않은 것이 '사실적·사후적'으로 확인되어야 한다(수단 또는 대상의 착오로 인한 결과발생의 불가능). 그 이후에 일정한 기준에 따라 '규범적·사전적'으로 위험성이 인정될 수 있는지 평가하여 위험성이 있는 것으로 평가되면 가벌적인 불능미수가 되고, 위험성이 없는 것으로 평가되면 불가벌적인 불능범이 되는 것이다.

이미 앞서 대상판결은 범행결의와 실행의 착수에 있어서는 다수의견과 반대의견의 차이가 없음을 살펴보았기 때문에 이하에서는 '결과발생의 불가능'과 '위험성'표지에 대하여 다수의견과 반대의견을 살펴보겠다.

1. 수단 또는 대상의 착오로 인한 결과발생의 불가능

(1) 사후적·사실적 판단설: 다수의견

대법원 다수의견은 "피고인이 피해자가 심신상실 또는 항거불능의 상태에 있다고 인식하고 그러한 상태를 이용하여 간음할 의사로

---

33) 김성돈, 형법총론(제5판), 440면.

피해자를 간음하였으나 피해자가 실제로는 심신상실 또는 항거불능의 상태에 있지 않은 경우에는, 실행의 수단 또는 대상의 착오로 인하여 준강간죄에서 규정하고 있는 구성요건적 결과의 발생이 처음부터 불가능하였고 실제로 그러한 결과가 발생하였다고 할 수 없다. 피고인이 준강간의 실행에 착수하였으나 범죄가 기수에 이르지 못하였으므로 준강간죄의 미수범이 성립한다. 피고인이 행위 당시에 인식한 사정을 놓고 일반인이 객관적으로 판단하여 보았을 때 준강간의 결과가 발생할 위험성이 있었으므로 준강간죄의 불능미수가 성립한다. …… 형법 제27조에서 정한 '실행의 수단 또는 대상의 착오'는 행위자가 시도한 행위방법 또는 행위객체로는 결과의 발생이 처음부터 불가능하다는 것을 의미한다. 그리고 '결과 발생의 불가능'은 실행의 수단 또는 대상의 원시적 불가능성으로 인하여 범죄가 기수에 이를 수 없는 것을 의미한다고 보아야 한다.

한편 불능범과 구별되는 불능미수의 성립요건인 '위험성'은 피고인이 행위 당시에 인식한 사정을 놓고 일반인이 객관적으로 판단하여 결과 발생의 가능성이 있는지 여부를 따져야 한다."고 한다.

여기서 대법원 다수의견은 불능미수에 대해 '처음부터 구성요건이 충족될 가능성이 없는' 경우라고 하거나 '원시적 불가능성'이라는 논증언어를 이용하고 있고 그에 따라 해당사안을 불능미수로 판단하였는데, 이는 가능성표지를 사실적인 개념으로 이해한 결과이다. 또한 가능성표지에 대한 추가적인 논증 없이 이 사안을 불능미수로 판단한 것은 통념에 따라 결과발생의 가능성을 사실적인 개념으로 이해하면서 이를 사후적인 관점에서 대입한 결론이라고 할 수 있다.[34]

(2) 사전적 · 규범적 판단설 : 반대의견

이에 대하여 대법원 반대의견은 "형법 제27조에서 '결과 발생이 불가능'하다는 것은 범죄기수의 불가능뿐만 아니라 범죄실현의 불가

---

34) 같은 견해 홍영기, "준강간의 미수-장애미수와 불능미수의 구분", 668~669면.

능을 포함하는 개념이다. 행위가 종료된 사후적 시점에서 판단하게 되면 형법에 규정된 모든 형태의 미수범은 결과가 발생하지 않은 사태라고 볼 수 있으므로, 만약 '결과불발생', 즉 결과가 현실적으로 발생하지 않았다는 것과 '결과발생불가능', 즉 범죄실현이 불가능하다는 것을 구분하지 않는다면 장애미수범과 불능미수범은 구별되지 않는다. 다시 말하면, 형법 제27조의 '결과 발생의 불가능'은 사실관계의 확정단계에서 밝혀지는 '결과불발생'과는 엄격히 구별되는 개념이다."라고 하면서 미수의 원인이 되는 결과발생의 불가능은 결과가 발생하지 않게 되는 시점이 아니라 행위시를 기준으로 평가해야 한다는 것이다. 또한 "형법 제27조에서 말하는 결과 발생의 불가능 여부는 실행의 수단이나 대상을 착오한 행위자가 아니라 그 행위 자체의 의미를 통찰력이 있는 일반인의 기준에서 보아 어떠한 조건하에서도 결과 발생의 개연성이 존재하지 않는지를 기준으로 판단하여야 한다. 따라서 일정한 조건하에서는 결과 발생의 개연성이 존재하지만 특별히 그 행위 당시의 사정으로 인해 결과 발생이 이루어지지 못한 경우는 불능미수가 아니라 장애미수가 될 뿐이다."고 하면서 규범적 판단설과 같은 취지의 주장을 하고 있다.[35]

(3) 평 가

대법원 다수의견의 문제점은 제27조 불능미수범의 성립요건 중 '수단 또는 대상의 착오라는 요건'에 착목하지 않았기 때문에 수단 또는 대상이 결과발생에 무용한 탓이 아니라 피해자가 모면한 사정 탓 또는 우연한 사정에 의하여 결과가 발생하지 않아 제25조의 장애미수로 처리되어야 할 사례에 대해 제27조를 적용하는 듯한 태도를 보이고 있다는 것이다.

즉 대법원 다수의견은 결과가 발생하지 않은 경우 행위자에게 수단 또는 대상의 착오가 있는지를 구체적 기준으로 가지고 검토하지

---

35) 물론 대법원 반대의견은 본 사안이 미수범의 영역에서 논의할 문제가 아니라고 판단하여 준강간의 장애미수로 판단하지는 않았다.

않고 바로 결과가 발생하지 않았다는 사실만 인정하고, 곧바로 위험성 판단 기준을 사용한다. 하지만 이렇게 되면 형법 제27조의 불능미수범은 형법 제25조의 장애미수범과 구별할 수 없는 결과를 가져온다. 왜냐하면 장애미수범도 결과가 발생하지 않았지만 결과가 발생할 가능성은 존재하는 경우에 해당하기 때문이다.

따라서 대법원 다수의견의 문제점을 해결하기 위하여는 '결과발생의 불가능'과 '결과의 불발생'을 구별하는 구체적 기준을 사용하여야 한다. 즉, 장애미수와 불능미수는 모두 결과의 불발생을 전제로 한다는 점에서는 공통되지만, 장애미수는 우연한 사정이 개입되어 결과가 불발생한 경우인 반면, 불능미수의 경우에는 결과불발생의 요인이 우연한 사정에 의한 것이 아니라 당해 상황 및 동일한 조건하의 다른 상황에서도 그 성질상 결과가 발생하기 어려웠거나 결과가 발생할 수 없는 수단(또는 대상)이었다는 점에서 장애미수와 구분된다고 할 것이다. 양자는 모두 결과가 불발생하였다는 점에서는 공통되지만, 그 결과불발생의 요인이 우연한 사정 때문이었는지, 아니면 그 성질상 처음부터 결과를 발생시키기에 어려운 요인이었는지는 분명 차이가 있다.

그러므로 본 사안에도 피해자가 항거불능 상태에 있지 않아서 결과가 발생하지 않은 것이 우연한 사정 때문이었는지 또는 행위자의 착오로 인해 결과가 발생할 수 없는 경우였는지 구분하여야 할 것이다. 본 사안에서 만약 피해자 사망한 것을 행위자가 살아있지만 항거불능 상태에 있다고 판단하였다면 불능미수로 판단하겠지만, 피해자의 음주량이라는 우연한 사정에 의한 경우라면 피고인은 장애미수로 판단되어야 할 것이다.

이와 유사한 사안으로 대법원은 야간주거침입절도 후 준강제추행 미수로 공소가 제기된 사건에서 피고인이 피해자의 주거에 침입할 당시 피해자는 이미 사망한 상태였기 때문에 피고인의 행위는 대상의 착오로 인하여 결과의 발생이 불가능한 때에 해당하지만 위험성이 있기 때문에 원심이 피고인을 주거침입 후 준강제추행의 불능미수의 유

죄로 인정한 것은 정당하다고 판단하였다.[36] 그러므로 이러한 대법원
의 판단은 앞서 제시한 기준에 의하면 타당한 결론이라고 할 수 있다.
각 견해에 따른 법적 효과를 도표로 정리하면 다음과 같다.

	수단·대상의 착오로 결과불발생	기 준	효 과
사실적·사후적 판단설 (다수 의견)	사후적으로 전문가가 판단	사실상 가능	장애미수
		사실상 불가능 + 위험성○	불능미수
		사실상 불가능 + 위험성×	불능범
사전적·규범적 판단설 (학설)	통찰력 있는 일반인의 기준에서	행위자체의 객관적 속성이 구성요건 실현 가능성○	장애미수
		행위자체의 객관적 속성이 구성요건 실현 가능성×	불능미수
사전적·규범적 판단설 (반대 의견)	통찰력 있는 일반인의 기준에서	일정한 조건하에서는 결과발생이 존재하지만 특별히 그 행위 당시의 사정으로 인해 결과 불발생	장애미수
		어떠한 조건하에서도 결과 불발생	불능미수
사실적·사후적 판단설 (필자의 주장)	전문가가 판단	사실상 가능	장애미수
		사실상 불가능(우연한 사정의 존재)	장애미수
		사실상 불가능(동일한 조건의 다른상황에서도 동일한 결과불발생) + 위험성○	불능미수
		사실상 불가능(동일한 조건의 다른상황에서도 동일한 결과불발생) + 위험성×	불능범

---

36) 대법원 2013. 7. 11. 선고 2013도5355 판결.

2. 위험성

위험성과 관련하여 다수의견은 "형법 제27조에서 규정하고 있는 불능미수는 행위자에게 범죄의사가 있고 실행의 착수라고 볼 수 있는 행위가 있지만 실행의 수단이나 대상의 착오로 처음부터 구성요건이 충족될 가능성이 없는 경우이다. 다만 결과적으로 구성요건의 충족은 불가능하지만, 그 행위의 위험성이 있으면 불능미수로 처벌한다. …… 불능범과 구별되는 불능미수의 성립요건인 '위험성'은 피고인이 행위 당시에 인식한 사정을 놓고 일반인이 객관적으로 판단하여 결과 발생의 가능성이 있는지 여부를 따져야 한다"고 하여 형법 제27조를 통하여 불능미수와 불능범을 구분하는 입장을 취함으로써 위험성 개념 독자성을 취하고 그 판단기준에 대하여는 추상적 위험설을 취하고 있다고 판단된다.

그러나 반대의견은 "형법 제27조(불능범)는 "실행의 수단 또는 대상의 착오로 인하여 결과의 발생이 불가능하더라도 위험성이 있는 때에는 처벌한다. 단, 형을 감경 또는 면제할 수 있다."라고 규정하고 있다. 이 조항 표제에서 말하는 '불능범'이란 범죄행위의 성질상 결과 발생 또는 법익침해의 가능성이 절대로 있을 수 없는 경우를 말한다. ……
이 조항의 표제는 '불능범'으로 되어 있지만, 그 내용은 가벌적 불능범, 즉 '불능미수'에 관한 것이다. 불능미수란 행위의 성질상 어떠한 경우에도 구성요건이 실현될 가능성이 없지만 '위험성' 때문에 미수범으로 처벌하는 경우를 말한다. 판례는 불능미수의 판단 기준으로서 위험성의 판단은 피고인이 행위 당시에 인식한 사정을 놓고 이것이 객관적으로 일반인의 판단으로 보아 결과 발생의 가능성이 있느냐를 따져야 한다는 입장을 취하고 있다.

형법 제27조의 입법 취지는, 행위자가 의도한 대로 구성요건을 실현하는 것이 객관적으로 보아 애당초 가능하지 않았기 때문에 원칙적으로 미수범으로도 처벌의 대상이 되지 않을 것이지만 규범적 관점에서 보아 위험성 요건을 충족하는 예외적인 경우에는 미수범으로 보아 형사처벌을 가능하게 하자는 데 있다"고 하여 형법 제27조는 불능미수만을 규정한 것으로 파악한 것으로 위험성 개념의 독자성을 부정하면서 추상적 위험설을 취하고 있다고 판단된다.

Ⅲ. 나오는 말

본 대상판결의 다수의견은 피고인이 항거불능 상태에 있지 않는 피해자에 대하여 술에 취해 항거불능상태에 있는 것으로 생각하고 그 기회를 이용하여 준강간의 실행에 착수하여 간음한 것에 대하여 준강간의 불능미수를 인정하고 있다. 그러나 앞서 살펴 본바와 같이 단순히 수단 또는 대상의 불가능으로 결과가 발생하지 않았다고 하여 바로 불능미수를 인정하는 것은 장애미수로 판단해야할 사안을 불능미수로 판단하는 우를 범하고 있는 것이다.

따라서 장애미수와 불능미수를 구별하는 기준인 '수단 또는 대상의 착오로 결과발생이 불가능'이라는 것을 판단함에 있어서는 구체적 기준인 우연한 사정에 의한 결과불발생인지 어떠한 경우에서도 결과가 불발생인지를 사용하여야 할 것이다. 따라서 본 사안은 준강간죄의 불능미수가 아니라 장애미수로 판단되어야 할 것이다.

[주 제 어]
준강간, 불능미수, 장애미수, 항거불능, 위험성

[Key Words]
Quasi-rape, Impossible Crime, Criminal Attempts, Inability to Resist, a resulting danger

접수일자: 2020. 5. 24. 심사일자: 2020. 6. 29. 게재확정일자: 2020. 6. 29.

[참고문헌]
〈단행본〉
김성돈, 형법총론(제5판), SKKUP(2018).
김종원(한국형사법학회편), 형사법강좌 II, 박영사(1984).
박상기, 형법총론(제6판), 박영사(2004).
신동운, 형법총론, 법문사(2001).
오영근, 형법총론(제3판), 박영사(2014).
이재상 · 장영민 · 강동범, 형법총론(제9판), 박영사(2018).

〈논 문〉
김재현, "가능미수와 불능미수의 구별기준 ― 수단 또는 대상의 착오로 인한
    결과발생의 불가능 ―", 비교형사법연구 제17권 제1호(2015).
김호기, "살인죄에 있어서 불능미수와 장애미수의 구별", 형사법연구 제19권
    제3호(2007).
이정원, "불능범의 새로운 이해", 형사정책연구 제52권(2002).
임상규, "형법 제27조의 위험성과 그 실무적 함의", 성균관법학 제20권 제3
    호(2008).
정영일, "불능미수의 불법구조에 관한 재검토", 형사정책연구 제20권 제3호
    (2009).
천진호, "불능미수범의 '결과발생 불가능'과 관련한 해석상의 문제점", 동아
    법학 제42호(2008).
천진호, "불능미수의 위험성 판단 ― 해석상의 오류를 중심으로", 비교형사
    법연구 제1권 제1호(1999).
허일태, "불능미수범에 있어서 위험성의 의미", 형사법연구 제13호(2000).
홍영기, "불능미수의 가능성 표지-장애미수와 불능미수의 구별요건", 형사법
    연구 제20권 제1호(2008).
홍영기, "준강간의 미수 ― 장애미수와 불능미수의 구분", 법조 제68권 제3호
    (2019.6).

[Abstract]

Quasi-rape attempts to people
who are not in a state of non-resistance
— Impossible Crime? Criminal Attempts? —

The facts of this ruling can be said to be simple. The actor thinks that the victim who is not incapable of being intoxicated is considered to be incapable of being intoxicated and takes advantage of the opportunity to embark on the practice of quasi-rape and have sex.

However, the majority of opinions on the target judgments indicate that the accused person is drunk against a victim who is not incapable of anti-disobedience. Admit it. However, it was a mistake to judge a matter to be judged as a disability as an unacceptable attempt to admit the inability to immediately because the result did not occur simply because of the impossibility of means or objects.

Therefore, as a criterion for distinguishing between disability attempts and disability attempts, 'impossibility of occurrence of a result due to error of means or objects' should be used as a specific criterion, whether it is a result of an accident or a result in any case. Therefore, this issue should be judged as a failure of the disability, not an incompetence of the quasi-rapist.

* Visiting professor, Forensic science, Sungkyunkwan University, Ph.D in Law.

업무상 위력에 의한
성폭력범죄와 성인지 감수성

윤 지 영*

[대상판결] 대법원 2019. 9. 9. 선고 2019도2562 판결

[사실관계]

피고인은 2010. 7. 1.부터 2018. 3. 6.까지 충청남도 도지사로 근무하였고, 2017. 1. 22.경 제19대 대통령선거 출마선언을 한 뒤 2017. 3.부터 2017. 4. 3.까지 치러진 당내 후보 경선에서 2위를 차지하였으며, 경선 이후에는 유력한 차기 대선후보로 언론에 보도될 정도로 정치적·사회적 지위가 있는 사람이다. 피해자 박은희(여, 가명, 33세)는 2017. 2.경부터 2017. 4. 17.경까지 피고인의 대선 경선캠프 홍보기획팀에서 일하다가 2017. 7. 3. 충남도청의 지방별정직 6급 상당에 임용되어 그때부터 2017. 12. 20.경까지 수행비서로 근무하였고, 2017. 12. 20.경부터 2018. 3. 6.까지는 정무비서로서 도지사실로 오는 각종 외부 요청 관리 및 정책 자료 데이터베이스화 작업을 하면서 도지사 행사에 나가 보좌하는 역할을 담당하였으며, 현재는 2018. 3. 6. 피고인의 갑작스러운 사임에 따라 지방별정직 공무원 인사규정에 의거하여 면직되었다.

피고인의 대통령선거 경선캠프 구성원들은 피고인이 대통령에 선출되는 것을 목표로 무보수 자원봉사의 형태로 업무를 하였고, 피고인에 대한 절대적 지지를 전제로 단기간 내 지지세력 결집과 득표율 상

---

* 한국형사정책연구원 연구위원, 법학박사.

승을 위해 상명하복으로 일사불란하게 움직이는 분위기가 형성되었으며, 이러한 분위기는 경선캠프 관계자들이 도청에서 정무적인 업무를 하는 공무원으로 대거 이동하여 근무하게 되면서 그 중심이 되는 비서실에서도 그대로 이어졌다. 한편 지방자치단체의 장은 지방별정직 공무원 인사규정 제3조, 제12조에 의하여 지방자치단체 소속 별정직 공무원의 임명·휴직·면직과 징계를 하는 권한을 가지고, 지방별정직 공무원으로 비서에 임용된 경우에는 임용 당시의 지방자치단체의 장이 사임 또는 퇴직할 때 함께 면직되도록 규정되어 있다. 즉 지방별정직 공무원은 일반적인 직업공무원과 달리 신분보장이 되지 않는바, 피고인의 평가가 향후 피해자의 진로에 큰 영향을 미치는 상황이었다.

특히 수행비서는 피고인이 참석하는 각종 회의나 행사 및 국내외 출장 일정을 사전에 조율·관리하고 수행하는 공적인 업무는 물론이고 개인적인 모임을 위한 연락이나 장소 예약, 담배·맥주와 같은 기호품 구입 및 전달과 같은 사적인 용무 관련 지시를 평일·공휴일, 주·야간을 불문하고 수시로 이행해야 하는 상황이었다. 또한 피해자는 대선 경선캠프에서 일할 때 '일의 노예'라는 별명을 얻을 정도로 성실하고 책임감이 강하였고, 피고인은 평소 피해자에게 수시로 '모두가 피고인에게 "노(No)"라고 할 때 "예스(Yes)"를 해야 한다'며 수행비서의 자세를 말하였으며, 피해자는 전임자로부터 '피고인을 수행하는 과정에서 피고인의 기분을 거스르는 일을 해서는 안 되고 감정을 드러내서는 안 되며 그 과정에서 알게 된 내용을 아무에게도 말하지 않아야 피고인을 잘 지킬 수 있다'는 등의 인계를 받은 바 있어 이를 충실히 지키기 위해 노력해 왔다.

위와 같이 피해자는 수행비서로서 도지사인 피고인의 지시를 거부하거나 이의를 제기하는 것이 사실상 불가능한 수직적인 업무환경에 있었고, 이러한 여건은 피해자가 정무비서로 자리를 옮긴 후에도 그대로 이어져 피해자로서는 피고인의 요구에 반항하기 어려운 상태에 있었다. 이와 같은 상황에서 피고인은 2017. 7. 29.경부터 2018. 2. 25.경까지 약 7개월 동안 피해자를 5회 강제로 추행하였고, 4회 위력으로 간음하였으며, 1회 위력으로 추행하였다.

[사건의 경과]

가. 1심의 판단(서울서부지방법원 2018. 8. 14. 선고 2018고합
   75 판결)

형법상 강제추행죄와 피감독자간음죄(업무상 위력에 의한 간음죄)
및 성폭력처벌법상 업무상 위력 등에 의한 추행죄로 공소제기된 피고
인에 대한 제1심 법원의 판단은 다음과 같다.

피고인의 정치적 지위·권력과 도청 내에서의 사회적 지위·직
책·영향력은 피해자의 자유의사를 제압하기에 충분한 세력, 즉 업무
상 위력에 의한 간음·추행죄에서의 '위력'에 해당한다. 그러나 검사가
제출한 증거만으로는 이 사건에서 피고인에게 정치적·사회적 지위나
영향력이 존재한다는 것 자체로 피해자의 자유의사를 제압할 수 있을
정도의 상황에 이르렀다거나, 피고인이 평소 고압적이고 권위적인 태
도로 피해자를 비롯한 도청 소속 공무원을 하대하는 등 위력의 존재
감이나 그 지위(직책)를 남용하였다고 보기는 어렵다. 이 사건 공소사
실 중 업무상 위력에 의한 간음·추행의 개별 공소사실에 부합하는
것으로 보이는 직접적이고 유일한 증거인 피해자의 진술을 그대로 믿
기 어렵다. 설령 피해자의 진술에 신빙성이 있다고 가정하더라도, 피
고인이 상시적이고 일반적으로 정치적·사회적 권세를 이용하여 피해
자의 자유의사를 제압해왔다고 볼 만한 증명이 없는 이 사건에서, 개
별 구성요건상 피고인이 피해자와 성관계를 함에 있어 '나를 안게'라
는 취지의 표현과 피해자를 껴안는 등의 행동을 한 것이 일응 위력에
해당할 여지가 있다고 하더라도, 이를 통해 피고인이 피해자의 자유의
사를 제압할 정도의 위력을 행사하였다거나, 위력의 행사와 성관계 또
는 신체접촉 사이에 인과관계가 있다거나, 나아가 이로 인해 피해자의
성적 자기결정권을 침해하였다고 인정할 수 있을 정도로 합리적인 의

심이 없는 범죄사실 증명이 이루어졌다고 볼 수는 없다는 이유로, 이 사건 각 공소사실 중 업무상 위력에 의한 간음·추행의 점을 모두 무죄로 판단하였다.

또한 이 사건 공소사실 중 각 강제추행의 점에 부합하는 것으로 보이는 피해자의 진술도 그대로 믿기 어렵고, 검사가 제출한 증거만으로 신체접촉이 있었다는 사실이 합리적인 의심이 없을 정도로 증명되었다고 보기 어렵다. 설령 피고인이 신체접촉행위의 전부 또는 일부를 하였다고 가정하더라도, 그것이 피해자의 의사에 반하는 신체접촉이라거나 객관적으로 피해자의 성적 자유가 침해되기에 이르렀다는 점이 합리적인 의심이 없을 정도로 증명되었다고 볼 수 없다는 이유로, 이 사건 공소사실 중 강제추행의 점을 모두 무죄로 판단하였다.

나. 2심의 판단(서울고등법원 2019. 2. 1. 선고 2018노2354 판결)

항소심은 아래와 같은 사실오인 및 법리오해 등을 이유로 하여 1심 판결 중 2017. 8. 중순 내지 말경 강제추행의 점을 제외한 나머지 부분을 파기하면서, 피고인을 징역 3년 6월에 처하였다. 또한 피고인에 대하여 40시간의 성폭력 치료프로그램 이수와 아동·청소년 관련 기관 등에 5년간 취업제한을 명하였다.

1) 사실오인

이 사건 각 공소사실은 충분한 물적·인적 증거들로 뒷받침되는 피해자의 진술 및 피해 호소를 청취한 참고인들의 진술 등 제반 증거에 의하여 인정되는데도 원심은 합리적 이유와 근거 없이 이를 전부 배척하였다. 피고인은 피해자와의 성관계 내지 신체접촉이 상호간의 합의 내지 피해자의 동의에 의한 것이라고 주장하나 피고인과 피해자가 공적 관계를 형성하게 된 경위, 비서 임용 전 피고인과 피해자 간 특별한 유대관계가 있었는지 여부, 피해자가 비서에 지원하였거나 특별히 비서 임용을 부탁하였는지 여부, 피고인과 피해자 간 일반적인 상하관계의 존재, 피고인과 피해자 간 공적 관계가 사적 관계로 변화하였다고 볼 만한 사정이 있는지 여부, 이 사건 각 범행이 발생한 시기 및 장소 등을 두루 종합하여 보면, 피고인과 피해자의 관계가 사적인 관계라고 볼 만한 아무런 근거가 없다. 그런데도 원심은 피고인과 피해자 사이에 성관계 등이 합의하에 이루어질 만한 사정이 있었는지 여부에 관하여는 전혀 심리하지 아니한 채 피해자의 진술이 참고인들의 진술 내지 물적 증거들과 다소 불일치하거나 차이가 있는 경우만을 문제 삼아 피해자 진술의 신빙성이 없다고 속단하였고, 나아가 개별 사건 이후 피해자가 평소와 다름없이 업무에 종사한 것을 두고 성폭력 피해자의 행동이라고 보기에는 납득하기 어려운 측면이 있다면서 편견에 근거한 사실인정을 하였다. 또한 원심은 사실관계에 대한 충분한 심리 없이 추측에 근거하여 사실을 인정하면서 이를 근거로 피해자 진술의 신빙성을 배척하기도 하였고, 심지어 피해자가 이 사건을 문제 삼게 된 경위가 석연치 않다는 이유까지 들면서 피해자의 진술과 이에 부합하는 참고인들 진술의 신빙성을 배척하기도 하였다. 결국 원심은 불충분한 심리에 기초하여 편견과 추측에 의하여 사실인정을 한 다음 이 사건 각 공소사실에 관하여 무죄를 선고하였는바, 원심판결에는 사실을 오인하여 판결결과에 영향을 미친 위법이 있다.

  2) 법리오해

  원심은 업무상 위력 등에 의한 간음·추행죄가 성립하려면 ① 위력이 존재하여야 하고, ② 그 위력이 행사되어야 하며, ③ 행사된 위력과 간음·추행행위 사이에 인과관계가 인정되어야 하고, ④ 그로 인해 피해자의 성적 자기결정권이 침해되는 결과가 발생하여야 한다는 구성요건을 제시하고 있으나 이는 대법원이 행위자와 피해자의 관계, 사건이 발생한 경위 및 그 경과 등 제반 사정에 비추어 행위자와 피해자 간에 있었던 성관계 내지 신체접촉이 과연 평등한 관계에서 피해자의 자유의사에 기하여 이루어졌는지, 아니면 위력에 의하여 어쩔 수 없이 피해자가 이에 응할 수밖에 없었는지를 경험칙과 논리법칙에 따라 합리적으로 판단하면 족하다는 입장과 달리 업무상 위력 등에 의한 간음 · 추행죄의 성립요건에 대한 판단기준 자체를 매우 협소하게 설정함으로써 사실상 본죄를 강간 · 강제추행죄와 구분할 수 없도록 만들었다. 원심은, 대법원이 지위나 권세와 같은 무형적 위력을 '이용'하면 족한 것이라고 판시하고 있는 것과는 달리, 이러한 무형적 위력도 유형적 위력과 같이 유형적으로 행시되어야 하는 것처럼 판단함으로써 위력의 범위를 축소하고 있다. 또한 원심은, 대법원이 '위력으로써' 간음 · 추행하면 족하다고 판시하고 있을 뿐 인과관계 및 침해의 결과발생, 결과의 귀속을 판단기준으로 제시하고 있지 않음에도, 인과관계 및 침해 결과의 발생, 객관적 귀속을 거론함과 동시에 위력의 범위를 명시적 해악 고지 등 행사할 수 있는 위력으로 한정하면서, 피해자의 자유의사가 현실적으로 제압되어야 한다는 취지로 범죄성립요건을 축소하고 있다. 또한 원심은 행위자가 피해자 등을 상대로 자신의 지위와 권세로써 전횡을 일삼는 등 그 우월적 지위와 권세를 남용한 사정이 있어야 업무상 위력 등에 의한 간음 · 추행죄가 성립한다거나 피해자의 저항이나 거절의 의사표시를 구성요건적 요소인 것처럼 판단하였다. 원심은 위와 같이 법리를 오해한 논리에 터잡아 이 사건 각 공소사실에 관하여 피해자의 자유의사를 제압할 만한 위력의 행사가 있었다고 보기 어렵고, 위력의 행사와 간음 사이의 인과관계 및 성적 자기결정권의 침해가 있었다고 보기 어렵다는 이유로 무죄를 선고하였는바, 원심판결에는 법리를 오해하여 판결결과에 영향을 미친 위법이 있다.

　　3) 심리미진

　　원심은 형사소송법 제279조의4, 성폭력범죄의 처벌 등에 관한 특례법 제33조 소정의 전문심리위원제도 내지 전문가의 의견조회 제도를 그 취지에 맞게 진행하지 못하였으면서, 피해자 진술의 신빙성을 판단하는 데 있어 부적절한 절차 진행을 거쳐 도출된 심리학적 의견을 정신의학 전문가들이 문제제기를 할 정도로 부적절하게 사용하였다. 또한 원심은 검사의 비공개 재판의견을 불허하여 검찰 측 증인 2명, 피고인 측 증인 7명의 증인신문절차를 공개재판으로 진행함으로써 피해자에게 심각한 2차 피해를 입혔고, 형사소송법 제299조, 성폭력범죄의 처벌 등에 관한 특례법 제29조, 형사소송규칙 제74조, 성폭력범죄 등 사건의 심리·재판 및 피해자 보호에 관한 규칙 제2조에 위반하여 피해자가 모욕적이고 반복적인 반대신문을 감내하도록 하고 재판부 스스로 '정조' 등 부적절한 단어를 사용하는 등 성폭력 사건의 심리와 관련하여 적절한 소송지휘권을 행사하지 아니하였다.

[주 문]

상고를 모두 기각한다.

[이 유]

　가. 법 리

　1) 증거의 증명력은 법관의 자유판단에 맡겨져 있으나 그 판단은 논리와 경험칙에 합치하여야 하고, 형사재판에 있어서 유죄로 인정하기 위한 심증형성의 정도는 합리적인 의심을 할 여지가 없을 정도여야 하나, 이는 모든 가능한 의심을 배제할 정도에 이를 것까지 요구하는 것은 아니며, 증명력이 있는 것으로 인정되는 증거를 합리적인 근거가 없는 의심을 일으켜 이를 배척하는 것은 자유심증주의의 한계를 벗어나는 것으로 허용될 수 없다(대법원 1994. 9. 13. 선고 94도1335 판결, 대법원 2004. 6. 25. 선고 2004도2221 판결 등 참조). 피해자 등의 진술은 그 진술 내용의 주요한 부분이 일관되며, 경험칙에 비추어 비합리적이거나 진술 자체로 모순되는 부분이 없고, 또한 허위로 피고인에게 불리한 진술을 할 만한 동기나 이유가 분명하게 드러나지 않는 이상, 그 진술의 신빙성을 특별한 이유 없이 함부로 배척해서는 아니 된다(대법원 2006. 11. 23. 선고 2006도5407 판결 등 참조).

　그리고 법원이 성폭행이나 성희롱 사건의 심리를 할 때에는 그 사건이 발생한 맥락에서 성차별 문제를 이해하고 양성평등을 실현할

수 있도록 '성인지 감수성'을 잃지 않도록 유의하여야 한다(양성평등기
본법 제5조 제1항 참조). 우리 사회의 가해자 중심의 문화와 인식, 구조
등으로 인하여 성폭행이나 성희롱 피해자가 피해사실을 알리고 문제
를 삼는 과정에서 오히려 피해자가 부정적인 여론이나 불이익한 처우
및 신분 노출의 피해 등을 입기도 하여 온 점 등에 비추어 보면, 성폭
행 피해자의 대처 양상은 피해자의 성정이나 가해자와의 관계 및 구
체적인 상황에 따라 다르게 나타날 수밖에 없다. 따라서 개별적, 구체
적인 사건에서 성폭행 등의 피해자가 처하여 있는 특별한 사정을 충
분히 고려하지 않은 채 피해자 진술의 증명력을 가볍게 배척하는 것
은 정의와 형평의 이념에 입각하여 논리와 경험의 법칙에 따른 증거
판단이라고 볼 수 없다(대법원 2005. 7. 28. 선고 2005도3071 판결, 대법원
2018. 10. 25. 선고 2018도7709 판결 등 참조).

2) 피감독자간음죄 또는 성폭력범죄의 처벌 등에 관한 특례법 위
반(업무상 위력 등에 의한 추행)죄에 있어서 '위력'이란 피해자의 자유의
사를 제압하기에 충분한 세력을 말하고 유형적이든 무형적이든 묻지
않으므로, 폭행·협박뿐 아니라 행위자의 사회적·경제적·정치적인
지위나 권세를 이용하는 것도 가능하다. '위력'으로써 간음하였는지 여
부는 행사한 유형력의 내용과 정도 내지 이용한 행위자의 지위나 권
세의 종류, 피해자의 연령, 행위자와 피해자의 이전부터의 관계, 그 행
위에 이르게 된 경위, 구체적인 행위 태양, 범행 당시의 정황 등 제반
사정을 종합적으로 고려하여 판단하여야 한다(대법원 2007. 8. 23. 선고
2007도4818 판결, 대법원 2012. 4. 26. 선고 2012도1029 판결 등 참조).

나. 피고인의 상고이유에 관하여

1) 2017. 8. 중순 내지 말경 강제추행 부분을 제외한 나머지 각 강
제추행 부분

원심은 피해사실에 관한 피해자의 진술이 신빙성이 있다는 이유
로 이 부분 공소사실을 무죄로 판단한 제1심 판결을 파기하고 유죄로

인정하였다. 원심판결 이유를 앞서 본 법리와 적법하게 채택된 증거에 비추어 살펴보면, 원심 판단에 상고이유 주장과 같이 피해자 진술의 신빙성 판단에 관한 법리를 오해하거나 필요한 심리를 다하지 아니하여 판단을 누락하고 공판중심주의, 직접심리주의, 논리와 경험의 법칙을 위반하여 자유심증주의의 한계를 벗어나는 등의 잘못이 없다.

2) 각 피감독자간음 및 성폭력범죄의 처벌 등에 관한 특례법 위반 (업무상 위력 등에 의한 추행) 부분

원심은 이 부분 공소사실을 무죄로 판단한 제1심 판결을 파기하고 유죄로 인정하였다. 그 이유는, '피해사실에 관한 피해자의 진술은 일관되고 그 내용이 구체적이고 모순되는 부분이 없는 등의 사정에 비추어 신빙성이 있다. 피해가 발생한 시점으로부터 얼마 지나지 않은 무렵에 피해자로부터 피해사실을 들었다는 제3자들의 진술도 신빙성이 있다. 피해자가 범행 전후에 보인 일부 언행 등이 성범죄 피해자라면 보일 수 없는 행동이라고 보기도 어렵거니와 그러한 사정을 들어 피해자의 피해진술의 신빙성을 배척하기는 어렵다. 피고인의 지위나 권세는 피해자의 자유의사를 제압하기에 충분한 무형적 세력에 해당한다. 여기에 피고인이 간음행위 또는 추행행위에 이르게 된 경위, 간음행위 또는 추행행위 직전·직후 피고인과 피해자의 태도 등을 종합하여 보면, 피고인은 업무상 위력으로써 피해자를 간음 또는 추행하였다고 봄이 타당하다'는 것이다.

원심판결 이유를 앞서 본 법리와 적법하게 채택된 증거에 비추어 살펴보면, 원심 판단에 상고이유 주장과 같이 피해자 진술의 신빙성 판단에 관한 법리, 피감독자간음죄나 성폭력범죄의 처벌 등에 관한 특례법 위반(업무상 위력 등에 의한 추행)죄의 구성요건과 위력의 존부 및 행사에 관한 법리, 고의에 관한 법리를 오해하거나 필요한 심리를 다하지 아니하여 판단을 누락하고 공판중심주의, 직접심리주의, 논리와 경험의 법칙을 위반하여 자유심증주의의 한계를 벗어나거나 이유를 갖추지 못하는 등의 잘못이 없다.

다. 검사의 상고이유에 관하여

원심은 판시와 같은 이유를 들어 검사가 제출한 증거만으로는 이 사건 공소사실 중 2017. 8. 중순 내지 말경 강제추행 부분이 합리적 의심 없이 증명되었다고 보기 부족하다는 이유로 이 부분 공소사실을 무죄로 판단한 제1심 판결을 그대로 유지하였다. 원심판결 이유를 기록에 비추어 살펴보면, 원심 판단에 상고이유 주장과 같이 논리와 경험의 법칙에 반하여 자유심증주의의 한계를 벗어난 잘못이 없다. 그리고 원심은 판시와 같은 이유를 들어 피고인에게 신상정보를 공개·고지하여서는 안 될 특별한 사정이 있다고 판단하여 피고인에 대하여 신상정보의 공개명령 및 고지명령을 선고하지 아니하였다. 기록에 나타난 피고인의 연령, 직업, 전과, 범행의 종류, 동기, 범행과정, 결과 등 여러 사정을 종합적으로 고려하면, 원심 판단에 신상정보 공개명령 및 고지명령에 대한 법리를 오해한 잘못이 없다.

라. 결 론

그러므로 상고를 모두 기각하기로 하여, 관여 대법관의 일치된 의견으로 주문과 같이 판결한다.

[연 구]

I. 서 론

2017년 10월 5일 미국 할리우드의 유명 영화 제작자인 하비 와인스타인(Harvey Weinstein)의 성추문이 폭로되면서 시작된 '미투(Me Too)' 캠페인은 소셜네트워크서비스(SNS)를 통해 빠르게 확산되었다. 같은 해 12월 미국 시사주간지 타임(TIME)은 미투 운동으로 성폭력을 고발했던 '침묵을 깬 사람들(The Silence Breaker)'을 '올해의 인물(Person of the Year)'로 선정했는데,[1] 이는 성차별적인 문화를 개선하기 위해 용

---

1) 시사주간지 타임은 1927년부터 지금까지 매년 전 세계적으로 가장 큰 이목을

기를 낸 피해자들의 목소리가 전 세계적인 이목을 집중시켰다는 것을 방증한다. 우리나라에서는 2018년 1월에 현직 검사가 생방송 뉴스에 출연해서 자신이 겪은 성폭력 피해를 폭로하면서 미투 운동이 촉발되었고, 이후 연극계나 영화계 등 문화예술 분야를 필두로 하여 사회 각 분야에서 성폭력 피해 폭로가 이어졌다. 그 과정에서 가해자로 지목된 한 배우는 목숨을 끊었고, 미투에 나선 상당수 피해자들은 역고소와 신상털이로 인해 또 다시 고통을 겪기도 했다. 특히 2018년 3월에는 차기 대권주자로 주목받던 유력 정치인의 수행비서가 생방송 뉴스에 출연해서 자신의 성폭력 피해를 알리면서 이른바 미투 정국은 정점으로 치달았다. 쏟아지는 기사들 속에서 피고인의 발언으로 알려진 "괘념치 마라", "나를 안게" 등으로 회자되던 그 사건은 어느덧 국민들의 관심에서 멀어졌고, 2019년 9월 대법원 판결이 내려지면서 해당 정치인은 무직의 범죄자로 전락하였다. 미투의 소용돌이가 한 차례 지나간 지금, 동일한 쟁점에 대해 무죄를 선고했던 1심과 유죄를 선고했던 항소심 및 상고심의 논지가 명백히 대비되는 이 사건을 고찰해보고자 한다.

Ⅱ. 업무상 위력 등에 의한 간음·추행죄 성부

1. 적용 법조항에 대한 각급 법원의 해석

(1) 적용 법조항

이 사건에서 주된 문제가 된 법률 조항은 「형법」(2012. 12. 18. 법률 제11574호로 개정되어 2013. 6. 19. 시행) 제303조 제1항(업무상 위력 등에 의한 간음죄)[2]과 「성폭력범죄의 처벌 등에 관한 특례법」(2010. 4. 15. 법

집중시킨 사람을 올해의 인물로 선정하고 있다. TIME(2017. 12. 18), "Person of the Year 2017", http://time.com/time-person-of-the-year-2017-silence-breakers (2020년 4월 30일 최종검색).

2) 형법 제303조(업무상 위력 등에 의한 간음) ① 업무, 고용 기타 관계로 인하여 자기의 보호 또는 감독을 받는 사람에 대하여 위계 또는 위력으로써 간음한 자는 5년 이하의 징역 또는 1천 500만원 이하의 벌금에 처한다.

률 제10258호로 제정) 제10조 제1항(업무상 위력 등에 의한 추행죄)³⁾이다. 후자의 경우 성관계를 의미하는 '간음행위' 대신에 '추행행위'를 그 처벌 대상으로 하고 있다는 점을 제외하고는 전자와 동일하게 성적 자기결정권을 그 보호법익으로 하고, 처벌에 관한 구성요건을 해석하는 기준도 대동소이하다.⁴⁾

다만 미투 운동을 계기로 심각성이 드러난 조직 내 권력형 성폭력의 경우에는 가해자가 사회적 지위를 이용하여 지속적인 성폭력범죄를 저지르고, 그로 인해 피해자가 심각한 육체적·정신적 고통을 겪음에도 불구하고 법정형이 미약하다는 비판이 제기되었다. 즉 업무상 위력 등에 의한 간음죄(「형법」 제303조 제1항)의 법정형이 징역 5년 이하로 규정되어 있었던바, 간음죄임에도 불구하고 강제추행죄(「형법」 제298조)의 법정형(징역 10년 이하)보다 형량이 낮아서 범죄 예방 효과가 떨어진다는 문제가 지적된 것이다. 이에 2018년 10월 16일 법률 제15793호로 업무상 위력 등에 의한 간음죄의 형량을 '5년 이하의 징역 또는 1천 500만원 이하의 벌금'에서 '7년 이하의 징역 또는 3천만원 이하의 벌금'으로 상향조정하여 법의 실효성을 제고하였다. 아울러 종전 법체계에서 업무상 위력 등에 의한 간음죄보다 무거운 피감호자 간음죄의 법정형도 '7년 이하의 징역'에서 '10년 이하의 징역'으로 상향조정함으로써 형의 균형을 맞추려는 형법 개정이 단행되었다.

또한 「성폭력범죄의 처벌 등에 관한 특례법」상 업무상 위력 등에

---

3) 성폭력범죄의 처벌 등에 관한 특례법 제10조(업무상 위력 등에 의한 추행) ① 업무, 고용이나 그 밖의 관계로 인하여 자기의 보호, 감독을 받는 사람에 대하여 위계 또는 위력으로 추행한 사람은 2년 이하의 징역 또는 500만원 이하의 벌금에 처한다.

4) 이 사건에서 업무상 위력에 의한 추행죄가 문제되는 행위는 그 자체로 강제추행죄로 의율할 수 있다는 의견도 제기된다. 류화진, "업무상 위력에 의한 간음죄에 관한 다른 해석의 시도", 원광법학 제34권 제2호, 원광대학교 법학연구소, 2018, 204~205면; 박찬걸, "업무상 위력에 의한 성범죄의 적용상 한계 및 개선방안에 대한 비판적 검토", 형사정책연구 제29권 제4호, 한국형사정책연구원, 2018, 97~98면.

의한 추행죄도 죄질에 비해 법정형이 낮게 설정되어 있어서 조직 내
의 성폭력범죄를 근절하고 사회적 인식을 개선하기 어렵다는 문제가
지적되었다. 이에 2018년 10월 16일 법률 제15792호로 성폭력처벌법을
개정하여 업무, 고용이나 그 밖의 관계로 인하여 자기의 보호, 감독을
받는 사람을 위계 또는 위력으로 추행한 사람에 대한 법정형이 '2년
이하의 징역 또는 500만원 이하의 벌금'에서 '3년 이하의 징역 또는 1
천 500만원 이하의 벌금'으로 높아졌고, 법률에 따라 구금된 사람을
감호하는 사람이 그 사람을 추행한 경우의 법정형은 '3년 이하의 징역
또는 1천 500만원 이하의 벌금'에서 '5년 이하의 징역 또는 2천만원
이하의 벌금'으로 상향조정되었다.

(2) 각급 법원의 해석

이 사건을 다룬 각급 법원들은 모두 "위력에 의한 간음·추행죄에
서 '위력'이라 함은 피해자의 자유의사를 제압하기에 충분한 세력으로,
유형적이든 무형적이든 묻지 않으므로 폭행·협박뿐 아니라 사회적·경
제적·정치적인 지위나 권세를 이용하는 것도 가능하고, 이로 인하여
현실적으로 피해자의 자유의사가 제압될 것까지 요하는 것은 아니다(대
법원 1998. 1. 23. 선고 97도2506 판결, 대법원 2007. 8. 23. 선고 2007도4818
판결 등 참조)"라고 하였다. 또한 "피해자를 간음 또는 추행한 것인지
여부는 행사한 유형력의 내용과 정도 내지 행위자가 이용한 지위나 권
세의 종류, 피해자의 연령, 행위자와 피해자의 이전부터의 관계, 그 행
위에 이르게 된 경위, 구체적인 행위 태양, 범행 당시의 정황 등 제반
사정을 종합적으로 고려하여 판단해야 한다(대법원 1998. 1. 23. 선고 97도
2506 판결, 대법원 2007. 8. 23. 선고 2007도4818 판결 등 참조)"고 보았다.

그러나 이 죄가 성립하기 위한 구성요건과 관련해서는 다른 의견
이 제시되었다. 제1심 법원은 업무상 위력 등에 의한 간음·추행죄가
성립하기 위해서는 ① 위력이 존재해야 하고, ② 그 위력이 행사되어
야 하며, ③ 행사된 위력과 간음·추행행위 사이에 인과관계가 인정되

어야 하고, ④ 그로 인해 피해자의 성적 자기결정권이 침해되는 결과가 발생해야 한다는 구성요건을 제시하였다. 이를 토대로 제1심 법원은 이 사건 피고인에게 위력이 존재한다는 것은 인정하였으나, 위력에 의한 간음·추행죄는 행위자가 우월적 지위를 남용해서 상대방의 의사를 제압할 정도에 이르는 것을 전제로 하는 범죄이기 때문에, 단순히 위력 관계, 즉 권력적 상하관계에 놓여 있는 남녀 사이에 성관계가 있었다는 사실만으로는 구성요건이 충족된다고 볼 수 없다고 판단하였다. 나아가 제1심 법원은 위력의 행사와 간음 사이의 인과관계 및 성적 자기결정권의 침해도 인정되지 않는다는 이유로 무죄를 선고하였다.

반면 항소심 법원은 제1심 법원이 무형적 위력도 유형적으로 행사되어야 하는 것처럼 판단함으로써 위력의 범위를 축소시키고 있고, 종래 대법원이 제시하지 않은 요건들을 추가함으로써 범죄성립요건을 강화시키고 있다는 문제를 지적했다. 즉 종래 대법원은 위력에 의한 간음·추행죄가 성립되기 위해서는 '위력으로써' 간음·추행하면 족하다고 판시하고 있는데, 제1심 법원은 인과관계를 비롯해서 침해의 결과발생이나 객관적 귀속을 요구하고 있으며, 위력의 범위를 행사할 수 있는 위력으로 한정시키면서, 피해자의 자유의사가 현실적으로 제압되어야 한다는 취지로 범죄성립요건을 대폭 강화시키고 있다는 것이다. 또한 항소심 법원은 행위자가 피해자 등을 상대로 우월적 지위와 권세를 남용한 사정이 있어야 업무상 위력 등에 의한 간음·추행죄가 성립한다고 파악하거나 피해자의 저항이나 거절의 의사표시를 구성요건적 요소인 것처럼 판단하는 것도 문제라고 지적했다. 이에 항소심은 원심이 법리를 오해하여 판결결과에 영향을 미친 위법이 있다고 보았고, 상고심도 이 논지를 받아들였다.

2. 업무상 위력에 의한 간음 · 추행죄의 구성요건

(1) 업무상 위력에 의한 간음 · 추행죄의 연혁

업무상 위력에 의한 간음죄는 혼인빙자 등에 의한 간음죄와 함께

1953년 「형법」을 제정하면서 도입되었다. 당시 입법 자료에는 "우리나라의 전통적 미풍에 비추어 부녀의 정조는 재산권은 물론이고 때로는 생명권보다 소중한 것임에도 불구하고 강자의 지위에 있는 자가 약자의 지위에 있는 부녀의 정조를 농락하는 소행에 대하여는 그것이 강간이 아닌 이상 아무런 처벌규칙도 없는 것이 우리 현행 형벌법규이다. 그러므로 이러한 행위를 처벌키 위함이다"라고 언급되어 있다.[5]

또한 업무상 위력에 의한 추행죄는 1994년 「성폭력범죄의 처벌 및 피해자 보호 등에 관한 법률」의 제정을 통해 도입되었다. 입법 당시 우리 사회에는 각종 성폭력범죄가 흉폭화 · 집단화 · 지능화 · 저연령화되고, 전화나 컴퓨터를 이용한 음란행위 등 새로운 유형의 성폭력범죄가 발생함에도 불구하고 적절한 대처가 어렵다는 문제가 제기되었다.[6] 이에 성폭력범죄에 대한 처벌규정을 신설 내지는 강화하고자 동법이 제정되면서 업무상 위력에 의한 추행죄가 신설되었고, 현재는 「성폭력범죄의 처벌 등에 관한 특례법」을 통해 규정되고 있다.

(2) 위력 개념의 해석

대법원은 업무상 위력에 의한 간음 · 추행죄에서 '위력'은 피해자의 자유의사를 제압하기에 충분한 세력을 말하고, 유형적이든 무형적이든 묻지 않기 때문에 폭행 · 협박뿐만 아니라 사회적 · 경제적 · 정치적인 지위나 권세를 이용하는 것도 가능하다고 밝히고 있다. 또한 위력으로써 간음 또는 추행하였는지의 여부는 행사한 유형력의 내용과 정도 내지 이용한 행위자의 지위나 권세의 종류, 피해자의 연령, 행위자와 피해자의 이전부터의 관계, 그 행위에 이르게 된 경위, 구체적인 행위 태양, 범행 당시의 정황 등 제반 사정을 종합적으로 고려하여 판단해야 한다는 입장이다.

5) 신동운 편저, 형법 제 · 개정 자료집, 한국형사정책연구원, 2009. 12., 29면.
6) 법제처 국가법령정보센터, 성폭력범죄의 처벌 및 피해자 보호 등에 관한 법률 제 · 개정이유 참조, http://www.law.go.kr/lsInfoP.do?lsiSeq=58697&ancYd=1994 0105&ancNo=04702&efYd=19940401&nwJoYnInfo=N&efGubun=Y&chrClsCd=01020 2&ancYnChk=0#0000 (2020년 4월 30일 최종검색).

최근에는 형법상 '위력'의 개념을 힘의 강약에 따라서 그 층위를 구분하려는 시도가 이루어지고 있다.7)8) 이에 의하면 위력으로써 촉탁·승낙하도록 해서 사람을 살해하거나 자살을 결의하게 한 때에는 자유의사를 제압할 정도의 가장 강력한 수준의 위력이 요구된다(의사제압적 위력). 또한 구조화된 권력관계 속에서 진의와 다른 의사표시가 이루어질 수도 있는데, 업무상 위력간음죄가 바로 이 경우에 해당한다. 다만 이때 위력은 강간죄와의 법정형 차이를 고려해서 최협의의 폭행·협박보다는 낮은 강도로 이해되어어야 하고, 피해자의 자유의사를 제압하는 정도에는 이르지 않아야 한다(의사왜곡적 위력). 나아가 업무방해죄의 행위수단인 위력은 자유의사를 제압할 정도의 세력을 포함하기도 하나 설령 이에 이르지 않더라도 자유의사를 혼란케 할 정도의 세력이면 족하다고 파악된다(의사교란적 위력).9)10) 이 견해는 힘의

---

7) 김성돈, "형법상 위력개념의 해석과 업무상 위력간음죄의 위력", 형사정책연구 제30권 제1호, 한국형사정책연구원, 2019, 150~151면.

8) 위계·위력은 피해자의 의사를 제압하기 위해 동원되는 정신적인 힘으로서, 그 정도 면에서 마땅히 폭행·협박보다는 낮을 뿐만 아니라 그 스펙트럼도 아주 낮은 단계부터 시작하여 폭행·협박에 근접하는 단계까지 아주 다양하다. 김태명, "권력형 성범죄의 처벌과 비동의 간음·추행죄의 도입", 법학연구 제57호, 전북대학교 법학연구소, 2018, 147면.

9) 김성돈, 앞의 논문, 150~151면.

10) 법정형을 근거로 형법상 위력에 대한 평가를 달리하는 견해도 있다. 위력 등에 의한 촉탁살인죄 등은 형법 제250조의 살인죄와 동일하게 처벌하고, 특수폭행죄(다중위력폭행)는 제260조 단순폭행죄에 비해 중하게 처벌하며, 업무상 위력간음죄는 제297조 강간죄에 비해 경하게 처벌하고 있다. 위력에 의한 촉탁살인죄 등의 경우에는 피해자의 의사를 제압하여 살인이라는 동일한 결과에 이르게 했고, 특수폭행죄의 경우에는 다중의 위력이 폭행의 정도를 가중하고 있으며, 업무상 위력간음죄는 강간죄에 비해 피해자의 성적 자기결정권 침해 정도가 낮기 때문인 것으로 분석된다. 한편 형법 제314조의 위력 업무방해죄의 경우에 위력은 자유의사를 제압하거나 혼란하게 할 만한 일체의 억압적인 방법으로서, 제3자를 통해서 간접적으로 행사되는 것도 포함된다. 또한 사회적·경제적·정치적 지위나 세력을 이용하는 것도 포함되나, 상대방의 자유의사가 실제로 제압될 것을 요하지는 않는다. 김한균, "업무상 위력간음죄와 권력형 성폭력", 서울법학 제26권 제3호, 서울시립대학교 법학연구소, 2018, 265면.

강약에 따라 형법상 위력 개념을 분화시킨 새로운 시도라는 점에서 의의가 있다.

그러나 현행법상 성폭력범죄에서 위력은 동일한 강도의 힘이라도 피해자의 발달 정도나 가해자와의 관계로 인해 달리 작용될 수 있다는 전제 하에 구성요건 및 법정형에 그 영향을 미치고 있다. 미성년자나 심신미약자는 판단능력이 부족하여 위력으로도 의사가 제압될 수 있고(「형법」 제302조), 정상적인 성인이라면 업무나 고용 및 기타 관계로 인한 보호감독 관계가 형성된 경우에 위력으로 그 의사가 제압될 가능성이 있으며(동법 제303조 제1항), 법률에 의한 피구금자의 경우에는 감호자와의 특수한 관계 자체로 인해 이미 의사가 제압되어 있다고 보아 간음만으로도 범죄가 성립될 수 있는 것이다(동법 제303조 제2항). 또한 일반적인 성인에게는 자유의사를 혼란케 할 정도에 불과한 위력이 미성년자나 심신미약자에게는 진의와 다른 의사표시를 하거나 심지어 자살을 결의하게 만들 수도 있다. 이렇듯 위력은 피해자의 상태나 가해자와의 관계 등에 따라서 영향을 미치는 정도가 달라지므로 대법원은 위력으로써 간음 또는 추행하였는지의 여부를 판단할 때 제반 사정을 종합적으로 고려하도록 하고 있다.

한편 입법 자료를 통해 확인된 바와 같이 업무상 위력 등에 의한 간음죄는 강간죄가 아니더라도 약자의 지위에 있는 자를 대상으로 한 간음을 처벌하기 위해 마련되었다. 당시 입법자는 생명권보다 소중할 수 있는 정조가 유린되려면 강간죄의 폭행·협박에는 미치지 못하더라도 피해자의 취약성이나 관계의 특수성으로 인해 위력으로써 자유의사를 제압할 수 있을 정도의 세력이 이용되어야 한다고 파악했을 것이다. 시간이 흘러 사회적 인식이 변화되면서 보호법익으로서 '정조'라는 개념은 폐기되었고, '성적 자기결정권'이 그 자리를 대신하였으며, 성폭력범죄의 구성요건과 관련된 법원의 해석도 가벌성을 축소시키지 않는 방향으로 점차 변모되어 왔다.11) 강간죄의 경우 그 인정 요

---

11) 일례로 대법원은 장애인 대상 성폭력범죄 처벌 규정에서 '신체장애 또는 정

건이 지나치게 까다롭다는 비판이 제기되었음에도 불구하고, 여전히 대법원은 본죄의 폭행·협박이 상대방의 항거를 불가능하게 하거나 현저히 곤란하게 할 정도의 것이어야 한다는 입장을 유지하고 있으나, 구체적인 사안에서 상대방의 반항이 현저히 불가능했다고 인정하는 해석 자체가 완화된 것이다.12) 업무상 위력에 의한 간음·추행죄의 경우에도 '위력'을 피해자의 자유의사를 제압하기에 충분한 세력으로 해석함으로써 동죄의 성립 가능성을 축소시킨다는 문제가 지적되고 있으나, 이 또한 구체적인 사안에서 자유의사의 제압을 인정하는 해석 자체를 완화시킴으로써 권력형 성폭력에 대한 사회적 인식의 변화를 반영할 수 있다.

신상의 장애로 항거불능인 상태에 있음'이라는 문언을 종래에는 형법 제302조와의 관계를 고려하여 엄격하게 해석하였으나, 장애인 성폭력에 대한 처벌의 공백이 메워질 수 있도록 '신체장애나 정신상의 장애 그 자체로 항거불능의 상태에 있는 경우'뿐만 아니라 '신체장애나 정신상의 장애가 주된 원인이되어 심리적 또는 물리적으로 반항이 불가능하거나 현저히 곤란한 상태에이른 경우'를 포함하는 것으로 해석하였다(대법원 2007. 7. 27. 선고 2005도2994 판결).

12) 피해자를 여관방으로 유인한 다음 방문을 걸어 잠근 후 피해자에게 성교할것을 요구하였으나 피해자가 이를 거부하자 "옆방에 내 친구들이 많이 있다. 소리 지르면 다 들을 것이다. 조용히 해라. 한 명하고 할 것이냐? 여러 명하고 할 것이냐?"라고 말하면서 성행위를 요구한 사안에서 피고인이 피해자의 항거를 현저히 곤란하게 할 정도의 유형력을 행사했다는 사실이 인정되었다(대법원 2000. 8. 18. 선고 2000도1914 판결). 또한 피고인이 침대에서 일어나나가려는 피해자의 팔을 낚아채어 일어나지 못하게 하고, 갑자기 입술을 빨고 계속하여 저항하는 피해자의 유방과 엉덩이를 만지면서 피해자의 팬티를벗기려고 한 사안에서 피고인은 피해자의 반항을 억압하거나 현저하게 곤란하게 할 정도의 유형력의 행사를 개시했다고 보았고, 당시 피고인이 술에 많이 취해서 피해자가 마음대로 할 수 있었다고 생각했다거나 피해자가 피고인을 뿌리치고 동생 방으로 건너갔다고 하더라도 이러한 사정은 피고인이술에 취하여 실제로 피해자의 항거를 불능하게 하거나 현저히 곤란하게 하지 못하여 강간죄의 실행행위를 종료하지 못한 것에 불과할 뿐, 피고인이 강간죄의 실행에 착수했다고 판단하는 데에 장애가 되지 않는다고 보았다(대법원 2000. 6. 9. 선고 2000도1253 판결).

(3) 위력관계 존부와 위력의 행사

제1심 판결에 대해서는 위력의 '존재'와 그 '행사'를 구분하면서, 무형적 위력도 유형적으로 행사되어야 하고, 행사된 위력과 간음·추행행위 사이에는 인과관계가 인정되어야 하며, 그로 인해 피해자의 성적 자기결정권 침해라는 결과까지 발생할 것을 요구함으로써 위력에 의한 간음·추행의 인정범위를 부당하게 축소시키고 있다는 비판이 제기되었고,[13][14] 이후 항소심 법원도 이러한 문제를 지적하였다. 즉 지위나 권세와 같은 무형적 위력의 경우에는 유형적인 행사 없이도 그것을 '이용'하면 족하고,[15] 인과관계나 결과발생 등도 요구되지 않으며 피해자의 자유의사가 현실적으로 제압될 필요도 없다[16]는 것이다.

다만 「형법」 제303조 제2항의 감호자와 피감호자 사이의 간음죄와 달리 제1항의 업무상 위력 간음죄의 경우에는 문언상 행위자와 피

---

13) 차혜령, "안희정 성폭력사건 1심 판결 평석 (1) 위력 판단 등 판결의 전반적인 문제점", 「위력에 의한 성폭력, 판단기준은 무엇인가 – 안희정 성폭력사건 1심 판결을 중심으로 –」 토론회 자료집, #미투운동과함께하는시민행동, 민주사회를위한변호사모임 여성인권위원회, 안희정 성폭력사건 공동대책위원회 주최, 2019. 1. 14., 5~8면.

14) '위력을 보인다' 내지는 '위력을 행사하여'라고 규정한 구성요건들과 달리 형법 제303조는 "위력으로써"라고 규정하고 있기 때문에 이는 위력이 간음의 수단으로 이용되었다는 의미로 해석되어야 한다는 입장이 있다. 이는 위력의 '존재'와 '행사'를 구별하는 해석에 대하여 ① 보호·감독자와 피보호·감독자 사이의 권력적 상하관계가 존재하더라도, 통상적인 업무수행 이외의 영역에서는 특별한 사정이 없는 한 그로 인해 피보호·감독자의 자유로운 의사결정이 제약받지 않는다는 인식론적 태도는 지극히 비현실적이고, ② '업무적 관계에서는 종속적이지만, 비업무적 관계에서는 원칙적으로 평등하고 자유로운 주체들의 관계'라는 인식은 형법 제303조의 입법취지에도 배치된다고 주장한다. 이호중, "업무상 위력에 의한 성폭력 판단기준에 대하여 – 안희정 1심 판결에 대한 비판 –", 「위력에 의한 성폭력, 판단기준은 무엇인가 – 안희정 성폭력사건 1심 판결을 중심으로 –」 토론회 자료집, #미투운동과함께하는시민행동, 민주사회를위한변호사모임 여성인권위원회, 안희정 성폭력사건 공동대책위원회 주최, 2019. 1. 14., 30~32면.

15) 이호중, 앞의 토론문, 32면.

16) 차혜령, 앞의 발표문, 7~8면.

해자 사이의 업무상 지휘감독관계는 물론이고 위력이라는 행위수단을 추가로 요구하고 있기 때문에 위력관계의 존재와 위력행사를 동일시 하거나 전자가 있으면 후자는 없어도 무방하다는 식의 해석은 타당하지 않다는 주장이 제기된다.[17] 위력간음죄가 침해범인 이상 위력을 원인이 아닌 수단으로 파악하더라도 위력의 행사와 피해자의 성적 자기 결정권을 침해한 결과로서의 간음행위 사이에는 인과관계가 인정되어야 한다는 것이다.[18][19] 인과관계의 측면에서 범죄성립요건인 위력의 존재는 일정 수준에 이르러야 하고 구체적인 효과가 입증되어야 하는데, 이때 인과관계는 위력이 상대방으로 하여금 의사를 왜곡하도록 만든 절대적이고 유일한 원인이어야만 인정되는 것이 아니라고 한다.[20] 또한 구체적으로 자유의사를 제압하였다는 결과를 요구하지도 않으며, 행위자의 위력이 피해자의 불완전 동의에 영향을 미쳤는지 여부, 즉 의사의 왜곡이 있었는지를 확인하면 된다는 것이다.[21]

위력간음죄의 위력을 의사왜곡적 위력으로 보면서 동죄의 성립을 위해서는 위력의 행사가 요구된다고 볼 경우 과연 무엇을 근거로 의사왜곡적인 위력 행사가 있었는지를 판단할 것인지가 문제된다. 이에 당사자 사이에 완전한 합의가 이루어졌거나 피감독자가 자발적으로 성적 행위를 먼저 제의한 경우에는 위력의 행사가 인정되지 않지만,

---

17) 위력간음죄의 위력개념을 의사를 제압할 정도의 위력이 아니라 의사를 왜곡할 정도의 위력으로 해석함으로써 엄연히 존재하는 위력행사라는 구성요건요소를 없애지 않고서도 위력개념의 해석론을 통해 위력행사를 긍정할 수 있는 범위를 넓게 인정함으로써 성적 자기결정권이라는 법익을 충실히 보호할 수 있다. 김성돈, 앞의 논문, 146면.
18) 김성돈, 앞의 논문, 146면.
19) 이와 관련해서는 위력으로써 간음이나 추행하기 위해서는 피해자의 의사가 제압될 수 있어야 하고, 그 결과로서 간음이나 추행행위가 있었다는 점에서 양 구성요건요소 간에는 인과관계가 인정되어야 하고, 이것은 객관적으로 입증되어야 한다는 의견이 제시되기도 한다. 김한균, 앞의 논문, 266면; 안경옥, "'위력'에 의한 간음·추행죄의 판단기준 및 형법상 성범죄규정의 개선방안", 경희법학 제50권 제4호, 경희법학연구소, 2015, 216면.
20) 김성돈, 앞의 논문, 145~146면.
21) 김성돈, 앞의 논문, 146면.

지휘감독자가 먼저 성적 행위를 요구한 경우에는 '피해자의 명시적인 동의가 없는 한' 또는 '피해자의 명시적인 거부의사가 없더라도' 행위자의 요구를 의사왜곡적인 위력의 행사로 평가할 수 있다는 논의가 전개되기도 한다.22) 그러나 상급자의 권위와 위세에 눌려서 마지못해 성행위 요구에 명시적으로 동의한 사안에서는 명시적 동의라는 의사 자체가 왜곡된 것임에도 불구하고 위력의 행사가 없는 것으로 평가될 우려가 있다.

한편 업무상 위력에 의한 추행죄는 위력행위 자체가 추행행위라고 인정되는 경우가 있고, 이때 위력은 현실적으로 피해자의 자유의사를 제압할 것을 요하지 않는다고 본다(대법원 1998. 1. 23. 선고 97도2506 판결 참조).23) 즉 위력이 현실적으로 피해자의 자유의사를 제압하지 않더라도 동죄가 성립될 수 있는데, 이 경우 위력행위 자체가 추행행위로 인정되어야 하는바, 위력의 행사 자체는 존재해야 하는 것이다. 최근 대법원은 피고인이 업무 관계로 인하여 자신의 보호 · 감독을 받는 피해자의 머리카락을 만지는 등 추행한 사안24)에서 업무상 위력에 의한 추행죄를 인정했다(대법원 2020. 5. 14. 선고 2019도9872 판결 참조). 요컨대 업무상 위력 관계가 존재하는 상황에서 머리카락을 만지는 등의 행위가 위력의 행사이자 추행행위로 평가된 것으로 보인다.

---

22) 김성돈, 앞의 논문, 147면.

23) 이는 강제추행죄에 있어서 폭행 또는 협박은 항거를 곤란하게 할 정도일 것을 요하나 폭행행위 자체가 추행행위라고 인정되는 경우에는 상대방의 의사에 반하는 유형력의 행사가 있는 이상 그 힘의 대소강약은 불문한다는 대법원 판례(대법원 2002. 4. 26. 선고 2001도2417 판결)와 유사한 구조를 가진다.

24) 피고인은 피해자에게 "볼이 발그레 발그레, 부끄한게 이 화장 마음에 들어요, 오늘 왜 이렇게 촉촉해요"라고 말하거나 검지와 중지 사이에 엄지를 넣은 상태로 피해자를 향해 팔을 뻗어 성행위를 암시하는 등의 행동을 하여 피해자가 거부감을 표시해 왔음에도 불구하고 피해자에게 다가가 갑자기 "여기를 만져도 느낌이 오냐"라고 말하면서 자신의 손으로 피해자의 머리카락을 비빈 것을 비롯해 2회 가량 피해자의 머리카락을 만지고, 2회 가량 손가락으로 피해자의 어깨를 톡톡 두드리고 이에 놀란 피해자가 피고인을 쳐다보면 혀로 입술을 핥거나 "앙, 앙"이라고 소리를 내는 등의 방법으로 피해자를 추행하였다(대법원 2020. 5. 14. 선고 2019도9872 판결).

업무상 위력에 의한 간음죄에 있어서도 위력은 간음의 수단으로 행사되어야 한다. 다만 지위나 권세와 같은 무형적인 위력의 경우에는 유형적인 행사가 없더라도 그것을 '이용'하면 행사가 있는 것으로 파악될 수 있다. 사실상 업무상 위력 관계만 인정된다면 무형적인 위력은 유형력의 행사가 없이도 그 위력을 이용하여 간음할 수 있다. 그러나 업무상 위력에 의한 간음죄는 성적 자기결정권이라는 법익의 현실적 침해를 요하는 범죄이므로 행위와 결과 사이에 인과관계가 인정되어야 한다. 업무상 위력을 이용하여 간음하려고 하였으나 피해자의 의사를 제압하지 못했거나 위력의 영향 없이 간음이 이루어졌다면 이는 미수가 되어야 한다. 다만 형법은 본죄의 미수범 처벌 규정을 두고 있지 않기 때문에 이러한 행위를 벌할 수 없다. 대법원이 업무상 위력에 의한 간음·추행죄의 성립 요건 중 가장 중요한 개념인 '위력'과 그 판단 기준을 언급하면서 인과관계나 결과발생 등에 대해 별도의 언급을 하지 않은 것은 대상사건에서 이미 결과가 발생했고, 인과관계 인정과 관련된 별다른 문제가 없었기 때문이지 침해범의 성립에 인과관계가 불요하다고 본 것이라고 단정할 수 없다. 더욱이 자수범인 피구금자 간음죄와 달리 업무상 위력에 의한 간음죄는 간접정범에 의해 범해질 수 있고, 공범의 참여도 가능한바, 범죄참가자가 다수인 상황에서는 인과관계가 보다 치밀하게 검토되어야 할 필요성이 대두될 수 있다.

Ⅲ. 자유심증주의와 성인지 감수성

1. 자유심증주의와 성폭력범죄의 증거판단 문제

(1) 자유심증주의

형사소송법 제308조는 "증거의 증명력은 법관의 자유판단에 의한다"고 하여 자유심증주의를 규정하고 있다. 증거의 증명력을 법률로 정해 놓는 법정증거주의와 달리 자유심증주의는 증거능력이 있는 증거의 가치판단을 법관의 합리적인 이성과 양심에 맡기는 것으로서 법

관이나 배심원의 이성에 대한 신뢰를 법률에 의한 규제보다 우선시하
는 증거법칙이다.25) 이때 자유심증은 사실발견에 도움이 될 것을 전제
로 하므로 법관의 자의적인 판단은 허용되지 않는바, 법관은 증거자료
를 최대한 활용해야 하고, 객관적인 사실을 바탕으로 심증을 형성해야
하며 그 판단이 논리법칙과 경험법칙에 위배되지 않아야 한다는 내재
적 한계가 있는 것이다.26)27) 또한 자유심증에 의하더라도 그 증명에
합리적 의심이 있는 경우에는 거증책임의 법리에 따라서 "의심스러운
때에는 피고인에게 유리하게" 판단해야 한다.

(2) 성폭력범죄 증거판단에서의 경험칙 문제

일반적으로 피해자의 진술에 관한 증명력 판단에서 그 신빙성이
배척되는 대표적인 유형들로는 ① 진술 내용의 주요 부분이 객관적
으로 인정된 사실관계나 정황에 일치하지 않는 경우, ② 진술 내용에
상호 모순이 있는 경우, ③ 진술 내용이 경험칙에 비추어 합리적이지
않다고 인정되는 경우를 들 수 있다.28) 통상 성폭력 사건의 경우에는
물적 증거가 거의 없는 상태에서 피고인과 피해자의 진술이 상반되
는 경우가 많다. 종래 피해자의 진술에 대해서는 경험칙에 비추어 볼
때 그 내용을 사실이라고 믿기 어렵다는 이유로 신빙성이 배척되는
경우가 비일비재했다.29)30) 여기에 경험칙이란 개별적인 현상의 관찰

---

25) 김인회, 형사소송법(제2판), 피앤씨미디어, 2018, 569면; 신동운, 간추린 신형사
    소송법(제11판), 법문사, 2019, 581면; 이재상/조균석, 형사소송법(제12판), 박영
    사, 2019, 555면; 이주원, 형사소송법(제2판), 박영사, 2020, 359면.
26) 대법원 2004. 6. 25. 선고 2004도2221 판결; 헌법재판소 1996. 12. 26. 자 94헌바
    1 결정.
27) 인간의 추론능력에 근거해서 인정되는 사고법칙이 논리법칙이라면, 경험법칙
    은 현상에 대한 관찰의 결과를 귀납적 일반화를 통해 도출하는 것이다. 경험
    법칙은 과학적 검사결과와 같이 예외를 허용하지 않는 '필연적 경험법칙'과,
    규칙이 있으나 예외가 발생할 수 있는 '개연적 경험법칙'으로 나뉘는데, 법관
    은 전자에 대해서는 구속되어 사실관계를 판단해야 하나, 후자에 대해서는
    그 확실성의 정도에 따라서 스스로 합리적인 판단에 의해 사실관계를 인정
    할 수 있다. 임동규, 형사소송법(제13판), 법문사, 2018, 606면.
28) 이호중, 앞의 토론문, 34면.

과 귀납적 일반화를 통해 얻어지는 규칙성을 띤 지식이라 할 수 있는데,31) 성폭력범죄 피해자의 진술이나 행동을 개별적인 현상으로서 관찰한 후 이를 일반화한 경험칙은 이른바 '피해자다움'으로 일반화된 맥락 속에서 개별 성폭력 피해자의 언행을 평가하도록 한다.32)

2. 성인지 감수성의 기능과 한계

(1) 성인지 감수성의 개념과 의의

성인지 감수성(gender sensitivity)이란 일상생활 속에서 성별 차이로 인해 발생하는 차별과 불균형을 감지해내는 민감성을 말한다.33) 1995년 중국 베이징에서 개최된 제4차 UN여성대회에서 사용된 후 국제적으로 통용되기 시작한 이 개념은 우리나라에서도 2000년대 초반부터 정책입안이나 공공예산 편성 기준 등에 활용되고 있다.34) 사회 각 영

---

29) 이호중, 앞의 토론문, 34면.

30) 성폭력범죄의 경우에는 그 특성상 피해자 진술이 유일한 증거로 제시되는 경우가 많기 때문에 법관이 그 신빙성을 인정하지 않는다면 "이를 달리 인정할 증거가 없으므로" 곧바로 "범죄사실의 증명이 없는 때에 해당하여 무죄"가 선고되는 경우가 많다. 윤덕경/김차연, "성폭력 판례에 대한 성인지적 분석과 개선과제", 이화젠더법학 제7권 제1호, 이화여자대학교 젠더법학연구소, 2015, 87면.

31) 이주원, 앞의 책, 362면.

32) 성폭력 피해자라면 '그 상황에서 이렇게 행동했을 것이다'라는 전형은 피해자 진술의 신빙성을 판단하는 과정에서 일종의 '선이해'로 작동한다. 이러한 피해자다움은 성폭력 피해자가 가해자나 다른 사람에게 보이는 '일반적인 태도'라고 명명되지만, 사실은 "진정한 피해자라면 이렇게 행동했어야 마땅하다"라는 식의 '규범적 피해자상'으로 정립되어 있다. 요컨대 경험칙이나 사회통념이라는 이름으로 포장되는 '피해자다움'의 규범은 젠더권력, 즉 성적 행동을 둘러싼 맥락에 관한 남성중심적인 해석 기제를 통해서 구축되어 왔다는 비판이 제기된다. 이호중, 앞의 토론문, 34~35면.

33) "성인지 감수성에 대한 단상", 법률신문 2019년 2월 21일자. 성인지 감수성은 단순히 성차별적 요소를 감지해내는 민감성을 넘어 성 평등을 실현하기 위한 지적 능력까지 포함하는 개념으로 파악되기도 한다. 권희경, "성인지 감수성 높은 교육을 위한 교사의 성인지 역량 강화 방안," 한국가정과교육학회 학술대회자료집, 한국가정과교육학회, 2018, 94면.

34) 윤경희/양문승/장일식, "경찰공무원의 인구사회학적 특성에 따른 성인지 감수성과 성평등 정책 인식 및 만족도의 실태와 차이 분석", 경찰학논총 제14

역에서 성별 간 차이나 역할로 인한 불평등을 인식하고 이를 해소하기 위한 움직임이 본격화되었는데, 특히 법적 쟁점과 관련하여 성별 불평등의 영향을 인지하고 평등원칙을 구현할 수 있는 새로운 기준을 제시할 필요성이 제기되었다.[35]

2018년 4월 12일 대법원은 대구의 한 사립대학 교수가 여학생들을 상대로 수차례 성희롱을 했다는 이유로 해임된 후 이에 불복하여 제기한 소송[36]의 상고심을 선고하면서 성인지 감수성이라는 개념을 최초로 판결문에 적시했다. 이 사건의 원심[37]은 학생들이 성희롱을 당하고도 해당 교수의 수업을 수강하고 그에 대한 좋은 강의평가를 남긴 것 등이 납득되지 않는다는 이유로 교수로부터 볼 뽀뽀나 포옹을 강요당하고 모욕적인 발언을 들었다는 학생들의 주장을 믿지 않았다.[38] 이에 대해 대법원은 "자칫 법원이 성희롱 피해자들이 처한 특별

권 제4호, 원광대학교 경찰학연구소, 2019, 12면.

35) 차인순, "법의 중립성과 성인지적 관점: 평등원칙을 중심으로", 한국여성학 제17권 제1호, 한국여성학회, 2001, 141면.
36) 대상판결은 대학의 컴퓨터계열 교수인 원고가 소속 학과 학생 1과 2에 대해 수차례 성희롱 행위를 하여 해임되자 교원소청심사를 청구한 사건인데, 소청심사위원회와 제1심 법원은 해임이 적법하다고 보면서 원고의 청구를 기각하였으나, 원심인 서울고등법원은 해임이 위법하다고 보았다.
37) 서울고등법원 2017. 11. 10. 선고 2017누34836 판결.
38) 사실관계를 좀 더 살펴보면, 원고는 학생 1에 대해 ① "뽀뽀해 주면 추천서를 만들어 주겠다.", ② "남자친구와 왜 사귀나, 나랑 사귀자, 나랑 손잡고 밥 먹으러 가 데이트 가자, 엄마를 소개시켜 달라"고 하는 등 불쾌한 말을 했고, ③ 수업 중 질문을 하면 뒤에서 안는 듯한 포즈로 지도했다. 또한 학생 2에 대해서는, ④ 수업시간에 뒤에서 안는 식으로 지도하고, 불필요하게 한 의자에 앉아 가르쳐 주며 신체적 접촉을 많이 했고, ⑤ 복도에서 마주칠 때 얼굴에 손대기, 어깨동무, 허리에 손 두르기, 손으로 엉덩이를 툭툭 치는 행위를 했으며, ⑥ 단둘이 있을 때 팔을 벌려 안았고, ⑦ 학과 MT에서 아침에 자고 있던 학생 2의 볼에 뽀뽀를 두 차례 하여 정신적 충격을 주었으며, ⑧ 장애인 교육신청서를 제출하러 간 학생 2에게 자신의 볼에 뽀뽀를 하면 신청서를 받아 주겠다고 하여 어쩔 수 없이 원고의 볼에 뽀뽀를 하게 했다. 원심은 원고의 언행 ①, ②에 대해 이런 말을 한 사실도 인정되고 부적절하지만 원고가 평소 학생들과 격의 없는 친한 관계를 유지했고 농담을 하거나 가족 이야기, 연애상담을 한 점을 볼 때 원고와 학생 1의 대화 중 전체적인 맥락

한 사정을 고려하지 않은 채 은연중에 가해자 중심적인 사고와 인식을 토대로 평가를 내렸다는 오해를 불러일으킬 수 있어 적절하지 않다"고 판시했다. 아울러 징계사유인 성희롱과 관련된 형사재판에서 성희롱 행위가 있었다는 점을 합리적 의심을 배제할 정도로 확신하기 어렵다는 이유로 무죄 선고기 내려졌지만, 그러한 사정만으로 행정소송에서 징계사유의 존재를 부정할 것은 아니라고 하였다.[39]

이 판결은 성희롱 사건을 심리·판단함에 있어서 피해자의 관점을 고려할 것을 강조했다는 점에서 의미가 있다.[40] 이 사건에서 피해자들은 성희롱을 당한지 3개월 내지 1년 이상이 경과한 후에 신고를 했는데 원심은 이를 근거로 해임이 위법하다고 판단하였다. 반면 대법원은 성희롱 사건의 경우 가해자를 옹호하고 피해자를 비난하는 우리 사회의 '가해자 중심적인 문화'로 인해 2차 피해를 입을 우려가 큰 피해자로서는 피해 사실을 즉시 신고하기 어렵다는 사정이 충분히 고려

을 고려하지 않은 채 일부분을 문제 삼는 것은 부적절하고, 피해자인 학생 1의 입장에서 성적 굴욕감이나 혐오감을 느꼈다고 보기 어렵다고 판단했다. ③의 행동에 대해서는 사람이 많은 실습실에서 벌어졌다고 상상하기 어렵고, 학생 1이 익명 강의평가에서 원고의 교습법을 긍정적으로 평가한 것을 보면 발생 사실 자체가 의심스럽다고 판시했다. 또한 학생 2에 대한 원고의 행위(④~⑧)에 대해서도 원고에 대한 학생 평가가 매우 좋았고 원고가 친밀감의 표현으로 다수의 제자들을 안는 자세를 취한 것을 과장한 것으로 보이며, 학생 2는 학생 1의 부탁으로 1년 전 사건을 신고한 점, 이후 원고와 서로 법적 대응을 하지 않기로 약속하고 공증을 받은 점 등은 통상적인 피해자로서의 대응인지 의문이 든다고 하면서 결론적으로 원고에 대한 해임처분은 징계 재량권의 범위를 일탈·남용한 것으로 위법하다고 보았다.

39) 대법원 2018. 4. 12. 선고 2017두74702 판결.

40) 직장과 학교 등에서 발생되는 조직 내 성희롱 사건은 대부분 조직 내에서 권력을 가진 강자(주로 남성, 상급자, 정규직, 교수 등)가 약자(주로 여성, 하급자, 비정규직, 학생 등)에 대해 가하는 폭력이자 차별인데, 이러한 관계의 특수성으로 인해 성희롱 사건에서는 피해자의 관점과 상황을 이해하고 고려하는 판단이 중요하다. 피해자의 관점은 성별, 나이, 지위 등의 차이가 작동하는 사회에서 약자로 산다는 것에 대한 감수성을 갖는 것을 의미한다. 변혜정, "성희롱의 법적 판단기준과 피해의미의 딜레마-법/경험의 틈새를 성찰하는 '피해자' 관점을 중심으로", 한국여성학 제24권 제3호, 한국여성학회, 2008, 139면.

되어야 한다고 밝혔다.41) 또한 성희롱 해당 여부를 판단할 때에는 우리 사회 전체의 일반적이고 평균적인 사람이 아니라 피해자와 같은 처지에 있는 일반적이고 평균적인 사람의 입장에서 성적 굴욕감이나 혐오감을 느낄 수 있는 정도였는지를 기준으로 해야 한다고 판시했다.42) 요컨대 대법원은 향후 법원이 성희롱 관련 사건을 심리하거나 판단할 때에는 양성평등의 가치와 피해자의 관점을 고려해야 한다고 밝혔고, 법원 역시 「양성평등기본법」의 적용을 받는 국가기관으로서 '성인지 감수성'을 가지고 업무를 처리해야 한다는 점을 확인했다.43) 이후 동 판결은 하급심에 상당한 영향을 미쳤는데, 이 논문에서 다루고 있는 대상사건의 원심판결도 그 중 하나이다.

(2) 대상사건의 각급 법원 입장

제1심 재판부는 성폭력범죄의 성립 여부를 판단함에 있어서 고려해야 할 사항으로 피해자에 대한 성인지 감수성을 언급하였다.44) 그러나 제1심 판결에 대해서는 성인지 감수성을 언급한 것이 무색할 정도로 위력간음의 전후 상황이나 당시의 행동에 관한 피해자의 진술이 통념에 어긋난다는 것을 증명하는데 집중했고, 피해자가 처한 특수한 사정을 신중히 검토해야 한다는 최소한의 요청조차도 수행하지 않았다는 문제가 지적되었다.45)

---

41) 대법원 2018. 4. 12. 선고 2017두74702 판결.

42) 대법원 2007. 6. 14. 선고 2005두6461 판결; 대법원 2008. 7. 10. 선고 2007두22498 판결; 대법원 2018. 4. 12. 선고 2017두74702 판결.

43) 박귀천, "성희롱 관련 소송의 심리기준 - '성인지 감수성' - 대법원 2018. 4. 12. 선고 2017두74702 판결 -", 월간 노동리뷰 2018년 6월호, 한국노동연구원, 2018, 80면.

44) 서울서부지방법원 2018. 8. 14. 선고 2018고합75 판결.

45) 또한 제1심 재판부에 대해서는 피해자가 성희롱 등 운전비서와의 갈등에 단호하게 대처했다는 점, 증인신문 당시에 '정조'라는 표현에 대해 적극적으로 이의를 제기했다는 점을 근거로 하여, "피해자는 성적 주체성을 갖추고 성적 자기결정권을 인지하면서 자기 책임 아래 이를 행사할 수 있는 충분하고 성숙한 능력이 있는 사람"이라고 단언하면서, "피해자가 운전비서에 대해서는 성적 주체성과 자존감이 강한 모습을 보이고, 피고인에 대해서는 약한 모습

이후 항소심과 상고심 재판부는 "법원이 성폭행이나 성희롱 사건을 심리할 때에는 그 사건이 발생한 맥락에서 성차별 문제를 이해하고 양성평등을 실현하기 위해 '성인지 감수성'을 잃지 않도록 유의하여야 한다(양성평등기본법 제5조 제1항 참조)"는 점을 명확히 밝혔다. 또한 "우리 사회의 가해자 중심의 문화와 인식, 구조 등으로 인하여 성폭행이나 성희롱 피해자가 피해사실을 알리고 문제를 삼는 과정에서 오히려 피해자가 부정적인 여론이나 불이익한 처우 및 신분 노출의 피해 등을 입기도 하여 온 점 등에 비추어 보면, 성폭행 피해자의 대처 양상은 피해자의 성정이나 가해자와의 관계 및 구체적인 상황에 따라 다르게 나타날 수밖에 없다는 점을 지적하였고, 따라서 개별적 · 구체적인 사건에서 성폭행 등의 피해자가 처해 있는 특별한 사정을 충분히 고려하지 않은 채 피해자 진술의 증명력을 가볍게 배척하는 것은 정의와 형평의 이념에 입각하여 논리와 경험의 법칙에 따른 증거판단이라고 볼 수 없다"고 보았다.[46]

(3) 성인지 감수성의 한계

형사재판에서 유죄의 인정은 우월한 증명력을 가진 정도로는 부족하고, 법관으로 하여금 합리적인 의심을 할 여지가 없을 정도로 공소사실이 진실한 것이라는 확신을 갖도록 할 수 있는 증명력을 가진 증거에 의해야 한다.[47] 다만 여기서 말하는 '합리적 의심'은 모든 의문이나 불신을 포함하는 것이 아니라 논리와 경험칙에 기하여 증명이 필요한 사실과 양립할 수 없는 사실의 개연성에 대한 합리적 의문을 의미하므로 단순한 관념적인 의심이나 추상적인 가능성에 기초한 의심은 이에 포함되지 않는다.[48] 피해자 등의 진술은 그 내용의 주요 부

을 보인다 하더라도 이는 피해자의 성적 자존감이 낮아서가 아니라 대상과의 관계적 특성에 따라 성적 자기결정권을 선택하여 행사하는 것으로 볼 여지마저 있다"라고 언급한 대목은 그 판단이 비합리적이라는 수준을 넘어 악의적이기까지 하다는 비판이 제기되었다. 이호중, 앞의 토론문, 37면.

46) 대법원 2019. 9. 9. 선고 2019도2562 판결.
47) 대법원 1987. 7. 7. 선고 86도586 판결.

분이 일관되고, 경험칙에 비추어 비합리적이거나 진술 자체로 모순되
는 부분이 없으며, 허위로 피고인에게 불리한 진술을 할 만한 동기나
이유가 명확히 드러나지 않는 이상, 특별한 이유 없이 신빙성을 함부
로 배척해서는 안 된다.[49]

　한편 법관은 반드시 직접증거로만 범죄사실에 대한 증명이 있는
지를 판단하는 것이 아니고, 직접증거와 간접증거를 종합적으로 고찰
하여 논리와 경험칙에 따라 범죄사실에 대한 증명이 있는 것으로 판
단할 수 있다.[50] 증거의 증명력은 법관의 자유판단에 의한다는 대원칙
하에 그 판단이 논리법칙과 경험칙에 위배되지 않을 것이 요구되는바,
성폭행이나 성희롱 사건을 심리할 때 개별적·구체적인 사건에서 피
해자가 처해 있는 특별한 사정을 충분히 고려하지 않은 채 피해자 진
술의 증명력을 가볍게 배척하는 것은 논리와 경험칙에 따른 증거판단
으로 인정되지 않는다. 성폭행·성희롱 사건이 아닌 일반적인 형사사
건에서도 피해자 진술의 신빙성은 함부로 배척될 수 없다. 다만 성인
지 감수성은 성폭행·성희롱 사건을 심리하는 법원의 시각이나 태도
에 영향을 미치는 것으로서 그 과정에서 피해자에 대한 충분한 고려
가 이루어지도록 요구한다.

　대법원이 법원으로 하여금 성범죄 사건 심리에서 '성인지 감수성'
을 견지해야 한다고 명시한 지 1년 만에 각급 법원에서 이를 언급한
판결은 총 57건에 달했고, 그 중 단 1건을 제외하고는 모두 가해자에
게 유죄 취지의 판결이 내려진 것으로 조사되었다.[51] 이에 성인지 감
수성이라는 기준이 추상적이고 모호해서 성범죄 관련 재판의 결과가
개별 판사에 따라 달라진다는 비판이 제기되었다. 성인지 감수성이 고
려되는 것은 전향적이지만 어느 정도의 감수성을 지닌 판사를 만나느

---

48) 대법원 2013. 6. 27. 선고 2013도4172 판결.
49) 대법원 2006. 11. 23. 선고 2006도5407 판결.
50) 대법원 2017. 1. 25. 선고 2016도15526 판결.
51) "성범죄에 '性인지 감수성' 적용 1년 … 57건 중 56건 '유죄'", 한국경제, 2019년
　　4월 10일자.

냐에 따라서 재판 결과가 복불복일 수 있다는 우려의 목소리가 나오는 것이다. 나아가 성범죄 사건을 심리하는 개별 판사의 재량이 커져서 예측가능성이 사라졌으며, 별다른 증거가 없더라도 피해자의 진술만으로 피고인에게 유죄가 선고될 수 있는 것은 무죄추정의 원칙이나 증거재판주의에도 반한다는 지적도 있다.52)

인간의 기억에는 종종 오류가 있기 때문에 피해자의 일관된 진술만으로 피고인의 유죄가 인정될 수 있다는 점에 우려를 표할만하다. 그러나 성인지 감수성은 성범죄 사건 심리 과정에서 피해자가 처해 있는 특별한 사정을 충분히 고려하도록 요구할 뿐이고, 피해자 진술의 증명력을 가볍게 배척할 수 없다는 법리는 여타의 범죄에도 공통적으로 적용되는 것이다. 대상사건에서 항소심 법원이 제1심 법원의 무죄판결을 뒤집고 유죄를 선고한 데에는 오로지 성인지 감수성만 영향을 미친 것이 아니다. 항소심에서는 검찰 측의 피고인 신문 신청이 채택되면서 7시간에 걸쳐 법정에서 피고인의 진술태도와 내용이 파악되었다.53) 그 과정에서 물적·인적 증거들에 의해 뒷받침되는 피해자의 진술은 일관되었던 것에 비해 피고인의 진술은 수사기관에서의 진술과 그 내용이 배치되는 부분이 많았고 피해자 측의 진술을 인정하기도 하였다. 요컨대 대상판결은 성인지 감수성을 견지한 법원이 다양한 증거에 대한 증명력 판단을 통해 합리적인 의심을 할 여지가 없을 정도로 피고인이 유죄라는 심증을 형성한 결과물인 것이다.

IV. 결 론

2019년 3월 28일 한국여성정책연구원이 발표한 조사 결과에 의하면 우리 사회의 미투 운동은 70.5%라는 높은 지지를 받고 있고, 이 운

---

52) "성범죄에 '性인지 감수성' 적용 1년 … 57건 중 56건 '유죄'", 한국경제, 2019년 4월 10일자.
53) 안희정 성폭력사건 공동대책위원회, 안희정 전 충남도지사 성폭력사건 2심판결 쟁점분석 변호인단 간담회 자료, 2019. 2. 12., 참조.

동이 성희롱이나 성폭력에 대한 성인지 감수성을 향상시키는데 긍정적인 영향을 미친 것으로 파악되었다.[54] 특히 응답자 중 76.78%는 성폭행·성희롱 사건 재판을 진행하는 과정에 성인지 감수성이 필요하다고 응답하였는데, 여성 응답자 중 85.9%, 남성 응답자 중 68.0%가 이와 같이 답하였다.[55] 한편 향후 이 운동을 이어가는데 가장 중요하게 해결해야 할 문제로는 남녀 갈등 프레임이 지적되었는데(34.9%), 여성 중 32.2%와 남성 중 37.4%가 '권력을 악용한 성폭력을 남녀 갈등 문제로 몰아가는 태도'를 가장 먼저 해결해야 한다고 보았다.[56] 또한 미투 운동의 창시자로 알려진 타라나 버크(Tarana Burke)는 이 캠페인이 성폭력을 겪은 모든 피해자를 위한 것임을 강조하면서 성별 간 또는 여성 세대 간에 장벽을 만드는 것을 경계해야 한다고 주장한 바 있다.[57]

대상판결이 나온 직후 온라인에서는 남성 커뮤니티를 중심으로 피해자의 진술만으로 피고인에게 유죄가 선고될 수 있는 상황을 조롱하며 '킹(king)인지 갓(god)수성'이라는 왜곡된 용어가 사용되기 시작했다. 여전히 성범죄 피해자의 상당수가 여성인 상황이지만, 성인지 감수성은 어디까지는 법원으로 하여금 피해자가 처한 상황을 고려하라는 것일 뿐, 통상의 법리를 벗어나 억울한 가해자를 만들 수 있다는 것이 아니다. 언론의 관심이 집중되었던 대상판결의 경우 성인지 감수성의 작용만으로 유죄판결이 내려진 것은 아니라는 점이 제대로 알려

---

54) 한국여성정책연구원, "미투운동 이후 사회변화에 대한 의견 조사결과 발표", KWDI Brief 제51호, 2019. 3. 28., 1면. 여성정책연구원은 2019년 2월 27일부터 3월 4일까지(3일간) 전국에 거주하는 만 19세부터 59세의 성인 남녀를 대상으로 미투 운동에 대한 설문조사를 실시하였다. 무선 RDD, CATI 시스템을 활용한 전화조사로 진행된 이 조사의 표본크기는 2,012명, 응답률은 12.3%, 표본오차는 95%(신뢰수준에서 ±2.18%p)였다.
55) 한국여성정책연구원, 앞의 자료, 4면.
56) 한국여성정책연구원, 앞의 자료, 5면.
57) The Telegraph(2018. 3. 7) "'It could all disappear': #MeToo founder Tarana Burke on where the campaign is going wrong", https://www.telegraph.co.uk/women/life/could-disappear-metoo-founder-tarana-burke-campaign-going-wrong (2020년 4월 30일 최종검색).

지지 못해 안타깝다. 향후 법원은 국민의 눈높이에 맞추어 중요판결을
알리고, 성인지 감수성과 관련된 보다 구체적이고 명확한 기준을 정립
하기 위한 노력을 경주해야 할 것이다.

[주 제 어]

미투 운동, 성폭력범죄, 성인지 감수성, 업무상 위력 간음죄, 자유심증주의

[Key Words]

MeToo Movement, Sexual Violence Crime, Gender Sensitivity, Sex Crime within
Authority Relations, Principle of Free Evaluation of Evidence

접수일자: 2020. 5. 21. 심사일자: 2020. 6. 29. 게재확정일자: 2020. 6. 29.

[참고문헌]

김인회, 형사소송법(제2판), 피앤씨미디어, 2018.

신동운 편저, 형법 제 · 개정 자료집, 한국형사정책연구원, 2009.

신동운, 간추린 신형사소송법(제11판), 법문사, 2019.

이재상/조균석, 형사소송법(제12판), 박영사, 2019.

이주원, 형사소송법(제2판), 박영사, 2020.

임동규, 형사소송법(제13판), 법문사, 2018.

권희경, "성인지 감수성 높은 교육을 위한 교사의 성인지 역량 강화 방안," 한국가정과교육학회 학술대회자료집, 한국가정과교육학회, 2018.

김성돈, "형법상 위력개념의 해석과 업무상 위력간음죄의 위력", 형사정책 연구 제30권 제1호, 한국형사정책연구원, 2019.

김태명, "권력형 성범죄의 처벌과 비동의 간음 · 추행죄의 도입", 법학연구 제57호, 전북대학교 법학연구소, 2018.

김한균, "업무상 위력 간음죄와 권력형 성폭력", 서울법학 제26권 제3호, 서울시립대학교 법학연구소, 2018.

류화진, "업무상 위력에 의한 간음죄에 관한 다른 해석의 시도", 원광법학 제34권 제2호, 원광대학교 법학연구소, 2018.

박귀천, "성희롱 관련 소송의 심리기준 ― '성인지 감수성' ― 대법원 2018. 4. 12. 선고 2017두74702 판결 ―", 월간 노동리뷰 2018년 6월호, 한국노동연구원, 2018.

박찬걸, "업무상 위력에 의한 성범죄의 적용상 한계 및 개선방안에 대한 비판적 검토", 형사정책연구 제29권 제4호, 한국형사정책연구원, 2018.

변혜정, "성희롱의 법적 판단기준과 피해의미의 딜레마 ― 법/경험의 틈새를 성찰하는 '피해자' 관점을 중심으로", 한국여성학 제24권 제3호, 한국여성학회, 2008.

안경옥, "'위력'에 의한 간음 · 추행죄의 판단기준 및 형법상 성범죄규정의 개선방안", 경희법학 제50권 제4호, 경희법학연구소, 2015.

윤경희/양문승/장일식, "경찰공무원의 인구사회학적 특성에 따른 성인지 감수성과 성평등 정책 인식 및 만족도의 실태와 차이 분석", 경찰학논총 제14권 제4호, 원광대학교 경찰학연구소, 2019.

윤덕경/김차연, "성폭력 판례에 대한 성인지적 분석과 개선과제", 이화젠더법학 제7권 제1호, 이화여자대학교 젠더법학연구소, 2015.

안희정 성폭력사건 공동대책위원회, 안희정 전 충남도지사 성폭력사건 2심 판결 쟁점분석 변호인단 간담회 자료, 2019. 2. 12.

이호중, "업무상 위력에 의한 성폭력 판단기준에 대하여 — 안희정 1심 판결에 대한 비판 —", 「위력에 의한 성폭력, 판단기준은 무엇인가 — 안희정 성폭력사건 1심 판결을 중심으로 —」 토론회 자료집, #미투운동과 함께하는시민행동, 민주사회를위한변호사모임 여성인권위원회, 안희정 성폭력사건공동대책위원회 주최, 2019. 1. 14.

차인순, "법의 중립성과 성인지적 관점: 평등원칙을 중심으로", 한국여성학 제17권 제1호, 한국여성학회, 2001.

차혜령, "안희정 성폭력사건 1심 판결 평석 (1) 위력 판단 등 판결의 전반적인 문제점", 「위력에 의한 성폭력, 판단기준은 무엇인가 — 안희정 성폭력사건 1심 판결을 중심으로 —」 토론회 자료집, #미투운동과함께하는시민행동, 민주사회를위한변호사모임 여성인권위원회, 안희정 성폭력사건 공동대책위원회 주최, 2019. 1. 14.

한국여성정책연구원, "미투운동 이후 사회변화에 대한 의견 조사결과 발표", KWDI Brief 제51호, 2019. 3. 28.

[Abstract]

Sexual Violence Crime within Authority Relations and Gender Sensitivity

Yun, Jee-Young*

On October 5, 2017, the alleged sexual assault of Harvey Weinstein, a famous Hollywood film producer, was revealed. The MeToo campaign, which began with this, quickly spread through SNS. In December 2017, the U.S. weekly magazine TIME selected "The Silence Breaker," which accused sexual violence through #MeToo, as "Person of the Year." This proved that the voices of the victims, who summoned the courage to improve the gender discriminating organizational culture, have attracted worldwide attention. In the Republic of Korea, an incumbent prosecutor revealed publicly in January 2018 that she had been sexually harassed in a televised interview, triggering the MeToo movement. Since then, there have been revelations by victims of sexual violence in various sectors of society, including culture and art world. In the process, an actor identified as the perpetrator committed suicide, and many of the victims who participated in the MeToo movement suffered again due to counter-accusation and doxing. In particular, in March 2018, the secretary of the leading politician who was attracting attention as the next presidential candidate appeared on live news and announced her sexual violence damage, and the situation reached its peak. Even the authoritarian remarks made by the accused to the victim were known through the pouring articles. And, over time, the incident has moved away from people's attention. In September 2019, the politician ended up a criminal with the ruling of the Supreme

* Research Fellow, Korean Institute of Criminology, Ph.D.

Court. Now that the vortex of MeToo has passed once, this paper will examine the case, in which first trial that was acquitted on the same issue, and the appeal and Supreme Court that had been convicted are clearly in contrast.

청탁금지법의 허용된 금품수수의
규정체계와 이에 대한 형법해석학적 방향

최 호 진*

【판 례】

【공소사실의 요지】

피고인은 1989. 2.경 검사로 임관한 후 2015. 12. 24. 고검장으로 승진하여 그때부터 2017. 5. 21.까지 고검장급인 서울중앙지방검찰청 검사장으로 근무한 후 2017. 5. 22. 부산고등검찰청 차장검사로 발령받아 그때부터 위 직위에 재임해 온 사람이다.

피고인은 2017. 4. 17. 피고인이 본부장으로서 지휘한 '국정농단 사건 특별수사본부'의 수사를 종결하고 그 수사 결과를 발표한 후 4일이 지난 2017. 4. 21. 19:00경부터 같은 날 21:00경까지 서울 서초구 서초동 ○○ 부근에 있는 '△△' 식당에서 피고인, 공소외 3 서울중앙지방검찰청 제1차장검사 및 수사팀장 등 위 특별수사본부 간부 7명 전원과 공소외 4 검찰국장, 공소외 1 검찰과장, 공소외 2 형사기획과장 등 법무부 검찰국 간부 3명이 참석한 만찬을 주재하면서, 공소외 1과 공소외 2에게 격려금 명목으로 현금 100만 원씩이 들어 있는 봉투를 건네고 1인당 9만 5,000원 상당의 위 만찬 비용을 결제하였다. 이로써 피고인은 공직자 2명에게 각각 1회에 100만 원을 초과하는 109만

---

* 법학박사, 단국대학교 법과대학 교수

5,000원 상당의 수수 금지 금품 등을 제공하였다.

【판결요지】

부정청탁 및 금품등 수수의 금지에 관한 법률(이하 '청탁금지법'이라고 한다)은 공직자 등에 대한 부정청낙 및 공직자 등의 금품 등 수수를 금지함으로써 공직자 등의 공정한 직무수행을 보장하고 공공기관에 대한 국민의 신뢰를 확보하는 것을 목적으로 한다(제1조). 청탁금지법 제8조는 '금품등의 수수 금지'라는 제목 아래 제1항에서 "공직자 등은 직무 관련 여부 및 기부·후원·증여 등 그 명목에 관계없이 동일인으로부터 1회에 100만 원 또는 매 회계연도에 300만 원을 초과하는 금품등을 받거나 요구 또는 약속해서는 아니 된다."라고 규정하고, 제5항에서 "누구든지 공직자등에게 또는 그 공직자등의 배우자에게 수수 금지 금품등을 제공하거나 그 제공의 약속 또는 의사표시를 해서는 아니 된다."라고 규정한다. 그리고 그 제3항 각호에서는 위와 같이 수수를 금지하는 금품등에 해당하지 않는 경우를 열거하면서 제1호에서 "공공기관이 소속 공직자등이나 파견 공직자등에게 지급하거나 상급 공직자등이 위로·격려·포상 등의 목적으로 하급 공직자등에게 제공하는 금품등"을 규정하고 있다. 청탁금지법 제22조 제1항은 '제8조 제1항을 위반한 공직자등'(제1호)과 '제8조 제5항을 위반하여 같은 조 제1항에 따른 수수 금지 금품등을 공직자등 또는 그 배우자에게 제공하거나 그 제공을 약속 또는 의사표시를 한 자'(제3호)를 처벌하도록 규정하고 있다.

한편 청탁금지법은 제2조 제2호에서 '공직자등'에 관한 정의 규정을 두고 있을 뿐 '상급 공직자등'의 정의에 관하여는 명문 규정을 두고 있지 않고, '상급'은 사전적으로 '보다 높은 등급이나 계급'을 의미할 뿐 직무상 명령·복종관계에서의 등급이나 계급으로 한정되지 아니한다. 처벌규정의 소극적 구성요건을 문언의 가능한 의미를 벗어나 지나치게 좁게 해석하게 되면 피고인에 대한 가벌성의 범위를 넓히게 되어 죄형법정주의의 파생원칙인 유추해석금지원칙에 어긋날 우려가 있으므로 법률문언의 통상적인 의미를 벗어나지 않는 범위 내에서 합리적으로 해석할 필요가 있다.

청탁금지법의 위와 같은 **입법목적**, 금품등 수수 금지 및 그 처벌규정의 **내용과 체계**, 처벌규정의 소극적 구성요건에 관한 제8조 제3항 제1호의 **규정 내용** 등을 종합하여 보면, 제8조 제3항 제1호에서 정한 '상급 공직자등'이란 금품등 제공의 상대방보다 높은 직급이나 계급의 사람으로서 금품등 제공 상대방과 직무상 상하관계에 있고 그 상하관계에 기초하여 사회통념상 위로 · 격려 · 포상 등을 할 수 있는 지위에 있는 사람을 말하고, 금품등 제공자와 그 상대방이 직무상 명령 · 복종이나 지휘 · 감독관계에 있어야만 이에 해당하는 것은 아니다.

[연 구]

I. 서 설

1. 청탁금지법의 구조

부정청탁 및 금품등 수수의 금지에 관한 법률(이하 '청탁금지법'이라고 한다)이 금지하고 있는 행위의 태양은 크게 '부정한 청탁'과 '금품등의 수수' 두 가지이다.

'부정한 청탁'에 대하여는 동법 제5조 제1항 각호에서 누구든지 직무를 수행하는 공직자등에게 직접 또는 제3자를 통한 부정청탁을 원칙적으로 금지하고 있으며, 부정청탁에 대한 판단기준을 제시하기 위하여 부정청탁 행위유형을 15개로 구체화하고 있다. 하지만 국민의 정당한 권리주장 위축 방지를 위해 공개적인 방법으로 청탁하는 경우 등 부정청탁 예외사유를 동법 제5조 제2항 각호에서 규정하고 있다.

마찬가지로 '금품 등의 수수'에 대하여도 동법 제8조 제1항, 제2항, 제4항에서 원칙적으로 공직자등의 금품수수를 금지하고 있다. 동법 제8조 제3항은 금품 등 수수행위를 전면적으로 금지할 경우 개인 간의 일상적인 사교나 친교 및 사적 자치가 과도하게 제한될 수 있다는 점을 고려하여,[1] 금품등 수수가 허용되는 8가지 예외사유를 규정하고 있다. 청탁금지법 제8조 제3항에 따르면 "제10조의 외부강의등에 관한 사례금 또는 다음 각 호의 어느 하나에 해당하는 금품등의 경우에는 제1항 또는 제2항에서 수수를 금지하는 금품등에 해당하지 아니한다." 청탁금지법 제8조 제3항의 예외사유에 해당하는 경우 그 금품등은 "제1항 또는 제2항에서 수수를 금지하는 금품등에 해당하지 아니한다."고 규정하고 있으므로, 제8조 제3항은 제1항과 제2항의 예외조항[2]에 해당한다고 보는 것이 일반적이다.[3]

공직자등의 금품 수수에 대한 예외사유를 규정하고 있는 것은 청탁금지법이 처음이 아니다. 동법 제정이전부터 '공무원행동강령' 제14조와 '법관 및 법원공무원 행동강령' 제13조에서도 거의 동일한 내용을 규정하고 있었다.[4]

2. 문제제기

가. 쟁점제시

본 논문에서 다루고자 하는 쟁점은 허용되는 금품수수는 구성요건해당성 배제사유인지 아니면 위법성조각사유인지 여부와 이와 관련된 형법해석학적 방향이다. 이러한 생각을 하게 된 계기는 평석대상

---

1) 국민권익위원회, 청탁금지법 해설집, 2018, 136면.
2) 정호경, 부정청탁 및 금품등 수수의 금지에 관한 법률의 구조와 쟁점, 행정법연구 제47호, 83~84면
3) 표준국어대사전에 의하면 원칙은 어떤 행동이나 이론 따위에서 일관되게 지켜야 하는 기본적인 규칙이나 법익을 의미한다. 따라서 사전적 정의로 볼 때 '원칙'은 기본적인 규칙이나 법칙을 나타내므로 '기본적이지 않은 것이 존재한다'는 의미를 가질 수 있다. 또한 원칙은 실질적인 측면을 나타내는 규칙과 달리 이론적인 측면을 의미하므로 예외가 있을 수 있음을 전제한다.
4) 이 규정들은 청탁금지법이 제정되어 금품등 수수 금지의 예외사유를 새로이 정비함에 따라 공무원행동강령 제14조는 청탁금지법과 동일한 내용으로 개정되었다.

판례가 표현하고 있는 '처벌규정의 소극적 구성요건'이라는 표현 때문이다. 판례에서는 "처벌규정의 소극적 구성요건을 문언의 가능한 의미를 벗어나 지나치게 좁게 해석하게 되면 피고인에 대한 가벌성의 범위를 넓히게 되어 죄형법정주의의 파생원칙인 유추해석금지원칙에 어긋날 우려가 있으므로 법률문언의 통상적인 의미를 벗어나지 않는 범위 내에서 합리적으로 해석할 필요가 있다."고 설명하고 있다. 판례가 표현하고 있는 '소극적 구성요건'이라는 표현은 이제까지 사용된 적이 없는 새로운 설명이다. 이 표현은 형법이론의 '소극적 구성요건표지이론'을 연상하게 한다.[5]

형법이론적으로 위법성이 조각된다는 것은 법률에 규정된 금지행위는 원칙적으로 범죄에 해당하지만 예외적으로 일정한 사유에 해당하는 경우에 처벌되지 않는 것으로 '원칙과 예외의 관계'에 해당된다. 하지만 구성요건해당성을 배제하는 사유는 형법적으로 처벌할 필요가 없는 원칙적으로 허용되는 행위라는 의미이므로 위법성조각여부에 대한 검토와는 관련없이 구성요건해당성 배제 여부만을 판단하면 충분하다. 위법성이 조각된다는 의미는 원칙과 예외의 관계에서 나온 표현이지만 구성요건해당성이 배제된다는 것은 처음부터 허용되는 것으로 형법적 관심의 대상이 아니라고 볼 여지가 있기 때문이다. 청탁금지법 제8조 제1항·제2항과 제3항이 '원칙과 예외관계'인지 아니면 제3항은 예외규정이 아니라 처음부터 허용되는 행위를 단지 '확인'하는 규정인지를 판단해볼 필요가 있다.

나. 논의의 실익?

구성요건해당성배제사유인지 아니면 위법성조각사유인지에 대한 구별은 이론적 관심사에 해당할 뿐이지 논의의 실익이 없다는 견해가 있을 수 있다. 허용되는 금품을 수수한 경우 결국 행위자는 형사상 처

---

5) 더불어 금품수수의 허용성에 대한 요건이 구성요건해당성배제사유와 위법성조
   각사유인지에 대하여 특히 혼동을 주는 것은 8가지 예외사유 중 제8호에서 형
   법 제20조의 위법성조각사유의 유형인 '사회상규'를 규정하고 있기 때문이다.

벌되지 않을 것이므로 이를 구성요건에 해당하지 않는 것으로 볼 것
인지 아니면 위법성을 조각하는 것으로 볼 것인지에 관해서는 형법이
론의 구성에만 차이가 있을 뿐이지 실제 결과에는 영향을 주지 않기
때문이다.6)

  그러나 형법이론적 관심사에 불과하므로 논의의 필요성이 없다는
견해는 받아들이기 힘들뿐만 아니라,7) 실제적으로 양자를 구별해야
할 논의의 실익이 있다고 생각한다. 고의의 인식대상과 착오의 문제,
공범 성립의 문제, 위법성조각사유의 전제사실에 대한 착오문제뿐만
아니라 관련 규정을 해석함에 있어서도 그 범위와 관련된 문제에 있
어서도 양자를 구별할 필요가 있다고 생각한다.8) 특히 본 논문에서는
양자의 구별실익 중 '해석학적 차이'에 대하여 집중하고자 한다. 구성
요건에 대한 해석과 위법성에 대한 해석은 그 내용과 방법이 다르다
고 생각하기 때문이다.

  뿐만 아니라 형법이론적으로는 구성요건해당성배제사유인지 위법
성조각사유인지에 대한 논의는 이미 형법 곳곳에서 전개되고 있다. 피
해자의 동의가 양해에 해당하는지, 피해자의 승낙에 해당하는지에 대
한 논의, 의료행위에 있어서 의사의 치료행위에 대한 논의, 과실범의

---

6) 노동쟁의행위가 업무방해죄의 구성요건을 배제하는 것인가 아니면 위법성이
  조각되는 것인가에 대한 논의에서도 동일한 주장이 있다(도재형, 쟁의행위에
  대한 업무방해죄 적용 법리에 관한 검토, 성균관법학 제20권 제3호, 131~132
  면).
7) 최근 형법이론적 연구는 많이 위축되고 있다. 학자들에 따라서는 "형법학은
  죽었다."라는 과감한 표현을 사용하기도 한다. 주어진 판례에 대한 평석만을
  중히 여기며, 판례를 금과옥조처럼 받아들이는 풍토는 바람직하지 않다. 다양
  한 형태로 발현될 수 있는 범죄행위에 대한 가벌성의 요건과 그에 대한 법
  적 효과를 추구하기 위하여 이를 논리적으로 체계화하려는 이론적 노력은
  필요한 것이며 이러한 형법학의 발전을 위해 이론가들의 노력이 필요하다고
  생각한다. 체계론적 연구에 입각한 근본문제에 대한 탐구는 종국적으로 실무
  상 발생하는 구체적 사안의 해결에 기본지침을 제시할 수 있으며, 현재 시점
  에서는 예측하지 못한 새로운 범죄현상을 대처하기 위한 지침이 될 것이기
  때문이다.
8) 이 부분에서 대해서는 Ⅱ. 2.에서 자세히 설명한다.

주의의무와 관련하여 '허용된 위험의 법리'를 적용하여 행위자의 객관적 주의의무위반을 제한하는 원리로 이론을 구성하는 경우, 파업과 같은 노동쟁의행위에 대하여 업무방해죄의 성립여부를 논하는 과정에서 동일한 논의가 전개되고 있다. 더불어 저작권침해에 있어서 저작물의 공정한 이용행위가 범죄체계적 관점에서 어디에 해당할 수 있는지도 같은 논의가 진행될 수 있다.[9]

　　본 논문에서 평석의 대상으로 삼아서 집중하고자 하는 것은 '청탁금지법의 규정의 내용과 체계'에 대한 분석과 이에 대한 형법해석적 방향이다. 이하에서는 청탁금지법에서 규정하고 있는 허용되는 금품의 형법적 성격을 검토하기 위하여 먼저 판례에 나타난 '처벌규정의 소극적 구성요건'이라는 표현을 중심으로 구성요건해당성배제사유와 위법성조각사유의 구별 실익이 있다는 점, 구성요건의 본질과 관련된 법이론적 검토를 한 후 금품수수의 허용에 대한 형법적 성격에 대하여 본격적으로 논의하고자 한다(Ⅱ). 금품수수의 형법적 성격에 따라 형법적 해석방향이 어떻게 진행되어야 하는가에 대하여 논의한다(Ⅲ). 구체적으로 ① 구성요건 해석과 위법성 해석의 차이, ② 해석에 대한 판례의 입장에 대한 분석과 이에 대한 평가를 한다. 마지막으로 본 사안에서 문제된 '상급자'에 대한 해석을 전개한 후(Ⅳ), 글을 맺고자 한다.

Ⅱ. 허용되는 금품의 성격에 대한 법리적 검토

쟁점 : 판례에 나타난 소극적 구성요건

　　평석대상 판결은 '소극적 구성요건'이라는 표현을 사용하고 있다.

---

9) 저작물의 공정이용행위에 대하여 위법성조각사유로 보는 것이 일반적이다. 공정이용규정을 형법 제20조의 '법령에 의한 행위'로 위법성조각사유로 보는 견해(신동룡, 인터넷상에서의 비영리적 저작권침해에 관한 형사처벌 연구, 연세법학연구 제8권 제1호, 2001, 404면)와 '기타 사회상규에 위배되지 아니하는 행위'로 보는 견해(박준우, 공정이용법리의 기원과 의의, 전남대학교 법학논총, 2009, 123~124면)가 있다.

판결에 따르면 "처벌규정의 소극적 구성요건을 문언의 가능한 의미를 벗어나 지나치게 좁게 해석하게 되면 피고인에 대한 가벌성의 범위를 넓히게 되어 죄형법정주의의 파생원칙인 유추해석금지원칙에 어긋날 우려가 있으므로 법률문언의 통상적인 의미를 벗어나지 않는 범위 내에서 합리적으로 해석할 필요가 있다."고 한나.[10]

소극적 구성요건이라는 용어는 이 대법원 판결에서 처음으로 사용되었다.[11] 형법이론학에서 '소극적 구성요건'이라는 용어는 총체적 불법구성요건을 취하는 견해에 따르면 '위법성조각사유'를 의미하는 것으로 이해될 수 있기 때문에 대법원은 소극적 구성요건표지이론을 취하고 있는 것으로 볼 여지가 있다. 하지만 소극적 구성요건을 '구성요건의 소극적 요소'라고 이해를 한다면 이를 구성요건해당성배제사유로 볼 여지도 있다. 결국 '수수를 금지하는 금품에 해당되지 않는', 즉 '수수가 허용되는 금품'이라는 법문언이 구성요건해당성을 배제하는 사유인지 아니면 구성요건에 해당하지만 위법성이 조각되는 사유인지를 확인할 필요가 있다.

2. 구성요건해당성배제사유와 위법성조각사유의 구별 실익

가. 고의의 인식대상과 착오의 문제

금품수수의 허용성에 대한 것을 구성요건요소로 본다면 고의의 인식대상이 되므로 금품수수의 허용 여부에 대한 착오는 사실의 착오로 행위자의 고의는 조각된다. 하지만 이를 위법성조각사유로 본다면 이에 대한 착오는 금지착오로 형법 제16조에 따라서 '오인에 정당한

---

10) 소극적 구성요건이라는 표현은 원심판결에서도 나타난다. "소극적 구성요건인 위 예외사유의 '상급 공직자'를 금품등 제공의 상대방과 같은 공공기관 소속이고 직무상 명령·복종관계에 있는 사람만을 의미한다고 제한적으로 해석하는 것은 문언의 본래적 의미를 벗어나 피고인에게 불리한 방향으로 지나치게 확장해석하는 것으로 죄형법정주의 원칙에 위배되어 허용될 수 없다"(서울고등법원 2018.4.20. 선고 2017노3872 판결).

11) 종합법률정보에서 '소극적 구성요건'으로 검색을 할 경우 본 판결이 유일한 판결이다(검색일: 2019.5.8.).

이유가 있는지'를 심사하여야 한다.

상급 공직자등이 위로·격려·포상 등의 목적 없이 금품을 제공함에 불구하고 하급 공직자가 이에 대하여 오인한 경우 어느 착오로 볼 것인가에 대한 논의가 전개될 수 있다. 만약 이를 위법성조각사유의 전제사실에 대한 착오문제로 이해한다면 상·하급 공직자이외에 악의의 제3자가 있을 경우 허용구성요건적 착오에 대한 학설에 따라 형사처벌의 가능성이 달라지게 된다.

뿐만 아니라 상급 공직자등은 위로 등의 목적으로 금품을 제공하였음에도 불구하고 하급 공직자가 이를 알지 못하고 오히려 부정적 의도를 가지고 금품을 수수한 경우에는 불능범 또는 불능미수의 문제가 발생할 수 있지만, 청탁금지법에서는 미수범 처벌규정이 존재하지 않으므로 이에 대한 논의의 필요성은 적다.

나. 대향범과 제3자의 공범성립 문제

청탁금지법은 필요적 공범 중 대향범의 구조로 입법되어 있다. 금품등을 수수한 공직자의 경우뿐만 아니라 공직자등에게 금품을 제공한 자 역시 청탁금지법 제22조에 의하여 동일한 법정형으로 형사처벌된다. 필요적 공범에 있어서 가담자는 모두 당해 범죄구성요건의 행위주체인 정범이 되는 것이 원칙이다. 따라서 필요적 공범에 있어서 임의적 공범을 전제로 하는 형법총칙의 공범규정이 적용되지 않는다. 판례 또한 "2인 이상의 서로 대향된 행위의 존재를 필요로 하는 대향범에 대하여는 공범에 관한 형법총칙 규정이 적용될 수 없다."는 입장이다.[12]

그런데 허용되는 금품수수에 있어서 상·하급 공직자가 아닌 제3자가 개입한 경우 그에 대하여 공범이 성립할 수 있는지도 문제될 수 있다. 물론 다수설과 판례가 취하고 있는 제한적 종속형식이론에 따를 경우에는 제3자에 대하여 공범성립 여부를 부정할 것이지만, 정범의 행위가 구성요건에 해당한다면 공범은 이에 종속하여 성립할 수 있다

---

12) 대법원 2009.6.23. 선고 2009도544 판결.

는 최소한 종속형식이론에 따를 경우 양자의 구별은 의미가 있다.

다. 형법해석의 차이

구성요건해당성배제사유와 위법성조각사유에 대하여 해석하는 경우 양자의 의미론적 차이가 있다고 생각한다. 구성요건해당성 자체가 배제된다는 것은 법적으로 금지되지 않는 허용된 행위라는 것을 의미하지만, 위법성이 조각된다는 것은 원칙적으로 금지되어 있는 행위인데, 행위자의 행위 당시의 여러 정황 등으로 인하여 추정된 또는 징표된 위법성이 조각된다는 의미이다. 따라서 양자의 해석함에 있어서 그 의미와 정도에 차이가 있다고 생각한다.

또한 구성요건은 폐쇄적이기 때문에 죄형법정주의의 엄격한 적용대상이 되지만, 위법성은 개방적이므로 죄형법정주의의 엄격한 적용대상에서 벗어나 있다. 범죄성립과 관련된 요소가 구성요건일 경우에는 이에 대한 해석은 엄격하고 좁게 해석하는 것이 죄형법정주의의 원칙에 부합하지만, 위법성조각사유나 책임조각사유와 같은 정당화사유에 대해서는 목적론적 관점에서 확장적 해석이 가능하다는 것이 일반적인 견해이다. 정당화사유에 대하여 제한적 해석은 행위자에게 불리하지만 확장적 해석은 행위자에게 유리하기 때문이다.[13]

3. 구성요건의 본질과 위법성과의 관계

구성요건의 본질에 대한 질문과 구성요건과 위법성의 관계에 대한 질문은 형법이론적으로 중요한 문제이다. 구성요건은 위법성의 인식근거(ratio cognoscendi)인지, 아니면 위법성의 존재근거(ratio essendi)인

---

13) 대법원 판례는 확장해석이 피고인에게 유리하다고 하여 언제나 허용되지 않는다고 한다. 판례에 따르면 "해석에 있어서 유추해석이나 확장해석도 피고인에게 유리한 경우에는 가능한 것이나, 문리를 넘어서는 이러한 해석은 그렇게 해석하지 아니하면 그 결과가 현저히 형평과 정의에 반하거나 심각한 불합리가 초래되는 경우에 한하여야 할 것이고, 그렇지 아니하는 한 입법자가 그 나름대로의 근거와 합리성을 가지고 입법한 경우에는 입법자의 재량을 존중하여야 한다"(대법원 2004.11.11. 선고 2004도4049 판결).

지에 대한 질문은 범죄체계론,[14] 착오론,[15] 위법성조각사유의 법적 성질, 오상방위 등 위법성조각사유의 전제사실에 대한 착오 등의 문제에 대하여 학문적으로 추구해 들어가면 결국 구성요건의 본질에 대한 질문으로 귀착된다.[16]

이에 대해서는 위법성의 인식근거설, 위법성의 존재근거설, 소극적 구성요건표지이론이 있다.[17] 19세기 말부터 20세기 초 구성요건과 위법성을 분리하는 이론적 논쟁이 발생한 배경에는 자유주의적 법치국가 정신이 있었으며,[18] 이론가들의 이념적 출발은 바로 죄형법정주의이다. 구성요건을 엄격하게 분리하고자 하는 이유는 국가형벌권에 대한 불신에서 시작한 국가형벌권의 제한이었다. 국가형벌권을 행사함에 있어서 법관의 자의적 해석의 여지가 들어 갈 수 있는 '가치로부터의 자유'를 확보하기 위하여 구성요건을 몰가치적으로, 객관적으로 이해한 것이다. 구성요건과 위법성의 관계에 대한 이론적 논쟁은 단순히 형법도그마틱의 논쟁에 머무르는 것이 아니라 논쟁의 후면에는 국가와 시민의 긴장관계,[19] 형벌권의 정당성과 그 제한이 숨어 있다.

현재 우리나라의 지배적인 견해는 구성요건해당성은 위법성을 징표 또는 추정되며, 추정된 위법성을 조각시키는 사유가 있는가에 따라

---

14) 구성요건과 위법성이 분리되지 않는다면 2단계 범죄체계론을 취하게 될 것이며, 구성요건과 위법성이 분리된다면 3단계 범죄체계론을 취하게 될 것이다.
15) 구성요건을 위법성의 인식근거로 보는 입장에서는 위법성조각사유의 전제에 대한 착오는 금지착오로 보는 입장과 논리적으로 연결되며, 구성요건을 위법성의 존재근거로 보는 입장에서는 위법성조각사유의 전제에 대한 착오는 구성요건착오로 보는 입장과 연결된다.
16) 심재우, 구성요건의 본질, 연세대학교 법학연구 제2권, 1982, 59면.
17) 본 논문에 대한 발표일에는 구성요건의 본질과 위법성의 관계에 대하여 위법성의 인식근거로 보는 견해와 위법성의 존재근거로 보는 견해에 대한 자세한 소개와 이에 대한 이론적 중점을 발표하였다. 하지만 발표논문을 수정하고 보완하는 과정에서 이에 대한 내용은 간략히 언급하는 것으로 정리하였다. 구성요건의 본질에 대한 법이론적 논의는 기회가 주어진다면 다시 한번 발표하고자 한다.
18) 신동일, 소극적 구성요건 표지이론, 인천법학논총 제4집, 2001, 289면.
19) 신동일, 앞의 논문, 287면.

행위자의 불법이 확정된다는 견해로 구성요건을 위법성의 인식근거로
본다. 3단계 범죄체계론을 취하고 있는 한 구성요건에 해당하지만 위
법성이 없기 때문에 행위자를 벌하지 않는 것과 구성요건단계에서 이
미 형법적 불법이 없기 때문에 행위자를 처벌하지 않는 것은 이론적
으로 큰 차이를 가진다. 구성요건을 형법적 금지목록으로 이해하고,
형법적 불법을 심사함에 있어서 이미 존재론적으로 확인된 행위자의
행위의 불법성을 전제로 다시 위법성 평가를 한다는 것은 행위의 (추
정적) 불법을 다시 심사하여 허용할 것인가를 판단하는 것이다.

구성요건과 위법성을 동일시하게 되면 순환론에 빠지게 된다. 구
성요건이 위법성의 전제가 되는 것이 아니라 오히려 반대로 위법성이
구성요건의 전제가 된다. 결국 구성요건은 위법한 구성요건만이 있어
야 되는데, 그렇게 보면 어떤 행위에 대하여 구성요건해당성이 있느냐
없느냐의 문제는 위법성의 존재 여부에 의존될 수밖에 없다. 이러한 점
을 본다면 판례가 표현하고 있는 '소극적 구성요건'이라는 표현이 위법
성조각사유를 의미한다고 분석하면 다소 법이론적으로 문제점이 있다.

4. 금품수수의 허용에 대한 형법적 성격

가. 처벌규정의 내용과 체계방식

(1) 공직선거법상 기부행위와 비교

청탁금지법의 내용과 체계와 유사한 법률로 '공직선거법'이 있다.
공직선거법 제112조 제1항은 '기부행위'를 정의하고 있으며, 제2항에서
는 통상적인 정당활동과 관련한 행위, 의례적 행위, 구호적·자선적
행위, 직무상의 행위 등에 해당하는 행위는 '기부행위'로 보지 아니한
다고 규정하고 있다.

공직선거법의 규정체계 방식에 대하여 대법원 판례는 "허용되는
것으로 열거된 행위에 해당하지 아니한 이상 후보자 등의 기부행위
금지 위반을 처벌하는 제257조 제1항 제1호의 범죄구성요건해당성이

있다."고 판시하고 있다.[20] 판례는 예외적으로 허용되는 경우에는 범죄체계론적 관점에서 위법성이 조각되는 것이 아니라 구성요건해당성을 부정하는 것으로 보고 있다. 더욱이 판례는 "후보자 등이 한 기부행위가 비록 공직선거및선거부정방지법 제112조 제2항 등에 의하여 규정된 의례적이거나 직무상 행위에 해당하지는 아니하더라도, 그것이 극히 정상적인 생활형태의 하나로서 역사적으로 생성된 사회질서의 범위 안에 있는 것이라고 볼 수 있는 경우에는 일종의 의례적 직무상의 행위로서 사회상규에 위배되지 아니하여 위법성이 조각된다."고 하여 기부행위에 해당하더라도 사회상규에 위배되지 않는다고 한다.

(2) 규정의 내용과 체계방식

공직선거법의 규정방식과 체계는 금지되는 행위목록을 규정한 후 일정한 행위유형에 대해서는 별도의 규정을 통하여 특정한 행위는 금지되는 행위목록에 해당하지 않는다는 방식을 취하고 있다. 이러한 규정체계방식은 다른 법률에서도 나타난다.

법률에 금지되는 행위를 규정한 후(제1항), 제2항에서는 "제1항에도 불구하고 일정한 경우에는 할 수 있다."라는 방식으로 규정하고 있는 경우,[21] 법문의 본문과 단서로 구분하여 "……행위는 허용되지 않는다. 다만, ……경우에는 그러하지 아니한다."는 방식으로 규정하고 있는 것도 같은 방식이다. 이러한 규정방식은 특정한 행위에 대해서는 구성요건해당성을 배제하는 행위유형을 설정하는 방식이라고 볼 수 있다.

공직선거법의 '법령규정의 체계와 방식'이 청탁금지법의 그것과 유사하다는 점을 고려할 때 금품수수의 허용성에 대한 청탁금지법 제

---

20) 대법원 1996.5.10. 선고 95도2820 판결; 대법원 1996.2.27. 선고 95도2859 판결.
21) 산업안전보건법 제37조의 제조금지물질과 관련된 규정, 식품위생법 제6조의 기준·규격이 정하여지지 아니한 화학적 합성품 등의 판매금지와 관련된 규정, 야생생물 보호 및 관리에 관한 법률 제14조의 멸종위기 야생생물의 포획·채취등의 금지와 관련된 규정, 자본시장과 금융투자업에 관한 법률 제84조의 이해관계인과의 거래제한과 관련된 규정, 할부거래에 관한 법률 제34조의 선불식 할부거래업자등에 대한 금지행위규정이 이러한 유형에 해당한다.

8조 제3항은 구성요건해당성을 배제하는 사유로 볼 수 있다.

나. "금지행위에 해당하지 않는다."와 "벌하지 아니한다."

형법 등 형사특별법22)에는 '벌하지 아니한다.'라는 법문으로 규정하고 있는 경우가 있다. 예를 들면 형법의 경우 형법 제9조의 형사미성년자, 제10조의 심신장애인, 제12조의 강요된 행위, 제16조의 법률의 착오, 제20조의 정당행위, 제21조의 정당방위, 제22조의 긴급피난, 제23조의 피해자의 승낙의 경우 구성요건해당성이 있지만 위법성이나 책임이 조각되기 때문에 법문이 '벌하지 아니한다'라고 규정하고 있는 것으로 볼 수 있다. 그렇다고 하여도 '벌하지 아니한다'라는 법문이 항상 구성요건해당성을 인정한다는 의미로 이해하기는 어렵다. 왜냐하면 형법 제13조의 범의에 대한 규정에서 "죄의 성립요소인 사실을 인식하지 못한 행위는 벌하지 아니한다."고 규정하고 있는데 이는 주관적 구성요건인 고의를 조각시키는 경우이므로 구성요건해당성이 부정되는 것이며, 형법 제17조의 인과관계에 대한 규정의 경우도 마찬가지이다. 따라서 '벌하지 아니한다.'라는 법문이 반드시 구성요건해당성은 인정되지만 위법성이나 책임이 조각되는 의미로 사용되는 것이라고 볼 수 없다.

하지만 청탁금지법이나 공직선거법과 같이 법령이 금지목록을 규정한 후 일정한 행위유형에 대해서는 금지목록에서 제외되는 허용된 행위라고 규정하고 있는 경우이다. 이러한 규정방식은 '법문규정의 체계적 내용'을 고려할 때 금지행위가 아닌 처음부터 허용되는 행위유형을 설정하는 방식이다. 공직선거법의 기부행위와 관련하여 '금지되는 기부행위'와 '허용되는 기부행위'를 구분하고, 금지되는 기부행위에 대해서는 다시 형법의 정당행위 중 사회상규 등으로 위법성이 조각되는

---

22) 폭력행위 등 처벌에 관한 법률 제8조의 정당방위규정은 "이 법에 규정된 죄를 범한 사람이 흉기나 그 밖의 위험한 물건 등으로 사람에게 위해(危害)를 가하거나 가하려 할 때 이를 예방하거나 방위(防衛)하기 위하여 한 행위는 벌하지 아니한다."고 규정하고 있다.

경우를 다시 적용하고 있기 때문이다.

이러한 규정체계방식을 보았을 때에는 청탁금지법의 경우에는 '금지되는 금품수수'와 '허용되는 금품수수'를 구분하고, 금지되는 금품수수행위에 대해서 형사처벌이나 과태료를 부과하는 방식이므로 청탁금지법 제8조 제3항은 구성요건해당성을 배재사유로 볼 수 있다. 따라서 구성요건에 해당한다고 하더라도 여전히 위법성조각사유의 적용가능성은 열려 있는 것으로 보아야 한다.

다. 구성요건해당성 배제사유와 위법성조각사유의 구별

구성요건해당성을 부정하거나 위법성을 조각하는 행위는 행위자의 불법을 탈락시키는 점에서 그 법적 효과는 동일하다. 하지만 어느 단계에서 가벌성을 탈락시킬 것인지에 대한 범죄체계론의 관점에서 이론적 차이만 있는 것은 아니다. 행위자의 행위유형이 정상적인 사회생활의 영역이 되는 것인지 처벌할 가치나 필요성이 있는 행위이지만 정당화사유가 존재하여 불법이 탈락되는 것인지는 중요한 의미론적·가치론적 차이가 있다고 생각한다.

우리 형법은 특정한 행위양식에 대하여는 이미 위법성단계가 아닌 구성요건해당성 단계에서 가벌성을 탈락시킬 수 있는 이론적 영역을 구성하고 있다. 피해자의 동의에 대하여 구성요건해당성을 배제하는 '양해'와 위법성을 조각시키는 '피해자의 승낙'으로 구분하여 논의하는 경우, 과실범의 주의의무와 관련하여 '허용된 위험의 법리'를 적용하여 행위자의 객관적 주의의무위반을 제한하는 원리로 이론을 구성하는 경우, 의사의 치료행위에 대하여 구성요건해당성을 배제하는 것으로 구성하는 이론, 파업과 같은 노동쟁의에 대한 업무방해죄의 적용에 관련된 대법원 판례, 사회적 상당성이론 등이 있다.

구성요건해당성 배제사유를 학설만이 인정하고 있는 독특한 이론적 산물은 아니다. 양심적 병역거부사건에 있어서 대법원 전원합의체 판결은 병역법 제88조 제1항의 '정당한 사유'는 구성요건해당성 조각사유라고 판시하고 있다. '구성요건해당성을 결여한다'라는 표현도 같은 의미이다.23) 대법원 판례 또한 구성요건해당성 배제사유와 위법성 조각사유를 구별하여 사용하고 있다.

라. 사회적 상당성

Welzel이 주장한 '사회적 상당성 이론'을 형법이론학의 범죄론체계에 도입할 것인가에 대하여 논의가 있다.24) 사회적 상당성에 대한 그의 기본적 사고는 "역사적으로 형성된 사회윤리적 공동체생활의 질서 내에서 행해지는 행위는 사회적으로 상당하며, 따라서 법문언상으로는 구성요건에 포섭된다고 하더라도 결코 구성요건에 해당하지 않는다."는 것이다.25) 예를 들면 경미한 상해행위나 자유제한행위, 사소한 금전을 건 도박, 통상적으로 소량의 선물을 우체부에게 교부하는 행위, 단순한 외설은 사회적으로 상당한 행위이므로 구성요건해당성이 없다고 한다. 사회적으로 상당한 행위는 사회적 행위자유의 영역에서의 행위로 보아 사회적 상당행위는 형법상 불법행위가 아니라고 한다. 독일 연방대법원도 사회적 상당성 이론에 따라 '사회적 행위자유의 영역'에 속하는 행위들은 구성요건해당성이 없거나 적어도 위법하지 않기 때문에 통상적으로 승인될 수 있고 형법적 관점에서 볼 때 전적으로 사회생활에서 신뢰할 수 있다고 판단하였다.26)

사회적 상당성 이론을 수용한다고 하더라도 체계적 관점에서 구성요건해당성배제사유로 볼 것인지, 정당화사유로 볼 것인지, 구성요건제한을 위한 일반적 해석원리로 볼 것인지에 대하여 다양한 견해들이 존재하지만,27) 일반적으로 구성요건해당성 배제사유이자 구성요건

23) 대법원 2003.8.22. 선고 2003도1697 판결.
24) 천진호, 사회적 상당성 이론에 대한 재고, 경북대학교 법학논고 제13집, 115면 참조.
25) 천진호, 앞의 논문, 118면.
26) BGHSt 23, 226, 228(천진호, 앞의 논문, 각주 10번에서 재인용).
27) 독일의 이론적 대립에 대한 소개와 그에 대한 분석으로 천진호, 앞의 논문, 121~130면 참조.

의 해석원리로 인정되고 있다.[28] 이를 처음 주장한 Welzel에·따르면 사회적 상당성은 구성요건해당성을 배제하거나 구성요건을 수정하는 기능을 담당하는 것으로 본다. 우리나라 대법원 판례도 사회적 상당성 이론을 수용하고 있는 것으로 평가할 여지가 있지만, Welzel의 이론과는 달리 위법성조각사유로 본다. 경미한 법익침해행위와 관련하여 경미한 상처같은 경우에는 상해에 해당하지 않는다는 대법원 판례도 같은 취지라고 볼 수 있다.[29]

사회적 상당성 이론은 그 개념의 폭이 넓기 때문에 정당화사유와 중첩될 수 있는 문제점이 있는 것은 사실이다. 판례도 사회적 상당성을 정당화사유의 내용으로 보는 것도 같은 이유이다. 사회적 상당성 개념은 그 개념적 불명확성으로 인하여 그 한계설정이 어렵고 서로 다른 형사정책적 목적에 사용될 수 있다는 점에서 실제적 효과와 기능을 일관되게 설명하기 어렵다는 문제점이 있다. 따라서 사회적 상당성이 구성요건과 위법성 등 범죄론체계의 관점에서 어떻게 위치시킬 것인가에 대한 논의는 상당히 어려운 과제이다.[30]

하지만 사회적 상당성 관점이 범죄론체계의 관점에서는 의미 있는 가치를 인정할 수 없다고 하더라도 구성요건적 문언의 의미합치적 해석을 위한 '보조수단' 또는 구성요건을 제한하는 '일반적 해석의 원리'로서의 의미와 기능은 가질 수 있지 않는가라고 생각한다. 형식적으로 구성요건에 해당하는 행위의 불법을 배제하는 기준으로 사용할 수 있다고 생각한다. 입법자가 특정한 행위에 대하여 금지를 설정하였

---

28) 김성돈, 형법총론, 354면.

29) 대법원 2996.12.23. 선고 96도2673 판결; 대법원 1983.2.8. 선고 82도357 판결.

30) 사회적 상당성을 구성요건해당성배제사유로 이해하는 국내학자로는 이재상, 형법총론, §21/20; 최우찬, 형법 제20조의 정당화근거, 김종원교수화갑기념논문집, 126면; 사회적 상당성을 일반적 해석원리로 이해하는 국내학자로는 김일수/서보학, 형법총론, 253면; 사회적 상당성은 이미 우리 형법상 사회상규에 위배되지 않는 행위이므로 별도로 이를 인정할 필요가 없다는 국내학자로는 김성돈, 형법총론, 355면; 배종대, 형법총론, §56/7; 손동권, 형법총론, §7/20; 오영근, §8/10; 임웅, 형법총론, 202면.

지만, 그 금지된 행위의 일부분의 경우 그 행태는 역사적으로 형성된 사회생활의 질서범위내에 있는 사회적으로 상당한 행동양식에 속할 수 있기 때문이다.

예를 들면 청탁금지법 제8조 제3항 제5호의 경우 특별히 장기적·지속적인 친분관계를 맺고 있는 자기 질병·재난 등으로 어려운 처지에 있는 공직자등에게 금품을 제공하는 것은 허용되고 있다. 이러한 것은 우리 사회의 전통양식인 '상호부조'에 적합하고 어려운 처지에 놓여있는 사람을 도와주는 것은 사회적으로 권장할 행위양식이다.31)32) 오히려 처음부터 국가형벌권의 개입을 할 필요가 없는 정상적인 사회생활영역 또는 행위자유영역이라고 보는 것이 정확한 평가이다. 뿐만 아니라 청탁금지법 제8조 제3항 제3호의 경우 채무의 이행 등 정당한 권원에 의하여 제공되는 금품은 직무수행과 무관하게 이루어지는 사적 거래영역으로 어떤 행위를 정당화하는 법률적 원인이 있는 경우이다. 이에 대해서는 사적 자치의 원칙이 적용되어 법질서가 당연히 허용하고 있는 범위이다. 청탁금지법에 의하여 '예외적'으로 허용되는 유형이라고 볼 수 없으며, 불법성이 없음을 단지 '확인'하는 규정이다.

구성요건의 문언을 해석하는 경우에 사회적 상당성 개념을 사용하지 않더라도, 형사입법단계부터 사회적 상당한 행위는 금지목록에 넣지 않는 것은 가능하다. 사회적 상당성 이론을 법해석이 아닌 입법의 영역에 사용하는 것은 문제될 여지가 적다고 생각한다.

---

31) 사회적 상당성에서 문제되는 사례들은 구성요건의 문언에 따른 구성요건의 충족 문제가 아니라 '목적론적 제한'(teleologische Reduktion)을 통하여 구성요건적 문언의 하한선을 넘어서까지 더욱 더 제한하는 것이다. 사회적 상당성 개념을 문언해석에 도입하는 경우라도 하한선을 넘어서는 영역까지 가능한가는 별도의 문제이다.

32) 오히려 이러한 생활영역이나 생활양식은 법질서의 규제를 필요로 하지 않는 영역, 즉 '법으로부터 자유로운 영역'(rechtsfreier Raum)에 해당한다고 볼 수 있다. 법이론적으로 법으로부터 자유로운 영역을 인정할 수 있는지, 있다면 해석학적 결과에 어떤 영향을 줄 수 있는지는 연구될 필요가 있는 분야라고 생각한다. 이에 대한 서론적 연구는 심헌섭, 법으로부터 자유로운 영역의 이론과 형법, 현대형사법론, 김기두교수화갑기념, 박영사, 1980, 1~20면 참조.

마. 판례 분석

판례는 청탁금지법에 있어서 허용되는 금품의 수수의 법적 성격에 대하여 분명히 밝히고 있지 않다. 다만 '처벌규정의 소극적 구성요건'이라는 표현을 하고 있을 뿐이다.

원심의 경우[33] "청탁금지법 제8조 제1항에 해당하는 수수 금지 금품등이 제3항 각 호에 열거된 예외사유에 해당하지 아니하는 이상 공직자등에 대하여 위 수수 금지 금품등을 제공한 행위는 청탁금지법 제22조 제1항 제3호의 범죄 구성요건해당성이 있다."고 판시하였다. 원심이 이를 설시하면서 제시한 참조판례로 '공직선거법상 기부행위의 정의 및 예외규정의 해석에 관한 대법원 1996.12.23. 선고 96도1558 판결'을 제시한 것을 보았을 때 원심은 금품수수의 허용성에 대한 청탁금지법의 규정을 구성요건해당성배제사유로 보고 있다고 평가할 수 있다.

대법원 판례의 태도는 분명하지 않으나 원심의 태도를 별다른 이유를 제시하지 않고 받아들이고 있다는 점에서 본다면 대법원 또한 이를 구성요건해당성배제사유로 보고 있다고 생각한다.

이미 설명한 바와 같이 청탁금지법 제8조 제3항의 금품등 수수에 대한 허용규정은 구성요건해당성배제사유로 보는 것이 합리적이다. 공직선거법의 기부행위에 대한 제한규정과 그 규정의 내용과 체계방식이 유사할 뿐만 아니라, 청탁금지법이 벌하지 아니한다는 방식으로 규정하는 것이 아닌 '수수를 금지하는 금품 등에 해당하지 않는다'는 방식으로 규정하고 있는 점, 역사적으로 형성된 사회윤리적 공동체생활의 질서 내에서 행위는 사회적 행위 자유의 영역으로 보아 이를 구성요건적 문언을 해석하는 경우 그 해석을 위한 보조수단이나 구성요건을 제한하는 해석의 원리로 원용될 수 있다는 점을 생각한다면 동법 규정은 구성요건해당성배제사유로 보는 것이 타당하다. 이런 점을

---

33) 서울고등법원 2018.4.20. 선고 2017노3872 판결.

고려할 때 판례가 일반적으로 정당화사유를 의미하는 '소극적 구성요
건'이라는 표현은 적절하지 않다.

　이런 해석에 걸림돌이 될 수 있는 것은 동 조항에 규정되어 있는
'사회상규'조항이다. 이는 위법성조각사유로 보는 것이 일반적이다. 청
탁금지법 제8조 제3항을 구성요건해당성배제사유로 본다면, 사회상규
에 반하지 않는 행위라고 인정될 경우 구성요건해당성 자체가 인정되
지 않는 것처럼 보인다. 만약 그렇다면 이 경우의 사회상규는 형법 제
20조의 사회상규와 달리 보아야 할 것인가가 문제된다.[34]

　사회상규에 위배되지 않는 행위는 형법 제20조에서 규정되어 있
어 구태여 이를 법률에 넣지 않더라도 모든 법에는 당연히 적용되는
것으로 입법내용의 혼란을 감추기 위한 편법적 입법방법이며 일종의
위장규정이라는 비판이 있다.[35]

　허용된 금품수수는 구성요건해당성 자체를 배제하는 것이며, 허
용되지 않은 금품수수를 한 경우는 구성요건해당성이 인정되지만 사
회상규 등으로 위법성이 조각될 수 있다는 것으로 이해할 수밖에 없
다. 금품수수의 허용성에 대하여 구성요건해당성배제사유로 본다면
사회상규는 법체계상 잘못 위치한 것으로 볼 수밖에 없다.[36] 청탁금지
법의 사회상규 개념은 단지 주의적인 의미를 가지고 있을 뿐이라거나
극단적으로는 불필요한 법률조항이라는 평가를 받을 수도 있는 것이
다. 동 조항을 삭제한다고 하여도 청탁금지법이 형사특별법의 성격을
가지고 있는 한 형법에서 정한 위법성조각사유의 적용이 제외되는 것
은 아니므로 사실상 사족이며 옥상옥에 해당하는 규정이라고 생각한
다. 입법적으로 개정이 필요하다고 생각한다.

34) 사회상규의 형법적 의미에 대해서는 많은 논의가 있다. 위법성의 성질에 대
　한 형식적 위법성론과 실질적 위법성론에 대한 논쟁이 바로 그것이다.
35) 국민권익위원회/한국법제연구원, 부정청탁 및 금품 등 수수의 금지에 관한
　법률, 시행령 제정을 위한 공개토론회 자료집, 2015.5. 58면(오경식 교수 토론
　문).
36) 이를 지적한 문헌으로 이지은, 청탁금지법의 적용과 사회상규, 부패방지법연
　구 제1권 제1호(창간호) 2018년 8월, 249면 이하 참조.

Ⅲ. 구성요건과 위법성에 대한 해석방향

1. 형법해석의 방법

형법의 해석방법은 죄형법정주의에 따라 자유주의의 요청과 민주주의의 요청을 동시에 충족하도록 구상되어야 한다. 현대의 형법해석방법론은 법문의 가능한 어의의 범위를 해석의 한계로 하여 그 범위 내에서 논리적·체계적 정합성을 고려하면서도 궁극적으로 형법법규의 목적에 따른 타당한 결론을 추구하는 것을 허용하고 있다.[37]

형법해석에 대한 논의는 상당히 방대한 주제이므로 이에 대한 논의를 여기에서 정리한다는 것은 필자의 능력을 넘어서는 것이다. 따라서 본 논문에서는 대상판례가 언급하고 있는 '입법목적'에 대해서만 언급하고자 한다. 청탁금지법의 입법자의 의사가 무엇이며, 이에 대하여 해석자는 입법자의 의사에 어느 정도까지 구속될 수 있는가를 설명하고자 한다.[38]

2. 입법자의 의사에 대한 해석과 청탁금지법

법률해석의 목표가 입법자의 의사인가 아니면 법의 목적인가에

---

37) 이용식, 형법해석의 방법-형법해석에 있어서 법규구속성과 정당성의 문제, 서울대학교 법학, 2005.6., 36면; 이용식 교수는 형법해석과 관련된 문제점으로 ① 가능한 어의의 범위라는 해석의 한계가 언어철학의 관점에서 적합하지 않는 문제, ② 법관의 주관적 가치판단의 문제, ③ 의회민주주의에 의해 선출된 입법자들의 입법재량권의 문제점을 지적한다. 이 논문은 법관의 판결활동에 개입되는 주관적 가치판단에 대한 문제점을 중점적으로 분석하고 있다.

38) 법관의 해석에 있어서 구속성은 입법자의 의사에 대한 구속성의 문제만이 아니다. 헌법 제103조는 법관의 해석활동에 있어서 '법률의 구속성'을 요구하고 있다. 법률구속성원칙은 일찍부터 법관의 해석의 출발점으로 인정되어왔다. 특히 법률구속성원칙은 헌법상의 권력분립원칙에 근거를 두면서 헌법합치적 해석의 요구와 함께 사법의 법치국가성을 보증해준다. 대법원이 법률구속성원칙을 확보하기 위해 반복적으로 강조하고 있는 해석방법론이 엄격한 문리적 해석원칙이다. 그럼에도 불구하고 대법원 판결에 나타난 법률구속성의 원칙에 반할 여지가 있는 판례와 그에 대한 비판으로는 김성돈, 대법원 형사판결과 법률구속성의 원칙, 형사판례연구 제26권, 2018. 1면 이하 참조.

대한 논쟁인 주관적 해석이론과 객관적 해석이론 간의 논쟁을 직접적으로 논하지는 않는다.[39] 여기서는 판례가 해석을 함에 있어서 자주 원용하는 '입법목적' 즉 입법자의 의사를 분석하고 해석에 있어서 입법자의사에 대한 구속성에 대한 논의에 집중하고자 한다.[40]

입법자의 의사에 대하여 여러 가지로 해석되는 경우에는 법문언에 대한 해석의 일탈문제는 발생하지 않는다. 입법자의 의사가 불명확한 이유는 여러 가지가 있을 수 있지만, 법해석자의 해석활동에 맡겨두는 것 또한 입법자의 의사로 볼 수 있기 때문이다. 입법자가 법률을 통하여 법해석자와 적용자를 구속하려는 의사를 법률에 명확히 표현하고 있다면 해석자는 입법자의 의사를 해석에 반영하는 것이 요구된다. 특히 새로운 법률일수록 입법자의 의사는 중요하다. 시간이 경과하지 않는 새로운 법률에는 가치판단의 구조가 동일하기 때문이다.

그럼에도 불구하고 해석실무에서 본질문제를 어떻게 결정할 것인가에 관하여 합의될 만한 기준이 보이지 않는 경우에는 입법자의사는 중요하지만,[41] 입법자의 의사를 따를 경우 오히려 체계에 반하는 해석에 이를 때에는 그 중요성은 상실한다. 현재 일반적으로 승인되고 있는 이론체계를 폐지하고 새로운 체계를 정립하려는 의사가 명백한 경우가 아니라면 입법자가 이론체계에 반하여 입법행위를 하려고 생각할 수 없기 때문이다.[42]

시민의 자유로운 활동영역을 좁히는 방향으로 입법자의 의사를 확장 또는 유추하는 해석은 민주적 정당성을 결여한다. 헌법정신에 따

---

39) 이에 대한 논문으로는 김영환, 법률해석의 목표: 주관적 해석이론과 객관적 해석이론 간의 논쟁에 관해, 법철학연구 제21권 제1호, 2018, 367면 이하 참조.
40) 주관적 해석이론과 객관적 해석이론 중 양자택일식 사유방식보다는 어느 하나의 이론을 근간으로 해서 양자를 결합하는 합의론이 일반적이다(이에 대하여 김영환, 앞의 논문, 375면). 따라서 해석기준 간의 우선관계에 관한 논의로 바뀌어져 진행되고 있다.
41) 이용식, 앞의 논문, 46면.
42) 이용식, 앞의 논문, 47면; 일반적으로 승인되고 있는 책임주의원칙에 반하여 무과실책임도 처벌할 수 있다는 해석에 이르는 입법자의 의사는 중요하지 않다.

르면 시민의 자유를 제한하기 위하여는 입법자의 명시적인 의사표시가 법률에 분명하게 표현되어야 하기 때문이다.

입법자의사가 추구하는 처벌의 범위를 법관이 피고인에게 유리한 방향으로 축소하는 것은 법규구속성의 원칙에 반하지 아니하지만, 입법자의사의 구속력을 부정하기 위해서는 그 입법자의사에 따르는 해석이 자주 부당하다는 결론에 이른다는 것이 충분히 논증될 필요가 있다. 입법자가 추구하는 입법목적을 그대로 해석에 반영하면 경우에 따라서는 적정처벌의 한계를 넘어선다고 생각되는 사례가 발생한다면 이에 대한 해석은 합헌의 범위 내에 있도록 해석하여 가능한 입법자의 의사를 유지할 필요가 있다.[43][44]

청탁금지법 제8조 제3항을 해석함에 있어서 입법자의 의사가 무엇인지를 확인할 필요가 있다. 청탁금지법은 부패방지 정책 시행의 일환으로 우리 사회의 폐습으로 작용하는 부정청탁과 금품수수 관행의 근절을 위한 배경 하에 추진되었다.[45] 동법의 입법목적은 기존 부패행위 통제의 사각지대를 보완하는 것이다.

공직자의 청렴성에 대한 국민의 기대수준의 상승 및 부패행위에 대한 판단기준이 변화되었다. 관행으로 여겨졌던 스폰서, 떡값, 전별금 등이나 대가와 결부되지 않은 경우도 부정부패의 시발점으로 인식하였으며, 다양화·은밀화·고도화된 새로운 유형의 부패행위에 대한 기존 반부패 법령의 규제 사각지대를 보완할 필요가 있다는 것이 동법의 입법목적 중 하나이다.[46] 특히 금품이나 향응은 당장의 대가성이나

---

43) 이용식, 앞의 논문, 48면.

44) 입법취지를 해석의 전면에 위치시키는 것을 경계하는 견해도 있다. 대법원 2006.11.16. 선고 2006도4549 전원합의체 판결 중 보충의견에 따르면 "입법 취지는 존중되어야 한다. 그러나 '법률문언의 통상적인 의미를 벗어나지 않는 범위 안에서' 그러하여야 한다는 점 역시 대법원이 그 때마다 밝힌 바와 같다. 입법 취지만을 강조하여 법률문언의 통상적인 의미를 벗어나면서까지 그 해석을 갈음할 수는 없다. 입법 취지는 문언의 통상적인 의미는 어느 정도 확인되는 것을 전제로 하여 그에 대하여 보다 구체적이고 합리적인 해석을 하기 위한 한 가지 고려요소일 뿐이"라는 견해도 있다.

45) 국민권익위원회, 청탁금지법 해설, 14면.

직무관련성이 없더라도 원만한 관계유지를 통해 장차 도움 받을 일이
있을 것으로 생각하고 제공하는 경향이 있었으며, 접대문화는 공정한
경쟁을 가로 막아 공직자의 공정한 직무수행을 저해할 뿐만 아니라
공직자의 직무수행에 대한 의혹과 불신을 초래하고 있었다. 공직자등
이 거액의 금품등을 수수하였음에도 직무관련싱·대가성이 없다는 이
유로 처벌받지 않아 공직사회에 대한 국민적 불신이 증가하는 상황에
서 청탁금지법은 공직자등의 금품등 수수행위를 직무관련성·대가성
이 없는 경우에도 제재가 가능하도록 하여 국민 신뢰를 확보하는 것
을 그 입법목적으로 하고 있다.

3. 형법해석의 특수성
가. 구성요건해석에 있어서 엄격해석

규범으로서의 법률은 그 적용영역에 속하는 무수한 사례를 포괄
적으로 규율해야 하기 때문에 일반적·추상적으로 규정될 수밖에 없
으므로 개별적·구체적인 법적 분쟁에 법률을 적용하는 경우에는 당
해 사건에 적용할 가장 적합한 규범을 찾아내고 그 규범의 의미와 내
용을 확정하는 사유과정인 법률해석의 과정을 거칠 수밖에 없다. 따라
서 법률조항은 그 자체의 법문이 아무리 간단명료하다고 하더라도 이
를 개별적·구체적 사건에 적용함에 있어서는 (관념상으로라도) 법률조
항에 대한 해석이 불가결하게 선행될 수밖에 없으므로, 결국 법률조항
과 그에 대한 해석은 서로 별개의 다른 것이 아니라 동전의 양면과
같은 것이어서 서로 분리될 수 없다.47)

---

46) 국민권익위원회, 청탁금지법 해설, 17면.
47) 헌재 2012.12.27. 2011헌바117; 종래 법실증주의적인 개념법학(Begriffsjurisprudenz)에
　　서는 실정법의 완결성과 무흠결성을 전제로 '법'과 '법해석'을 구별하려고 하였
　　으나 그러한 주장은 이미 20세기 초에 구체적 타당성을 추구하는 목적론적·
　　개별적인 법해석론에 의하여 극복되어 이제는 폐기된 역사적 유물에 불과하
　　게 되었다. 따라서 더 이상 개념법학적 관념을 기초로 하여 '법률'과 '법률의
　　해석'을 별개의 것으로 인식할 것은 아닌 것이다.

일반적으로 형벌법규 이외의 법규범에서는 법문의 의미가 명확하지 않거나 특정한 상황에 들어맞는 규율을 하고 있는 것인지 모호할 경우에는, 입법목적이나 입법자의 의도를 합리적으로 추론하여 문언의 의미를 보충하여 확정하는 체계적, 합목적적 해석을 할 수도 있고, 유사한 규범이나 유사한 사례로부터 확대해석을 하거나 유추해석을 하여 법의 흠결을 보충할 수도 있다.[48] 나아가 법률의 문언 그대로 구체적 사건에 적용할 경우에는 오히려 부당한 결론에 도달하게 되고 입법자가 그러한 결과를 의도하였을 리가 없다고 판단되는 경우에는 문언을 일정 부분 수정하여 해석하는 경우도 있을 수 있다.

그러나 형벌조항을 해석함에 있어서는 헌법상 규정된 죄형법정주의 원칙 때문에 입법목적이나 입법자의 의도를 감안하는 확대해석이나 유추해석은 일체 금지되고 형벌조항의 문언의 의미를 엄격하게 해석해야 하는 것이다.[49] 아무리 처벌의 필요성이 있다고 하더라도 명문 규정의 의미를 피고인에게 불리한 방향으로 지나치게 확장해석하거나 유추해석하는 것은 죄형법정주의의 원칙에 어긋나는 것으로서 허용되지 않는다고 함은 대법원의 확립된 견해이다.[50]

나. 축소해석 또는 제한해석의 가능성

형벌법규를 해석함에 있어서 유추해석이나 확장해석은 원칙적으로 금지되지만, 축소해석은 가능하다. 축소해석은 법문의 목적을 고려할 때 지나치게 넓게 파악된 것을 그 목적에 맞게 축소하는 것이다. 규범의 적용범위를 법의 목적에 따라 축소함으로써 문제된 사례에 대

---

48) 법의 흠결을 보충하는 정도를 넘어서 법창조에 해당한다면 이는 법관법을 인정하는 것이라는 점에서 법의 흠결보충과 법창조는 구별되며, 법창조는 법치주의적 관점에서 유의하여야 한다.

49) 헌재 2012.5.31. 2009헌바123등; 헌재 2012.12.27. 2011헌바117 등 참조.

50) 대법원 1992.10.13. 선고 92도1428 전원합의체 판결; 대법원 1999.7.9. 선고 98도1719 판결; 대법원 2002.2.8. 선고 2001도5410 판결; 대법원 2004.2.27. 선고 2003도6535 판결; 대법원 2006.10.19. 선고 2004도7773 전원합의체 판결; 대법원 2006.11.16. 선고 2006도4549 전원합의체 판결 등.

해 법규범을 적용되지 않게 구성함으로써 외관상 법문과 정반대의 결과를 가져오기 때문에 법률에 반하는 법해석(contra legem)으로 보일 수 있지만, 축소해석은 차별적 취급(Differenzierung)를 중시하여 정의원칙을 구현하는 것이다.51) 축소해석이 허용되는 경우로는 ① 문언 그대로 해석을 하게 되면 국민의 기본권을 위축시킬 염려가 있는 경우, ② 행위자의 가벌성을 좁히는 경우, ③ 법운영 당국에 의한 자의적 집행을 허용할 소지가 생길 경우, ④ 다른 법률과의 체계와 모순이 발생할 경우 등이 있다.

　　대법원 판례에 따를 경우 공무원에게 금지한 '공무 이외의 일을 위한 집단적 행위'의 의미를 해석함에 있어서 판례는 국가공무원법상의 '공무 이외의 일을 위한 집단적 행위'는 공무가 아닌 어떤 일을 위하여 공무원들이 하는 모든 집단적 행위를 의미하는 것은 아니고 언론, 출판, 집회, 결사의 자유를 보장하고 있는 헌법 제21조 제1항, 헌법상의 원리, 국가공무원법의 취지, 국가공무원법상의 성실의무 및 직무전념의무 등을 종합적으로 고려하여 '공익에 반하는 목적을 위하여 직무전념의무를 해태하는 등의 영향을 가져오는 집단적 행위' 라고 축소해석한다.52) 파업과 관련된 업무방해죄의 성립을 검토하는 경우도 마찬가지이다. 근로자는 원칙적으로 헌법상 보장된 기본권으로서 근로조건 향상을 위한 자주적인 단결권·단체교섭권 및 단체행동권을 가지므로, 쟁의행위로서 파업이 언제나 업무방해죄에 해당하는 것으로 볼 것은 아니므로 '위력'에 의한 업무방해죄의 성립범위를 제한적·축소해석하는 것도 같은 맥락이라고 볼 수 있다.53)

　　헌법재판소도 축소해석을 허용하고 있다. 문리 그대로 해석한다면 국민의 기본권을 위축시킬 염려가 있는 경우, 문리 그대로 적용범위가 과도하게 광범위하고 다의적인 것이 되면 법운영 당국에 의한

---

51) 김영환, 한국에서의 법학방법론의 문제점, 법철학연구 제18권 제2호, 2015, 147면.
52) 대법원 1992.2.14. 선고 90도2310 판결.
53) 대법원 2011.3.17. 선고 2007도482 전원합의체 판결.

자의적 집행을 허용할 소지가 생길 경우, 즉 차별적으로 법을 집행하는 이른바 선별집행이 가능할 경우, 다른 법률과의 체계와 모순이 발생할 경우에는 축소해석 또는 제한해석이 가능하다.54)

문언의 가능한 의미에 따른 해석이 다른 법률과 모순되는 경우, 입법목적 등에 비추어 불합리한 결과를 낳거나 죄형법정주의의 요청에 어긋나는 경우에는 법질서 전체의 이념, 형벌법규의 기능과 목적, 보호법익과 보호의 목적 등 여러 요소를 모두 고려하여 그 문언의 의미를 통상보다 한정적으로 해석하는 목적론적 축소해석도 가능하다고 생각한다.55)56)

다. 위법성조각사유 등에 대한 해석

엄격해석과 축소해석의 대상이 되는 것은 구성요건에 대한 것이다. 구성요건에 대해서는 엄격해석을 하여야 하며, 유추해석이나 지나친 확장해석은 가능하지 않다는 것은 확립된 견해이다. 행위자의 가벌성을 확대하는 것이기 때문이다.

이에 반하여 위법성조각사유 등에 대한 해석은 달리 보아야 한다. 이는 유추적용금지의 원칙과 관련이 있다. 유추해석금지의 원칙은 모든 형벌법규의 구성요건뿐만 아니라 가벌성에 관한 규정에도 준용된다. 위법성 및 책임의 조각사유나 소추조건, 또는 처벌조각사유인 형면제 사유에 관하여 그 범위를 제한적으로 유추적용하게 되면 행위자의 가벌성의 범위는 확대되어 행위자에게 불리하게 된다. 이는 가능한 문언의 의미를 넘어 범죄구성요건을 유추적용하는 것과 같은 결과가

---

54) 헌재 1990.4.2. 89헌가113.
55) 대법원 2006.11.16. 선고 2006도4549 전원합의체 판결에서의 소수의견이다.
56) 엄격해석과 제한해석의 필요성은 부정청탁금지법의 '부정청탁 금지규정'의 해석에 있어서도 마찬가지이다. 금지된 부정청탁행위 여부를 판단함에 있어서 '법령을 위반하여'의 의미와 그 범위, '정상적인 거래관행을 벗어남'에 대한 의미와 그 범위에 대해서도 엄격해석이 필요하다. 이를 지적한 문헌으로는 이천현, 부정청탁 금지행위와 제재에 관한 소고, 한양법학 제26권 제3집, 2015.8, 323~324면.

초래되므로 죄형법정주의의 파생원칙인 유추해석금지의 원칙에 위반하여 허용될 수 없다.[57]

따라서 위법성조각사유 등 행위자에게 유리한 규정에 대해서는 축소해석이 아닌 확장해석을 허용할 수 있다. 다만 구성요건해당성배제사유와 위법성조각사유의 확장해석의 범위는 달리 설정할 필요가 있다고 생각한다. 구성요건해당성배제사유는 '원칙적으로 허용된 행위유형'이라는 점에서 보다 적극적으로 확장해석하는 것이 가능하며, 위법성조각사유는 그 전제되는 구성요건이 '원칙적으로 금지된 행위유형'이라는 점에서 상대적으로 확장해석은 제한적일 수 밖에 없다고 생각한다.

Ⅳ. 상급자에 대한 해석

1. 상급자에 대한 해석

상급 공직자가 하급 공직자에게 주는 금품은 구성요건해당성배제사유이다. 따라서 지나치게 좁게 해석하게 되면 행위자의 가벌성이 넓히게 되어 죄형법정주의 원칙에 반할 우려가 있다. 따라서 법률문언의 통상적인 의미를 벗어나지 않는 방법에 합리적으로 해석하여야 한다. 오히려 행위자의 행위자유영역에 속하는 표지라고 볼 수 있다면 해당 법문언의 의미를 확장하는 것이 적절하다고 볼 수 있다. 시민의 자유로운 활동영역을 넓히는 방향으로 해석을 하는 것도 허용될 수 있다.

상급자의 의미에 대한 구체적 해석방법으로 문언적 해석방법에서 출발한다. 청탁금지법에서는 공직자에 관한 정의규정을 두고 있을 뿐이고, '상급 공직자'에 대한 정의규정을 두고 있지 않다. 따라서 상급 공직자에 대한 사전적 의미는 '보다 높은 등급이나 계급'을 의미하며, 직무상 명령·복종관계에서의 등급이나 계급으로 한정되지 않는다. 이

---

57) 대법원 1997.3.20. 선고 96도1167 전원합의체 판결; 대법원 2010.9.30. 선고 2008도4762 판결.

런 점은 공무원 행동강령, 공직자 윤리법 시행령, 공무원 징계령 등 다수의 법령에서 상급자, 하급자 개념에 직무상 명령·복종 관계를 전제로 하고 있지 않다.

2. 해석적 관점에서의 2가지 쟁점

가. 직무상 상하관계

검사 상호간에는 직무상 상하관계에 있음은 분명하다 검찰청법 제7조 제1항에 따르면 검사는 검찰사무에 관하여 소속 상급자의 지휘·감독에 따른다.

본 사안에서 문제된 것은 법무부 검사와 검찰청 소속의 검사와는 직무상 상하관계에 있는가이다. 피고인은 서울중앙지방검찰청 검사장으로서 서울고등검찰청 부장검사 겸 법무부 검찰국 검찰과장인 2명보다 직급상 상급 공직자임에는 분명하지만, 서울중앙지검 검사장인 피고인과 법무부 검찰국 검찰과장인 직무상 명령·복종관계에 있지는 않다. 이에 대하여 원심은 "피고인과 공소외 1, 공소외 2는 검찰총장을 정점으로 하는 계층적 조직체의 일원으로서 직무상 상하관계에 있으므로 예외사유인 상급 공직자와 하급 공직자에 해당한다."고 보았다. 대법원도 원심과 같이 직무상 상하관계에 있다고 판단하였다.

검사는 1-2년 주기로 검찰청 간의 전보나 겸직, 타 기관 파견 후 복귀 등 인사이동을 하고 있으며, 정부조직법상 검찰청은 법무부 소속인데, 특히 법무부에 근무하는 검사들은 일선 검찰청 검사로 겸직을 하고 있으며, 법무부와 그 소속기관 직제상 법무부 검찰국의 분장사항이 일반적인 검찰업무와 가장 밀접한 관련이 있는 점 등을 종합하여 보면 피고인과 공소외인의 관계는 상급 공직자와 하급 공직자에 해당한다.

나. 직무상 명령·복종이나 지휘·감독관계

예외사유에 해당하기 위해서 상급 공직자와 하급 공직자간에 직무상 명령·복종이나 지휘·감독관계에 있어야 하는가에 대하여 대법원은 직무상 명령·복종이나 지휘감독관계에 있어야 하는 것은 아니라고 한다. 예외사유의 문언을 지나치게 좁게 해석하게 되면 피고인에 대한 가벌성의 범위를 넓히기 되어 유추해석금지의 원칙에 반한 우려가 있다고 하며, 법률문언의 통상적인 의미를 벗어나지 않는 범위 내에서 합리적으로 해석할 필요가 있다고 한다. 따라서 직무상 지휘감독관계가 아니더라도 상급 공직자가 준 것은 허용되는 금품수수에 해당한다.

V. 결 론

청탁금지법에 규정된 금품수수의 허용의 형법적 성격에 대하여 직접적으로 논의하고 있는 문헌은 아직 발견되지 않았다. 청탁금지법과 관련된 문헌들은 대부분 청탁금지법에 대한 일반적 설명과 그에 대한 정책적 문제점에 대한 비판이 대부분이다.[58] 일부 문헌에서는 동법 제8조 제3항 전체를 위법성조각사유로 보고 있는 견해도 있고,[59] 청탁금지법의 예외사유 중 '사회상규에 위배되지 않은 행위'에 대하여 유형화, 구체화 작업이 필요하다고 하면서 이에 대하여 위법성조각사유로 인정하는 견해도 있다.[60] 부정청탁에 해당될지라도 예외적으로 허용된다는 입장도 위법성조각사유로 보는 견해로 볼 수 있다.[61] 국민권익위원회는 예외사유에 해당하면 최종적으로 금지되는 행위에 해당되지 않는 것으로 보고 있는데,[62] 이러한 해석이 구성요건해당성배제

---

58) 헌법재판소의 합헌결정에 대한 비판으로 이원상, 형법적 관점에서의 청탁금지법에 대한 소고-헌법재판소 2015헌마236 등 결정을 참고하여-, 국민대학교 법학논총 제29권 제2호, 2016.10, 357면.

59) 이규호, 부정청탁 및 금품수수금지법과 위법성조각사유, 사법행정, 2016.11., 24면; 그러나 이 문헌은 본 논문에서 문제 삼고 있는 구성요건해당성배제사유인지 위법성조각사유인지를 논증하는 것이 아니라 단순히 청탁금지법의 내용을 위법성조각사유라고 전제하고 설명하고 있다. 큰 의미가 있다고 보이지 않는다.

60) 이천현, 앞의 논문, 326면.

61) 홍성칠, 청탁금지법 해설, 박영사, 2016.

사유로 본 것인지, 아니면 위법성조각사유인지로 본 것인지는 불분명
하다.

청탁금지법의 금품수수의 허용에 대한 규정은 구성요건해당성배
제사유로 이해하는 것이 타당하다. 처벌규정의 내용과 체계방식이 금
지목록과 허용성을 동등한 위치로 배치한 점, 법문이 벌하지 아니한다
고 표현하고 있지 않고 금지행위에 해당하지 않는다는 형식으로 표현
하고 있는 점, 허용되는 금품수수는 사회적으로 상당한 행위 유형으로
형법상 금지의 실질이 없는 행위의 자유영역에 속한다고 볼 수 있는
점을 볼 때 위법성조각사유가 아니라 구성요건해당성배제사유라고 보
는 것이 타당하다.

구성요건해당성 배제사유이든 위법성조각사유이든 해석함에 있어
서 확장적 해석이 가능하다. 행위자의 가벌성의 범위를 좁히는 것이기
때문이다. 다만 구성요건해당성배제사유는 '원칙적으로 허용된 행위유
형'이라는 점에서 보다 적극적으로 확장해석하는 것이 가능하며, 위법
성조각사유는 그 전제되는 구성요건이 '원칙적으로 금지된 행위유형'
이라는 점에서 상대적으로 확장해석은 제한적일 수밖에 없다.

형사실무는 구성요건과 위법성이 독자적인 기준을 가지고 있는
독립된 체계요소라는 것을 인정하지 않고 양자의 경계를 모호하게 긋
고 있는 경향성이 강하다.63) 예를 들면 공연음란죄에 있어서 음란이라
는 구성요건을 해석하는 경우,64) 배임수증재죄에 있어서 '부정한 청탁'

---

62) 국민권익위원회, 청탁금지법 해설, 71면.

63) 김성돈, 앞의 논문, 28면.

64) 대법원 2008.3.27. 선고 2006도6317 판결; 여기서 '음란'이라 함은 사회통념상
일반 보통인의 성욕을 자극하여 성적 흥분을 유발하고 정상적인 성적 수치심
을 해하여 성적 도의관념에 반하는 것을 말한다. (중략) ··· 특정 표현물을 형
사처벌의 대상이 될 음란 표현물이라고 하기 위하여는 그 표현물이 단순히
성적인 흥미에 관련되어 저속하다거나 문란한 느낌을 준다는 정도만으로는
부족하다. 사회통념에 비추어 전적으로 또는 지배적으로 성적 흥미에만 호소
할 뿐 하등의 문학적·예술적·사상적·과학적·의학적·교육적 가치를 지니
지 아니한 것으로서, 과도하고도 노골적인 방법에 의하여 성적 부위나 행위
를 적나라하게 표현·묘사함으로써, 존중·보호되어야 할 인격체로서의 인간

이라는 구성요건을 해석하는 경우[65]가 이에 해당한다.

구성요건해당성과 위법성은 엄격히 구별될 수 있으며 구별되어야 한다. 위법성은 구성요건에 해당하는 행위에 대한 법질서의 반가치'판단'이며 행위에 대한 법적 속성이다. 판단과 판단의 대상, 속성과 그 속성의 주체를 구별할 수 있는 것과 마찬가지로 위법성과 구성요건해당성은 구별될 수 있다.

3단계 범죄체계론이 정립되어 가던 형법이론의 초창기와는 달리 구성요건이 위법성과 독립된 체계요소로 자리잡게 됨에 따라 구성요건에 대해서는 엄격성과 명확성에 대한 요구는 훨씬 커졌으며, 위법성과 책임은 적극적으로 범죄를 근거지우는 체계요소가 아닌 소극적으로 범죄성립을 배제하는 사유들을 심사하는 체계요소로서의 성격이 강해졌다.[66] 형법이론의 발전에 따라 구성요건은 죄형법정주의가 꽃피었던 18세기보다 더욱 엄격하게 '정형성'을 유지하도록 요청받고 있다.[67]

따라서 판례가 '소극적 구성요건'의 용어를 사용하는 것은 이론적 기초를 불안정하게 하는 요인이 될 수 있다는 점에서 용어사용을 신중히 하였어야 한다.[68] 판결문에 나타난 다른 이유를 분석해보았을

의 존엄과 가치를 훼손·왜곡한다고 볼 정도로 평가될 수 있어야 한다. 나아가 이를 판단할 때에는 표현물 제작자의 주관적 의도가 아니라 사회 평균인의 입장에서 그 전체적인 내용을 관찰하여 건전한 사회통념에 따라 객관적이고 규범적으로 평가하여야 한다.

65) 대법원 2010.9.30. 선고 2009도5793 판결, 대법원 2002.4.9. 선고 99도2165 판결; 배임수증재죄에 있어서 부정한 청탁이라 함은 청탁이 사회상규와 신의성실의 원칙에 반하는 것을 말하고, 이를 판단함에 있어서는 청탁의 내용과 이와 관련되어 교부받거나 공여한 재물의 액수, 형식, 보호법익인 사무처리자의 청렴성 등을 종합적으로 고찰하여야 한다.

66) 김성돈, 한국 형법의 사회상규조항의 계보와 그 입법적 의의, 형사법연구 제24권 제4호, 2012 겨울, 24면.

67) 김성돈, 앞의 논문, 25면.

68) 대법원 판결의 표현을 긍정적으로 이해할 수도 있다. 위법하다는 판단의 대상이 되는 상황이 적극적 구성요건요소라고 한다면, 반대로 '위법하지 않다.' '정당하다'는 판단의 기초가 되는 소극적 부호(-)를 달고 있는 상황도 똑같이 구성요건에 속한다는 입장으로 이해될 수 있다. '위법성'이 적극적 행위상황이 아니기 때문에 '위법성의 부정' 또한 소극적 행위상황이 아닌 것과 마찬가

때, '소극적 구성요건'이라는 표현은 '구성요건해당성배제사유'라고 이해할 경우 대법원의 표현은 개념상의 혼동에 불과한 문제일 수도 있다. 하지만 구성요건의 정형성 내지 죄형법정주의로 함축되는 형법의 엄정주의에 반할 우려가 있으며, 형법적용에 있어서 법적 안정성을 위태롭게 할 수 있다. 형법의 자유보장적 과제를 우선하여 죄형법정주의를 후퇴시키지 않는 방향으로 전개되어야 한다. 구성요건의 정형성을 우위에 두어야 한다. 구성요건을 설정함으로써 헌법국가는 국가권력의 자의에 맞서서 개개의 시민들에게 개인적 자유를 보장한다. 바로 이 점에 죄형법정주의의 헌법적 의미가 있다.

[주 제 어]

청탁금지법, 금품수수금지, 허용된 금품수수, 규정체계, 형법해석, 축소해석, 확장해석

[Key Words]

Improper solicitation and graft act, Prohibition of Receipt of Money, Allowed to receipt money, The structure of legal provisions, Interpretation of the criminal law, Restrictive Interpretation, Extension of interpretation

접수일자: 2020. 5. 24. 심사일자: 2020. 6. 29. 게재확정일자: 2020. 6. 29.

지로, '불법을 근거지우는' 요소가 구성요건의 적극적 부분에 속한다면 '불법을 조각하는' 기술적 및 규범적 요소는 논리적으로 구성요건의 소극적 부분에 속한다고 볼 수 있다.

[참고문헌]

김성돈, 한국 형법의 사회상규조항의 기능과 형법학의 과제, 성균관법학, 제
    24권 제4호, 2012.12.
김성돈, 대법원 형사판결과 법률구속성의 원칙, 형사판례연구 제26권, 2018.
김영환, 한국에서의 법학방법론의 문제점, 법철학연구 제18권 제2호, 2015.
김영환, 법률해석의 목표: 주관적 해석이론과 객관적 해석이론 간의 논쟁에
    관해, 법철학연구 제21권 제1호, 2018.
도재형, 쟁의행위에 대한 업무방해죄 적용 법리에 관한 검토, 성균관법학
    제20권 제3호.
신동룡, 인터넷상에서의 비영리적 저작권침해에 관한 형사처벌 연구, 연세
    법학연구 제8권 제1호, 2001
신동일, 소극적 구성요건 표지이론, 인천법학논총 제4집, 2001.
심재우, 구성요건의 본질, 연세대학교 법학연구 제2권, 1982.
심헌섭, 법으로부터 자유로운 영역의 이론과 형법, 현대형사법론, 김기두교
    수화갑기념, 박영사, 1980.
이용식, 형법해석의 방법-형법해석에 있어서 법규구속성과 정당성의 문제,
    서울대학교 법학, 2005.6.
이원상, 형법적 관점에서의 청탁금지법에 대한 소고 — 헌법재판소 2015헌마
    236 등 결정을 참고하여 —, 국민대학교 법학논총 제29권 제2호, 2016.10.
이지은, 청탁금지법의 적용과 사회상규, 부패방지법연구 제1권 제1호(창간
    호), 2018.8.
이천현, 부정청탁 금지행위와 제재에 관한 소고, 한양법학 제26권 제3집,
    2015.8.
정호경, 부정청탁 및 금품등 수수의 금지에 관한 법률의 구조와 쟁점, 행정
    법연구 제47호
천진호, 사회적 상당성 이론에 대한 재고, 경북대학교 법학논고 제13집.
국민권익위원회, 청탁금지법 해설집, 2018. 136면.
국민권익위원회/한국법제연구원, 부정청탁 및 금품 등 수수의 금지에 관한
    법률, 시행령 제정을 위한 공개토론회 자료집, 2015.5.

[Abstract]

The system for regulation on the receipt of moneys in the improper solicitation and graft act and the direction of interpretation of the criminal law theory

Choi, Ho-jin*

It is advisable to understand the regulations on the prohibition of solicitation in the improper solicitation and graft act for reasons that exclude the applicability of the constituent requirements. The content and system of the punishment regulations have placed the prohibited list and the allowance in equal positions, expressing that the law does not punish, and expressing it in a form that does not correspond to the prohibited action. Considering that it can be regarded as belonging to the free domain of the act without substantial substance of prohibition under the criminal law, it is reasonable to consider that it is a reason for exclusion of compositional requirements, not a reason for illegality fragmentation.

Extensive interpretation is possible in interpretation. This is because it narrows the scope of punishment of actors. However, the reason for exclusion of constructive requirements can be more actively analyzed in terms of 'the principle allowed behavior type', and the reason for the fragmentation of illegality is that the prerequisite constituent requirement is 'the principle prohibited behavior type'. Relatively expanded analysis is limited.

* Ph. D. in Law, Professor, College of Law, Dankook University.

저작자허위표시공표죄의 보호법익과
공표 중 발행의 의미*
― 일명 표지갈이 사건(대법원 2018. 1. 24. 선고
2017도18230)을 중심으로 ―

박 성 민**

[대상판례] 대법원 2018.1.24. 선고 2017도18230

[사실관계]

피고인 1부터 8은 서로 다른 대학의 교수이다. 공소외 4는 2009. 3.경 도서출판 △△△△(이하, '△△△△'이라 한다)의 영업직원인 공소외 3으로부터 공소외 4의 저작물인 '○○○○○○' 서적에 저작자가 아닌 교수들을 공저자로 추가하자는 요청을 받고 이를 승낙하였다.

피고인 1, 피고인 2, 피고인 3, 피고인 4, 피고인 6, 피고인 7, 피고인 8은 그 무렵 △△△△의 영업직원 공소외 5, 공소외 6, 공소외 3으로부터 위 서적에 저작자가 아닌 피고인 1, 피고인 2, 피고인 3, 피고인 4, 피고인 6, 피고인 7, 피고인 8을 공저자로 추가하자는 요청을 받고 이를 승낙하고, 피고인 5는 2013. 9.경 공소외 3으로부터 위 서적에 저작자가 아닌 피고인 5를 공저자로 추가하자는 요청을 받고 이를 승

* 본 평석문은 2020년 1월 6일 한국형사판례연구회 월례발표회에서 발표한 발표문을 수정 보완한 것이다.
** 경상대학교 법과대학 부교수, 경상대학교 법학연구소 선임연구원, 법학박사

낙하고, 공소외 8은 2015. 9.경 △△△△의 영업직원 공소외 7로부터 위 서적에 저작자가 아닌 공소외 8을 공저자로 추가하자는 요청을 받고 이를 승낙하였다.

위 공소외 3, 공소외 5, 공소외 6, 공소외 7은 2009. 3. 2.경 파주시 (주소 1 생략)에 있는 △△△△ 사무실에서, 사실은 피고인 1, 피고인 2, 피고인 3, 피고인 4, 피고인 6, 피고인 7, 피고인 8이 '○○○○○○'의 공저자가 아님에도 서적 표지에 피고인 1, 피고인 2, 피고인 3, 피고인 4, 피고인 6, 피고인 7, 피고인 8을 공저자로 추가한 서적을 △△△△ 명의로 초판 발행하고(초판), 2012. 3. 10.경 2판 추가 발행하고(1차개정판), 2013. 9. 10.경 사실은 피고인 1, 피고인 2, 피고인 3, 피고인 4, 피고인 6, 피고인 7, 피고인 8 및 피고인 5가 '○○○○○○'의 공저자가 아님에도 서적 표지에 피고인 1, 피고인 2, 피고인 3, 피고인 4, 피고인 6, 피고인 7, 피고인 8 및 피고인 5를 공저자로 추가하여 소위 '표지갈이'한 서적을 △△△△ 명의로 3판(2차개정판) 발행하였다. 이로써, 피고인들은 위 공소외 3, 공소외 5, 공소외 6, 공소외 7 등과 순차 공모하여 저작자 아닌 자를 저작자로 하여 실명을 표시하여 저작물을 공표하였다.[1] 이후 위 공소외 3, 공소외 5, 공소외 6, 공소외 7은 2015. 9. 20.경 파주시 (주소 1 생략)에 있는 △△△△ 사무실에서, 사실은 피고인들 및 공소외 8이 '○○○○○○'의 공저자가 아님에도 서적 표지에 피고인들 및 공소외 8을 공저자로 추가하여 소위 '표지갈이'한 서적을 △△△△ 명의로 3판(3차개정판)을 발행하였지만, 창고에 쌓아둔 상태에서 검찰에 압수되었다.

○ 1심[2]의 판단

저작권법은 제137조 제1항 제1호에 저작자 아닌 자를 저작자로 표시하여 공표한 경우에 처벌하는 규정을 두고 있는바,[3] 1심법원은

---

1) 의정부지방법원 2017. 4. 28. 선고 2015고단4722 판결 참조.
2) 의정부지방법원 2017. 4. 28. 선고 2015고단4722 판결.

저작권법위반죄의 성립을 검토하였다.[4]

피고인들은 1, 2차개정판에 대해서는 이 사건 서적이 이미 공표한 저작물(초판)과 동일한 저작물로서 공표에 해당하지 않는다는 주장을 하였지만, "① 현행 저작권법상 '공표권'에 대한 침해행위의 규제는 저작인격권 보호에 관한 저작권법 제136조 제2항 제1호를 통하여 이루어지고 있으므로, 이 사건 처벌조항의 주된 보호법익은 '공표권' 그 자체가 아닌, '저작자 표시에 대한 사회적 신뢰'라는 사회적 법익으로 봄이 상당한 점, ② 이 사건 처벌조항과 가장 밀접하게 관련된 개인적 법익을 굳이 생각한다고 하더라도, 저작자에 대한 허위의 표시행위를 규제하는 이 사건 처벌조항의 내용에 비추어 볼 때, '공표권'이 아닌 저작인격권 중 '성명표시권'이 이에 해당한다고 볼 수 있는 점, ③ 현행 저작권법이 '공표'의 개념을 "저작물을 공연·방송 또는 전시 그 밖의 방법으로 일반 공중에게 공개하는 경우와 저작물을 발행하는 경우"로 정의하여 저작물의 종류에 따른 공표의 방법을 구분하고 있을 뿐, 최초의 공개 내지 발행 행위로만 제한하고 있지 아니하고, 최초의 저작물 공표행위 이후 저작자 사칭 등의 방법으로 행해지는 저작권 침해행위에 대하여도 규제할 필요성이 있는 점 등을 종합하면, 이 사건 처벌조항 위반으로 인한 저작권법위반죄는, 저작자 아닌 자를 저작자로 표시하여 저작물을 공중에 공개하거나 발행하는 행위를 할 때마다 범죄가 성립한다고 해석하여야 하고, 이를 '최초로 공중에 공개하거나 발행하는 경우'로만 국한하여 해석할 수는 없으므로 저작권법위반죄의 성립을 긍정하였다.

반면 2015. 9. 20.경의 3차개정판에 대해서는

---

3) 저작권법 제137조 제1항 다음 각 호의 어느 하나에 해당하는 자는 1년 이하의 징역 또는 1천만원 이하의 벌금에 처한다.
   1. 저작자 아닌 자를 저작자로 하여 실명·이명을 표시하여 저작물을 공표한 자
4) 해당 사건의 경우 1심법원은 피고인들이 사건의 저작물을 교원업적평가 등에 활용한 행위에 대해 각 업무방해죄 및 위계에 의한 공무집행방해죄의 성립을 긍정하였고 원심과 대법원도 크게 다르지 않은 판결을 하였다.

"(1) △△△△의 영업직원 공소외 7, 공소외 5는 모두 이 법정에서, 2015. 9. 20.경 발행된 이 사건 서적의 개정판(이하, '이 사건 개정판'이라 한다)은 인쇄되어 △△△△의 창고에 입고된 직후 검찰로부터 압수당하여 시중에 출고된 적이 없었다고 진술하였다.

(2) 저작권법상 '공표'의 개념은 "저작물을 공중에게 공개하는 경우" 및 "저작물을 발행"하는 경우로, '발행'의 개념은 "저작물 등을 공중의 수요를 충족시키기 위하여 복제·배포"하는 경우로 각 정의되어 있는 점, 앞서 본 바와 같이 이 사건 처벌조항의 주된 보호법익은 '저작자 표시에 대한 사회적 신뢰'로 볼 수 있는 점 등에 비추어 볼 때, 저작물인 이 사건 개정판이 인쇄되어 도서의 형태로 제작된 이후더라도 아직 시중에 출고되기 전 상태라면, 이 사건 개정판은 일반 대중들에게 공개 가능한 상태였다고 볼 수 없어 이 사건 처벌조항의 구성요건인 '공표'행위가 있었다고 보기 어렵다.

(3) 한편, 이 사건 개정판의 공저자로 허위 등재되었던 공소외 8은 검찰 및 이 법정에서, 2015. 8.말경 이 사건 개정판 5권을 자신의 연구실에서 배송 받은 적이 있었다고 진술하였다. 그러나 공소외 8은 이 법정에서, 위 개정판 5권을 배송 받은 후 다른 사람에게 이를 증정하거나 보여준 적은 없었고, 나중에 이를 폐기하였다고 진술하였는바, 이 사건 처벌조항 위반행위에 가담한 공소외 8 이외의 일반 대중에게 이 사건 개정판이 배포되는 등의 방법으로 공개되었음을 인정할 증거가 없는 이상 공소외 8의 위와 같은 진술만으로는 이 사건 개정판이 '공표'되었음을 인정하기에 부족하다."는 이유로 무죄판결하였다.

○ 항소심5)의 판단

항소심에서 피고인1, 3, 5는 "저작권법 제137조 제1항 제1호의 '공표'는 저작물을 최초로 공중에 공개하거나 발행한 경우를 의미하는데 이 사건 서적의 1, 2차 개정판은 최초로 발행된 서적을 새로이 인쇄하

---

5) 의정부지방법원 2017. 9. 14. 선고 2017노1269 판결.

였을 뿐 최초로 공중에 공개하거나 발행한 것이 아니어서 이는 저작
권법에 정한 공표에 해당하지 않으므로 죄가 되지 아니한다."고 주장
하였고,[6] 피고인 5는 "저작재산권이 개인적 법익을 보호하기 위한 죄
라면 원저작자의 동의를 받아 공저자로 등재한 피고인은 죄가 없다"
고 주장하였다. 이러한 주장에 대해 항소심법원은 "① 저작권법상의
이 사건 처벌조항은 저작인격권 중 하나인 '공표권'이라는 개인적 법
익을 보호하기 위한 규정이 아니라, 오히려 저작자에 대한 허위의 표
시행위를 규제함으로써 저작자 표시에 대한 사회적 신뢰를 보호한다
는 사회적 법익을 주된 보호 법익으로 하는 규정으로 봄이 타당한 점,
② 위와 같이 보면 허위의 공저자로 등재함에 있어 원저작자의 동의
를 받더라도 이 사건 처벌조항의 구성요건에 해당하는 점, ③ 저작권
법 제137조 제1항 제1호의 '공표' 개념을 최초의 '공표'로만 제한하여
해석할 필요가 없는 점, ④ 이 사건 서적의 1, 2차 개정판은 이 사건
서적의 초판과 비교하여 허위의 공저자로 등재된 사람이 추가되었을
뿐만 아니라 내용 면에서도 일부 추가된 내용이 있어 동일한 저작물
이라고 볼 수 없는 점, ⑤ 설령 기존에 발행된 저작물과 실질적으로
동일한 저작물이라고 하더라도 저작자의 표시를 허위로 하는 행위까
지 허용된다고 볼 수 없고, 저작자의 표시를 허위로 기재하여 저작물
을 공중에 공개하는 행위를 할 때마다 죄가 성립한다고 봄이 상당한
점 등에 비추어 보면 이 사건 서적의 개정판 발행은 저작권법상의 '공
표'에 해당하고, 원저작자의 동의를 받더라도 저작권법위반죄가 성립
한다고 보아야 한다. 따라서 피고인들의 이 부분 주장은 이유 없다."
고 하였다. 다만 항소심법원은 "피고인들이 이 사건 서적의 초판에 자
신이 공동저작자로 표시되어 발행되는 것을 승낙하였다는 사정만으로
그 승낙의 효력이 그 이후 모든 '판'을 달리하여 이루어지는 개정판
발행에도 미친다고 보는 것은 형사처벌의 범위를 부당히 넓힐 우려가
있는 점 등을 종합하면, 피고인들이 이 사건 서적의 초판에 자신을 공

---

6) 이러한 주장은 1심에서도 있었지만, 받아들여지지 않았다.

동저작자로 등재할 것을 승낙하였다고 하더라도, 그 승낙의 효력이 당연히 이 사건 서적의 1, 2차 개정판에 미친다고 보기 어렵다."고 하여 이 사건 저작권법 위반죄에 대해 무죄를 선고하였다.

한편 검사는 "2015. 9. 20. 이 사건 서적의 3차개정판이 아직 출고되지는 않았지만 언제든지 출고가능한 상태가 되었다면 저작자 표시에 대한 사회적 신뢰라는 사회적 법익의 침해 위험이 발생하였고 이는 저작권법에서 규정한 '공표'에 포함된다고 보아야 하므로 이 사건 서적의 3차 개정판에 관한 공소사실도 유죄로 인정되어야 한다"고 주장하였다. 이에 대해 항소심법원은 "원심판결의 무죄이유와 이 사건 기록을 대조하여 면밀히 살펴보면, 원심이 그 판시와 같은 사유를 들면서 이 사건 서적의 3차 개정판은 일반 대중들에게 공개 가능한 상태였다고 볼 수 없어 저작권법에서 처벌하는 '공표'행위가 없었다고 보아 이 부분 공소사실을 무죄로 판단한 조치는 정당하고, 검사가 제출한 증거들만으로는 피고인들의 행위가 저작권법상의 '공표'에 이르렀다고 인정하기에 부족하므로, 검사의 위 주장은 이유 없다"고 하여 무죄를 선고하였다.[7]

○ **상고심[8]의 판단**

대법원은 1, 2차 개정판에 대한 원심의 판단을 인용하여 무죄를 확정하였고, 3차 개정판에 대해서는 "(1) 저작권법 제137조 제1항 제1호는 '저작자 아닌 자를 저작자로 하여 실명·이명을 표시하여 저작물을 공표한 자를 형사처벌한다.'고 정하고 있고, 저작권법 제2조 제25호는 '공표'의 의미에 관해 "저작물을 공연, 공중송신 또는 전시 그 밖의 방법으로 공중에게 공개하는 것과 저작물을 발행하는 것을 말한다."라고 정하고 있다. 공표의 한 유형인 저작물의 '발행'에 관하여 저작권법

---

7) 검사의 공소사실에는 초판이 포함되지 않아 저작권법위반죄 모두 유죄로 판단되었다.
8) 대법원 2018. 1. 24. 선고 2017도18230 판결.

규정이 다음과 같이 개정되었다. 구 저작권법(1986. 12. 31. 법률 제3916
호로 전부 개정되기 전의 것, 이하 '구 저작권법'이라 한다) 제8조 제1항에
서 "발행이라 함은 저작물을 복제하여 발매 또는 배포하는 행위를 말
한다."라고 정하고 있었다. 그 후 1986. 12. 31. 법률 제3916호로 전부
개정된 저작권법은 "발행: 저작물을 일반공중의 수요를 위하여 복제·
배포하는 것을 말한다."(제2조 제16호)라고 정하였고, 2006. 12. 28. 법률
제8101호로 전부 개정된 저작권법은 "발행은 저작물 또는 음반을 공
중의 수요를 충족시키기 위하여 복제·배포하는 것을 말한다."(제2조
제24호)라고 정하였으며, 현행 저작권법도 이와 같다. 여기에서 '복제·
배포'의 의미가 '복제하여 배포하는 행위'를 뜻하는지 아니면 '복제하
거나 배포하는 행위'를 뜻하는지 문제 된다. '공표'는 사전(사전)적으로
'여러 사람에게 널리 드러내어 알리는 것'을 의미하고, 저작물의 '발행'
은 저작권법상 '공표'의 한 유형에 해당한다. 단순히 저작물을 복제하
였다고 해서 공표라고 볼 수 없다. 그리고 가운뎃점(·)은 단어 사이에
사용할 때 일반적으로 '와/과'의 의미를 가지는 문장부호이다. 따라서
위 조항에서 말하는 '복제·배포'는 그 문언상 '복제하여 배포하는 행
위'라고 해석할 수 있다. 또한 구 저작권법상 '발행'은 저작물을 복제
하여 발매 또는 배포하는 행위라고 정의하고 있었다. 현행 저작권법상
'발행'의 정의규정은 구 저작권법 제8조의 '발행'에 관한 정의규정의
문구나 표현을 간결한 표현으로 정비한 것으로 보일 뿐 이와 다른 의
미를 규정하기 위해 개정된 것으로 볼 만한 사정이 없다. 한편 죄형법
정주의의 원칙상 형벌법규는 문언에 따라 해석·적용하여야 하고 피
고인에게 불리한 방향으로 지나치게 확장해석하거나 유추해석해서는
안 된다. 이러한 견지에서 '복제·배포'의 의미를 엄격하게 해석하여야
한다. 결국 저작물을 '복제하여 배포하는 행위'가 있어야 저작물의 발
행이라고 볼 수 있고, 저작물을 복제한 것만으로는 저작물의 발행이라
고 볼 수 없다.

　(2) 원심은 이 사건 공소사실 중 2015. 9. 20.경 저작권법 위반에

관하여 아래와 같은 이유로 이 사건 처벌조항의 구성요건인 '공표' 행위가 있었다고 보기 어렵다고 보아 무죄로 판단한 제1심판결을 그대로 유지하였다. 그 이유는 2015. 9. 20.경 이 사건 서적의 3차 개정판은 인쇄되어 도서출판 △△△△의 창고에 입고된 직후 검찰로부터 압수당하여 시중에 출고되기 전 상태였고, 이 사건 서적의 3차 개정판이 배포되는 등의 방법으로 일반 대중에 공개 가능한 상태였다고 볼 수 없다는 것이다. 원심판결 이유를 위에서 본 법리에 비추어 살펴보면, 원심의 판단은 정당하고, 상고이유 주장과 같이 저작권법의 공표와 발행에 관한 법리를 오해하여 판결에 영향을 미친 잘못이 없다고 하여 저작권법위반죄에 대한 무죄를 확정하였다.

1. 문제의 제기

지난 2015년 의정부지검은 다른 교수가 쓴 전공서적을 표지만 바꿔 마치 자기가 쓴 책인 것처럼 출간한 일명 '표지갈이' 사건의 중간 수사결과를 발표하였는데, 이 발표에 의하면 표지갈이 서적 38권에 마치 자신의 저작물인 것처럼 단독저자 또는 공저자로 등재한 허위 저자 159명, 표지갈이를 허락한 원저자 23명 등 전국 110개 국공립대학 교수 182명을 적발하여, 179명을 저작권법위반죄 등으로 기소(불구속구공판 74명, 약식기소 105명)하고, 3명을 기소중지(국외출장)하였으며, 표지갈이 서적을 출판한 4개 출판사 임직원 5명을 저작권법위반죄 등으로 기소(불구속구공판)하였다.[9] 표지갈이는 출판사, 원저작자, 공동저작자로 실명 또는 이명을 표시한 자(허위저작자) 모두의 이해가 합치하여 발생하는 범죄[10]로 대상사건은 법원이 판단한 여러 표지갈이 사건 중

---

9) https://www.yna.co.kr/view/AKR20151214131700060?input=1179m(최종접속일 2020. 01. 04.)

10) 예전부터 이공계 전공서적은 전문가들 사이에서만 수요가 있어 책을 출판하려는 학자 및 교수는 출판사를 섭외하기 쉽지 않은 환경이었다. 이에 공동저자로 이름을 올린 사람은 출판사의 인력풀에 이름을 올리고, 출간된 서적을 교원업적평가 등 성과반영에 활용할 수 있는 이익이 있었고, 출판사는 창고

특히 허위저작자의 동의 또는 승낙 여부(1,2차 개정판) 및 공표행위에 있어 복제 · 발행의 의미(3차 개정판)가 문제된 사건이다.

먼저 대상 사건에서 저작자 명의 허위표시에 원저작자의 동의가 있는 상황에서 표시된 허위저작자도 허위성명표시에 동의하였다면 저작권법 제136조 제2항 제1호 저작인격권침해죄 또는 저작권법 제137조 제1항 제1호의 저작권법위반죄11)의 성립이 문제될 수 있다. 먼저 저작인격권은 공표권, 성명표시권, 동일성유지권으로 세분화되는데, 저작재산권과 달리 저작자와 밀착된 권리로서 실제 저작자로부터 분리 될 수 없다는 것이 학계의 일반적인 입장이다(저작인격권의 일신전속성).12) 대상사건의 경우에 표시된 저작자(허위저작자)의 저작자성이 부정되는 한 저작인격권은 원저작자에게만 있고, 인격권의 특성상 그 행사는 전적으로 원저작자의 자유에 맡겨져 있으므로, 원저작자의 동의나 승낙이 있는 경우에는 저작인격권침해죄13)의 성립을 논할 수는

에 쌓여있는 전공서적을 표지만 갈아서 재판매할 수 있는 이익이 있었다. 한편 원저자는 출판사의 인력풀에 남아 후속저작작업에 도움을 받는 과정에서 출판사의 부당한 요구에 불응하기 쉽지 않은 환경속에 표지갈이가 성행하였다.

11) 이를 지칭하는 죄명은 부정발행죄, 성명사칭죄, 저작자명의허위표시공표죄 등 다양하다. 제정저작권법 제70조는 부정발행이라는 표제하에 동죄를 설시하였으므로 부정발행죄라는 명칭이 적절할 수 있으나, 현행 제137조 제1항 제1호는 제정저작권법의 구성요건을 일부 개정하여 공표행위를 처벌하고 있으므로 부정발행이라는 죄명은 적절하지 않은 것으로 판단된다. 죄명은 실행행위를 함축적으로 징표할 수 있어야 하므로 성명사칭죄보다는 저작자명의허위표시 공표죄가 적절할 것으로 판단된다.

12) 박성호, 「저작권법」(제2판), 박영사, 2017, 262면.

13) 저작인격권침해죄는 인격권을 침해하는 범죄라는 점에서 형법상의 인격범죄인 명예훼손죄와 유사하지만, 명예훼손죄의 인격권인 명예와는 권리의 성질에 있어 다소 차이가 있다는 것이 저작권학계의 입장이다. 저작인격권인 공표권, 성명표시권, 동일성유지권은 저작자의 저작물을 중심으로 형성되어 있기 때문에 이러한 개별권리를 통하여 보호받는 것은 저작물 자체이지 저작자의 인격은 아니라는 것이다(오승종, 「저작권법 강의」(제2판), 박영사, 2018, 241면). 이러한 점에 착안하여 저작인격권침해죄도 저작인격권을 침해하는 경우에 곧바로 범죄가 성립하는 것이 아니라 저작인격권 또는 실연자의 인격권을 침해하여 저작자 또는 실연자의 명예를 훼손할 것을 요구함으로써 결합범구조의 인격범죄 형태를 취하고 있다(저작인격권침해죄의 범죄적 성격에 대해

없다. 다만 저작권법 제137조 제1항 제1호는 공표행위를 예정하고, 특히 대상사건처럼 저작자 성명표시가 쟁점이 된 사건의 경우에는 저작권법 제136조 제2항 제1호의 저작인격권침해죄 중 공표권 또는 성명표시권의 침해여부가 문제될 수 있고, 보호법익 및 실행행위의 해석여하에 따라 문제가 된 저작자명의허위표시공표죄의 성립범위가 좌우될 수 있다.

이하에서는 대상사건의 적용법조인 저작권법 제137조 제1항 제1호의 저작자명의허위표시공표죄와 관련하여 특히 실제 저작자의 동의여부가 범죄성립을 좌우하는지, 또 저작권법 제137조 제1항 제1호와 저작권법 제2조 제24호 및 제25호에 따라 발행의 의미를 '복제 또는 배포'로 이해할 것인지(or) 아니면 '복제하여 배포'로 이해할 것인지(and)를 중점으로 살펴본다.

2. 허위저작자의 저작자성

저작권법에 의하면 실제 창작적 기여가 없는 자는 저작물에 저작자로 기재하더라도 저작자로 인정할 수 없다. 이는 소위 대필계약 및 대작 계약을 통해 실제 저작자가 타인의 명의로 공표하는 것에 동의하더라도 마찬가지이다. 저작권법 제2조 제2호는 "'저작자'는 저작물을 창작한 자를 말한다"라고 하고 있으며, 우리 판례도 "저작물의 작성과정에서 아이디어나 소재 또는 필요한 자료를 제공하는 등의 관여를 하였더라도 그 저작물의 저작자가 되는 것은 아니며 설사 저작자로 인정되는 자와 공동저작자로 합의하였다고 하더라도 달리 볼 것은 아니다."[14]라고 하여 창작적 기여가 없는 자는 실제저작자의 동의가 있었다하더라도 저작자가 될 수 없음을 분명히 하고 있다. 따라서 대상사건의 경우 원저작자의 동의가 있었다하더라도 허위저작자들은 저작자

자세히는 박성민, "저작권법 벌칙규정의 형사불법-저작권침해죄의 주관적 요건으로서 의거성과 고의에 대한 형법적 판단을 중심으로-", 계간저작권 제31권 제2호, 한국저작권위원회, 2018, 180면 이하 참조).

14) 대법원 2009. 12. 10. 선고 2007도7181 판결.

가 될 수 없다.

그런데 최근 현대미술의 대작관행과 관련하여 대작작가의 저작자
성이 문제된 사건이 있다. 유명 방송인인 피고인 조○○이 2016년 대
작화가 2인에게 건네받은 21점의 회화작품을 17인에게 판매해 1억 6
천만원을 편취하여 사기죄로 기소된 사건인데, 해당 사건에서 1심법
원은 피고인에게 대작사실에 대한 고지의무가 있음을 전제로 사기죄
의 성립을 긍정하였다. 이에 대해 항소심법원은 보조인력이 그린 그림
에 조씨가 덧칠해 판매한 것은 현대미술의 관행이고, 작품의 제목 및
소재, 제작기법에 대한 아이디어를 조씨가 제공한 만큼 조씨를 작가로
보아야 하고, 이를 숨겨 판매한 것은 작품구매에 있어 중요한 동기가
아니라는 점을 인정하여 무죄 판결하였다.15) 대작의 경우 저작자성의
판단은 저작물의 종류, 대작작가 및 표시작가의 기여 정도, 계약의
내용 등에 따라 달리 판단할 여지가 있지만, 사기죄 성립여부가 문제
된 해당사건에서 법원은 작가 또는 보조작가라는 표현을 통해 저작
권의 주체로서 누가 저작자인지에 대한 판단을 유보하고 있는 것으
로 보인다.16)

---

15) 항소심 판결의 논지 중 소위 작가에게 작화기법에 대한 고지의무가 없는 것
으로 해석하는 것에는 동의하기 어렵다. 회화와 같은 미술작품은 여타의 상
품처럼 시장이 형성되어 거래가 되고 있고, 미술작품의 시장성은 작가의 명
성, 작화기법, 작품에 대한 수요 등을 종합적으로 평가하여 형성된다 할 수
있으므로 작화기법은 가격형성에 중요한 요소라고 할 수 있다. 특히 회화의
작화기법 중 대작이나 보조작가를 사용하는 것이 미술계의 관행이라 하더라
도 이는 해당 작품의 저작자성에 대한 문제에 불과할 뿐 사기죄에 있어 기망
행위 성립 여부와 관련 있는 소위 피고인의 친작인지 여부와는 관련이 없다
할 것이다. 오히려 백화점 변칙세일사기사건처럼 소위 상거래관행이 기망행
위성립을 좌우할 수 없음은 일찍이 확립된 판례이며, 항소심이 피고인의 친
작인지 여부가 기망행위판단에 중요하지 않다거나 불명확성을 이유로 고지의
무인정을 부정하는 것은 미술작품의 회화기법 나아가 개념미술이나 팝아트미
술에 대한 높은 수준의 이해를 수요자에게 요구하는 것으로 통상 상품에 대
한 설명의무를 기반으로 사기죄성립을 판단하는 사기죄 판단 법리에도 부합
하지 않는다.

16) 이와 관련하여 사회 내의 저자 내지 작가와 저작권법상 저작자의 개념이 일
치하지 않는다는 점을 적시하면서 해당 사건에서 작가의 결정에 있어 저작권

그런데 당사자 합의에 의한 대필 및 대작의 경우 표시된 저작자가 저작권법 제8조 제1항에 의해 저작자로 추정되지만, 대필작가와 표시저작자간의 신뢰에 금이 생겨 대필작가가 실제저작자임을 주장하고 이를 입증하면 추정은 깨어지고 표시저작자가 저작권법 제137조 제1항 제1호의 저작자명의 허위표시공표죄로 형사처벌받을 수 있다고 한다.[17] 표시저작자에 대한 저작자명의허위표시공표죄 성립 여부는 그 보호법익의 성격에 따라 결론이 달라질 여지가 있다. 하지만 원심처럼 해당 저작권법위반죄를 사회적 법익에 대한 침해로 보고 표시저작자가 동조 위반으로 처벌되는 한, 대필작가인 실제저작자도 해당 저작권법위반죄의 공범이 성립할 수 있음을 상기할 필요가 있다.

아무튼 대상사건의 경우에는 허위저작자인 피고인들의 창작적 기여를 인정할 수 없으므로 피고인들은 저작자가 아니며, 각 저작물은 소위 공동창작의 의사로 각 창작적 기여가 있고, 그 기여부분을 분리 이용할 수 없는 공동저작물로도 볼 수 없다.

3. 저작자명의허위표시공표죄의 성격과 적용 범위

가. 저작자명의허위표시공표죄의 보호법익

(1) 개인적 법익설

본죄의 보호법익으로 저작물에 대한 사회일반의 신용이라는 사회적 법익은 저작권법의 입법취지상 인정할 수 없고, 개인적 법익으로서 저작자 및 저작자 아닌 자의 성명표시와 관련된 인격적 이익(성명권)만을 보호법익으로 보는 입장이다.[18] 이 견해에서는 저작권법은 다른 지식재산법인 상표법처럼 소비자의 오인으로부터 소비자를 보해해야

법상의 저작자개념을 전혀 고려하지 않고 있다는 비판으로는 신재호, "저작자개념에 관한 소고", 산업재산권 제61호, 한국지식재산학회, 2019, 228면.

17) 박성호, 앞의 책, 205면.

18) 한지영(아주대), "일명 '표지갈이' 사건에서의 부정발행죄 적용범위에 관한 고찰-의정부지방법원 2016. 6. 15. 선고 2015고단4745 판결을 중심으로", 계간 저작권 제29권 제3호, 2016, 205면 이하.

할 표지법으로서의 기능과 성격은 없다는 점,[19] 본죄의 경우 저작인격
권 중 공표권보다는 성명표시권과 관련이 있고, 성명표시권의 경우 저
작자가 이명(異名)이나 무명(無名)으로도 표시할 권리를 인정한다는 점
에서 저작자의 '실명'표시로 인한 사회적 법익의 침해는 실체가 없는
법익이라는 점[20]을 강조한다.

(2) 사회적 법익 및 개인적 법익설

사회적 법익 및 개인적 법익설은 본죄를 저작물에 대한 사회일반
의 신용이라는 사회적 법익을 주된 보호법익으로 하면서 저작자의 인
격적 이익이라는 개인적 법익을 부수적인 보호법익으로 이해하는 견
해인데, 저작권학계 및 대상사건의 하급심이 일관되게 주장하고 있
다.[21] 해당 입장에서는 저작권법 제140조가 제137조 제1항 제1호의 경
우를 친고죄의 대상에서 제외하고 있다는 점,[22] 저작권법 제137조 제1
항 제1호의 규정이 저작권자의 동의 없을 것을 구성요건으로 하고 있
지 않은 점[23] 학계·문화예술계 등의 잘못된 관행을 바로잡을 필요가
있다는 점[24] 등을 근거로 제시한다.

(3) 소결

동조의 보호법익은 저작권법학의 정치한 이론적 영역에 해당하면

19) 한지영(아주대), "일명 '표지갈이' 사건에서의 부정발행죄 적용범위에 관한 고
찰, 205~206면.
20) 한지영(아주대), "일명 '표지갈이' 사건에서의 부정발행죄 적용범위에 관한 고
찰, 209~210면.
21) "현행 저작권법상 '공표권'에 대한 침해행위의 규제는 저작인격권 보호에 관
한 저작권법 제136조 제2항 제1호를 통하여 이루어지고 있으므로, 이 사건
처벌조항의 주된 보호법익은 '공표권' 그 자체가 아닌, '저작자 표시에 대한
사회적 신뢰'라는 사회적 법익으로 봄이 상당한 점"(대상사건의 1심 및 원심
의 근거중에서 발췌).
22) 오승종, 앞의 책, 184면.
23) 이해완, 「저작권법」, 박영사, 390면.
24) 한지영(조선대), "저작권법상 성명사칭죄 및 미수범처벌에 관한 고찰"(발표문),
한국디지털재산법학회/경상대학교 법학연구소 2019년도 공동학술세미나, 2019.12.,
33면. 해당 근거는 학계, 문화계의 관행이 권력적 우열관계에 따라 실제저작
자의 동의가 있는 경우가 대다수인 점에 착안한 것이다.

서도 한편으로는 형사법상 특별형법범의 보호법익 및 그로 인한 범죄 성립범위를 좌우하는 영역이라는 점에서 형사법의 영역이기도 하다. 따라서 저작권법학과 형사법학의 영역 모두에 조화로운 해석이 가능한 지점을 찾을 필요가 있다.

먼저 저작권법상 친고죄인정 여부가 동조의 보호법익 판단에 영향을 미치는지 여부를 확인한다. 개인적 법익설의 관점에서는 개인적 법익이라고 해서 모두 친고죄화하는 것은 아니라는 섬에서 친고죄인정여부는 동조의 보호법익 판단과 무관하다고 반론하지만,25) (처분가능한)개인적 법익인지 여부는 친고죄의 전제조건에 불과할 뿐이며 해당 조문의 비친고죄화를 논증하기 위해서는 저작권법의 친고죄 및 비친고죄 기준에 대한 보다 정밀한 논증이 필요하다. 일반적으로 피해자의 고소가 있어야 공소를 제기할 수 있는 친고죄는 법익주체가 처분가능한 법익임을 전제로 소송경제 및 피해자 보호의 차원에서 정책적인 관점에서 친고죄로 구성하거나, 친족상도례에 있어 특정신분관계를 전제로 친고죄로 규정하는 것이 일반적이지만, 저작권법상의 벌칙규정 중 저작권침해죄는 저작권법 제140조에 따라 일반적으로 친고죄로 구성하되 — 저작권침해죄는 기본적으로 처분가능한 개인적 법익임은 분명해 보인다 — 상습성이나 영리성이 인정되는 경우에는 예외적으로 비친고죄가 성립하는 구조로 되어 있다.26) 즉 저작권법상 저작권침해죄 제규정들은 일반적으로 친고죄로 규정되어 있지만, 상습성이나 영리성 등 범죄의 중대성을 기준으로 예외적으로 비친고죄화하고 있고, 저작권침해죄가 아닌 저작권법상의 저작권법위반죄 — 동조가 대표적인 경우에 해당한다 — 의 경우에는 비친고죄화하는 것이 일반적이다.27)

---

25) 한지영(아주대), "일명 '표지갈이' 사건에서의 부정발행죄 적용범위에 관한 고찰, 212면.

26) 일반적으로 저작권법상의 친고죄규정은 피해를 입은 저작권자의 손해배상수단으로 활용되므로, 국가공형벌권이 사적구제의 수단으로 전락하고 있다는 구조적인 문제점을 예정하고 있다.

그런데 개인적 법익설에서 주장하는 법익은 저작인격권 또는 인격적 이익[28]으로 성명표시권과 성명권의 범주를 벗어나지 못한다.[29] 결국 저작자명의허위표시공표죄의 성격을 저작인격권을 보호하는 범죄, 즉 저작권침해죄로 보면 저작권법의 차원에서 제136조 제2항 제1호의 저작인격권침해죄가 상습성이나 영리성과 같은 범죄의 중대성여하와 상관없이 친고죄로 구성되어 있다는 점과 조화되기 어렵다. 또한 동조의 성격을 저작인격권이 아닌 일반적인 인격권 또는 인격적 이익을 보호하는 범죄로 보면 우리 형법학이 명예와 같은 인격권을 보호법익으로 하는 범죄를 친고죄나 반의사불벌죄로 구성하고 있다는 점을 간과한 것으로 판단된다.

결론적으로 저작권법이 동조를 비친고죄로 규정하고 있다는 것은 개인이 임의로 처분할 수 없는 법익, 즉 사회적 법익을 전제한 것으로

---

27) 대표적으로 저작권법에 의한 허가를 받지 않고 저작권신탁관리업을 하거나 (제137조 제1항 제4호), 저작권법에 따른 저작재산권의 등록을 허위로 하는 경우(제136조 제2항 제2호) 등이 여기에 해당한다.

28) 저작자명의허위표시공표죄에 의해 보호되는 개인적 법익에 대해서는 성명표시권 및 이와 유사한 인격적 이익이라는 입장(한지영-아주대)과 단순히 인격적 이익이라고 하는 입장(오승종, 이해완 등), 그리고 공표권으로 이해하는 입장(하급심 판례)으로 구분된다. 다만 대상사건의 1심의 경우에는 본죄의 개인적 법익을 공표권으로 보면서도 가장 밀접하게 관련있는 것은 성명표시권이라고 하여 다소 애매한 입장을 취하고 있는 것으로 보인다(의정부지방법원 2017. 4. 28. 선고 2015고단4722 판결 참조).

29) 저작인격권으로서 성명표시권과 일반적 인격권으로서 성명권은 구별된다. 성명표시권은 저작인격권의 일종으로 저작물에 저작자의 설명을 표시할 것인지 여부, 표시한다면 어떠한 이름(실명, 이명, 무명 모두 가능)으로 표시할 것인지 여부를 결정하는 권리이다. 일반적으로 저작인격권은 저작자의 권리라는 점에서 저작자 아닌 일반인의 인격권인 성명권과 구별된다는 입장이다. 구체적으로 저작권학에서는 타인의 저작물을 이용하여 성명을 참칭하면 성명표시권의 침해, 타인의 저작물을 이용하지 않은 경우에는 성명권의 침해로 구분한다. 예를 들면 타인의 저작물에 자신이나 제3자의 실명이나 이명을 표시하는 경우에는 저작인격권으로서 성명표시권의 침해이지만, 자신의 저작물에 유명인이나 타인의 실명이나 널리 알려진 이명을 저작자 이름으로 표시하는 경우에는 성명권의 침해가 된다(성명표시권과 성명권의 구별에 대해 자세히는 박성호, 앞의 책, 276면 이하).

저작물에 대한 사회일반의 신용을 보호법익으로 하는 것으로 보이야 한다. 첨언하자면, 필자의 소견으로는 본죄의 부수적 법익으로서 저작 인격권을 상정하는 것에도 동의하지 않는다. 저작인격권의 경우에 침 해시 별도의 처벌규정을 두고 있는 상황에서 저작인격권을 부수적 법 익으로 보아 동조를 적용하는 것은 범죄체계론상으로 적절하지 않기 때문이다. 또 저작권법학에 문외한으로서 조심스럽지만, 저작인격권이 아닌 성명권과 같은 일반적 인격권 또는 인격적 이익을 법익으로 하 는 경우 해당 법익이 형법적으로 보호가치 있는 법익인지, 즉 형사제 재를 통해 규제하여야 하는지에 대한 근본적인 의문이 있는 것도 사 실이다. 우리 사회에서 성명권과 같은 일반적 인격권의 보호를 위해 형사제재가 기능할 수 있는지에 대해서는 좀 더 사회적 공론화가 필 요할 것으로 판단된다.

한편 사회일반의 저자 내지 작가와 저작권법의 저작자의 개념이 완전히 일치하지 않는다는 점을 근거로 저작자허위표시죄에서 말하는 '저작자로 하여' 표시하는 것이 과연 사회일반의 신뢰를 훼손하는가 여부에 의문을 제기하는 입장도 있다.30) 이 입장에 의하면 저자 내지 작가의 결정은 각 분야에서 오랫동안 나름의 원칙과 기준을 정하고 있는 반면에 그 판단에 있어서는 저작권법상의 저작자성을 고려하지 않는데,31) 이런 상황에서 허위의 저자 내지 작가의 표시가 소위 '저작 자로 하여'표시하는 것으로 보아 사회일반의 신뢰를 위반한 것으로 평 가할 수 있는지에 대해서는 보다 신중히 접근할 것을 주문한다.32) 또 한 이 입장에 의하면 저작자가 누구인지 정확히 알 수 없는 일반인이 작가 내지 저자로서 저작자 아닌 자를 표시한 것을 저작자허위표시죄 로 처벌하는 것은 선량한 창작자들까지 범죄자 취급하는 것으로 불합 리한 것으로 평가한다.33) 먼저 저작권법의 보호대상으로서 저작자의

---

30) 신재호, 앞의 논문, 227면 이하.
31) 해당 입장에서는 그 대표적인 사건으로 조영남 대작사건을 예로 들고 있다.
32) 신재호, 앞의 논문, 228면.
33) 신재호, 앞의 논문, 228면. 그런데 이와 같은 경우에는 고의가 부정되거나 위

개념과 사회일반의 보편적 관점에서 저자 및 작가의 개념이 일치하지
않는다는 해당 입장의 전제에는 공감한다. 저자 내지 작가로 표시되어
있지만, 그 창작적 기여를 인정할 수 없는 경우에는 표시에도 불구하
고 저작자로 인정받을 수 없을 것이다. 다만 작가와 저작자개념의 상
이(相異)를 본죄의 허위표시로부터 보호하려는 사회적 신뢰의 감도(感
度)에 적용하는 것에는 신중할 필요가 있다. 통상 형법이 보호하고자
하는 사회일반의 신뢰란 해당분야의 전문가적 관점에서 요구되는 고
도의 신뢰가 아니라 문외한으로서의 소박한 일반인의 신뢰라는 점에
서, '저작자 아닌 자를 저작자로 하여 표시'함으로써 침해되는 본죄의
법익을 저작자성에 대한 고도의 이해를 바탕으로 그에 대한 신뢰상실
로 평가하는 것에는 동의하기 어렵다. 또한 "저작자 아닌 자를 저작자
로 하여 표시"라는 저작자허위표시공표죄의 실행행위의 의미는 표시
행위에 중점을 둔 것으로, 전제가 되는 '저작자로 하여'는 표시저자에
게 저작자성을 부여하려는 행위자의 내심의 의사에 불과할 뿐 저작자
성에 대한 법적 평가까지 함의하는 것으로 볼 수는 없다. 이런 점에서
통상 표지에 저자로서 이름을 기재하는 행위는 그것이 사후적 평가로
써 단순히 작가에 불과할지 아니면 창작적 기여를 인정하여 저작자성
을 인정할지는 별론으로 하더라도 애초에 이를 기재하려는 자의 내심
의 의사는 그러한 구분없이 저작권을 향유하게 하려는 의도정도로 이
해하면 족할 것이다. 형법해석은 법문에 제한을 받을 수밖에 없지만,
실제로 저작물에 표시되는 저자의 의미가 작가 또는 저자인지 아니면
저작자인지 구별이 불가능한 상황에서 달리 표현할 방법이 없는 법기
술상의 한계도 고려되어야 할 것이다.

나. 원저작자의 동의유무에 따른 범죄성립여부

원래 저작자명의허위표시공표죄는 원저작자의 허락없이 원저작자
아닌 허위의 저작자를 저작자로 하여 표시한 경우를 처벌하기 위한

법성의 인식이 결여되어 있는 것으로 평가되어 실제로 선의의 피해자가 생길
가능성은 거의 없다.

규정이다.34) 저작자명의허위표시죄 구성요건은 대상사건처럼 원저작자의 동의 있는 경우를 예정하여 규정된 것은 아니지만, 개별구성요건에 대해 예견가능한 반사회적 행위를 모두 방비할 수 없어 해석을 통해 그 적용여부를 결정하는 것은 형법학의 숙명이라 할 수 있으며, 그 판단의 중심에 보호법익 논의가 있다. 즉 저작자허위표시공표죄의 법익이 무엇인지에 대한 논의는 본죄의 성립범위와 직결되어 있다고 할 수 있다. 본죄의 보호법익을 개인적 법익으로 보면, 원저작자의 동의나 승낙이 있는 경우에는 표시된 허위저작자에 대해서는 본죄의 구성요건해당성이 배제되거나 구성요건이 성립하더라도 위법성이 조각된다고 보지만,35) 사회적 법익으로 보는 한, 원저작자의 동의유무는 범죄성립에 아무런 영향이 없다. 대상 판결의 1심과 원심은 표지갈이 사건에서 원저작자인 공소외 4의 동의는 범죄성립과 무관하다는 입장을 견지하고 있다.

한편 사회적 법익설의 관점에서도 실제 저작자와 표시된 저작자의 사이에 표시저작자의 실명 또는 이명으로 공표하기로 하는 합의가 있고, 그러한 합의에 따라 공표함으로써 공중에 대한 신용보호에 위해를 가져온다거나 혼동의 우려가 발생하는 등 부정경쟁의 결과를 초래하지 않는 경우에는 본 규정의 구성요건에 해당하더라도 위법성이 없어 범죄가 성립하지 않는다는 입장도 있다.36) 해당 입장이 소위 가벌적 위법성론에 입각한 것인지는 분명하지는 않지만, 저작권법 제137조 제1항 제1호의 규정취지를 부정경쟁방지법 제2조 제1호 가목37)에서

---

34) 공표되지 않은 저작물을 저작자 동의없이 허위의 저작자를 표시하여 공표하는 경우에는 본죄가 성립하는 이외에 저작인격권인 공표권 또한 침해한 것으로 판단할 수 있다.

35) 이와 같은 입장으로는 한지영(아주대), "일명 '표지갈이' 사건에서의 부정발행죄 적용범위에 관한 고찰, 211면.

36) 오승종, 앞의 책, 184면.

37) 부정경쟁방지 및 영업비밀보호에 관한 법률 제2조(정의) 이 법에서 사용하는 용어의 뜻은 다음과 같다.

　1. "부정경쟁행위"란 다음 각 목의 어느 하나에 해당하는 행위를 말한다.

　　가. 국내에 널리 인식된 타인의 성명, 상호, 상표, 상품의 용기·포장, 그

상품의 출처혼동행위를 부정경쟁행위로서 금지하는 것과 동일하다고
보고 있다는 점38)에서 부정경쟁을 본죄의 범죄성립여부의 중요한 판
단기준으로 삼고 있는 것만은 분명하다. 결국 이 입장에 의하면 허위
저작자의 사회적 평판이 원저작자보다 높은 경우에는 시장의 경쟁질
서를 어지럽힐 수 있으므로 본죄가 성립하지만, 반대의 경우에는 본죄
가 성립하지 않는다고 한다.39) 저작물의 유형에 따라 특히 미술저작물
의 경우에는 대작집필자를 피용자로 고용하여 저작작업을 하는 대작
현상이 관행화·보편화되고 있음을 감안하면, 저작물에 대한 일체의
성명허위표시를 범죄화하는 데는 동의하지 않는다. 그럼에도 부정경
쟁의 관점에서 본죄의 성립여부를 결정하는 것은 본죄의 보호법익으
로서 저작물에 대한 사회일반의 신용이라는 측면을 너무 제한적으로
이해한 것이 아닌가 한다. 사회적 명성이나 평판이 저작권시장질서에
미치는 영향력이 입증가능한지도 의문이지만,40) 그 명성이나 평판이
라는 것은 가변적이어서 세월이 흘러 재조명되는 경우도 있으므로 범
죄성립여부가 실체도 불분명한 명성에 의해 좌우된다는 해당 입장에
선뜻 동의하기는 어렵다. 다만 저작물의 종류에 따라 공중의 예견가능
성을 근거로 공중에 대한 신용보호에 위해 또는 혼동을 가져오지 않
는 경우라면 범죄성립을 부정할 여지는 있다. 예를 들면 사회저명인사
의 자서전을 대작집필하는 경우에 작가와 사회저명인사의 합의에 의
해 자서전을 저명인사의 실명 또는 이명으로 표시하였더라도 사회일
반인의 예측가능성의 측면에서 보면 으레 대작이 예상된다는 점에서
공중의 신용에 대한 침해 또는 혼동이 없는 경우로 보아 본죄의 성립
을 부정할 수 있을 것이다.

밖에 타인의 상품임을 표시한 표지(標識)와 동일하거나 유사한 것을
사용하거나 이러한 것을 사용한 상품을 판매·반포(頒布) 또는 수입·
수출하여 타인의 상품과 혼동하게 하는 행위
38) 오승종, 앞의 면.
39) 오승종, 앞의 책, 185면.
40) 극단적으로는 비슷한 시장지배력을 가진 자들 사이의 합의는 어떻게 규율할
것인지도 문제이다.

다. 공표의 의미

(1) 공표 중 발행의 의미

저작권법 제137조 제1항 제1호의 구성요건은 "저작자 아닌 자를 저작자로 하여 실명·이명을 표시하여 저작물을 <u>공표한 자</u>"로 규정하고 있고, 저작권법 제2조 제25호는 '공표'를 "저작물을 공연, 공중송신 또는 전시 그 밖의 방법으로 공중에게 공개하는 경우와 저작물을 발행하는 경우를 말한다."고 하여 공중에 공개하는 경우와 저작물을 발행하는 경우로 제한하고 있다. 결국 본죄의 공표가 되기 위해서는 공중41)에 공개하거나 아니면 저작물을 발행하는 두 경우로 규정되어 있는데, 특히 저작권법 제2조 제24호가 "'발행'은 저작물 또는 음반을 공중의 수요를 충족시키기 위하여 복제·배포하는 것을 말한다."고 함으로써 저작물의 복제·배포를 발행으로 규정하고 있다. 대상사건의 경우 발행의 의미가 문제된 사안은 공소외 8이 추가된 3차개정판이다. 2015년 9월 20일의 3차개정판의 경우 인쇄는 되었지만 출고되지 않고 출판사 창고에 적재되어 있는 상황에서 검찰에 압수되었기 때문에 해당 개정판에 저작자명의를 허위로 기재한 자들에게 본죄를 적용할 것인지가 문제되었다.

이에 우리 대법원은 '복제·배포'의 의미가 '복제하여 배포하는 행위'를 뜻하는지 아니면 '복제하거나 배포하는 행위'를 뜻하는지 문제된다고 하면서 "'공표'는 사전(사전)적으로 '여러 사람에게 널리 드러내어 알리는 것'을 의미하고, 저작물의 '발행'은 저작권법상 '공표'의 한 유형에 해당한다. 단순히 저작물을 복제하였다고 해서 공표라고 볼 수 없다. 그리고 가운뎃점(·)은 단어 사이에 사용할 때 일반적으로 '와/

---

41) 저작권법학의 저작인격권 중 공표권에서 설명하는 "공중"은 불특정 다수인 (특정 다수인을 포함)을 의미 한다(이해완 앞의 책, 459면). 이는 우리 형법의 인격범죄 중 명예훼손죄의 공연성을 불특정의 사람에 대해서는 수의 다소를 불문하는 것으로 해석하는 것과 구분된다. 이러한 해석론의 차이는 명예훼손죄의 공연성을 전파가능성으로 해석하는 판례의 입장이 반영된 결과이다.

과'의 의미를 가지는 문장부호이다. 따라서 위 조항에서 말하는 '복제·
배포'는 그 문언상 '복제하여 배포하는 행위'라고 해석할 수 있다. 또
한 구 저작권법상 '발행'은 저작물을 복제하여 발매 또는 배포하는 행
위라고 정의하고 있었다. 현행 저작권법상 '발행'의 정의규정은 구 저
작권법 제8조의 '발행'에 관한 정의규정의 문구나 표현을 간결한 표현
으로 정비한 것으로 보일 뿐 이와 다른 의미를 규정하기 위해 개정된
것으로 볼 만한 사정이 없다. 한편 죄형법정주의의 원칙상 형벌법규는
문언에 따라 해석·적용하여야 하고 피고인에게 불리한 방향으로 지나
치게 확장해석하거나 유추해석해서는 안 된다. 이러한 견지에서 '복제
·배포'의 의미를 엄격하게 해석하여야 한다. 결국 저작물을 '복제하여
배포하는 행위'가 있어야 저작물의 발행이라고 볼 수 있고, 저작물을
복제한 것만으로는 저작물의 발행이라고 볼 수 없다." 고 하였다.[42]

　대법원의 입장은 ① 저작권법의 복제·배포의 가운데 점(·)의 의
미를 와/과로 해석할 수 있으므로 발행은 저작물을 복제하여 배포하
는 행위라고 해석할 수 있고(문언해석), ② 현행 저작권법상 발행의 정
의규정은 구 저작권법 제8조의 발행의 정의 규정을 간결한 표현으로
정비한 것으로 보이며(입법론적 해석), ③ 복제·배포의 의미를 엄격하
게 해석하여 저작권법의 벌칙규정의 가벌성의 범위를 제한해야 한다
는 것(목적론적 해석)으로 요약할 수 있다.

　먼저 입법연혁적인 관점에서 1957년 제정저작권법, 전면개정이 있
었던 1986년 저작권법, 그리고 현행저작권법을 비교해서 보면,[43] 본죄

---

42) 대법원 2018. 1. 24. 선고 2017도18230 판결
43) 입법연혁적인 관점에서 저작권법상의 발행의 정의 규정을 살펴보면, 1957년
　　제정저작권법 제70조가 부정발행이라는 표제하에 "저작자가 아닌 자의 성명
　　칭호를 부하여 저작물을 발행한 자"라는 구성요건을 두고, 제8조 제1항에서
　　"본법에서 발행이라 함은 저작물을 복제하여 발매 또는 배포하는 행위를 말
　　한다"라고 정의한 이래 전면개정이 있었던 1986년 개정저작권법 제99조가 부
　　정발행 등의 죄라는 표제하에 현행 저작권법과 마찬가지로 "저작자 아닌 자
　　를 저작자로 하여 실명·이명을 표시하여 저작물을 공표한 자"를 구성요건으
　　로 명시하고, 제2조 제17호에서 공표를 "저작물을 공연·방송 또는 전시 그 밖

의 실행행위가 발행이라는 단일행위에서 공개행위와 발행행위를 포함하는 공표로 바뀐 것 이외에 발행은 제정저작권법의 "복제하여 발매 또는 배포하는 행위"를 1986년저작권법과 현행저작권법이 복제·배포로 축약하여 규정한 것으로 이해된다. 국립국어원도 발행의 사전적 의미를 "출판물이나 인쇄물을 찍어서 세상에 펴내는 행위"로 정의하고 있다는 점44)에서 발행을 복제하여 배포하는 행위로 해석하는데 무리는 없어 보인다.

다만 저작권법이 문장을 축약하면서 문장부호로 가운데 점(·)을 사용한 것과 이를 와/과로 해석할 수 있는지는 확인이 필요하다. 먼저 문장부호 중 가운데 점(·)의 사용례에 대해 국립국어원은 열거할 어구들을 일정한 기준으로 묶어서 사용하는 경우(예: 민수·영희, 선미·준호가 서로 짝이 되어 윷놀이를 하였다), 짝을 이루는 어구들 사이에 쓰는 경우(예: 우리는 그 일의 참·거짓을 따질 겨를도 없었다), 공통 성분을 줄여서 하나의 어구로 묶을 때(예 : 금·은·동메달) 가운데 점(·)을 쓴다고 한다.45) 대법원이 가운데 점(·)을 와/과로 해석했다는 것은 첫 번째와 두 번째 용례로 사용한 것으로 풀이된다. 이와 같은 대법원의 해석에 의하면 발행은 '저작물의 복제와 배포'로 정의되는데, 이는 바람직한 해석이 아니다. 발행이 의미하는 복제와 배포는 짝을 이루는 어구들을 일정한 기준으로 묶어놓은 것으로만 해석할 수 없으며, 입법연혁적으로나 문언적으로 발행에 있어 복제와 배포의 관계는 'and' 냐 'or'냐의 문제가 아니라 행위의 선후(先後)와 관계된 문제(and then)이다. 즉 발행은 '찍어서 세상에 공개'·'복제하여 배포'의 의미이므로 '복제

의 방법으로 일반공중에게 공개하는 경우와 저작물을 발행하는 경우를 말한다"로, 제2조 제16호에서 발행을 "저작물을 일반공중의 수요를 위하여 복제·배포하는 것을 말한다"로 규정하였다.

44) 국립국어원, https://www.korean.go.kr/front/search/searchAllList.do(최종 접속일 2020. 01. 05.).

45) 국립국어원, 한국어 어문규범에 나타난 한글맞춤법(문화체육관광부 고시 제 2017-12호) 참조(http://kornorms.korean.go.kr/regltn/regltnView.do?regltn_code=0001&regltn_no=812#a812(최종접속일 2020. 01. 05.)

후 배포'가 바람직한 해석론이다. 결국 대법원이 가운데 점(·)을 와/
과로 해석하는 것은 복제 배포의 선후관계를 반영하지 못하므로 발행
의 문언적 의미를 온전히 담아내지 못한 해석이며, 문제의 핵심은 저
작권법의 정의 규정을 축약하는 과정에서 문장부호인 가운데 점을 잘
못 사용한 입법의 실수에 있다고 할 것이다.

　형법전의 경우 가운데 점(·)을 사용하는 것은 각 조문의 표제어
를 제외하면 제232조 이하 문서죄의 객체로서 '권리 · 의무 또는 사실
증명에 관한 문서', 제324조의 2(인질강요) 및 제336조(인질강도)의 사람
을 '체포 · 감금 · 약취 또는 유인하여 이를 인질로 삼아 …' 제347조의
2(컴퓨터등사용사기)의 실행행위인 권한 없는 정보의 입력 · 변경으로 극
히 제한적이다. 이 경우 가운데 점(·)의 사용에 대한 일정한 규칙을 엿
볼 수 있는데, 3개 이상의 단어를 연결할 때는 마지막에 가운데 점(·)
의 의미를 풀어 씀으로써 앞서 사용한 가운데 점(·)의 의미를 명확히
하고 있다는 점이다. 다만 두 개의 단어를 가운데 점(·)으로 연결한 컴
퓨터등사용사기죄의 경우 실행행위로서 권한없는 정보의 입력 · 변경
은 그것이 입력 또는 변경인지, 아니면 입력과 변경인지 불분명하다.
동 구성요건의 다른 실행행위인 허위의 정보 또는 부정한 명령의 입
력과 비교하여 이 또한 권한없는 정보의 입력만으로도 실행행위로써
충분한 것으로 보아야 하고, 컴퓨터 등 정보처리장치의 이용에 있어
전자(입력)를 입력행위(input), 후자(변경)를 출력값(output)으로 하여 변경
을 입력의 결과로 이해한다면, 행위와 결과를 가운데 점(·)으로 연결
한 것으로서 이 또한 가운데 점의 잘못된 사용이 아닌가 생각된다.

　법률 규정형식에 있어 가운데 점이 사소할 수 있으나 입법기술상
빈번히 사용되는 점에서 국어사용례와 일치하지 않는 가운데 점(·)의
사용을 입법론적 해석과 목적론적 해석으로 보완하는 것이 적절한지
는 의문이다. 그렇다 하더라도 입법연혁적인 관점, 저작권법의 목적론
적인 관점에서는 판례의 결론의 타당성을 부인할 수 없음도 자명하다.

(2) 최초발행만을 공표로 이해할 것인지 여부

저작권법 제137조 제1항 제1호는 "저작자 아닌 자를 저작자로 하여 실명·이명을 표시하여 저작물을 공표한 자"를 처벌한다. 판례가 부수적 보호법익으로 저작인격권 중 공표권을 언급하고 있다는 점에서 동조의 공표가 저작인격권의 공표권의 개념과 동일한지 여부가 쟁점이다. 해당 쟁점이 중요한 의미를 가지는 것은 저작인격권의 공표권이 미공표저작물의 경우에만 의미를 가지기 때문이다. 즉 저작권법 제11조 제1항에 의하면 "저작자는 그의 저작물을 공표하거나 공표하지 아니할 것을 결정할 권리를 가진다."고 하는데, 저작인격권으로서 공표권의 실질은 저작물의 완성여부를 결정하는 저작자의 고유권리로서 저작물을 최초로 공중에게 전달할 것을 결정하는 권리라고 한다.46) 이에 따라 공표권은 저작자에 의한 최초의 행사로 소멸하고, 어떤 이유에서든 이미 공표가 된 저작물에 대해서는 다시 공표권을 주장할 수 없다.47) 이에 따라 법원이 일관되게 동조의 부수적 법익으로서 공표권을 언급하고 있다는 점에서 일부지만 최초발행만을 공표로 이해한 하급심 판례도 있었다.48) 하지만 본죄의 공표를 최초발행만을 의미하는 것으로 이해하면 원저작자가 창작한 저작물에 다수의 허위저작자가 이름을 올리기로 합의하고 초판에 일부, 초판과 실질적으로 동일한 개정판에 다른 일부가 이름을 올린 경우에는 초판에 이름을 올린 사람만 저작자명의허위표시공표죄가 성립한다는 점에서 형사처벌의 불균형문제가 발생할 수 있다.49)

---

46) 박성호, 앞의 책, 267~268면.
47) 이해완, 앞의 책, 462면.
48) 해당 판례는 "저작권법상 '공표'는 저작물을 최초로 공중에 공개하거나 발행한 경우만을 의미하는 것으로 보아야 한다"고 전제한 후, 재발행된 대상 서적의 경우 초판의 일부 오탈자만 수정하여 재발행된 것으로 실질적으로 초판과 같은 서적이므로 저작권법 제137조 제1항 제1호 소정의 공표에 해당하지 않는다고 판시하였다(의정부지방법원 2016. 6. 15. 선고 2015고단4745 판결).
49) 이러한 점을 지적하고 있는 학자로는 한지영(아주대), "일명 '표지갈이' 사건에서의 부정발행죄 적용범위에 관한 고찰, 201면.

또한 실제 표지갈이 사건에서 적용된 저작권법 제137조 제1항 제1
호의 (주된)법익이 사회적 법익으로서 저작물에 대한 사회일반의 신용
인 점, 표지갈이 사건은 저작자 명의의 허위표시행위가 핵심으로 오히
려 저작인격권 중 공표권이 아니라 성명표시권과의 관련성이 높다는
점50)을 감안하면 본죄의 공표를 저작인격권의 공표권과 연관지어 해석
하는 것은 경계해야 할 것이다. 결론적으로 최초발행만을 공표로 이해
해서는 안되며, 대상사건의 하급심들도 이점을 분명히 하고 있다.51)

4. 대상판례의 해결

저작권법 제127조 제1항 제1호의 저작자명의허위표시공표죄는 사
회적 법익으로서 저작물에 대한 사회일반의 신용을 보호법익으로 하
는 범죄로 원저작자의 동의유무와 상관없이 범죄가 성립한다. 따라서
대상사건에서 원저작자인 공소외 4의 동의유무는 범죄성립에 영향을
미치지 않는다. 다만 원저작자의 동의가 없는 경우에는 원저작자의 저
작인격권침해가 함께 문제될 수 있다. 원저작자의 동의 유무에 따른

---

50) 대상사건의 1심도 이를 지적하고 있다. "……이 사건 처벌조항과 가장 밀접하게
    관련된 개인적 법익을 굳이 생각한다고 하더라도, 저작자에 대한 허위의 표
    시행위를 규제하는 이 사건 처벌조항의 내용에 비추어 볼 때, '공표권'이 아
    닌 저작인격권 중 '성명표시권'이 이에 해당한다고 볼 수 있는 점…"(의정부
    지방법원 2017. 4. 28. 선고 2015고단4722 판결).
51) "현행 저작권법이 '공표'의 개념을 "저작물을 공연·방송 또는 전시 그 밖의
    방법으로 일반 공중에게 공개하는 경우와 저작물을 발행하는 경우"로 정의
    하여 저작물의 종류에 따른 공표의 방법을 구분하고 있을 뿐, 최초의 공개
    내지 발행 행위로만 제한하고 있지 아니하고, 최초의 저작물 공표행위 이후
    저작자 사칭 등의 방법으로 행해지는 저작권 침해행위에 대하여도 규제할
    필요성이 있는 점 등을 종합하면, 이 사건 처벌조항 위반으로 인한 저작권법
    위반죄는, 저작자 아닌 자를 저작자로 표시하여 저작물을 공중에 공개하거나
    발행하는 행위를 할 때마다 범죄가 성립한다고 해석하여야 하고, 이를 '최초
    로 공중에 공개하거나 발행하는 경우'로만 국한하여 해석할 수는 없으므
    로…"(의정부지방법원 2017. 4. 28. 선고 2015고단4722 판결) "저작권법 제137
    조 제1항 제1호의 '공표' 개념을 최초의 '공표'로만 제한하여 해석할 필요가
    없는 점…"(의정부지방법원 2017. 9. 14. 선고 2017노1269(분리) 판결).

범죄성립 여부를 살펴보면 먼저 ① 허위저작자가 저작물을 원저작자
의 동의 없이 자신의 명의로 공표한 경우, 제136조 제2항 제1호의 저
작인격권침해죄와 저작권법위반죄로서 저작자명의허위표시공표죄의
상상적 경합이 성립하고, ② 저작물을 실제 저작자와의 합의하에 자신
의 명의로 공표한 경우에는 저작자명의허위표시공표죄만이 성립한다
고 할 것이다. 해당 사건의 경우에는 실제 저작자와의 합의 하에 표지
갈이 사건이 있었으므로 저작자명의허위표시공표죄의 성립만이 문제
되었다.

　다음으로 저작자명의허위표시공표죄의 공표행위를 최초공표행위
로 제한할 것인지가 문제되었다. 전술한 바와 같이 최초공표행위로 제
한하는 경우에 발생하는 처벌의 불균형 문제, 동죄의 성격이 공표권보
다는 성명표시권과 관련이 깊은 점, 더구나 본죄의 보호법익은 사회적
법익으로서 저작인격권인 공표권과 무관하다는 점을 근거로 저작인격
권의 일종인 공표권과 같이 최초공표로 제한할 필요가 없음도 확인하
였다. 다만 대상사건의 경우에는 최초공표가 공소사실에 포함되지 않
았는데, 이는 초판발행시점이 2009년 3월경이므로 사건이 세상에 드러
난 2015년 기준으로 5년의 공소시효가 만료되어 초판발행행위에 대해
검찰이 공소권없음 처분하여 공소사실에 포함되지 않은 것으로 판단
된다.

　대상사건의 경우 원심과 대법원은 문제가 된 1·2·3차 개정판 모
두 피고인에 적용된 저작권법위반죄에 대해 무죄를 선고하였다. 먼저
1·2차개정판의 경우 1심은 초판에 참여한 피고인들의 동의나 승낙이
이후 1·2차 개정판에도 유효한 것으로 보아 피고인들에게 유죄를 선
고하였지만,52) 원심은 1·2차 개정판에 피고인들이 추가로 동의한 사

<hr>
52) "원심(1심)은 피고인들이 이 사건 서적의 초판을 발행할 당시 자신들의 이름
　을 공저자로 추가하는 것을 승낙하였고, 이 사건 서적이 절판되지 않고 개정
　판이 발행된다면 피고인들의 이름이 공저자로 등재된 이 사건 서적의 1, 2차
　개정판이 발행될 수 있음을 예상할 수 있었던 점, 이 사건 서적의 초판 발행
　이후 1, 2차 개정판이 발행될 때까지 피고인들의 이름을 공저자 등재에서 철

실이 없고, 각 개정판이 단순한 오탈자의 수정만 있는 것이 아니라 일부 내용이 추가됨으로써[53] 쇄를 달리하는 동일저작물이 아니라 판을 달리하는 새로운 저작물이라는 점에서 초판의 동의가 개정판에 그대로 유효한 것은 아니라는 점을 지적하였고 대법원도 원심의 견해를 유지하였다.

특히 대상사건에서 문제가 된 것은 3차 개정판이다. 3차 개정판의 경우 출판사에 의해 인쇄된 후 출고되지 않고 있다가 검찰에 압수되었는데, 1심에서 법원이 공표를 인정하지 않아 무죄가 되자 검사는 "이 사건 서적의 3차 개정판이 아직 출고되지는 않았지만 언제든지 출고가능한 상태가 되었다면 저작자 표시에 대한 사회적 신뢰라는 사회적 법익의 침해 위험이 발생하였고 이는 저작권법에서 규정한 '공표'에 포함된다고 보아야 하므로 이 사건 서적의 3차 개정판에 관한 공소사실도 유죄로 인정되어야 한다"며 항소하였다. 저작자명의허위표시공표죄는 그 보호법익이 저작물에 대한 사회일반의 신용으로 법익침해의 위험만으로 기수가 되는 위험범적 성격을 가진다. 하지만 동죄의 실행행위는 복제행위가 아니라 공표이므로 공중에 공개되거나 발행되지 않은 경우에는 실행행위성을 인정하기 어렵다. 따라서 저작권법에 의거 공표 중 발행의 의미를 복제하여 배포로 해석하는 한, 복제만으로는 실행행위를 종료하지 못한 것으로 미수에 불과하며, 해당 저작자명의허위표시공표죄는 미수범처벌규정이 없으므로[54] 원심과 대

회해 줄 것을 요구하는 등 이 사건 범행의 실행에 미친 영향력을 제거하지 아니하였던 점 등을 종합하여 피고인들이 이 사건 서적의 초판에 공저자로 등재되는 것에 대해 승낙하는 방법으로 공소외 3 등과 공모하였고, 이 사건 서적의 각 개정판 발행 당시까지 공모관계가 계속 유지되었다고 판단하여 피고인들의 이 부분 주장을 배척하고 유죄로 판단하였다(의정부지방법원 2017. 9. 14. 선고 2017노1269(분리) 판결에서 참조).

53) 일부 내용추가가 있는 경우 어느 범위에서 저작물이 전작과 동일한 저작물인지 그 여부를 판단하는 것은 저작물성과 관련한 저작권법학의 첨예한 쟁점이므로 저작권법에 문외한인 본 발표자로서 그 당부에 대한 논의는 삼간다.

54) 저작권법상의 벌칙규정은 미수범을 처벌하지 않는다. 특기할 만한 것은 저작권법 제104조의 6이 저작권으로 보호되는 영상저작물을 상영 중인 영화상영

법원이 피고인에 대해 무죄를 선고한 것은 타당하다. 다만 발행은 '복제하여 배포하는'이라는 시간적 선후관계를 내포한 개념이므로, 대법원이 발행에 대한 문언해석의 근거로 사용한 가운데 점(·)의 해석론은 적절하지 않은 것으로 평가된다.

[주 제 어]

표지갈이, 공표, 발행, 보호법익, 가운데 점(·)

[Key Words]

cover replacement, announcement, publication, legal interest, dot (·)

접수일자: 2020. 5. 21. 심사일자: 2020. 6. 26. 게재확정일자: 2020. 6. 26.

관 등에서 저작재산권자의 허락 없이 녹화기기를 이용하여 녹화하는 행위를 금지하고 있고, 제137조 제1항 제3의3호는 동조위반행위를 처벌하는 규정을 두고 있는데, 저작권법이 저작물의 사적복제를 처벌하지 않으므로 녹화라는 복제행위만으로 행위자의 주관적 의사유무(사적이용의사의 여부)를 확인하지 않고 범죄성립을 긍정한다는 점에서 해당 규정을 공중송신행위의 미수범을 처벌하는 규정으로 인식하기도 한다(이해완, 앞의 책, 1338면).

[참고문헌]

박성호, 「저작권법」(제2판), 박영사, 2017.

오승종, 「저작권법 강의」(제2판), 박영사, 2018.

이해완, 「저작권법」, 박영사, 2019.

박성민, "저작권법 벌칙규정의 형사불법 ― 저작권침해죄의 주관적 요건으로서 의거성과 고의에 대한 형법적 판단을 중심으로 ―", 계간저작권 제31권 제2호, 한국저작권위원회, 2018.

신재호, "저작자개념에 관한 소고", 산업재산권 제61호, 한국지식재산학회, 2019.

한지영(아주대), "일명 '표지갈이' 사건에서의 부정발행죄 적용범위에 관한 고찰 ― 의정부지방법원 2016. 6. 15. 선고 2015고단4745 판결을 중심으로", 계간저작권 제29권 제3호, 2016.

한지영(조선대), "저작권법상 성명사칭죄 및 미수범처벌에 관한 고찰"(발표문), 한국디지털재산법학회/경상대학교 법학연구소 2019년도 공동학술세미나, 2019. 12.

https://www.yna.co.kr/view/AKR20151214131700060?input=1179m.

국립국어원(https://www.korean.go.kr/front/search/searchAllList.do).

국립국어원, 한국어 어문규범에 나타난 한글맞춤법(문화체육관광부 고시 제2017-12호)(http://kornorms.korean.go.kr/regltn/regltnView.do?regltn_code=0001&regltn_no=812#a812).

[Abstract]

The Legal Interest and the Meaning of Publication During Announcement of the Crime against Pursuant to Subparagraph 1 of Paragraph 1 from Article 137 of the Copyright Act

Park, Sung-min*

In case false name of author is expressed on literary work of original author, crime against Subparagraph 1 of Paragraph 1 from Article 137 of the Copyright Act ("the Subparagraph") is established. The relevant judgment is the legal precedent that applied the article on so called cover replacement case, and especially the issue was whether the meaning of publication out of legal text shall be understood as copy or distribution (or), or copy and distribution (and).

In case of cover replacement case, as the original author had consented to false expression of author's name, it is necessary to confirm the scope of crime establishment by confirming the legal interest of the crime against the Subparagraph 1, before interpreting crime. In this regard, this paper demonstrated that the legal interest of the crime against the Subparagraph shall be the social interest as the confidence granted by the general society to the literary work, and confirmed that this crime can be established notwithstanding consent from original author.

Meanwhile, the publication during announcement as the act of this crime is stated as copy · distribution in the judicial provision, and the judicial precedent interpreted the meaning of the dot (·) in between as 'copy and distribution'. Provided that, the Supreme Court presented that

---

* Associate professor, college of law, Gyeongsang National University.

the dot (·) in between can be interpreted as "and" in the perspectives of literary interpretation. This interpretation criticized the logics of the Supreme Court based on the sample use of The National Institute of the Korean Language, and confirmed that this was an error in legislation procedure. Also, based on the legislation historical · purposive interpretation on this crime, this interpretation confirmed that the meaning of the dot (·) in between is not the issue between 'and and or', but the issue of 'and then' as the matter of order of incident of behaviors. Furthermore from comparative law perspectives, this interpretation analyzed the case of using dot (·) in between in Criminal Law and especially verified that dot (·) in between is used differently from uses in Korean language in case of crime against Article 347-2 of the Criminal Law.

디지털 증거 압수수색 시 영장
범죄사실과 '관련성 있는' 증거 해석
기준과 무관 증거 발견 시 증거 확보 방법
— 대법원 2018. 4. 26. 선고 2018도2624 판결

김 영 미*

[대상 판결]

1. 사건의 개요

검사는 2016. 10. 26. 최○○ 소유 A 건물을 압수수색하고, 6층 서재에 있는 책상 부근에서 최○○이 사용한 외장하드를 압수하였다.

위 압수수색영장 범죄사실은 '대통령의 지인으로 알려진 피의자 최○○이 차○○ 등과 공모하여, (10억 원을 초과하는 기부금품을 모집하려는 자는 모집, 사용 계획서를 작성하여 행정자치부장관에게 등록하여야 함에도 불구하고 등록하지 아니하고), 미○, 케○○○○ 재단에 대한 출연금으로 53개 기업으로부터 합계 866억 원의 기부금품을 모집하였고, 불상의 공무원들은 53개 기업을 상대로 위와 같은 재단법인에 대한 출연금으로 합계 866억 원을 기부할 것을 요구하여 기부금품을 모집하였다'는 것이었다.

압수수색영장의 압수할 물건에는 '1. 재단법인 미○, 케○○○○의 설립 및 운영에 관련된 보고 서류, 회계 서류, 결재 서류, 업무일지, 수첩, 메모지, 명함 등 관련 문서 일체'가 기재되어 있었다.

* 수원지방검찰청 검사

압수한 외장하드에서 검사는 '청와대 인사안', '청와대·행정각부
보고서', '대통령 일정', '대통령 말씀자료', '외교관계 자료' 등을 확인
하였다. (위 문건 확인 후 검사는 위 문건을 확보하기 위한 압수수색영장
을 별도로 청구하지 않았다)

검사는 정○○을 신문하면서 위 문건 출력물 및 그에 대한 수사
보고서를 보여주고 이에 대해 신문하였다. 정○○은 공무상 비밀이 담
긴 문건 총 47건을 최○○에게 이메일 등으로 전달한 사실을 인정하
였다. (피의자신문조서 작성)

검사는 피고인 정○○이 2013. 1.경부터 2016. 4.경까지 공무상 비
밀이 담긴 문건 총 47건을 최○○에게 이메일 등으로 전달하여 공무
상 비밀을 누설하였다는 것으로 기소하였다.

피고인 정○○은 원심에서 위와 같은 범죄사실에 대해 이를 자백
하였다. (즉 피고인 정○○은 최○○에게 이 사건 전자정보를 전달한 사실
자체는 인정하였다)

또한 원심은 위 문건 및 그 출력물 등에 대해 증거채택 결정을
하였다.

2. 판결 요지

가. 원심의 판단(서울중앙지방법원 2017. 11. 15. 선고 2016고합1202
　　(분리), 2017고합418(분리) 판결)

원심은 47건의 공무상 비밀이 담긴 문건을 누설하였다고 기소한
사건에서 33건의 문건의 점은 무죄라고 판시하였다. (33건의 문건은 '새
정부의 행정부 조직도', '인사후보자 인사검증자료', '국정원장, 국무총리실
장, 금융위원장 인선 발표안', '일본 총리와 통화 자료', '국무회의 자료', '민
정수석실에서 보고한 언론 보도에 대한 법원조정 수용 여부 검토 내용', '민
정수석실에서 보고한 특정인 비위 조사 사실 및 조치 사항', '국토부장관이
현안 보고한 부동산 관련 주요 정책에 대한 경제수석실 검토 내용' 등이고,
유죄가 인정된 14건의 문건은 '스포츠클럽 지원 사업 전면 개편 방안', '체

육특기자 입시비리 근절 방안' 등이다)

원심의 판시는 다음과 같이 요약될 수 있다. 첫째 33건의 문건은 위 압수수색영장의 '압수할 물건'에 해당하지 않고, 둘째 '압수할 물건'에 해당하지 아니한 문건에 대해 별도 압수수색영장을 발부받지도 않았기에 33건의 문건은 위법수집증거로서 증거능력이 없으며, 셋째 위법수집증거에 근거한 정○○의 자백은 독수, 독과의 원칙에 의해 증거능력이 없다는 것이다.

상세한 근거 논리는 다음 각 항목에서 설명하겠다.

(1) 압수할 물건의 해석(사건과 관련성)

헌법과 형사소송법이 구현하고자 하는 적법절차와 영장주의의 정신에 비추어 볼 때, 법관이 압수수색영장을 발부하면서 '압수할 물건'을 특정하기 위하여 기재한 문언은 엄격하게 해석하여야 하고, 함부로 피압수자 등에게 불리한 내용으로 확장 또는 유추해석하는 것은 허용할 수 없다. (대법원 2009. 3. 12. 선고 2008도763 판결 등)

이 사건 '압수할 물건'은 '1. 재단법인 미○, 케○○○○의 설립 및 운영에 관련된 보고 서류, 회계 서류, 결재 서류, 업무일지, 수첩, 메모지, 명함 등 관련 문서 일체'이므로, 문제된 '청와대 인사안', '청와대·행정각부 보고서', '대통령 일정', '대통령 말씀자료', '외교관계 자료' 등은 이에 해당할 수 없다.

(2) 무관 정보에 대한 압수

전자정보에 대한 압수수색에 있어 그 저장매체 자체를 외부로 반출하거나 하드카피·이미징 등의 형태로 복제본을 만들어 외부에서 그 저장매체나 복제본에 대하여 압수수색이 허용되는 예외적인 경우에도 혐의사실과 관련된 전자정보 이외에 이와 무관한 전자정보를 탐색, 복제, 출력하는 것은 원칙적으로 위법한 압수수색에 해당하므로 허용될 수 없다.

그러나 전자정보에 대한 압수수색이 종료되기 전에 혐의사실과 관련된 전자정보를 적법하게 탐색하는 과정에서 별도의 범죄혐의와 관련된 전자정보를 우연히 발견한 경우라면, 수사기관으로서는 더 이상의 추가 탐색을 중단하고 법원으로부터 별도의 범죄혐의에 대한 압수수색영장을 발부받은 경우에 한하여 그러한 정보에 대하여도 적법하게 압수수색을 할 수 있다고 할 것이다. (대법원 2015. 7. 16.자 2011모1839 전원합의체 결정 등)

이 사건 영장에 기재된 '압수할 물건'에는 포함되지 않지만, 압수할 필요가 있다고 판단되는 이 사건 전자정보를 우연히 발견한 경우라면, 수사기관으로서는 추가 탐색을 중단하고 법원으로부터 이 사건 전자정보에 대한 압수수색영장을 발부받아 그 정보를 압수해야 함에도 불구하고 수사기관은 별도의 압수수색영장을 발부받지 않았다.

따라서 이 사건 전자정보는 헌법 제12조 제1항 후문, 제3항 본문이 규정하는 헌법상 영장주의에 위반한 절차적 위법이 있다고 보아야 할 것이고, 형사소송법 제308조의2에서 정한 '적법한 절차에 따르지 아니하고 수집한 증거'에 해당하여 유죄의 증거로 사용할 수 없다. 또한 그와 같은 절차적 위법은 헌법상 규정된 영장주의 내지 적법절차의 실질적 내용을 침해하는 경우에 해당한다고 보아야 하므로 예외적으로 그 증거능력을 인정할 수 있는 경우로도 볼 수 없다.

(3) 위법수집증거배제법칙

헌법과 형사소송법이 정한 절차에 따르지 아니하고 수집한 증거는 물론 이를 기초로 하여 획득한 2차적 증거 역시 기본적 인권 보장을 위해 마련된 적법한 절차에 따르지 않은 것으로서 원칙적으로 유죄 인정의 증거로 삼을 수 없다. 다만 위법하게 수집한 압수물의 증거능력 인정 여부를 최종적으로 판단할 때에는, 수사기관의 증거 수집 과정에서 이루어진 절차 위반행위와 관련된 모든 사정, 즉 절차 조항이 보호하고자 하는 권리 또는 법익의 성질과 침해 정도 및 피고인과의 관련성, 절차 위반행위와 증거수집 사이의 인과관계 등 관련성의 정도, 수사기관의 인식과 의도 등을 전체적, 종합적으로 살펴볼 때, 수사기관의 절차 위반 행위가 적법절차의 실질적인 내용을 침해하는 경우에 해당하지 아니하고, 오히려 그 증거의 증거능력을 배제하는 것이 헌법과 형사소송법이 형사소송에 관한 절차 조항을 마련하여 적법절차의 원칙과 실체적 진실 규명의 조화를 도모하고 이를 통하여 형사사법 정의를 실현하려고 한 취지에 반하는 결과를 초래하는 것으로 평가되는 예외적인 경우라면, 법원은 그 증거를 유죄 인정의 증거로 사용할 수 있다. 이는 적법한 절차에 따르지 아니하고 수집한 증거를 기초로 하여 획득한 2차적 증거의 경우에도 마찬가지여서, 절차에 따르지 아니한 증거 수집과 2차적 증거 수집 사이 인과관계의 희석 또는 단절 여부를 중심으로 2차적 증거 수집과 관련된 모든 사정을 전체적, 종합적으로 고려하여 예외적인 경우에는 유죄 인정의 증거로 사용할 수 있다. (대법원 2007. 11. 15. 선고 2007도3061 전원합의체 판결 등) 그리고 이러한 법리는 수사기관이 위법한 압수물을 기초로 하여 피고인의 자백을 얻은 경우에도 마찬가지이다. (대법원 2012. 3. 29. 선고 2011도10508 판결 등)

다만, 법원은 구체적인 사안이 이러한 예외적인 경우에 해당하는지를 판단하는 과정에서, 적법한 절차를 따르지 않고 수집된 증거를 유죄의 증거로 삼을 수 없다는 원칙을 훼손하는 결과가 초래되지 않도록 유념하여야 하며, 나아가 수사기관의 절차 위반행위에도 불구하고 이를 유죄 인정의 증거로 사용할 수 있는 예외적인 경우에 해당한다고 볼 수 있으려면, 그러한 예외적인 경우에 해당한다고 볼 만한 구체적이고 특별한 사정이 존재한다는 것을 검사가 증명하여야 한다. (대법원 2011. 4. 28. 선고 2009도10412 판결 등)

앞서 살핀 이 사건 전자정보의 증거능력이 인정되지 않는다는 점에서 이 사건 외장하드에서 발견된 문건의 출력물, 그에 대한 수사보고서 등은 위법수집증거인 이 사건 전자정보와 불가분의 관계에 있거나 그 변형물에 불과하여 사실상 같은 증거로 평가할 수 있으므로 각 증거능력이 없다.

또한 검사 작성 피의자신문조서는 위법하게 수집한 이 사건 전자정보를 수사과정에서 직접 제시받아 그 존재와 내용을 전제로 한 신문에 답변한 내용으로서 이 사건 전자정보 수집 과정에서의 절차적 위법과 사이에 여전히 직접적 인과관계가 있다고 보아야 할 것이므로 역시 유죄의 증거가 될 수 없다.

또한 피고인 정○○의 법정 자백 진술은 공개된 법정에서 진술거부권을 고지받고 변호인이 함께 있는 상태에서 한 것이기는 하나, 이 사건 전자정보 수집과정에서의 절차적 위법은 헌법상 규정된 영장주의 내지 적법절차의 실질적 내용을 침해하는 것으로 보아야 하는 점, 이 사건 공소장의 별지 범죄일람표에는 이 사건 전자정보의 각 제목과 요약된 내용이 일일이 기재되어 있고, 피고인은 그 공소장 부본을 송달받은 후 이 사건 공판기일에 출석하여 이 사건 전자정보를 포함한 별지 범죄일람표 기재 문건 전부를 최○○에게 전달한 사실을 자백하였는데, 그렇다면 피고인이 이 법정에서 한 위 자백 진술 중 이 부분 공소사실과 관련된 부분은 위법수집증거인 이 사건 전자정보를 직접 제시받고 한 것과 다를 바 없고(특정한 내용의 공무상 비밀을 담고 있는 문건을 유출하였다는 공무상비밀누설 공소사실의 특성을 고려하면 더욱 그렇게 볼 수 있다) 적어도 이 사건 전자정보의 내용을 전제로 한 신문에 답변한 것으로 볼 수 있는 점, 피고인이 위와 같은 자백 진술을 할 당시 이 사건 전자정보가 위법수집증거에 해당할 수 있다는 점을 고지받거나 그러한 내용의 법적 조언을 받지 못 했던 것으로 보이는 점 등을 종합하여 보면, 피고인의 위 자백 진술은 위법수집증거의 2차적 증거로서 여전히 그 인과관계가 희석 또는 단절되지 않았다고 봄이 상당하여 유죄의 증거로 삼을 수 없다.

따라서 증거능력을 인정할 수 없는 증거들에 대해서는 이 판결로써 그 증거채택 결정을 모두 취소한다.

(4) 피고인이나 변호인의 증거 동의와 관계

형사소송법상 영장주의의 원칙을 위반하여 수집되거나 그에 기초한 증거로서 그 절차 위반행위가 적법절차의 실질적인 내용을 침해하는 정도에 해당하는 경우에는 피고인이나 변호인의 증거 동의가 있다고 하더라도 유죄의 증거로 사용할 수 없다. (대법원 2011. 4. 28. 선고 2009도2109 판결 등)

나. 항소심의 판단(서울고등법원 2018. 2. 1. 선고 2017노3551 판결)

항소심은 검사가 '압수의 대상을 압수수색영장의 범죄사실 자체와 직접적으로 연관된 물건에 한정할 것은 아니고, 압수수색영장의 범죄사실과 기본적 사실관계가 동일한 범행 또는 동종, 유사의 범행과 관련된다고 의심할 만한 상당한 이유가 있는 범위 내에서는 압수를 실시할 수 있다'고 한 대법원 2009. 3. 12. 선고 2008도763 판결을 원용한 것에 대해, 이 사건 전자정보 출력물은 이 사건 영장의 '압수할 물건'의 문언 해석상 어느 항목에도 해당하지 않고 이 사건 영장의 범죄사실(기부금품의모집및사용에관한법률위반)과 기본적 사실관계가 동일한 범행 또는 동종, 유사의 범행과 관련된다고 보기도 어려우므로 근거가 될 수 없다고 하였다.

또한 검사가 교육감 선거 관련 대법원 2015. 10. 29. 선고 2015도9784 판결을 원용한 것과 관련, 이 사건 전자정보 출력물은 영장 범죄사실에 대한 직접 또는 간접 증거로서의 가치가 있다고 보기 어려워 이 사안에서 원용할 것이 아니라고 하면서, 검사의 항소를 기각하였다.

다. 대법원의 판단(대법원 2018. 4. 26. 선고 2018도2624 판결)

대법원 또한 원심 및 항소심과 같은 논리로, 검사의 상고를 기각하고 원심을 확정하였다.

Ⅰ. 문제의 제기

연구 대상 판결은 2016년 대한민국을 떠들썩하게 했던, 현직 대통령이 탄핵에 이르게 된 단초가 되는 사건 중 하나이다. 대통령과 그 보좌진인 피고인이 최○○에게 공무상 비밀을 누설하고 그로 인해 이

득을 취득한 사안이다. 그런데 법원은 기소된 공무상 비밀 중 절반 이상을 증거능력이 없다고 하면서 증거로 인정하지 않았다(게다가 당사자인 피고인이 증거능력 인정 여부를 다툰 바도 없다). 이 사건으로 피고인은 징역 1년 6월을 선고받았으며, 공무상 비밀누설의 공소사실 중 절반 이상이 무죄가 된 것이 양형에 영향을 미쳤음도 당연하다.

동일한 외장하드에서 발견된 일부 증거는 증거능력이 인정되고, 나머지는 증거능력이 인정되지 않았다. 나머지 부분이 압수할 물건에 해당하는지가 하나의 쟁점이고(더 나아가 증거능력이 인정된 일부 증거는 그렇다면 사건과 관련성이 있다고 볼 수 있는지도 검토가 필요하다), 만일 압수할 물건에 해당하지 않는다면 위 증거를 어떻게 해야 증거능력을 인정받을지가 또 하나의 쟁점일 것이다.

그리고 이러한 판단 기준은 자의적이거나 형식 논리에 입각한 도그마틱한 것이 아니라 현행 법과 헌법, 형사소송법의 근본 이념, 국민 일반의 법 감정인 상식과 경험칙에 입각해야 할 것이다.

2011. 7. 18. 형사소송법 제106조는 '법원은 필요한 때에는 피고 사건과 관계가 있다고 인정할 수 있는 것에 한정하여 증거물 또는 몰수할 것으로 사료하는 물건을 압수할 수 있다'로 개정되었다. 이는 과거에는 '필요한 때에는'만 규정된 것에서 더 나아가 '피고 사건과 관계가 있다고 인정할 수 있는 것'이라는 요건을 추가한 것이다. 그런데 압수수색은 당연히 범죄사실과 관계가 있다고 인정할 수 있는 것에 한정하여 진행된다. 따라서 당연한 것을 규정한 것으로도 일응 볼 수 있으나 그동안 일부 압수수색 현장에서 마치 일반 영장(general warrant)과 같이 싹쓸이 식으로 압수물을 가지고 와서 진행된 점에 대한 반성과 제재로 명문으로 이를 규정한 것으로도 볼 수 있을 것이다.

또한 위 법에서 신설된 제3항에서 '법원은 압수의 목적물이 컴퓨터용디스크, 그 밖에 이와 비슷한 정보저장매체인 경우에는 기억된 정보의 범위를 정하여 출력하거나 복제하여 제출받아야 한다. 다만, 그 범위를 정하여 출력 또는 복제하는 방법이 불가능하거나 압수의 목적을 달성하기에 현저히 곤란하다고 인정되는 때에는 정보저장매체 등을 압수할 수 있다'를, 제4항에서는 '법원은 제3항에 따라 정보를 제공받은 경우 개인정보보호법 제2조 제3호에 따른 정보주체에게 해당 사실을 지체없이 알려야 한다'고 규정하였다. 즉 디지털 증거에 대한 압수 규정을 명문화한 것이다.

바야흐로 현재 대한민국은 디지털 증거의 시대이다. 이제 누구나 손쉽게 핸드폰, 노트북 등에 접근하여 수많은 정보를 생성해 낼 수 있다. 따라서 사건에서 디지털 증거를 제대로 확보하는 것이 수사의 성패를 좌우할 수 있게 되었다.

그런데 디지털 증거는 파일을 찾고, 이를 열람해 보지 않는 한 어떤 내용이 담겨 있는지 알 수가 없다. 파일 확장자나 파일의 이름 등을 보고 압수 여부를 바로 결정할 수는 없고, 해당 파일을 열어볼 수밖에 없다. 파일 확장자나 파일의 이름 등은 임의로 조작이 가능하기 때문이다. 심지어 파일 생성 시간까지 조작 가능하다.

이에 더 나아가 디지털 증거는 모두 열람해보아야만 사건 관련성을 확인할 수 있기 때문에 모든 디지털 증거는 사실상 plain view(우연한 발견)의 대상이 된다고 보아야 할 것이다. 이러한 본질적 이유는 디지털 증거가 유관증거와 무관 증거가 혼재되어 있기 때문이다.

그와 동시에 디지털 증거에는 수많은 개인 정보가 혼재되어 있다. 범죄와 연관된 증거와 개인의 은밀한 사생활 관련 정보가 혼재되어 있는 것이다. 결국 디지털 증거의 압수에 있어서 개인정보보호의 문제가 가장 크게 부각되는 것도 이러한 디지털 증거의 특징에서 비롯되는 것이다.

그런데 한편으로는 사건 관련성이 인정되지 않더라도 우연히 별개의 범죄가 발견된 경우, 이를 어떻게 증거로 확보할지가 중요한 문제가 된다.

본 논문에서는 이러한 쟁점으로 한정하여, 압수 요건으로서의 사건과의 관련성의 해석 기준을 어떻게 설정해야 하는지, Plain View로 확인된 무관 증거를 어떻게 확보하여 증거능력을 인정받을 수 있는지 논의해보고자 한다.

물론 이러한 논의는 비단 디지털 증거에만 한정한 것은 분명 아니다. 그러나 일반적 유체물 압수와 다른 디지털 증거에서 다른 기준, 아니면 보다 엄격한 기준을 적용하여야 하는지, 그렇다면 그 근거는 무엇인지도 함께 검토해 볼 필요가 분명 있다고 할 것이다.

그리고 이 모든 논의의 시작과 끝은 당연히 실체진실 발견과 적법절차 준수라는 형사소송법의 대원칙에 근거해야 할 것이다. 아울러 법을 제대로 해석, 적용하는 법치주의에 대한 진정한 고민도 필요하다. 법치주의란 레미제라블의 장발장처럼 일반 서민에게 가혹한 처벌을 내리는 것이 아니라, 권력을 보유한 자라 할지라도 최소한 법의 테두리 내에 있게 하여 그에게 법의 이름으로 그 행위에 합당한 책임을 물어야 하는 것에 그 본질이 있다. 법의 형평성, 비례의 원칙은 여기에 근거한 것이다. 적법절차와 구체적 타당성은 형식적인 논리 개념이 아니라 구체적 사건에서 드러나는 판단의 기준인 것이다. 학문적 논의도 실무를 떠나 형식 논리적으로 해서는 안 되는 이유가 여기에 있다. 결국 법의 해석을 어떻게 하느냐, 정의를 어떻게 구현해 내느냐의 문제인 것이다.

Ⅱ. 무관 증거의 해석 기준과 무관 증거 발견시 증거 확보 방법

1. 디지털 증거의 특징

가. 디지털 증거의 정의

범죄사실을 규명하기 위해 각종 증거를 과학적으로 분석하는 분야를 법과학(forensic science)이라고 한다.

컴퓨터가 도입되고 보편화됨에 따라 범죄 자료 저장소로 컴퓨터가 사용되고 있고, 각종 디지털 기기가 보급되면서 디지털 기기에 저

장된 데이터가 중요한 증거가 되고 있다. 디지털 기기에 남아 있는 각
종 데이터를 조사하여 사건을 규명하는 법과학 분야를 법전산(forensic
computing) 또는 디지털 포렌식(digital forensic)이라 한다.[1]

디지털 증거의 개념 정의는 다양하다. '범죄를 입증하거나 범죄와
피해자 또는 범죄자 사이의 연결 고리를 제공할 수 있는 모든 디지털
데이터', '범죄가 어떻게 일어났는지에 대하여 입증 또는 반박할 수 있
거나, 범죄 의도나 알리바이와 같은 범죄의 핵심 요소들을 이끌어낼
수 있는 정보로 컴퓨터를 사용하여 저장되거나 전송되는 데이터', '디
지털 형태로 저장 또는 전송되는 증거가치 있는 정보', '법정에서 신뢰
할 수 있는 저장되거나 전송되는 이진수 형태의 정보', '각종 디지털
저장매체에 저장되거나 네트워크 장비 및 유, 무선 통신상으로 전송되
는 정보 중 그 신뢰성을 보장할 수 있어 증거로서 가치를 가지는 디
지털 정보' 등이 개념으로 제시되고 있다.[2]

결국 '디지털 기기에 저장된 각종 데이터 중 범죄 혐의를 입증하
는 유의미한 자료'를 디지털 증거라 해야 할 것이다.

디지털 기기는 중앙처리장치(CPU, Central Process Unit), 주 기억 장
치, 보조 기억 장치, 입, 출력 장치 등으로 구성되어 있고, 중앙처리장
치는 연산 장치, 제어 장치, 레지스터로 구성되어 있다. 스마트폰, 내
비게이션 등과 같이 해당 기기에서 동작하는 소프트웨어를 칩에 담아
내장한 일체형은 임베디드 기기라고 한다. [3]

디지털 데이터에서 유용한 정보를 추출, 법정에 증거로 제출할 수
있으려면 데이터가 담고 있는 의미를 잘 파악하는 능력이 필요하다.

디지털 데이터는 물리적으로는 0과 1의 비트(binary digit = bit)로 구
성되어 있다. 저장장치, 네트워크 통신 등 모든 디지털 시스템에서는
이진법을 사용해서 데이터를 저장하고 처리한다.

---

1) 이상진, 디지털포렌식 개론, 이룬, 2010, 1면.
2) 손지영, 김주석, "디지털 증거의 증거능력 판단에 관한 연구", 「대법원 사법정
   책연구원」(2014), 21면에서 재인용.
3) 이상진, 디지털포렌식 개론, 이룬, 2010, 35면.

디지털 증거를 흔히 해당 디지털 기기에 담긴 문서 파일의 내용이라 생각하기 쉬우나, 디지털 증거는 그 뿐만 아니라 사용자가 입력한 데이터를 설명하거나 관리하기 위한 데이터로 응용 프로그램에서 자동 생성되는 메타 데이터(meta data) 등을 분석하는 것이 사건 해결에서 중요한 역할을 담당할 수 있다. 예를 들어 기술유출 사건에서는 문제된 빼돌린 기술을 실제 열람, 복사, 유출하였는지를 데이터 분석을 통하여 밝혀내는 것이 중요하다.

또한 0과 1의 전자 정보는 하드디스크의 물리적인 공간에 차례로 저장되지 않고 디스크의 임의 공간에 흩어져 저장되기 때문에 파일의 내용을 확인하기 위해서는 흩어져 있는 0과 1의 값들을 정확히 찾아 파일을 구성하여야 한다. 그리고 파일의 내용을 확인하기 위해서는 파일을 구성하는 0과 1의 값을 프로그램 등을 사용하여 문자, 기호, 그림 등과 같이 사람이 인식 할 수 있는 형태로 변환하고 이를 모니터 등에 출력하여야 한다. 다양한 전자 정보가 흩어져 혼재되어 있는 저장매체에서 사건과 관련된 0과 1의 바이너리 값을 찾아 이를 논리적으로 정확하게 구성하고 사람이 식별할 수 있는 형태로 가시화하는 과정은 과학기술의 발전과 더불어 지속적으로 풀어나가야 할 문제이다.[4]

최근 데이터를 암호화하거나 의미 없어 보이는 파일에 중요한 데이터를 삽입하는 스테가노그라피(steganography) 도구를 이용하여 데이터를 은닉하는 등의 기술도 날로 발전하고 있어 이에 대응하는 복구 기술도 발전하고 있다.

나. 디지털 증거의 특징

이러한 디지털 증거의 특징은 여러 가지를 들 수 있는데 쟁점 판례와 관련된 유의미한 내용으로, 대표적인 것을 설명하고자 한다.

디지털 증거는 디지털 기기에 저장되어 있는 정보 그 자체이어서 디지털 기기인 매체와 독립되어 있다. 이를 매체 독립성이라 한다. 이

---

4) 독고지은, "디지털 압수·수색에 대한 개정 형사소송법의 규제와 집행에 관한 연구—영장 집행 시 제기되는 쟁점을 중심으로—",「법조」, 2013. 5., 220~221면.

러한 점이 유체물에 대한 압수를 상정한 기존 법률에서 예견하지 못한 부분이라 할 것이다. 지금까지 판례가 디지털 증거를 대하는 태도는 진술이 기재된 문서로 보는 경향이 큰 것으로 보인다.

그런데 이제는 매체가 무엇인지조차 알 수 없게 클라우드 서버에 데이터를 저장하는 사례가 급증하고 있다. 정보 생산자와 서버 관리자가 불일치하고 서버가 해외에 있는 경우 기존 법률이 예상하지 못 하는 문제점을 가져오게 된다. 이 부분 또한 깊이 있는 논의가 향후 진행될 필요가 있다.

디지털 증거는 사본이 용이하기에 원본과 사본의 구별 의미가 없다. 기존 문서와 차이점이다. 이는 또한 수정, 삭제 등 편집이 용이하다는 점에서 디지털 증거의 무결성, 동일성 입증이 필요한 이유가 된다.

우리나라 판례도 '압수물인 디지털 저장매체로부터 출력한 문건을 증거로 사용하기 위해서는 디지털 저장매체 원본에 저장된 내용과 출력한 문건의 동일성이 인정되어야 할 것인데, 그 동일성을 인정하기 위해서는 디지털 저장매체 원본이 압수된 이후 문건 출력에 이르기까지 변경되지 않았음이 담보되어야 하고, 특히 디지털 저장매체 원본에 변화가 일어나는 것을 방지하기 위해 디지털 저장매체 원본을 대신하여 디지털 저장매체에 저장된 자료를 하드카피, 이미징한 매체로부터 문건이 출력된 경우에는 디지털 저장매체 원본과 하드카피, 이미징한 매체 사이에 자료의 동일성도 인정되어야 한다'(대법원 2007. 12. 13. 선고 2007도7257 판결, 일명 일심회 사건)거나 '압수물인 컴퓨터용 디스크 그 밖에 이와 비슷한 정보저장매체에 입력하여 기억된 문자정보 또는 그 출력물을 증거로 사용하기 위해서는 정보저장매체 원본에 저장된 내용과 출력 문건의 동일성이 인정되어야 하고, 이를 위해서는 정보저장매체 원본이 압수 시부터 문건 출력 시까지 변경되지 않았다는 사정, 즉 무결성이 담보되어야 한다'(대법원 2013. 7. 26. 선고 2013도2511 판결, 일명 왕재산 사건)라고 하여 일관된 입장을 보이고 있다.

이러한 데이터 훼손이 되지 않았음을 입증하기 위해 실무에서는 암호학에서 사용된 해시 함수를 이용해서 데이터의 무결성, 동일성을 입증하고 있다. 해시 함수는 '임의의 비트열을 고정된 비트 열로 변환시켜주는 함수'라고 간단하게 정의할 수 있다.5) 즉 해시값(hash value)은 암호학적 해시 함수 또는 해시 알고리즘을 통해 임의의 데이터로부터 만들어진 일종의 전자지문으로, 임의의 비트 열을 고정된 길이의 비트 열로 변환시켜주는 해시 함수를 통해 계산하여 산출된 값을 말한다.

또한 디지털 증거는 대량의 여러 정보가 혼재되어 저장되는 특징이 있다. 즉 범죄 관련 정보와 개인의 사생활 정보가 혼재되어 있고, 범죄 관련 정보라 할지라도 수사기관이 압수수색 대상으로 상정한 정보와 수사기관이 미처 알지 못한 범죄정보가 혼재되어 있을 수 있는 것이다. 기존의 유체물 압수수색에서도 수첩을 발견한 경우, 범죄정보와 개인의 사생활 정보가 혼재되어 기록되어 있을 수 있다. 그러나 수첩 자체를 압수하는 것에는 아무런 문제가 되지 않았다. 그러나 디지털 증거는 수첩과 같이 기록된 증거와 달리 저장할 수 있는 용량이 매우 크며 이는 계속 증가하고 있다. 저장된 내용 중에는 범죄정보보다 개인정보가 보다 더 많을 수 있는 것이다. 그렇다면 이를 어떻게 할 것인가. 이에 대한 고민에서 디지털 증거 압수수색에서 유독 사건과 관련성 문제가 더 대두되는 이유이기도 한 것이다.

다. 유체물 압수수색과 디지털 증거 압수수색의 차이점6)

유체물을 압수하기 위해서는 어떤 특정 장소에 들어가 이를 찾아내는 것이다. 그런데 디지털 증거는 해당 정보를 확인하기 위해 0과 1의 이진법을 조합하여 그 내용과 메타 데이터를 읽어내는 것이 우선 필요하다. 수색의 개념이 종전과 달라질 수밖에 없는 것이다.

또한 디지털 증거에 대한 분석은 원본이 아니라 비트스트림 카피(bitstream copy)에서 행해진다. 즉 수색이 혐의자의 컴퓨터에서 이루어지

---

5) 이상진, 디지털포렌식 개론, 이룬, 2010, 239.
6) Orio S. Kerr, "Searches and Seizures in a Digital World", 119 Harvard Law Review, December, 2005 p.536 이하.

는 것이 아니라 수사기관의 컴퓨터에서 실질적으로 행해지는 것이다.

게다가 디지털 증거는 그 양이 매우 방대하고 사용자가 통제 가능한 것도 아니다. 2005년에 판매되는 컴퓨터 하드 드라이브는 일반적으로 약 80기가바이트의 용량이었다. 4,000만 페이지의 책, 전형적인 아카데미 도서관의 한 층 정도를 차지할 분량인 것이다. 게다가 그 용량의 증가는 두 해마다 2배씩 증가하고 있다.

또한 포렌식 전문가가 삭제된 파일을 찾아낼 수 있는 것은 사용자가 삭제했다고 사용한 기능이 실질적으로 파일을 완전히 삭제해 내는 것이 아니기 때문이다. 즉 일반적 사용자는 디지털 증거의 통제가 결코 쉬운 일이 아니다.

2. 판례의 입장

우리나라 판례는 '압수의 대상을 압수수색영장의 범죄사실 자체와 직접적으로 연관된 물건에 한정할 것은 아니고, 압수수색영장의 범죄사실과 기본적 사실관계가 동일한 범행 또는 동종, 유사의 범행과 관련된다고 의심할 만한 상당한 이유가 있는 범위 내에서는 압수를 실시할 수 있다'(대법원 2009. 3. 12. 선고 2008도763 판결)고 하면서도, '헌법과 형사소송법이 구현하고자 하는 적법절차와 영장주의의 정신에 비추어 볼 때, 법관이 압수수색영장을 발부하면서 '압수할 물건'을 특정하기 위하여 기재한 문언은 엄격하게 해석하여야 하고, 함부로 피압수자 등에게 불리한 내용으로 확장 또는 유추해석하는 것은 허용할 수 없다'(대법원 2009. 3. 12. 선고 2008도763 판결 등)고 하고 있다.

즉 기본적 사실관계가 동일한 범행 또는 동종, 유사의 범행과 관련된다고 의심할 만한 상당한 이유가 있는 범위는 압수할 물건에 해당하나, 이를 엄격하게 해석해야 한다는 입장으로 보인다.

또한 법원이 2차적 증거의 증거능력 인정 여부를 최종적으로 판단할 때에는 먼저 절차에 따르지 아니한 1차적 증거 수집과 관련된 모든 사정들, 즉 절차 조항의 취지와 그 위반의 내용 및 정도, 구체적인 위반 경위와 회피가능성, 절차 조항이 보호하고자 하는 권리 또는 법익의 성질과 침해 정도 및 피고인과의 관련성, 절차 위반행위와 증거수집 사이의 인과관계 등 관련성의 정도, 수사기관의 인식과 의도 등을 살피는 것은 물론, 나아가 1차적 증거를 기초로 하여 다시 2차적 증거를 수집하는 과정에서 추가로 발생한 모든 사정들까지 구체적인 사안에 따라 주로 인과관계 희석 또는 단절 여부를 중심으로 전체적, 종합적으로 고려하여야 한다고 하고 있다. (대법원 2009. 3. 12. 선고 2008도11437 판결, 대법원 2013. 3. 28. 선고 2012도13607 판결 등)

그렇다면 기본적 사실관계가 동일한지, 동종, 유사 범행인지는 어떤 기준으로 판단하는가. 그리고 어느 정도 절차 위반이어야 인과관계가 희석 또는 단절될 수 있는가. 이에 대해 판시한 사안을 몇 가지 소개해 보기로 하겠다.

가. 제주지사실 압수수색 사건(대법원 2007. 11. 15. 선고 2007도3061 전원합의체 판결, 광주고법 2008. 1. 15.선고 2007노370 판결)

이 사건에서 법원은 '수사기관은 압수수색 영장 청구시 압수수색 장소를 가능한 범위 내에서 최대한 특정하여야 하지만, 압수수색 장소의 내부구조를 사전에 명확히 알 수는 없는 점 등을 고려하면, 피의자, 범죄사실과 압수수색이 필요한 사유에 기초하여 통상적으로 보아 압수수색 영장에 기재된 장소와 동일성이 인정되는 범위 내에서는 영장기재 장소라고 볼 수 있다'고 하면서 '원래 도지사 집무실에 보관 중이던 서류를 도지사를 보좌하는 공무원이 압수수색절차가 진행중이던 압수장소에 일시적으로 가져온 경우에는 이를 영장에 기재된 압수 대상물인 '보관중인 물건'에 포함된다고 볼 수 없고, '보관중인 물건'에 영장집행 당시 영장기재 장소에 '현존'하는 물건까지 포함된다고 해석할 수는 없으므로 위 서류를 압수한 것은 위법하다'고 하였다.

또한 '압수물에 대한 압수목록이 압수 후 무려 5개월이나 지난 뒤에 작성, 교부된 점, 압수목록의 작성자가 압수물을 제대로 확인하고 압수목록을 작성한 것이 아니라 제3자가 작성한 것을 옮겨 적은 데 불과한 점, 압수경위가 임의제출로 잘못 기재되어 있을 뿐만 아니라 작성월일도 누락되어 있는 점 등에 비추어 압수는 위법하다'고 하였으며, '압수절차에서 수사기관의 절차위반행위로 인하여 압수에 관한 적법절차의 실질적인 내용이 침해되었다면, 이를 압수절차가 위법하더라도 예외적으로 증거능력이 인정되는 '수사기관의 절차 위반행위가 적법절차의 실질적인 내용을 침해하는 경우에 해당하지 아니하고, 오히려 그 증거의 증거능력을 배제하는 것이 헌법과 형사소송법에 관한 절차 조항을 마련하여 적법절차의 원칙과 실체적 진실규명의 조화를 도모하고 이를 통하여 형사사법정의를 실현하려 한 취지에 반하는 결과를 초래하는 것으로 평가되는 예외적인 경우'에 해당한다고 볼 수 없다'고 판시하였다.

비록 위 사건은 사건과의 관련성에 대한 명시적 판단은 아니라 본 논문의 쟁점과 명확히 일치되는 내용으로 볼 수 없으나, 시사점을 던져주는 판단이라 할 것이다. 즉 위법수집증거배제법칙이 적용되는 경우 및 그 예외 사유 인정 경우를 어떻게 판단하는가에 대한 구체적 설시를 한 것으로 볼 수 있다.

또한 위 대법원 판단은 그 기준은 형사소송의 대원칙인 실체 진실 발견과 적법절차 준수라고 하고 있다. 이에 대해 다수 의견과 별개 의견은 그 기준에 있어서 미묘한 입장 차이를 보이고 있다.

(다수의견)

법이 정한 절차에 따르지 아니하고 수집한 압수물의 증거능력 인정 여부를 최종적으로 판단함에 있어서는, 실체적 진실 규명을 통한 정당한 형벌권의 실현도 헌법과 형사소송법이 형사소송절차를 통하여 달성하려는 중요한 목표이자 이념이므로, 형식적으로 보아 정해진 절차에 따르지 아니하고 수집한 증거라는 이유만을 내세워 획일적으로 그 증거의 증거능력을 부정하는 것 역시 헌법과 형사소송법이 형사소송에 관한 절차 조항을 마련한 취지에 맞는다고 볼 수 없다. 따라서 수사기관의 증거 수집 과정에서 이루어진 절차 위반행위와 관련된 모든 사정 즉, 절차 조항의 취지와 그 위반의 내용 및 정도, 구체적인 위반 경위와 회피 가능성, 절차 조항이 보호하고자 하는 권리 또는 법익의 성질과 침해 정도 및 피고인과의 관련성, 절차 위반행위와 증거 수집 사이의 인과관계 등 관련성의 정도, 수사기관의 인식과 익도 등을 전체적, 종합적으로 살펴볼 때, 수사기관의 절차 위반행위가 적법절차의 실질적인 내용을 침해하는 경우에 해당하지 아니하고, 오히려 그 증거의 증거능력을 배제하는 것이 헌법과 형사소송법이 형사소송에 관한 절차 조항을 마련하여 적법절차의 원칙과 실체적 진실 규명의 조화를 도모하고 이를 통하여 형사 사법 정의를 실현하려 한 취지에 반하는 결과를 초래하는 것으로 평가되는 예외적인 경우라면, 법원은 그 증거를 유죄 인정의 증거로 사용할 수 있다고 보아야 한다. 이는 적법한 절차에 따르지 아니하고 수집한 증거를 기초로 하여 획득한 2차적 증거의 경우에도 마찬가지여서, 절차에 따르지 아니한 증거 수집과 2차적 증거 수집 사이 인과관계의 희석 또는 단절 여부를 중심으로 2차적 증거 수집과 관련된 모든 사정을 전체적, 종합적으로 고려하여 예외적인 경우에는 유죄 인정의 증거로 사용할 수 있다.

　　(별개의견-대법관 양승태, 김능환, 안대희)

　　법이 정한 절차에 따르지 아니하고 수집한 압수물의 증거능력 유무를 판단함에 있어서는 적법절차의 요청과 실체적 진실규명의 요청을 조화시키는 균형이 유지되어야 한다. 그런데 다수의견이 제시하는 기준은 그 취지가 분명하지 아니할 뿐 아니라, 지나치게 엄격한 기준으로 위법수집증거의 배제원칙을 선언함으로써 자칫 실체적 진실 규명을 통한 형벌권의 적정한 행사라는 형사 사법의 또 다른 목표의 달성을 불가능하게 하거나 지나치게 어렵게 만들 우려가 있다. 그러므로 수집 절차에 위법이 있는 압수물의 증거능력은, 법원이 그 증거수집 절차와 관련된 모든 사정 즉, 절차조항의 취지와 그 위반의 내용 및 정도, 구체적인 위반 경위와 회피 가능성, 절차 조항이 보호하고자 하는 권리 또는 법익의 성질과 침해 정도, 수사기관의 인식과 의도 등을 전체적, 종합적으로 고려하여 볼 때 그 증거수집 절차의 위법사유가 영장주의의 정신과 취지를 몰각하는 것으로서 그 증거의 증거능력을 부정해야 할 만큼 중대한 것이라고 인정될 경우에는 그 증거능력을 부정하여야 하고, 그 위법 사유가 이 정도에 이르지 아니하는 경우에는 그 압수물의 증거능력을 부정하여서는 아니된다.

나. 공직선거법위반 사건(대법원 2014. 1. 16. 선고 2013도7101 판결)

검사는 '피의자 : 피고인 2', '압수할 물건 : 피고인 1 등이 소지하고 있는 휴대전화(휴대전화, 스마트폰) 등', '범죄사실 : 피의자 2는 공천과 관련하여 2012. 3. 15. 및 3. 28. 공소외 1에게 지시하여 ○○○당 공천심사위원인 공소외 13 등에게 거액이 든 봉투를 각 제공', '압수수색할 장소 : 피고인 1의 주거지 등'으로 기재된 압수수색 영장에 근거하여, 피고인 1의 주거지에서 그의 휴대전화를 압수하고 이를 검찰청으로 가져온 후 그 휴대전화에서 추출한 전자정보를 분석하던 중 피고인 1과 피고인 7 사이의 대화가 녹음된 녹음파일을 통하여 피고인 1과 피고인 7의 공직선거법위반 혐의점을 발견하고 수사를 개시하였으나, 이 사건 녹음파일을 임의로 제출받거나 새로운 압수수색영장을 발부받지는 않았다.

법원은 '① 이 사건 영장은 '피고인 2'를 피의자로 하여 '피고인 2가 공소외 1에게 지시하여 피고인 1을 통해 공천과 관련하여 ○○○당 공천심사위원인 공소외 13 등에게 거액이 든 돈 봉투를 각 제공하였다'는 혐의사실을 범죄사실로 하여 발부된 것으로서 피고인 2의 정당후보자 관련 금품 제공 혐의사건과 관련된 자료를 압수하라는 취지가 명백하므로, 이 사건 영장에 기재된 범죄사실과 전혀 다른 '피고인

1과 피고인 7 사이의 정당 후보자 추천 및 선거운동 관련한 대가 제
공 요구 및 약속에 관한' 혐의사실에는 그 효력이 미치지 아니하고,
② 이 사건 녹음 파일이 피고인 2에 대한 공소사실을 입증하는 간접
증거로 사용될 수 있다는 것과 이 사건 녹음파일을 이 사건 영장 범
죄사실과 무관한 피고인 1과 피고인 7 사이의 범죄사실을 입증하기
위한 증거로 사용하는 것은 별개의 문제이므로 피고인 2에 대한 관계
에서 이 사건 녹음파일에 대한 압수가 적법하다고 하여 피고인 7과
피고인 1에 대한 관계에서도 적법한 것은 아니다'라고 하면서 이 사건
녹음 파일의 증거능력을 인정하지 않았다.

그런데 법원은 한편으로 다음과 같은 판시를 하였다. 즉 피고인 1
의 경우 법정 진술은 증거능력을 인정한 것이다.

'이 사건 녹음 파일의 증거능력이 부정되는 이상, 이에 터 잡아 수
집한 2차적 증거인 피고인들의 검찰 진술 또한 그 증거능력이 배제되
어야 하고 한편 피고인들의 법정 진술과 참고인 공소외 14 등의 수사
기관 및 법정 진술에 대해서는, 공개된 법정에서 진술거부권을 고지받
고 변호인의 충분한 조력을 받은 상태에서 자발적으로 이루어진 것이
고 수사기관이 의도적으로 영장주의의 취지를 회피하려고 시도한 것
은 아닌 사정 등을 종합하여 그 증거능력이 있다. 피고인들의 제1심
법정 진술의 경우 그 증거능력이 부정되어야 할 이 사건 녹음 파일을
제시받거나 그 대화 내용을 전제로 한 신문에 답변한 내용이 일부 포
함되어 있으므로 그와 같은 진술과 이 사건 녹음파일 수집 과정에서
절차적 위법과의 사이에는 여전히 직접적 인과관계가 있다고 볼 여지
가 있어 원심이 이 부분 진술까지 그 증거능력이 있다고 단정한데에는
부적절한 점이 없지 아니하다. 그러나 이를 제외한 나머지 증거들의
증거능력에 대한 원심의 위와 같은 판단은 정당한 것으로 수긍할 수
있고 거기에 판결 결과에 영향을 미치지 아니하였다'고 판시하였다.

그런데 위 사건에서 문제된 녹음파일의 경우, 피고인이 다를 뿐
공천 대가로 금품을 수수하였다는 기본적인 범죄사실은 동일한 것이

아닌가 의문이 제기된다. 게다가 피고인 1은 피고인 2의 사건과 전혀 별개의 사람이 아니라 이미 피고인 2의 공천 대가 금품수수행위의 조력자로서 영장에 명시된 자였다는 점에서 기본적 사실관계가 전혀 다르다고 할 수 있을지 근본적인 의문이 제기된다.

다. 종근당 사건(대법원 2015. 7. 16. 선고 2011모1839 전원합의체 결정)

검사 갑은 2011. 4. 25. D회사에 대한 배임 혐의를 범죄사실로 하여 발부받은 압수수색영장(제1영장)으로 저장매체를 압수하여 2011. 4. 26. 대검찰청 디지털포렌식 센터에 이를 인계, 다음 날 피압수자 측 관계자 참여 하에 저장매체 전체를 이미징하여 디지털포렌식 전산망 서버에 이를 저장하였다.

검사 갑은 그 후 위 서버에 저장된 파일을 다운로드받아 검사 갑 컴퓨터 하드디스크로 복제하여 저장한 후, 전자정보를 탐색, 관련성 있다고 판단한 문서를 추출하였고, 그 과정에서 피압수자 측 관계자를 참여시키지 않았다.

검사 갑은 2011. 5. 20.경 자료 탐색 과정에서 D회사에서 의약품 납품과 관련, 리베이트 제공 사실 자료를 확보, 이를 특별수사를 담당하는 검사 을에게 인계해 주었다. 검사 을은 2011. 5. 26. 약사법위반을 범죄사실로 하여 위 자료에 대한 압수수색영장을 발부받아 압수집행을 하였고, 피압수자 측 관계자를 참여시키지 않았다.

대법원은 검사 갑의 배임혐의와 이후 발견한 약사법위반은 별개의 범죄사실이어서 발견 즉시 탐색을 중단하고 새로운 압수수색영장을 바로 발부받아야 하고 검사 갑이 서버에 저장된 파일을 검사 갑의 하드디스크로 복제하여 저장한 행위, 전자 정보를 탐색한 행위는 모두 압수 집행 일환이어서 피압수자 측 참여의 기회를 주어야 하는데 이와 같은 조치를 취하지 아니하였으므로 그 이후의 모든 절차는 위법이라 할 것이어서 위 압수수색은 모두 위법하여 취소되어야 한다고 판시하였다.

라. ○○그룹계열사 자금 횡령 사건(대법원 2014. 2. 27. 선고 2013도
　　12155 판결)

검사는 피고인 김○○, 최○○을 업무상횡령 등의 혐의로 내사한
후 증거를 확보하기 위해 2011. 11. 8. 판사로부터 압수·수색영장을
발부받았다.

이 사건 압수·수색영장에 기재된 피의자는 '피고인 김○○, 최○
○'이고, 죄명은 '업무상횡령'이며, 혐의사실은 '피고인 김○○, 최○○
이 공모하여 2008년경 ○○텔레콤 등 ○○그룹 5개 계열사가 베○○
이 운용하는 창업투자조합에 유한책임조합원(LP)으로 투자하는 것처
럼 가장하여 ○○텔레콤 등 2개 계열사 자금 497억 원, ○○가스 등 3
개 계열사 자금 495억 원을 업무상 보관하던 중 김△△의 선물투자자
금 등으로 교부하여 횡령한 것을 비롯하여 ○○ C&C 등 ○○그룹 계
열사 자금 약 2,650억 원을 베○○가 운용하는 창업투자조합 등에 대
한 투자를 가장하여 횡령하고, 김△△에게 위 자금을 포함하여 수천억
원의 자금을 교부하면서 증여세 등을 포탈한 혐의가 있다'는 것이고,
압수·수색할 물건은 '손○○ 등의 외장 하드디스크 등'인데, 압수·수
색할 물건란에는 수기로 '혐의사실에 관련된 것에 한함'이라는 기재가
있었다.

검사는 2011. 11. 8. 손○○의 주거지에서 이 사건 압수·수색 영
장을 집행하면서 안방 화장대 서랍장 맨 밑 칸에 있던 외장 하드디스
크를 압수하였는데, 압수 당시 위 외장 하드디스크에는 내용물이 삭제
된 채 성인용 동영상이 저장되어 있었다.

검사는 위 외장 하드디스크에 대한 복원 작업을 거쳐 2011. 11.
28. 10:30경부터 21:00경까지 서울중앙지방검찰청 디지털포렌식센터 사
무실에서 손○○의 참관 하에 이미징 작업을 마친 후 손○○에게 봉
인된 상태의 외장 하드디스크를 반환하였다.

위 외장 하드디스크에는 그동안 ○○㈜ 재무실의 박○○ 등이 작

성한 방대한 분량의 문서 파일들이 저장되어 있었다.

검사는 위 저장된 파일들을 바탕으로 추가 IB(상여금) 지급을 통한 부외자금 조성 사실을 인지하고 2011. 12. 2.부터 장○○, 손○○를 소환하여 IB 추가 지급에 관한 조사를 시작하였는데, 같은 날 피고인 장○○으로부터 '2005년부터 2010년까지 부외자금 조성현황과 2008, 2009년 반납임원명단'이 기재된 현황표를 제출받았다(위 현황표가 본건 공소장의 범죄일람표로 그대로 사용되었다).

검사는 2011. 12. 20.경까지 문건작성자인 박○○, 손○○와 위 현황표에 결재자로 기재된 임원들, 추가 IB를 지급받아 반납한 임원들, 피고인 최○○의 비서실장들을 소환 조사하였고, 그 과정에서 피고인 장○○은 추가로 검찰의 요청을 받아 'IB 사용내역서'를 제출하였다.

검사는 최종적으로 피고인 장○○으로부터 관련 임원들의 거래내역을 정리한 서류와 통장사본 등을 제출받았다.

원심은 다음과 같이 판시하였다.

'이 사건 전산자료 출력물은 이 사건 압수수색 영장의 혐의사실과 무관한 파일 내용을 출력한 것으로 압수 대상이 아닌 서류의 압수와 같이 영장주의의 실질적 내용을 침해하는 것이므로 이 사건에서 전산자료 출력물의 증거능력을 인정할 예외적 사유가 있다고 보기 어렵다.

이 사건과 같이 대기업 회장이 조직적으로 저지른 범죄에 있어서 간접사실에 대한 입증 필요성이 크다는 점을 들어 이 사건 전산자료 출력물이 혐의사실과 연관성이 있다는 검사의 주장은 그 범위를 무한정 확장시킬 수 있어 받아들이기 어렵다.

검찰은 주로 피고인 장○○이 제출한 위 현황표에 기재된 사람들을 소환하여 IB 관련 내용을 신문하였고 그 과정에서 압수한 전산자료 출력물은 조○○ 등을 상대로 그 내용을 신문하였을 뿐 다른 참고인들에게는 거의 제시하지 않은 채 주로 위 현황표를 제시하며 신문하는 방법으로 수사를 진행하였으며 그 과정에서 참고인들로부터 계좌거래내역 등을 제출받았음을 알 수 있다.

위와 같은 수사진행 경과에 비추어 알 수 있는 바와 같이 검찰이 손○○의 외장 하드디스크를 압수할 당시 이미 내용물이 삭제된 상태에 있었으므로 복구과정을 거치는 것이 부득이한 상황이었고 검찰이 복구과정을 거쳐 손○○의 외장 하드디스크 저장 파일에 대하여 이미징 작업을 함에 있어서 혐의사실과 관련된 부분으로 파일복사의 대상을 한정하기 위해서는 파일의 내용을 확인하는 수밖에 없고 그와 같이 파일의 내용을 확인하는 과정에서 어차피 이 사건 부외자금 조성 혐의가 적발될 수밖에 없는 것인 점을 감안하면, 검찰이 이 사건 전산자료 출력물을 제시함이 없이 조사한 참고인들이나 그들로부터 임의로 제출받은 임의제출물은 이 사건 전산자료 출력물에 기초하여 취득된 2차 증거에 해당한다고 볼 수 없다.

다만 검찰이 이 사건 전산자료 출력물을 제시하며 그 내용을 기초로 신문한 부분은 위법수집증거에 기한 2차 증거에 해당한다고 봄이 상당하다.

따라서 위 표 기재와 같이 압수한 전산자료 출력물을 기초로 신문이 이루어진 조○○ 등의 검찰 진술은 2차 증거에 해당하여 증거능력이 인정되지 아니한다(다만 검찰에 자진출석하여 진술한 김○○의 검찰 진술은 제반 경위에 비추어 증거능력이 인정되는 예외에 해당한다고 본다).

피고인의 이 법정에서의 진술은 수사 시점으로부터 상당한 시간이 지난 후 공개된 법정에서 변호인의 충분한 조력을 받으면서 진술거부권을 고지받는 등 적법한 절차를 통해 임의로 이루어진 사정 등을 전체적·종합적으로 고려해 볼 때, 이를 유죄 인정의 증거로 사용할 수 있는 경우에 해당한다.

나아가 박○○ 등의 이 법정에서의 각 진술 역시 자발적으로 공개된 법정에 출석하여 위증의 벌을 경고받고 선서한 후 자신이 직접 경험한 사실을 임의로 진술한 사정 등을 고려해 볼 때, 이 역시 유죄 인정의 증거로 사용할 수 있는 경우에 해당한다'.

항소심, 대법원도 같은 취지로 판시하였다.

즉 법원은 '이 사건 압수·수색영장에 기재된 혐의사실은 이 사건 펀드 횡령에 관한 것이었는데, 이 사건 전산자료 출력물의 주된 내용은 IB를 통한 부외자금 조성 방안, 조성 대상 임원, 액수 등 그 조성과 운영에 관한 사항, 부외자금의 사용내역, 관련 자금의 입출금 내역 등에 관한 것이고, 이는 영장 기재 혐의사실과 자금 조성의 주체, 목적, 시기, 방법 등이 전혀 다른 것이어서 영장 기재 혐의사실의 증명과 관련된 증거로 보이지 아니한다'고 하였다.

3. 학설의 입장

가. 관련성의 의의와 범위

수사(investigation)란 범죄의 혐의 유무를 명백히 하여 공소의 제기와 유지 여부를 결정하기 위하여 범인을 발견, 확보하고 증거를 수집, 보전하는 수사기관의 활동을 말한다.

압수(seizure)란 물건의 점유를 취득하는 강제처분을 말하며, 압류, 영치, 제출명령의 세 가지를 내용으로 한다. 압류란 점유취득과정 자체에 강제력이 가하여지는 경우를 말하며, 유류물, 임의제출물을 점유하는 경우를 영치라고 하고, 일정한 물건의 제출을 명하는 처분을 제출명령이라고 한다. 다만 수사기관에 의한 강제수사에는 제출명령이 포함되지 않는다.

수색(search)이란 압수할 물건 또는 체포할 사람을 발견할 목적으로 주거, 물건, 사람의 신체 또는 기타 장소에 대하여 행하는 강제처분을 말한다.[7]

이러한 대물적 강제처분은 영장주의의 원칙, 강제처분의 필요성, 범죄의 혐의를 요건으로 하며, 여기에 개정 형사소송법은 사건과의 관련성을 추가로 그 요건으로 기재하였다.

이러한 관련성의 의미에 대하여, 이는 '증거로서의 의미를 가질 수 있는 가능성 또는 개연성'이라 할 것이다.[8]

---

7) 이재상, 신형사소송법, 박영사, 2008, 300면.

이는 범죄사실에 관하여 증거로 사용될 수 있는 물건에 한정되지 아니하고, 정상에 관하여 증거로 사용될 수 있는 물건도 포함한다. 몰수 대상물은 필요적 몰수의 대상물에 한정하지 아니하고 임의적 몰수의 대상물이 포함된다.

재판을 진행하여 결과적으로 몰수가 필요하지 않다고 판단되었을지라도 그로 인하여 압수 자체가 위법하게 되는 것은 아니다.[9]

판례도 '형사소송법 제215조, 제219조, 제106조 제1항을 종합하면 검사가 범죄수사에 필요한 때에는 증거물 또는 몰수할 것으로 사료되는 물건을 법원으로부터 영장을 발부받아 압수할 수 있고 합리적인 의심의 여지가 없을 정도로 범죄사실이 인정되는 경우에만 압수할 수 있는 것은 아니고 범인으로부터 압수한 물품에 대하여 몰수의 선고가 없어 압수가 해제된 것으로 간주되더라도 공범에 대한 범죄수사를 위하여 여전히 물품의 압수가 필요하거나 공범에 대한 재판에서 몰수될 가능성이 있다면 검사는 압수가 해제되어 처음부터 압수되지 아니한 것과 같은 상태로 된 물품을 다시 압수할 수 있어 이중의 압수라고 할 수 없으며 압수할 당시 사실상 아직 수사기관에 보관되어 있더라도 마찬가지이다'로 판시하고 있다. (대법원 1997. 1. 9. 선고 96모34 결정)

'증거'는 혐의사실 입증과 관련된 직접 및 간접 증거, 실질 증거 및 보조증거 뿐만 아니라 수사를 진행함에 있어 확보할 필요가 있는 증거도 포함해야 할 것이다. 또한 동종 범행 자료나 비행 자료를 정황증거로서 사용하는 것도 범행의 동기나 의도 등을 추론할 수 있는 자료로서 당연히 포함된다하여야 한다.[10]

'증거로서의 가능성'이란 사실의 전모를 확인하는데 증거로서의 의미가 있을 수 있는가라는 것이며,[11] 이는 압수 당시에 판단해야 하

---

8) 이완규, "디지털 증거 압수 절차상 피압수자 참여 방식과 관련성 범위 밖의 별건 증거 입수 방법", 「형사법의 신동향」(통권 제48호, 2015. 9.), 133면.
9) 집필대표 박채윤, 주석형법, 2009. 5. 15., 477면.
10) 이완규, "디지털 증거 압수 절차상 피압수자 참여 방식과 관련성 범위 밖의 별건 증거 입수 방법", 「형사법의 신동향」(통권 제48호, 2015. 9.), 133면.

지 사후에 관련성이 없는 것으로 판단되면, 압수의 필요성이 없어져 환부의 문제가 발생할 뿐이다.12)

이와 유사한 입장으로 압수수색의 단계에서 관련성의 요건은 확정적인 것이 아니라 관련성이 있을 가능성 또는 개연성을 의미하고, 따라서 관련성 판단은 원칙적으로 압수수색영장 집행 당시를 기준으로 판단하여야 한다는 의견이 있다. 압수 단계에서 압수물의 증거 가치를 즉각적으로 인지할 수 있는 경우도 있으나, 수사 초기 단계에서는 압수물이 어떠한 증거 가치가 있는지 확정할 수 없는 경우가 많은 점, 수사, 재판 진행 경과에 따라 피의자, 범죄사실이 달라질 수밖에 없는 점 등에 비추어 압수수색 당시 관련성이 있다고 생각할 만한 합리적인 사정이 있다면 사후에 관련성이 없다고 확인되었다고 하더라도 그 압수가 위법한 것이 되지 않으며, 사후적으로 관련성이 없는 것으로 확인된다면 환부의 문제가 될 뿐인 것이다.

그런데 범죄 혐의와 관련된 정보를 찾을 때까지 압수가 종료되지 않았다고 현재 판례가 제시하는 입장에 따른다면, 관련성은 압수수색 집행 당시 시점이 아닌, 압수수색 종료 시점에 따라 판단하게 된다. 이러한 입장에 따르면, 범죄 혐의 관련성 유무에 관하여 사후적으로 판단하게 되면, 압수수색의 집행 단계별로 압수수색절차의 적법 여부가 달라지거나 사후적으로 결정될 우려가 크다. 13)

그런데 관련성 개념에 대해서 판례는 범죄사실과 기본적 사실관계가 동일한 범행 또는 동종, 유사의 범행과 관련된다고 의심할 만한 상당한 이유가 있는 범위 내에서 인정한다고 하고 있다.

이러한 기본적 사실관계 동일성은 공소장 변경의 기준으로 판례

---

11) 이완규, "디지털 증거 압수 절차상 피압수자 참여 방식과 관련성 범위 밖의 별건 증거 입수 방법", 「형사법의 신동향」(통권 제48호, 2015. 9.), 136면.

12) 이완규, "디지털 증거 압수 절차상 피압수자 참여 방식과 관련성 범위 밖의 별건 증거 입수 방법", 「형사법의 신동향」(통권 제48호, 2015. 9.), 138면.

13) 전승수, "디지털 증거 압수절차의 적정성 문제 - 피압수자 참여 범위 및 영장 무관 정보의 압수를 중심으로", 「형사판례연구」, 2016. 6.

가 제시한 것과 유사한 측면으로 일응 볼 수도 있다. 그러나 압수수색 당시는 수사 초기이기에 이보다도 더 넓은 범위로 보아야 하지 않을까 싶다.

'기본적 사실 동일성'이란, 공소사실을 그 기초가 되는 사회적 사실로 환원하여 그러한 사실 사이에 다소의 차이가 있더라도 기본적인 점에서 동일하면 동일성을 인정해야 한다는 것이다. 독일에서는 심판의 대상이 되는 행위의 의미에 관하여 이를 경험칙에 따라 자연적으로 볼 때 다른 사실과 구별되고 역사적으로 하나의 사건이라고 할 수 있는 역사적, 구체적 사실을 의미한다고 이해하여 여기에는 법적 평가를 문제삼지 아니하고 공소장에 기재된 사실과 관련된 사건은 모두 포함된다고 해석하고 있다.[14]

이러한 압수수색에서 범죄사실 관련성을 엄격하게 해석해야 한다는 견해와 완화하여 적용해야 한다는 견해가 있다.

전자 정보는 자료의 양이 방대하고 범죄사실과 관련되지 않은 정보가 함께 혼합되어 저장되어 있을 수 있으므로 개인의 프라이버시 침해가 더 심각하고 중대할 수 있기 때문에 헌법상의 영장주의에 의한 엄격한 규제가 필요하다는 입장이 있다. 범죄사실과의 관련성 유무를 엄격하게 고려하지 않으면 형사소송법 제106조 제1항, 제109조 제1항, 제215조에 배치되는 결과가 된다는 것이다.[15]

이에 반하여 전자증거는 자료를 일일이 열람하여야 관련성을 판단할 수 있기 때문에 압수대상을 특정하기 어렵고, 제3자로부터 목격될 가능성이 낮아 이러한 증거가 있는지 사전에 인지하기 어려운 점, 증거가 서로 분산되어 있고, 다른 정보와 혼재될 가능성이 매우 높은 점, 이러한 특정으로 인해 분석에 시간과 노력이 필요한 점, 특별한 전문가에 의한 전문적 기술로 정보를 취득해야 하는 점 등을 고려할 때 포괄적 압수수색을 하면 안 되나, 범죄사실과의 관련성, 특정의 정

---

14) 이재상, 신형사소송법, 박영사, 2008., 413면.
15) 전승수, 디지털 정보에 대한 압수수색영장의 집행, 「법조」, 2012. 7., 262면.

도는 완화하여야 한다는 견해가 제시되고 있다.[16]

즉 범죄사실 자체의 증거뿐만 아니라 범죄의 수단이나 간접적 도구, 피의자의 상습성, 성격, 범죄의 전체적 성격을 이해할 수 있는 자료, 양형에 관련된 자료 등도 모두 관련성이 있는 것으로 해석해야 한다는 것이다.

또한 관련성 부분은 범죄와 무관한 데이터 내지 제3자의 권리나 이익 보호라는 측면과 형사소추 유지의 이익이라는 측면을 비교형량하여 결정해야 한다는 입장도 제시되고 있다.[17]

관련성과 관련, 압수수색영장 범죄사실과 직접적으로 연관된 물건에 한정할 것이 아니고, 압수수색영장의 범죄사실과 기본적 사실관계가 동일한 범행 또는 동종, 유사 범행과 관련된다고 의심할 만한 상당한 이유가 있는 범위 내에서 압수를 실시할 수 있다는 판시를 들면서 (대법원 2009. 7. 23. 선고 2009도2649 판결) 법원이 최근 '압수수색 영장에 기재된 피의자의 범죄사실과 관련한 압수물'로 축소 해석하려는 경향은 문제가 있다고 지적하는 의견도 있다.[18] 위 견해에 의하면, 일례로 성매매알선 업주는 성매매 영업과정에서 단속을 피하기 위하여 경찰, 세무서 등에 금품 로비를 할 개연성이 얼마든지 있고, 성매매업주 압수수색 과정에서 금품 공여 증거가 추가로 발견될 가능성은 매우 높으며, 금품 공여 사실은 성매매 업주의 죄질, 범행 경과를 설명해 주는 중요한 간접증거이다. 따라서 경찰관 금품 공여와 관련된 디지털 증거는 피의자의 장기간 성매매영업 지속 관련 간접 증거로서, 압수수색 영장 범죄사실과 관련성이 있고, 별도로 압수수색 영장을 발부받지 않더라도 뇌물공여 사건의 증거로 사용할 수 있다고 봄이 상당하다는 것

16) 이완규, 디지털 증거 압수수색과 관련성 개념의 해석, 법조 2012. 11., 93면, 113면.
17) 원혜욱, "정보저장매체의 압수·수색 − 휴대전화(스마트폰)의 압수·수색", 「형사판례연구(22)」, 2014. 6., 323면에서 재인용.
18) 최종혁, "사이버범죄 수사와 증거수집 실무에 대한 검토", 한국비교형사법학회 「비교형사법연구」 제19권 제4호, 2018.

이다. (실무적으로 영장 청구를 할 때 '압수수색할 물건'에 '본진 범죄 및 성매매업소 운영 수익의 사용처, 범죄수익 은닉, 성매매업소 운영과정의 각종 인허가 및 단속 관련 자료'를 기재해 주면 더 명확해질 것이다)

또한 증거로 채택할 수 있는 디지털 증거의 범위가 지속적으로 확대되고 있고(예, 카카오톡 메시지, 위치정보 등) 이와 같은 디지털 증거 유형에 대하여 사전에 완비된 기준을 마련하는 것은 현실적으로 어려운 측면이 있기 때문에 법원이 영장심사난세에서 모든 디지털 증거에 대해 일관된 압수수색 기준을 제시할 수 없을 뿐만 아니라 수사기관으로 하여금 종래의 기준을 준수하도록 유도하는 것에도 어려움이 있는 것이 현실인 점을 지적하면서, 오히려 디지털 증거의 압수수색에 대한 사법적 통제의 무게중심을 압수수색영장 발부 시점에 맞추고 있는 현재 실무에서 벗어나 사후적 판단을 활성화할 필요가 있다고 하는 의견도 제시되고 있다.[19] 미국 또한 압수수색에 대한 사후적 통제에 중점을 두고 있다.

여기서 더 나아가 검사가 피고인의 무죄주장에 부합하거나 검찰 측 증인의 신빙성을 탄핵하는 증거를 발견한 경우에는 어떻게 될까. 이는 또 다른 측면이라 할 것이다. 여기서 미국 Bradly v. Maryland, 373 U.S. 83 (1963) 판결은 시사점을 던져준다할 것이다. 미국은 위 판결 이후 수사와 기소를 담당하는 공무원이라면 Bradly 원칙에 의해 거짓없이 정직하게 수사 및 재판 절차에 임하여야 한다는 것을 명확히 하고 있다. 즉 검사는 피고인의 무죄 주장에 부합하거나 검찰 측 증인의 신빙성을 탄핵하는 과정에서 효과적일 수 있는 증거들은 반드시 공개해야 한다.[20]

이 부분 해석을 사건과의 관련성인 객관적 관련성, 디지털 증거와

---

19) 모성준, "미국의 압수수색절차에 대한 사법적 통제의 단계구조 ─ 디지털 증거를 중심으로", 「법학연구(연세대학교 법학연구원)」 제27권 제2호, 2017. 6., 192면 이하.

20) 모성준, "미국의 압수수색절차에 대한 사법적 통제의 단계구조 ─ 디지털 증거를 중심으로", 「법학연구(연세대학교 법학연구원)」 제27권 제2호, 2017. 6., 205면.

수사대상자 간의 인적 관련성인 주관적 관련성, 혐의사실 발생시점과의 근접성이라는 시간적 관련성의 3가지 측면으로 검토해야 한다는 주장도 있다.[21]

그러나 주관적 관련성이나 시간적 관련성도 사건 관련성을 판단하는 한 요소에 불과하고, 법문도 명시적으로 피고 사건과의 관련성이라고 기재하고 있어 사건과의 관련성을 요구하고 있을 뿐, 제3자 소유여부는 묻고 있지 않다. 따라서 주관적 관련성 등의 개념을 도입하는 것은 법이 의도하지 않는 제한 해석을 임의로 하는 것이라서 부적절하다.[22]

그런데 국내 논의는 '관련성' 개념에 대한 정의, 이를 해석한 판례의 태도에 대한 부분보다는 관련성이 없는 증거가 발견되었을 경우 증거 확보 문제에 초점을 맞추어 논의가 더 활발히 진행되고 있는 것으로 보인다.

나. 별건 증거 사용의 문제

별건 증거, 즉 관련성이 인정되지 아니한, 기본적 사실관계가 동일하거나 동종, 유사의 범행이 아닌 경우이나 범죄의 증거가 발견된 경우 이를 어떻게 할 것인가가 문제가 된다.

적법하게 압수된 압수물 중 다른 범죄 증거가 발견된 경우는 당연히 증거 사용이 허용되는 것이다.

우선 어떠한 물건을 적법하게 압수하는 경우, 그 압수물이 우연히 다른 범죄의 증거로서의 의미도 가지게 되는 경우 그 압수물을 그 다른 범죄의 수사와 재판의 증거로 사용되는 것은 허용되어야 한다. 영장주의는 국민의 프라이버시나 주거의 자유, 재산권 등을 침해함에 있어 일정한 요건을 갖추고 있는지를 법원이 심사하도록 하는 것이다. 적법한 압수에 의해 압수된 압수물은 이미 법원의 심사를 받아 피압수자의 프라이버시나 주거의 자유, 재산권 등을 적법하게 침해하여 그

21) 오기두, "전자증거의 증거능력", 법률신문 제4059호, 2012. 8.
22) 이완규, "디지털 증거 압수수색과 관련성 개념의 해석", 「법조」, 2013. 11., 153면.

점유가 국가로 이전되어 있는 것이므로 그 압수물을 다른 범죄의 수
사나 재판에 이용하는 것은 새로이 피압수자의 프라이버시 등을 침해
하는 것이 아니므로 이는 영장주의의 영역이 아니다.23) 즉 전화사기
범행으로 피의자를 긴급체포하면서 소지하고 있던 타인 명의 주민등
록증을 압수한 경우, 사기와 별도로 점유이탈물횡령으로 기소되었고,
이에 대해 주민등록증은 전화사기 범행과 관련된다고 의심할 만한 이
유가 있는 것으로서 그 압수는 적법하다. (대법원 2008. 7. 10. 선고 2008
도2245 판결)

관련성이 없는 부분에서 전혀 다른 범죄가 발견된 경우, 당연히
이를 증거 사용하도록 허락하게 된다면, 압수 대상물을 관련성이 있는
대상물로 제한함으로써 프라이버시와 재산권 등의 기본권을 보장하고
자 하는 영장제도의 취지가 몰각되고 영장이 일반영장화할 우려가 있
기 때문이다.24)

유체물의 경우는 별도의 압수수색영장을 발부받아 압수하는 것이
문제가 되지 않으나 디지털 증거의 경우는 디지털 증거의 특성을 고
려하여야 한다.

디지털 증거는 선별적 열람을 위해 일차적으로 먼저 저장매체나
이미징 복제파일을 압수하고 있고 그 이미징 복제 파일은 증거의 무결
성 입증을 위해서 그 '전체'가 그대로 보존되어야 하기 때문에 그 전체
의 압수상태가 계속 유지되어야 한다.25) 이미징 복제 파일 중 관련성
있는 부분에 대한 선별적 탐색 후에 관련성 없는 부분으로 확인되더라

---

23) 이완규, "디지털 증거 압수 절차상 피압수자 참여 방식과 관련성 범위 밖의
　　별건 증거 입수 방법",「형사법의 신동향」(통권 제48호, 2015. 9.), 97면.
24) 이완규, "디지털 증거 압수 절차상 피압수자 참여 방식과 관련성 범위 밖의
　　별건 증거 입수 방법",「형사법의 신동향」(통권 제48호, 2015. 9.), 147면.
25) 이미징이란 모든 파일과 메타 데이터를 포함한 원본 드라이브상의 모든 bit와
　　byte를 원래의 순서와 위치까지 그대로 복제하는 것을 의미한다.
　　'duplicate every bit and byte on the target drive including all files, the slack space,
　　Master File Table, and metadata in exactly the order they appear on the original'
　　(Orio S. Kerr, "Searches and Seizures in a Digital World", 119 Harv. L. Rev. 531
　　(2005)).

도 이를 분리하여 환부하여 주는 것이 현실적으로 가능하지 않다.

그런데 미국 제2연방항소법원은 저장매체 이미징에 의한 복제본을 피압수, 수색 당사자와 거래관계에 있던 자에 대한 증거수집 작업이 끝난 후에도 계속 보관하다가 2년 반이 지나 피압수수색 당사자에 대한 다른 사건에 관하여 영장을 발부받아 집행한 경우 이러한 복제본 보관행위는 별개의 압수행위에 해당하는데 이를 정당화할 만한 합리성이 없어 수정헌법 제4조에 위반된다고 판시한 바 있다. (U.S. v. Ganias, 755 F.3d 125 (2nd Cir, 2014)) 위 판결이 삭제할 권리(right to deletion), 증거의 선별, 수집 후 복제본 파일의 삭제 요구 권리를 확인하였다고 볼 수도 있으나 복제본에서 무관 정보 삭제를 요구할 경우 해시 값에 변화를 일으켜 무결성 내지 진정성을 확보할 수 없기 때문에 이를 인정한 것으로 보기는 어렵다고 보아야 할 것이다.

이런 특징 때문에 형식적으로는 저장매체나 이미징 복제파일이 압수되어 있으나 실질적으로 관련성 범위에서만 압수할 수 있으므로 실질적 효력은 선별적 열람 후에 선별하여 최종적으로 압수 대상물로 정해지고 압수목록이 교부된 파일들에만 미친다고 보고, 관련성이 있는 것으로 보지 않은 부분은 형식적으로는 무결성 입증을 위해 압수 상태가 유지, 보관되고 있으나 실질적으로는 압수되지 않는 것으로 생각된다고 보아야 한다는 견해가 제시되고 있다.[26]

그리고 이러한 경우 새로운 영장을 발부받는 것은 원래 보유자로부터 압수를 하는 것으로 집행해야 하나, 전체 파일을 수사기관이 보관하고 있으므로, 원래 보유자를 수사기관 사무실로 출석하게 한 후 새로 압수하는 부분을 설명하고 (판례의 취지대로라면) 그 부분을 별도로 복제, 탐색하는 과정에 참여하게 하여야 할 것이다.[27]

그런데 이러한 논의의 본질은 예견하지 못 한 다른 범죄의 증거

---

26) 이완규, "디지털 증거 압수 절차상 피압수자 참여 방식과 관련성 범위 밖의 별건 증거 입수 방법", 「형사법의 신동향」(통권 제48호, 2015. 9.), 148면.
27) 이완규, "디지털 증거 압수 절차상 피압수자 참여 방식과 관련성 범위 밖의 별건 증거 입수 방법", 「형사법의 신동향」(통권 제48호, 2015. 9.), 149면.

가 우연히 발견되었을 때 어디까지 새로운 추가 영장 없이 증거물로 획득할 수 있는가의 문제라고 보는 견해가 있다.[28]

전자정보의 저장매체를 탐색하던 중 영장 범죄사실과 무관한 다른 범죄의 증거가 발견된 경우 그 증거의 압수문제와 이를 동인으로 한 추가적인 (다른 범죄와 관련한) 수색의 문제는 별개라는 것이다. 새로운 증거가 발견된 경우 최초 발견물에 대해 별도의 영장이 필요한가가 문제이고, 그 후 다른 증거 발견을 위해서 압수수색영장은 필요한 것은 당연하다할 것이다. 최초 발견물에 대해 미국의 plain view를 적용하면 별도 영장 없이 압수하여 증거로 사용 가능하다고 보인다.

또한 수사 대상이 된 사실이 알려질 경우, 전산 자료 삭제 또는 암호 변경의 경우가 빈번한데, 관련 자료의 복원, 암호 해제는 기술이 발달함에 따라 더더욱 어려워질 수 밖에 없다. 우리 형사법에서는 이러한 행위를 방지하기 위한 증거보전명령제도가 없고, 증거인멸죄 외에는 이러한 행위를 처벌하는 법률조항이 따로 마련되어 있지도 않다. 증거인멸죄 역시 내부자 고발 없이 인멸된 증거가 무엇인지, 누가 증거를 인멸하도록 지시하였는지 등을 특정하는 것이 사실상 불가능하다. 따라서 디지털 증거의 경우 수사기관의 위조 또는 변조 가능성을 차단하는 것도 중요하나 피압수자, 피의자 등 사건관계인을 통한 수사 개시 이후 파일 변조, 위조 등으로 증거를 인멸할 수 있는 것을 차단할 필요도 있다.[29]

실제로 법원이 네트워크에 연결되어 있는 수색대상 컴퓨터에 대한 원격통제 프로그램의 존재를 알지 못 한 채 컴퓨터의 하드 디스크 드라이브 내에 저장되어 있는 수색 대상 정보만을 반드시 사본하여 압수하도록 명하고 집행현장에서 발생하는 어떠한 상황에도 위와 같

---

28) 전승수, "디지털 증거 압수절차의 적정성 문제 – 피압수자 참여 범위 및 영장 무관 정보의 압수를 중심으로", 「형사판례연구」(2016. 6.), 144면.

29) 이순옥, "디지털 증거의 압수·수색절차에 관한 판례 연구 – 대법원 2015. 7. 16.자 2011모1839 전원합의체 결정을 중심으로", 중앙법학회 「중앙법학」 제19집 제2호, 2017. 6., 121, 125면.

은 방법을 준수하여야 한다고 명하였다면, 수사기관이 수색영장을 집행하는 과정에서 피의자가 원격으로 시스템에 접근하여 압수하고자 하는 정보를 파괴하는 등 증거를 인멸할 우려가 있음을 알게 된 경우에도 효과적으로 대응할 수 없게 된다. 실제로 아이폰에는 원격지에서 휴대전화에 저장된 정보를 삭제하는 기능이 있어 수사기관이 압수한 이후에도 정보가 삭제될 가능성이 있기 때문에 미국 수사기관에서는 휴대전화의 정보가 삭제되는 것을 방지하기 위해 휴대전화를 패러데이백(Faraday bag)이라는 용기에 보관한다.[30]

즉 위와 같이 Plain View 또는 긴급압수제도가 없다면, 우연히 발견한 중대범죄의 증거가 소실될 우려가 매우 높다. 디지털 증거의 특징에 비추어 보면 그 위험이 보다 높다할 것이다.

게다가 별도 영장을 청구하게 될 경우 소명자료는 어떻게 해야 할 것인가의 문제도 검토해 보아야 할 것이다.

현재 판례의 태도에 의하면, 기존 압수수색영장의 혐의사실과 관련성이 없는 전자정보를 문서로 출력하거나 파일로 복제하는 행위는 원칙적으로 영장주의 원칙에 반하는 위법한 압수라는 것이다. 따라서 별도의 범죄사실과 관련된 정보는 이를 출력하거나 파일로 복제하는 경우에 위법한 압수물에 해당하므로 새로운 압수수색영장을 청구함에 있어서 출력된 문서 또는 복제된 파일 형태의 정보는 새로운 범죄사실을 소명하는 첨부자료로 사용할 수 없다. 그렇다면 소명자료는 어떻게 확보할 것인가. 우선 문제된 별도의 범죄사실과 관련된 정보를 발견하게 된 경위와 증거의 내용을 기재한 수사보고서로 압수수색영장을 청구하게 되는 것이다.[31] 이렇게 하여 압수의 적법성을 확보하는 것보다는 차라리 긴급압수제도를 도입하거나 Plain View를 인정하는 것이 보다 합리적이지 않을까 싶다.

---

30) 모성준, "미국의 압수수색절차에 대한 사법적 통제의 단계구조 ─ 디지털 증거를 중심으로", 「법학연구(연세대학교 법학연구원)」 제27권 제2호, 2017. 6., 203면.
31) 전승수, "디지털 정보에 대한 압수수색영장의 집행", 「법조」, 2012. 7., 637면.

이러한 논의의 전제는 결국, 수사기관이 벌긴 증거를 확인한 것 자체는 적법한 영장 집행의 과정에서 행한 것이기 때문이다.

4. 미국, 독일, 일본 법제의 관련 쟁점 검토

가. 미 국

미국 연방 수정헌법 제4조는 "불합리한 수색, 압수, 체포에 대하여 신체, 주거, 서류, 물건의 안전을 보장받을 국민의 권리는 침해될 수 없다. 영장은 상당한 이유가 있고, 선서나 확인에 의하여 뒷받침되고, 특히 수색될 장소, 체포될 사람, 압수될 물품을 기재하지 아니하고는 이를 발부할 수 없다"고 규정하고 있다. (the right of the people to be secure in their persons, houses, papers, and effects, against unreasonable searches and seizures, shall not be violated, and no Warrants shall issue, buy upon probable cause, supported by Oath or affirmation, and particularly describing the place to be searched, and the persons or things to be seized)

연방대법원은 영장이 필요한 경우는 합리적인 사생활의 비밀 보호의 기대(reasonable or legitimate expectation of privacy)가 인정되는 영역에서만 필요하다고 하고 있다. 32)

미국은 관련성 개념을 연방증거법 제401조에서 규정하고 있다. 즉 관려성 있는 증거(relevant evidence)는 그러한 증거가 없을 때보다 기소가 더 이유 있는지 또는 덜 이유 있는지 여부를 결정함에 있어 중요한 사실의 존재를 입증하는 증거로 정의하고 있다.

영장이 지나치게 포괄적이지 않아야 하는데 그 기준으로는 '영장에 기재된 범주의 물건을 압수하는데 상당한 이유가 있는지, 영장에 수사기관이 압수할 물건과 그렇지 않은 물건을 선별할 수 있는 기준이 있는지, 영장을 발부할 당시 가용한 정보에 비추어 목적물을 더 구체적으로 특정할 수 있는지' 등을 고려하여야 한다.33)

---

32) Katz v. U.S. 389 U.S. 347 (1967).
33) U.S. v. Shi. 525 F.3d 709 (9th Cir. 2008).

영장이 피고인의 컴퓨터에서 압수할 파일의 유형을 특정, 나열하지 않고, 수색 대상을 범죄 혐의에 관련된 것으로 제한하지 않은 채, 압수 대상으로 해당 기기만을 나열한 경우 압수수색 대상이 충분히 특정되었다고 볼 수 없다.[34]

2009년 개정 당시 입법자는 의도적으로 디지털 증거의 압수수색 영장 청구 시 영장 집행범위에 대한 특정 요구를 두지 않았다. 모든 디지털 증거는 사실상 plain view의 대상이 될 수 있는 위험이 있다는 것을 알면서도 입법자가 이러한 방향을 선택한 이유는 미국 수정 헌법 제4조와 기타 헌법적 원리에 따라 판례 발전을 기대한다는 것으로 보인다.[35]

전통적인 plain view 법리에 따르면 수사기관이 영장 없이 증거를 압수할 수 있는 경우는 ① 압수한 수사관이 그 증거를 관찰(수색)하고 접근할 수 있는 합법적인 지위에 있어야만 하고, ② 해당 증거의 범죄적인 성격이 즉각적으로 명백해야 한다.[36]

그런데 이러한 plain view는 파일을 열고 검사할 권한이 없다고 할 수 있는데 이는 마치 보관함의 내용을 열고 이를 심사할 권한을 부여하는 것은 아니라는 것이다.[37]

이러한 plain view는 추가적인 침해 없이 이미 발견된 물건의 압수만을 허용하는 것으로, 이러한 경우 영장을 요구하는 것은 불필요한 불편을 초래한다는 점에 근거한 것이다.[38]

미국 또한 명확한 규정이 없기 때문에 각 법원마다 다른 기준을

---

34) Crowther v. State, 249 P.3d 1214 (Kan. Ct. App. 2011).
35) 전승수, "디지털 증거 압수절차의 적정성 문제 – 피압수자 참여 범위 및 영장 무관 정보의 압수를 중심으로", 「형사판례연구」(2016. 6.), 120면.
36) Horton v. California, 496 U.S. 128, 136 (1990).
37) Computer Crime and Intellectual Property Section Criminal Division, Searching and Seizing Computers and Obtaining Electronic Evidence in Crimial in Criminal Investigations, Office of Legal Education Executive Office for United States Attorneys, 2009, p.35.
38) 손지영, 김주석, "압수·수색 절차의 개선방안에 관한 연구", 「대법원 사법정책연구원」, 2014. 91면.

적용한 판시들이 나오고 있는 실정이다.

이 중 주목할 만한 판시는 Carey 사건을 들 수 있다. United States v. Carey, 172 F.3d 1268, 1273 (10th Cir. 1999) 이 사건은 수사관이 마약 거래 증거를 찾기 위한 영장을 발부받아 피의자의 하드 디스크를 검색하던 중 아동 포르노 파일을 발견하였고, 보다 더 많은 아동 포르노를 확인하기 위해 5시간 동안 탐색하여 수 백개의 관련 자료를 다운로드 받았다. 법원은 첫 번째 발견한 파일을 제외한 그 후의 파일은 plain view 적용을 거부하였다. 즉 '법 집행 기관은 애초의 정당한 범위를 넘어서 수색의 범위를 확장할 수 없다'(law enforcement may not expand the scope of a search beyond its original justification).

그런데 위 판결은 판단에 있어서 수사관의 주관적 의도를 중시한 판단으로 보여 객관적 기준을 제시한 것으로 보기는 어려워 보인다.

반면 United States v. Gray 78F. Supp. 2d 524(E.V. Va. 1999)의 경우, 법원은 수사관이 해킹 사건 증거를 조사하던 중 그 조사의 목적으로 우연히 아동포르노 사진을 발견한 것은 영장의 범위 안에서 조사를 수행하려 했던 수사관의 주관적 의도가 인정되므로 아동 포르노 사진의 증거능력을 인정한다고 판시하였다.

두 사례는 영장의 범위를 벗어난 전자정보에 대하여 그 적법성 여부를 판단함에 있어서 수사관의 주관적 의도 즉 그러한 행위가 영장 범위 내의 증거를 수집하려 한 적법한 의도('Good Faith Exception')에 의한 것이었는지 여부가 중요하다.[39]

그런데 위 판시에 대해 이는 수사관의 '주관적 의도'를 기준으로 한 것이어서 실무상 적용되기 어려워 실제 사건에서는 거의 따르지 않는다는 지적이 있다. 즉 관련 파일을 모두 검색해야 범죄사실 여부를 확인할 수 있고, 다만 검색 후 별건 범죄사실로 확인된 것이 있다

---

39) Lily R. Robinton, "Courting Chaos : Conflicting Guidance From Courts Highlights the need for clearer rules to govern the search and seizure of digital evidence", 12 Yale J.L. & Tech 311 (2010) p.10.

면 그것을 별도 영장에 의해 압수하면 되는 것이지, 검색을 하여 확인한 것 자체를 위법한 압수수색이라 할 수 없다는 것이다.[40]

또한 최근의 주목할 만한 판시로는 경찰이 무기소지로 체포한 피고인에 대해 휴대전화를 압수, 휴대전화 내의 범죄단체 관련 자료를 검색한 것과 관련하여, 연방대법원은 영장 없이 휴대전화를 압수한 것은 위법하다고 판시하였다. (Riley v. California, 134 S.Ct. 2473 2014) 법원은 영장주의 예외 사유인 체포에 수반된 수색에 대해 프라이버시 침해 정도와 범죄수사에 관한 정부의 정당한 이해관계를 비교형량하여 그 해당 여부를 결정하여야 한다고 보면서도, 휴대전화 디지털 정보는 그 자체가 경찰관 안전을 위협하는 것도 아니고, 원격 삭제에 의한 증거인멸 우려도 기술적 조치로 차단 가능한 점, 추가적으로 방대한 프라이버시 침해 가능한 점을 들었다.

People v. Deprospreno 91 A.D. 3rd 39 (2011) 사건에서는 수사기관이 아동 음란물 소지 혐의 피의자의 집에서 컴퓨터 및 디지털 카메라 등을 압수하여 음란물 소지 혐의를 밝혀낸 후, 그 컴퓨터 하드디스크 등을 추가 분석한 후 아동 성폭력 혐의를 추가 기소하였다. 피고인은 최초 컴퓨터 압수시점인 2009. 5.과 아동 성폭력 증거 발견 시점인 2010. 1. 사이에 상당한 시간적 간격이 있다고 볼 수 있어 새로운 압수수색 영장 없이 이루어진 컴퓨터 하드디스크 분석은 위법하다고 주장하였으나, 법원은 수정헌법 제4조가 압수물에 대한 분석 기간을 특별히 제한하고 있지 않다는 이유로 항소를 기각하였다. 그런데 이 사건에서는 음란물 소지 혐의와 성폭력 혐의에 대해 동일한 영장으로 압수한 것에 대하여 사건 관련성을 당연히 인정하는 전제에서 판단한 것으로 일응 볼 수 있다.

그런데 미국 수정헌법 제4조에서 보호하는 권리와 디지털 증거의 압수수색에서 특수성을 인정하여 디지털 증거의 경우 사실상 일반 영

---

40) 이완규, "디지털 증거 압수 절차상 피압수자 참여 방식과 관련성 범위 밖의 별건 증거 입수 방법", 「형사법의 신동향」(통권 제48호, 2015. 9.), 151~152면.

장화될 우려가 매우 높기 때문에 전통적인 Plain View를 적용하여서는 안 된다는 주장도 있다.[41]

즉 전통적인 압수수색은 물리적으로 주거에 들어가서 살펴보는 것이나, 디지털 증거 압수수색은 전자적 방법을 통하여 접근, 데이터를 수집하고 그것을 모니터나 그 밖에 전자기기로 전송하는 방법을 취한다. 또한 전통적인 압수수색은 혐의자의 주거 등 장소가 한정되나, 디지털 증거에 대한 압수수색은 혐의자의 하드 드라이브 카피본을 가지고 와서 수사기관의 컴퓨터에서 확인하는 작업을 필요로 한다. 따라서 다루는 정보의 양에 차이가 현격하다. 디지털 증거 압수수색은 증거를 모으는데 있어서 특수한 기계의 방법에 의존하여야 한다는 점도 차이가 있다. 전통적인 방법에 대한 접근으로는 디지털 증거에 대한 접근이 쉽지 않은 이유이다.

그런데 디지털 증거의 특수성 등으로 인하여 압수수색에 있어서 방법을 제한하는 등의 사전적 규제는 의미가 없고, 사후적 규제(법원의 증거 판단 등)를 통하여 하는 것이 바람직하다는 견해이다. 이 견해는 아울러 전통적인 Plain View를 디지털 증거 압수수색 적용에서는 매우 좁게 또는 제한적으로 해석해야 한다고 주장하고 있다. 다만 이는 케이스 별로 보아 매우 명백하고 심각한 범죄의 경우에는 그 적용 범위 제한을 재고 할 필요는 있다.

이러한 Plain View 적용에 대한 제한에 대해 미국 연방 대법원의 명확한 입장은 아직 없다. 다만 여러 법원에서 판단이 나오고 있는데 그 중 위 적용을 배제한 것으로 많이 인용되는 판단으로 United States v. Comprehensive Drug Testing, Inc 사건이 있다. 위 사건에서 영장에 적시되지 아니한 선수들의 약물 복용에 대한 자료는 증거로 사용하지 못한다고 하여 광범위한 Plain View로 인해 확보한 증거 사용을 배제하였다. 위 증거를 사용하려면 별도의 영장을 발부받아야 한다고 하였다.

---

41) Orio S. Kerr, "Searches and Seizures in a Digital World", 119 Harvard Law Review, December, 2005, p.532(이하).

이러한 법원의 판단 등을 근거로 Plain View 원칙은 영장에 명시된 압수 대상물과 합리적으로 관련된 것에 한정하여야 한다는 주장도 있다. 즉 동일한 유형의 파일, 동일한 혐의자, 상당히 동일한 유형의 범죄 유형이어야 한다는 것이다.[42] 심지어 데이터를 분류하는 작업은 범죄 수사를 하는 수사기관과 독립된 자가 행해야할 필요가 있다고도 주장하고 있다.

나. 독 일

독일은 영미법상의 위법수집증거 배제법칙과 비견되는 것이 형사소송법상 증거금지 이론이다. 미국의 위법수집증거배제법칙은 위법한 수사기관의 활동의 억제에 초점이 있는 반면, 독일은 시민의 인격권 침해에 초점이 있다. (우리나라 대법원은 국민의 사생활 영역에 관계된 증거 중에서 사인이 위법하게 수집한 증거에 대하여 효과적인 형사소추 및 형사소송에서의 진실 발견이라는 공익과 개인적 인격적 이익 등을 비교 형량하여 그 허용 여부를 결정하여야 한다는 입장이기에 독일과 유사하다)[43]

디지털 증거의 경우, 비례성의 원칙을 중시한 판단을 하고 있다. 연방헌법재판소는 데이터 조사, 압수의 경우, 절차에 필요하지 않은 정보에 대한 접근은 피해야 하며 적어도 중대하고 자의적이거나 무차별적으로 압수수색 방법을 위반한 경우 그 결과 확보한 데이터 저장장치 및 데이터를 증거로 사용할 수 없다고 하고 있다. (BVerfG 2 BvR 1027/02 (Zweiter Senat) - Beschluss v. 12. 4. 2005.)

독일 형사소송법 제108조는 '우연히 발견한 물건'에 대한 잠정적인 압류, 즉 가압수를 허용하고 있다. 수색과정에서 우연히 발견한, 다른 형사 범행의 증거방법으로 중요할 수 있는 대상 앞에서 눈을 감아야 하는 것은 아니고 다만 이는 수색권의 확장을 규정한 것은 아니다.

42) James Saylor, "Computers as a Castle: Preventing the Plain View Doctrine From Becoming a Vehicle for overbroad Digital searches", 79 Fordham Law Review, May 2011, p.2855.
43) 손지영, 김주석, "디지털 증거의 증거능력 판단에 관한 연구", 「대법원 사법정책연구원」, 2014, 93면.

위 규정에 의하면, 수색의 과정에서 원 범죄와는 관련성이 없으나 다른 범죄의 증거로 의미가 있는 증거에 대해 임시로 압수하고 사후에 법원의 영장을 받도록 하고 있다.

또한 제98조 제1항에서는 지체의 위험이 있는 경우 검사 또는 사법경찰관이 긴급 압수를 할 수 있도록 하고 있다. 긴급압수를 함에 있어 피압수물에 이해관계를 가지고 있는 관련자(피의자는 그 자체로는 관련자가 아니며 피압수물과 이해관계가 있어야 한다)를 참여하게 하지 못 한 경우나 이들이 이의를 제기한 경우 3일 이내에 법관의 승인을 받아야 한다.[44]

그런데 '계획적'인 별건 증거 수집임이 밝혀진 경우라 할지라도, 그것이 절차법적 위반이 너무나 심각하여 모든 상황을 종합적으로 비교 형량하여 보아도, 국가의 범죄해명과 처벌이라는 의무가 한발 양보할 수밖에 없는 경우에는 증거로 사용할 수 없다(비례의 원칙).[45]

형사소송법 제108조의 입법목적은 대상물의 인멸 내지 은닉 방지를 위한 것이라는 점이다.

이에 대한 판례로는 방화와 보험사기 미수범의 혐의로 압수수색영장을 발부받았음에도 주거 수색을 위해 세무조사 공무원을 투입하였고, 조세포탈 혐의로 인식할 수 있는 업무 서류들을 증거로 확보한 사안에서 법원은 증거능력을 부정하였다. (LG Bremen StV 1984, 505)[46]

다. 일 본

일본은 우리나라와 상당히 비슷한 법 체제를 보유하고 있다. 일본 최고재판소는 명문의 규정이 없음에도 불구하고 위법수집증거배제법칙을 인정하고 있으나 증거배제 요건은 상당히 엄격하게 제한하고 있다.[47]

---

44) 이완규, "디지털 증거 압수수색과 관련성 개념의 해석", 「법조」, 2013. 11., 103면.
45) 손지영, 김주석, "디지털 증거의 증거능력 판단에 관한 연구", 「대법원 사법정책연구원」, 2014, 138~141면.
46) 이진국, "독일 형사소송법상 긴급압수수색제도", 「주요국가의 압수수색제도개관」, 형사법제 비교연구 포럼 제1편, 2018. 1., 96면.
47) 손지영, 김주석, "압수·수색 절차의 개선방안에 관한 연구", 「대법원 사법정

그런데 일본은 독일, 미국과 같은 우연한 발견물에 대한 규정을 두고 있지 않다. 이에 일본은 압수물 기재에 있어서 보충적인 개괄적 기재를 상당히 허용하고 있으며('기타 본건에 관련이 있다고 사료되는 물건'이라고 기재) 관련성을 탄력적으로 해석하여 실무상 문제점을 해결하고자 하고 있다.

공갈사건에 대해 발부된 압수수색 영장으로 도박의 메모를 발견하여 도박으로 기소한 사안에서, 일본 최고재판소는 압수할 물건을 명시한 영장에 의하지 아니하면 압수할 수 없다고 정한 취지는 영장에 명시하지 않은 물건의 압수를 금지하는 것 뿐만 아니라 수사기관이 오로지 별죄의 증거에 이용할 목적으로 압수영장에 명시된 물건을 압수하는 것도 금지하는 것이고, 이 사건 메모는 별죄인 도박사건의 직접 증거가 되는 것이지만 동시에 피의자 등이 소속된 폭련단 조직의 성격이나 사건의 조직적 배경 등을 해명하기 위해 필요한 증거도 되기 때문에 공갈사건의 증거라고도 할 수 있다고 하였다. 즉 수사기관이 오로지 별죄인 도박 사건의 증거로 이용할 목적으로 이를 압수하였다고 볼 만한 사정이 없으므로 이 사건 메모 압수는 적법하다고 하였고, 나아가 공갈 사건의 증거로서 적법하게 압수된 이상 이를 별죄인 도박사건의 증거로 사용하는 것은 별도의 영장을 요하지 않는다고 하였다.[48][49] 위 사건에서는 A라는 현의회 의원에 대한 권총 사용 공갈 사건에 대하여 발부된 압수수색 영장에 의해 X 등이 도박장을 개장하였을 때 자릿세를 받는 사람이나 망보는 사람의 이름 및 자릿세 등의 재산관계를 기재한 메모가 발견된 사안이었다.

항소심에서는 공갈사건에서 압수한 메모는 도박 특유의 메모로서 공갈 사건과 관계가 있다고 도저히 인정되지 않는다는 이유로 증거능력을 배제하고 무죄를 선고하였다. 그러나 최고재판소는 공갈 사건이

책연구원」, 2014, 78면.

48) 이완규, "디지털 증거 압수수색과 관련성 개념의 해석", 「법조」, 2013. 11., 103~105면.

49) 히라라기 토키오 저, 조균석 역, 일본 형사소송법, 박영사, 2012, 179면.

A와 폭력단 조직원 또는 그와 친교가 있는 A 등에 의하여 행해진 것이며 조직의 성격, A 등과 조직과의 관계, 사건의 조직적 배경을 해명하는 증거로서 압수된 문건이므로 직접적으로는 도박 사건의 증거가 되는 것이지만 수사기관이 오로지 별죄인 도박 사건의 증거로 이용할 목적으로 이를 압수하였다고 볼 수 없다는 이유로 항소심을 파기, 자판하였다.

일본은 우리 나라와 마찬가지로 Plain Veiw나 긴급압수제도가 도입되어 있지 않다. 그래서 우연히 발견한 별건 증거물에 대해서든 임의제출을 받거나 새로 영장을 발부받아야 한다.

일본 법원은 교통사고의 피의차량 안에 권총과 실탄이 있어 영장을 발부받아 이를 압수하였으나, 그 밖에도 개조권총, 각성제의 원료가 있는 것을 발견하고 경찰서에 가지고 돌아가 즉시 압수수색영장을 발부받아 압수를 완료한 사안에서, 경찰관이 압수물을 발견하는 과정에 위법한 점이 있지만 법금물이고 임의제출을 요구할 수 없는 긴급하고 절박한 사태인 점, 사후에 영장에 의한 압수가 이루어진 점을 이유로 수사의 위법은 중대한 것이 아니라고 판시한 바 있다.50)

또한 피해자가 신고한 폭행죄를 기초로 체포영장을 발부받아 피고인을 체포하고 체포에 수반된 수색을 실시하여 피고인의 거실을 수색하였는데, 피고인이 체포 직전까지 자고 있던 이불 머리맡에서 각성제분말, 주사기를 발견해 피고인을 각성제단속법위반 현행범으로서 체포함과 동시에 각성제 등을 압수했다. 이 경우 폭행죄에 의한 체포에 기한 압수수색으로서는 위법하나, 각성제 등을 압수한 장소가 폭행죄에 수반한 압수수색으로 적법하게 개시되어 피고인이 체포되기 직전까지 자고 있던 이불의 머리맡에서 발견된 것으로, 체포에 수반한 압수수색의 범위 내에 있었기 때문에 위법하게 수집된 증거가 아니라고 판시한 바 있다.51)

---

50) 히라라기 토키오 저, 조균석 역, 일본 형사소송법, 박영사, 2012, 184면.
51) 히라라기 토키오 저, 조균석 역, 일본 형사소송법, 박영사, 2012, 186면.

5. 대상 판결의 비판적 검토

가. 판결의 쟁점

대상 판결은 첫째 압수할 목적물로서 본건 파일들이 해당하는지에 대한 사건 관련성 해석 기준에 대한 면밀한 검토가 부족한 것이 아닌가를 우선 지적하고 싶다. 둘째 가사 관련성을 인정할 수 없어 우연한 발견에 해당한다한다면 그 압수물을 어떻게 증거로서 인정할 것인가에 대한 보다 정밀한 검토가 요구된다.

나. 관련성의 해석 기준

영장 범죄사실 피의자는 본건 피고인 정○○이 아니다. 영장 범죄사실은 '대통령의 지인으로 알려진 피의자 최○○이 차○○ 등과 공모하여, (10억 원을 초과하는 기부금품을 모집하려는 자는 모집, 사용 계획서를 작성하여 행정자치부장관에게 등록하여야 함에도 불구하고 등록하지 아니하고), 미○, 케○○○○ 재단에 대한 출연금으로 53개 기업으로부터 합계 866억 원의 기부금품을 모집하였고, 불상의 공무원들은 53개 기업을 상대로 위와 같은 재단법인에 대한 출연금으로 합계 866억 원을 기부할 것을 요구하여 기부금품을 모집하였다'는 것이다. 그리고 본건 압수된 외장하드에서 무죄가 된 33건의 문건은 '새 정부의 행정부 조직도', '인사후보자 인사검증자료', '국정원장, 국무총리실장, 금융위원장 인선 발표안', '일본 총리와 통화 자료', '국무회의 자료', '민정수석실에서 보고한 언론 보도에 대한 법원조정 수용 여부 검토 내용', '민정수석실에서 보고한 특정인 비위 조사 사실 및 조치 사항', '국토부장관이 현안 보고한 부동산 관련 주요 정책에 대한 경제수석실 검토 내용' 등이고, 유죄가 인정된 14건의 문건은 '스포츠클럽 지원 사업 전면 개편 방안', '체육특기자 입시비리 근절 방안' 등이다.

1심은 무죄의 근거로서 <이 사건 '압수할 물건'은 '1. 재단법인 미○, 케○○○○의 설립 및 운영에 관련된 보고 서류, 회계 서류, 결재 서류, 업무일지, 수첩, 메모지, 명함 등 관련 문서 일체'이므로, 문제된

'청와대 인사안', '청와대·행정각부 보고서', '대통령 일정', '대통령 말씀자료', '외교관계 자료'는 이에 해당할 수 없다>고 하였으며, 항소심은 <이 사건 전자정보 출력물은 이 사건 영장의 '압수할 물건'의 문언 해석상 어느 항목에도 해당하지 않고 이 사건 영장의 범죄사실(기부금품의모집및사용에관한법률위반)과 기본적 사실관계가 동일한 범행 또는 동종, 유사의 범행과 관련된다고 보기도 어려우므로 근거가 될 수 없다>고 하였다.

대통령의 지인이라는 영향력을 행사하여 기업들로부터 금품을 수수한 것으로 보이는 이 사건 영장 범죄사실에서 공무상 비밀을 누설한 정○○으로부터 각종 비밀을 최○○이 넘겨 받은 것인데, 압수된 외장하드에서 확인한 자료는 이러한 최○○의 각종 범죄사실에 대한 정황증거라 할 것이다(최○○이 대통령의 지인이라는 영향력을 행사할 수 있었던 이유가 되는 증거이다). 즉 전혀 별개의 범죄의 증거물이 아니다. 앞서 살펴본 미국 판례처럼 마약 거래를 확인하던 중 아동 포르노를 확인한 것과는 차원이 다르다. 오히려 이는 영장 범죄사실을 입증할 증거로서 가치가 있는 것이다.

항소심은 이 사건 문건은 이 사건 영장 기재 범죄사실에 대한 직접 또는 간접증거로서의 가치가 있다고 보기 어렵다고 하였으나 이는 간접증거에 대한 법리를 오해한 것이 아닌가 지적하고 싶다.

즉 직접 증거와 간접증거는 요증사실과의 관계에 따라 증거를 분류하는 것으로서 범행 현장을 목격한 자의 증언과 같이 요증사실을 직접 증명하는 증거를 직접증거라 하고, 범행 현장에 남아있는 지문과 같이 요증 사실을 간접적으로 추인할 수 있는 사실, 즉 간접사실을 증명함에 의하여 요증사실의 증명에 이용하는 증거를 간접증거라고 한다.[52]

이 사건 문건들을 최○○이 소지하고 있었던 것은 결국 최○○이 국정 전반에 대하여 대통령의 각종 기밀 정보를 공유하면서 의사 결정 과정에 관여하였고 그러한 이유 때문에 각종 기업들로부터 수백억

---

52) 이재상, 신형사소송법, 박영사, 2008, 496면.

원을 받아낼 수 있었다는 요증사실을 넉넉히 간접적으로 추인할 수 있는 것이다. 이러한 것이 바로 간접증거인 것이다.

이에 대하여는, 미국 가니어스 판결도 하나의 시사점을 줄 수 있다.[53] 위 사건은 2003. 11. 미육군은 '육군과 계약을 맺고 각종 용역을 제공하는 기업 IPM이 사기(improper conduct)를 했다'는 것으로, IPM의 회계 업무 대행을 하는 회계사 가니어스가 사용하는 디지털 증거를 압수하였다. 수사관들은 1년이 지난 후에야 유관증거 탐색을 하기 시작했다. 다만 수사관들은 특정 유관증거만 탐색하려고 주의를 기울였고, 2004. 12. 유관증거와 무관증거를 분리시켰다. 그러나 수사관들은 무관증거를 삭제하지 않은 채 1년 반을 더 보냈다. 그 후 미국 국세청은 '가니어스가 일부 고객과 자신의 소득을 적게 신고하였다'는 점을 확인, 수사에 착수했다. 국세청 수사관은 2006. 4. 위와 같이 확보되었던 디지털 정보의 탐색을 허용해 달라는 영장을 청구, 법원으로부터 발부받았고, 이에 기해 가니어스의 조세 회피 유죄 증거를 발견하였다. 연방지방법원은 데이터는 유효한 영장에 의해 가니어스에게 덜 침해적인 방법으로 집행된 것이라며 증거를 인정하였다. 이에 대해 연방 제2항소법원 소부(小部)는 정부가 가니어스의 수정헌법 제4조의 권리를 침해한 것을 인정한다고 하면서 유죄 판결을 파기, 환송하였다. 그러나 연방 제2항소법원 전원합의체는 소부 판결을 취소한 후, 선의의 예외 이론을 적용, 지방법원 판결을 유지하였다.

위 판결 또한 전혀 별개의 사건이라 볼 수 있을 것이다.

이와 달리 본건 문건들이 최○○의 영장 범죄사실의 증거가 됨과 동시에 영장 대상 피의자가 아니었던 정○○의 공무상비밀누설이라는 새로운 범죄의 증거가 될 수도 있는 상황이 된 것이다.

그리고 이는 영장 범죄사실과 기본적 사실관계가 동일하거나 동종, 유사 범행과 관련되어 있다고 보아야 할 것이다.

---

53) 이하 심희기, "종근당 결정과 가니어스 판결의 정밀 비교", 「형사판례연구」, 2017. 6. 참조.

본 법원의 판시를 보면, 스포츠클럽, 체육 관련 문건들은 이 사건 재단과 관련된 문건으로 일응 볼 수 있어 기본적 사실관계가 동일하고, 다른 문건은 전혀 관련이 없다는 것으로 보인다.

그런데 한 발 더 깊이 들여다보면 이는 너무나 형식논리가 아닌가 싶다. 영장 범죄사실은 최○○이 여러 법인으로부터 금품을 수수하였다는 것일 뿐, 금품 수수 방법이 이 사건 재단을 통한 것이었다는 것이다. 즉 본질은 대통령과의 친분을 이용하여 사적인 이익을 취득하였다는 것이다. 그렇다면 금품 수수 방법으로 동원된 재단에 국한된 관련 문건들만을 인정하는 것은 형식적이라 볼 수 있다. 대통령과의 친분을 이용하여 사익을 추구한 범죄사실에 대해 공무상 비밀을 누설받아 이익을 취득한 것도 영장 범죄사실과 기본적 사실관계가 동일하거나 동종, 유사 범행과 관련되어 있다고 보는 것이 일반 대다수 국민의 상식과 경험칙에 맞는 것이 아닐까 싶다.

오히려 본 법원의 판시를 보면 유죄로 설시된 문건은 왜 기본적 사실관계가 동일하다고 본 것인지 전혀 그 이유를 알 수 없다.

혹자는 저자와 같이 해석하면 지나치게 넓은 범주를 인정하여 피의자에게 불리하게 된다고 지적할 수도 있다.

그런데 기본적 사실관계의 동일성, 동종, 유사성에 대한 기준은 결국 사안에 따라 상식과 경험칙에 비추어 판단하는 것이라 할 것이다.

영장 범죄사실과 새로운 증거로 입증하려는 사실이 기본적 사실관계가 동종, 유사한가는 이러한 원칙에 입각하여 판단하는 것이지 임의적 해석하는 문제가 아닌 것이다. 다만 권력형 비리의 경우에는 보다 넓게, 생계형 범죄의 경우에는 보다 좁게 해석할 수 있는 것이 법치주의의 근본이념이 아닐까도 아울러 지적하고 싶다.

아울러 이는 디지털 증거이기에 보다 엄격하게, 보다 완화하여 적용할 사안은 아니라고 생각된다. 디지털 증거의 특성 때문에 유체물보다 상대적으로 더 많은 자료를 확보할 수 있는 가능성이 있는 것은 분명 사실이다. 그러나 영장 범죄사실과 기본적 사실관계가 동일한 범위 내에서만 압수할 수 있다는 것 또한 유체물과 다를바가 없다. 그 이상의 압수는 압수수색영장의 범위 밖의 압수이기에 위법한 압수가 되고 이는 증거로서 사용할 수 없는 것도 같은 것이다. 따라서 디지털 증거의 특성을 감안하더라도 관련성의 해석 기준을 더 엄격하게 적용할 이유는 없다고 본다.

디지털 증거에서 관련성을 매우 제한적으로 해석하게 된다면 실체적 정의에 반하는 정도는 중한 반면, 얻고자 하는 프라이버시 보호는 매우 적은 부적절한 상황이 발생하게 될 것이고 이는 사법제도에 대한 근본적인 불신으로 이어지기 쉽다. 적절한 이익 형량을 통한 해석론이 필요한 이유이다. 54)

또한 우리 법령은 사건과의 관련성 및 필요성을 요건으로 하고 있는바, 일반 영장이 될 우려가 있다는 지적은 지나친 기우라 할 것이다. 미국 연방 대법원도 '영장에서 상당한 이유가 인정되는 한 개인의 프라이버시는 이에 물러날 수밖에 없다'고 하고 있다. (United States v. Ross, 456, U.S. 798, 823(1982)) 한편 미국 연방 형사소송규칙 제41조를 보면, 상당한 이유가 소명된 경우 반드시 영장을 발부해야 한다고 되어 있어 법원의 재량 사항이 아님을 명시하였다. (If the complaint or one or more affidavits filed with the complaint establish probable cause to believe that an offense has been committed and that the defendant committed it, the judge must issue an arrest warrant to an officer authorized to execute it)

아울러 우리 형사소송법은 통상적인 적법한 압수수색 과정에서 발견한 다른 범죄의 증거물에 대해 긴급 압수 등의 규정이 없어 실무 현장에서 대응할 수 없는 공백이 있다는 점을 지적하고 싶다. 긴급 압수 제도를 법 규정화할 필요성이 있고 일본과 같이 관련성 해석 기준을 보다 탄력적으로 할 필요성이 있다할 것이다.

---

54) 이완규, "디지털 증거 압수수색과 관련성 개념의 해석", 「법조」, 2013. 11., 158면.

다. 별건 증거 발견과 압수

설령 가사 본건이 기본적 사실관계가 동일하지 않다는 법원의 태도를 인정한다고 하면 그렇게 확보된 증거를 어떻게 해야 할 것인가. 법원은 '즉시 탐색을 중지하고 별도의 영장을 발부받아야' 한다고 하고 있다.

실무에서는 압수된 저장매체 파일을 복제한 후(이미징) 대검찰청 서버에 올린 후(D-NET) 검사 및 수사기관은 위 업로드된 자료를 다운로드받아 사건 관련 내용을 검색하고 있다.

그런데 사건과의 관련성을 확인하는 작업 중에 있다면 영장 범죄사실과 무관한 증거가 나왔다할지라도 영장 범죄사실과 유관한 증거가 더 있는지 여부를 확인해야 하는 것이 당연하지 않을까.

또한 새로운 전혀 별개의 증거를 발견했다면 새로운 영장을 발부받으라고 하는데 그러면 무엇을 근거로 새로운 영장을 발부받으라는 것인가. 별개의 증거를 제출하면 위법수집증거가 된다는 것이 법원의 태도이다. 별도의 소명자료를 어떻게 확보할 것인가의 문제가 제기될 수 있다.

아울러 새로운 영장을 발부받아 집행하기 전까지 증거가 보존되어야 하는 것으로 보이는데 그 근거는 무엇인가. 법원의 태도에 의하면 무관 증거를 가지고 있다면 이는 즉시 돌려주어야 하는 것이라고 하여야 하는데 말이다.

이에 대한 미국 사건을 보면, UPS에 보내진 보관물을 FBI가 그 내용물을 확인하고 사진 촬영을 한 사안에 대해, 법원은 사진 촬영은 압수라 볼 수 없고 단지 수색일 뿐이라고 하면서 위법하게 증거를 압수했다는 피고인의 주장을 배척하였다. (United States v. Thomas 613 F.2d 787 (10th Cir. 1980))

디지털 증거는 간단한 컴퓨터 키보드 작동이나 명령으로 순식간에 증거를 삭제할 수 있고, 습기, 온도, 진동, 물리적인 훼손, 강력한 자성물체를 통과하여 증거 훼손이 매우 용이하다. 따라서 긴급한 상황이 유체물보다 더 자주 발생할 수 있다. 게다가 원격지에서 데이터에 접근, 훼손하는 것도 어려운 일이 아니다.

또한 법원의 태도에 비추어 보면 당사자의 참여권을 유관 증거 발견시까지 계속 보장해야 하는데 사인이 수사기밀을 누설하는 경우, 피의자가 증거를 인멸하는 경우에 대해 우리 법제는 이에 대한 아무런 제재가 없다.

따라서 우리나라도 Plain View나 긴급 압수제도를 도입할 필요성이 있다. 미국의 연방대법원은 "수사기관이 적법하게 수색을 하는 장소에서 발견된 증거에 대해 별도의 영장을 받을 때까지 눈을 감으라고 요구하는 것은 불필요한 불편이 될 뿐만 아니라 때로는 증거의 인멸을 초래하는 위험이 있거나 경찰관 자신에게도 위험이 될 수 있다"고 하고 있다. (Coolidge v. New Hampshire 403 U.S. 443, 91 S, et 2022 29 L.Ed.2d 564(1971))

개인적 의견으로는 긴급 압수제도를 도입하고 사후 영장을 발부받는 것이 가장 적절한 방법으로 보인다. 긴급 압수를 한 후, 법원의 통제를 받는 영장을 받는 것이 가장 합리적으로 보인다.

이에 대해 시사점을 주는 미국 판결문에 기재된 내용을 언급하면 다음과 같다. "우리는 형식적인 것을 다루고 있는 것이 아니다. 수색영장의 존재는 매우 높은 기능을 한다. 어떤 중요한 긴급 상황이 아닌 한 수정 헌법 제4조는 시민과 경찰 사이에 사법관(magistrate)을 개입시켰다. 이것은 범죄자들을 방어해주기 위한 것이 아니며 불법적 행위들을 위하여 그 집을 안전한 천국으로 만들려는 것도 아니었다. 그것은 객관적인 관점에서 법을 집행하기 위하여 사적 영역을 침해할 필요가 있는지를 형량하도록 하기 위함이었다. 사생활의 권리는 너무 중요한 것이기 때문에 범죄를 찾아내고 범죄자를 체포하는 임무를 가진 사람들의 재량에 맡길 수 없다. 그리하여 헌법은 경찰이 가정의 사적 영역을 침해하기 전에 사법관이 경찰의 요망 사항을 검토하도록 요구한 것이다. 우리는 이러한 헌법적 명령을 면제받으려는 사람이 그런 과정을 긴급하게 요구하였던 특별한 상황에 대한 소명을 하지 못 한다면 이러한 헌법적 요청을 준수하지 않고 영장 없는 수색을 용인할 수 없다".55)

즉 사후 통제의 경우 비교형량도 일응의 기준이 될 수 있다할 것이다.

또한 새로운 영장을 발부받으면 된다고 하고 있는데 그렇다면 이 경우 법원은 새로운 영장을 발부해야 할 것이다. 즉 법원이 임의로 새롭게 별건 증거가 발견되었는데 합리적 이유 없이 그 영장 발부를 거부해서는 안 된다 할 것이다.

아울러 본 사건에서 법원은 피의자가 동의하고, 증거 채택했던 증거들을 이러한 논리로 증거채택결정까지 모두 취소하였다.

이러한 논리는 매우 기교적이고 형식 논리적이지 않은가 싶다. 국민의 법 감정에 반하는 판단이라 하지 않을 수 없다. 여론에 밀려 수사와 재판의 결과가 오도되어서는 안 된다. 그러나 법률을 사실에 적용하는 판단은 결국 법관이 하는 것이고 이는 법관 개인의 경험과 가치 판단에 의하는 것이 아니라 대다수 선량한 시민들의 법 감정에 입각한 경험칙과 논리에 입각해야 하는 것이다.

우리 판례도 '법원이 2차적 증거의 증거능력 인정 여부를 최종적으로 판단할 때에는 먼저 절차에 따르지 아니한 1차적 증거 수집과 관련된 모든 사정들, 즉 절차 조항의 취지와 그 위반의 내용 및 정도, 구체적인 위반 경위와 회피 가능성, 절차 조항이 보호하고자 하는 권리 또는 법익의 성질과 침해 정도 및 피고인과의 관련성, 절차 위반행위와 증거수집 사이의 인과관계 등 관련성의 정도, 수사기관의 인식과 의도 등을 살펴야 한다. 그리고 1차적 증거를 기초로 하여 다시 2차적 증거를 수집하는 과정에서 추가로 발생한 모든 사정들까지 구체적인 사안에 따라 주로 인과관계의 희석 또는 단절 여부를 중심으로 전체

---

55) 이완규, "미국 연방 대법원 Chimel v. California, 395 U.S. 752 (1969)",「형사법의 신동향」통권 제10호, 2007. 10., 224면.

적, 종합적으로 고려하여야 한다'고 하여 비교형량을 해야 한다고 하고 있다. (대법원 2013. 3. 28. 선고 2012도13607 판결 등)

비교형량의 기준은 상식과 경험칙, 헌법과 형사소송법의 가치에 따라 판단해야 함은 물론이다. 본 구체적 사건에서 비교형량을 통하여 볼 때 공무상비밀누설의 일부 범행 증거의 증거능력을 부정하는 이익이 압도적으로 보다 큰 것인지 의문이다.

경계해야 할 것은 상대적으로 경미한 범죄로 압수수색영장을 발부받은 후 이를 빌미로 수색을 하여 보다 중대한 범죄를 발견하는 전형적인 별건 압수수색일 것이다. 미국 수정헌법 제4조의 취지를 굳이 언급하지 않더라도 일단 어떤 범죄라도 증거를 발견하기 위해 뒤지는 식의 일반 압수수색 영장이 된다면 이는 심각한 문제가 될 수 있기 때문이다.

디지털 증거의 경우 Plain View의 범위가 보다 넓어질 수밖에 없어 보다 신중해야 하는 이유이다. 게다가 수사기관의 주관적 의도를 기준으로 압수수색의 적법성을 심사하는 것도 객관적이지 않다는 지적도 수긍이 간다. 따라서 긴급압수제도를 도입하고 사후영장으로 그 적법성을 심사할 수 있는 제도적 장치가 필요한 이유일 것이다. 그리고 사후영장을 통해 심사할 기준은 실체적 진실 발견과 적법절차의 준수라는 형사소송의 이념, 상식과 경험칙을 통한 비교형량이라 할 것이다.

III 맺음말

물리적 환경을 전제로 한 압수와 수색 제도는 디지털 증거라는 새로운 개념을 앞두고 근본적인 재검토가 필요하다는 의견이 대두되고 있다. 도대체 디지털 데이터를 수색하는 것은 어떤 의미일까. 디지털 데이터를 압수하는 것은 언제라는 것인가. 디지털 데이터의 압수와 수색은 어떠한 경우 상당한 이유(probable cause)가 있는 것으로 보아야 할 것인가.56) (우리 법제 표현을 빌리자면 언제 필요하고 사건과 관련성이

있다고 보아야 할 것인가)

기술을 빼돌려 중국 회사에 넘기려고 한 자들에 대하여 기술유출 혐의로 압수수색영장을 청구, 집행하여 관련자들의 외장하드를 탐색하던 중 관련자들이 빼돌린 기술을 근거로 국가보조금을 받아내려고 허위 서류까지 작성한 사실을 확인하였다. 국가보조금을 받아 내려고 빼돌린 기술을 내용으로 하여 작성한 허위 서류는 최초 압수수색영장의 범죄사실과 관련성이 있는 것인가.

회사 운영자가 자금을 임의로 사용한 사실을 확인하기 위해 압수수색영장을 청구, 집행하여 관련자들의 이중 회계 장부를 확인하던 중 정치인에게 뇌물을 공여한 사실을 확인하게 되었다. 이중 회계 장부는 뇌물수수의 범죄사실의 증거로 사용할 수 있는가.

별건 압수수색이기 때문에 영장을 받아야 하고 참여권을 보장해야 함에도 그러지 않았다고 문제가 되었던 사건들에 대해, 그러한 논의에 앞서 압수수색영장 범죄사실과 관련성이 있는지에 대한 보다 면밀한 검토가 필요한 것이 아닌가 지적하고 싶다.

과연 앞서 언급한 위 두 경우에 관련자들이 국고 보조금 편취나 뇌물수수로 수사를 받는 것이 헌법과 형사소송법이 예정한 이념에 반하는 것인가. 오히려 해당 파일이 사건 관련성이 없다고 하여 피압수자가 계속 보유하라고 한 후, 법원으로부터 별도의 압수수색 영장을 받아 해당 파일을 압수하는 것이 가능한가. 피압수자가 그 사이 파일을 영구 삭제하더라도 이를 견제할 방법이 전혀 없다. 현행 법령에 의하면 피압수자에게 그 증거를 보전할 의무가 없고, 자기 형사 사건 증거를 인멸한 경우 증거인멸죄로 처벌받지도 않는다. 디지털 증거의 특성상 사라진 증거를 복구하는 것도 요원하다.

최근 논란이 되고 있는 사법농단 사건에서 이와 같은 일이 전직 판사로 인해 발생한 바도 있다. A 전직 판사는 판사 재직 시절 작성

---

56) Orio S. Kerr, "Searches and Seizures in a Digital World", 119 Harvard Law Review, December, 2005, p.532.

한 판결문 등을 퇴직시 가지고 나왔다. 검찰은 B 사건 관련 기록 유출 혐의로 압수수색영장을 발부받아(법원 영장 전담 판사는 반드시 B 사건 기록만을 압수하라고 명시하였다) A 변호사 사무실을 압수수색하는 과정에서 B 사건 뿐만 아니라 여러 사건의 은밀한 내용들을 유출한 것을 확인하고 이에 대해 압수수색영장을 청구하였으나 그 사이 A는 관련 자료를 모두 폐기해버렸다.57) 이 경우 법원 자료 유출이라는 기본적 사실관계가 동일한 것이 아닌지 의문이 제기된다. 그 자리에서 압수수색영장 범위 내라 할 수 없는 근본적 이유가 무엇인지 되묻지 않을 수 없다.

이에 대하여 실체적 진실 발견이라는 형사소송의 이념에 의문을 제기하는 의견도 있다.58) 과거에 대한 실체적 진실이 과연 존재하는지, 그것을 발견할 수 있는지 의문이고 과거의 사안은 법관으로부터 발견된다기 보다는 법관에 의해 재구성되기 때문이라고 한다.

사건을 직접 경험하지 않은 법관의 입장에서 실체적 진실을 인식한다는 것은 사실 불가능한 일이다라고 하면서, 실체적 진실은 실제 일어났던 일에 가까운 사실이지 말 그대로 진실은 아닌 셈이다라는 의견도 있다. 그리고 그렇기 때문에 왜곡될 수밖에 없고, 왜곡될 수밖에 없는 속성이 있다면 사실관계의 내용은 누구나 수긍할 수 있는 절차적 요건을 준수해야 정의로운 판단이 된다고 하는 견해이다.59)

그러나 형사소송의 두 이념인 실체진실 발견과 적법절차의 준수는 우위의 관계가 있다고 볼 수 없다. 의심스러울 때는 피고인의 이익으로 판단하기 때문에 그 기준 설정이 명확하지 않다면 적법절차 준

---

57) 경향신문, "영장기각 → 전 대법원 고위직이 증거 폐기 → 압수수색 허탕" (2018. 9. 12.자)
   https://news.naver.com/main/hotissue/read.nhn?mid=hot&sid1=102&cid=1080997&iid
   =2870272&oid=032&aid=0002893209&ptype=052(2018. 9. 12. 최종방문).
58) 이정민, "디지털증거의 압수·수색과 절차적 진실 ─ 대법원 2015. 7. 16.자 2011 모1839 전원합의체 결정(일명 종근당 압수수색사건)", 한국형사법학회 「형사법연구」, 2016, 152면.
59) 류지영, "증거법칙의 엄격성과 증거능력", 중앙법학 제13집 제4호, 2011, 371면.

수가 더 큰 이상으로 되는 것은 현실이다. 그러나 그렇디할지라도 실체진실 발견을 위한 노력을 포기할 수는 없다.

앞서 살펴본 바와 같이 영장 범죄사실의 범위를 문언적 의미로 매우 좁게 해석한다면 실체적 진실 발견은 요원해질 수밖에 없다. 압수수색이라는 것이 수사 초기 단계로서 어떤 혐의점이 있어 그에 대한 증거가 있는지 여부를 확인하겠다는 것으로서 혐의사실은 구체적, 특정적으로 되기 쉽지 않다. 구체적, 특정석으로 하기 위하여 그 증거를 확보하기 위하여 하는 것이 압수수색이기 때문이다.

대상 사건 또한 압수수색영장 범죄사실은 소위 국정농단 사건의 아주 작은 단편에 불과하였다. 그 당시에는 그 이상을 특정하기 어려웠기 때문이다.

또한 압수수색영장을 발부받아 영장 대상을 특정하는 근본적인 이유는 결국 국가기관이 먼지털이식으로 수사하여 형사소송의 이념과 무관한 정치적 목적 등을 위해 강제처분을 남용하는 것을 방지하기 위함이다. 즉 터는 데 먼지 안 날 사람은 없다라는 식으로 하는 수사를 경계하고자 함이다. 그런데 영장 범죄사실과 기본적 사실관계가 동일하다면 이런 우려가 있다고 볼 수 없지 않을까 싶다. 그리고 별건 범죄를 발견하였을 때 이러한 의도, 목적을 법원에서 통제하여 압수수색영장 발부를 하면 된다. 다만 이 경우에도 피압수자가 그 사이 증거인멸을 하지 못 하도록 긴급 압수를 할 필요가 있다할 것이다. 제도 도입이 시급히 필요한 이유이다.

디지털 증거는 유체물처럼 눈으로 일견 봐서 확인되는 범죄 사실이 아니라 파일을 열어보고 그 내용을 읽어보는 과정을 거쳐야 한다는 점, 디지털 저장매체는 점점 작아지고 그에 비하여 담기는 정보의 양은 비대해진다는 점에서 결국 디지털 증거를 압수수색하는 것이 일반 영장으로 되는 것이 아니냐는 우려가 있다. 그러나 한 걸음 더 생각해보면 유체물 압수와 마찬가지의 원칙이 적용된다고 보아야 할 것이다. 즉 압수수색 영장 범죄사실과 기본적 사실관계가 동일한 범위

내라면 당연히 그 영장의 효력에 의해 적법하게 증거를 취득할 수 있다고 보아야지, 디지털 증거라고 영장 범죄사실 문언 그대로의 경우에만 압수, 수색할 수 있다고 제한할 수 없다고 보아야 할 것이다. 디지털 증거의 경우에만 그렇게 하는 것은 법률이 정한 범위를 벗어난 것이라 할 것이다. 또한 디지털 증거는 유체물과는 비교도 할 수 없게 용이하게 은닉, 변조, 인멸이 가능하다. 그런데 오히려 이러한 디지털 증거의 특성을 외면하고 압수수색 영장 범죄사실에 기재된 범죄사실에만 국한하여 압수수색하라고 하는 것은 일반 국민의 법 감정에도 반한다하지 않을 수 없다.

따라서 대상 판결은 영장 범죄사실의 대상성을 작위적으로 해석한 것이라 보지 않을 수 없다. 이러한 점에서 법리적으로 무리한 판단이 아닌가 지적하지 않을 수 없다.

여기에 더 나아가 긴급압수제도나 자기 증거인멸 행위를 처벌하지 않으며, 압수수색이 수사 초기 단계인 점 등을 고려할 때 기본적 사실관계는 보다 넓게 인정하는 방향으로 가야 한다고 본다.

아울러 긴급 압수제도를 도입하고 법원의 사후적 심사를 받게 하는 법률 개정도 제안해 본다.

[주 제 어]
디지털 증거, 압수수색, 사건과 관련성, 무관증거 발견, Plain View Doctrine, 긴급압수

[Key Words]
digital evidence, search and seizure, relevancy with the case, Plain View Doctrine, emergency search and seizure

접수일자: 2020. 5. 21. 심사일자: 2020. 6. 29. 게재확정일자: 2020. 6. 29.

[참고문헌]

1. 국내문헌

〈단행본〉

독일법연구회, 독일 형사소송법, 사법발전재단, 2018. 1.

법무부, 프랑스 형사소송법, (주)휴먼컬처아리랑, 2015.

이상진, 디지털포렌식 개론, 이룬, 2010.

이재상, 신형사소송법, 박영사, 2008.

주석형법, 2009. 5. 15.

히라라기 토키오 저, 조균석 역, 일본 형사소송법, 박영사, 2012.

〈논문〉

김학신, "미국의 디지털 범죄와 헌법상 영장주의", 「미국헌법연구」 제20권 제1호, 2009. 2.

독고지은, "디지털 압수·수색에 대한 개정 형사소송법의 규제와 집행에 관한 연구 — 영장 집행 시 제기되는 쟁점을 중심으로 —", 「법조」, 2013. 5.

류지영, "증거법칙의 엄격성과 증거능력", 중앙법학 제13집 제4호, 2011.

모성준, "미국의 압수수색절차에 대한 사법적 통제의 단계 구조 — 디지털 증거를 중심으로", 「법학연구(연세대학교 법학연구원)」 제27권 제2호, 2017. 6.

백승주, "미국의 압수수색영장 일부기각 및 압수방법 제한에 관한 실무연구— 디지털 증거를 중심으로", 「법조」, 2013. 7.

심희기, "종근당 결정과 가니어스 판결의 정밀 비교", 「형사판례연구」, 2017. 6.

손지영, 김주석, "디지털 증거의 증거능력 판단에 관한 연구", 「대법원 사법정책연구원」, 2014.

손지영, 김주석, "압수·수색 절차의 개선방안에 관한 연구", 「대법원 사법정책연구원」, 2014.

이규호, "미국에 있어 디지털 증거의 증거능력", 제2회 디지털포렌식 세미나, 2007. 9.

이순옥, "디지털 증거의 압수·수색절차에 관한 판례 연구 — 대법원 2015. 7.

16.자 2011모1839 전원합의체 결정을 중심으로", 중앙법학회 「중앙법학」 제19집 제2호, 2017. 6.

이정민, "디지털증거의 압수·수색과 절차적 진실 — 대법원 2015. 7. 16.자 2011모1839 전원합의체 결정(일명 종근당 압수수색사건)", 한국형사법학회 「형사법연구」, 2016.

원혜욱, "정보저장매체의 압수·수색 — 휴대전화(스마트폰)의 압수·수색", 「형사판례연구(22)」, 2014. 6.

이완규, "디지털 증거 압수 절차상 피압수자 참여 방식과 관련성 범위 밖의 별건 증거 입수 방법", 「형사법의 신동향」 통권 제48호, 2015. 9.

이완규, "디지털 증거 압수수색과 관련성 개념의 해석", 「법조」, 2012. 11.

이완규, "디지털 증거 압수수색과 관련성 개념의 해석", 「법조」, 2013. 11.

이완규, "미국 연방 대법원 Chimel v. California, 395 U.S. 752 (1969)", 「형사법의 신동향」 통권 제10호, 2007. 10., 224면.

오기두, "전자증거의 증거능력", 법률신문 제4059호, 2012. 8.

이진국, "독일 형사소송법상 긴급압수수색제도", 「주요국가의 압수수색제도 개관」, 형사법제 비교연구 포럼 제1편, 2018. 1.

이숙연, "전자정보에 대한 압수수색과 기본권, 그리고 영장주의에 관하여-대법원 2011모1190 결정에 대한 평석을 중심으로 한 연구", 「헌법학연구」 제18권 제1호, 2012. 3.

전승수, "디지털 정보에 대한 압수수색영장의 집행", 「법조」, 2012. 7.

전승수, "디지털 증거 압수절차의 적정성 문제 — 피압수자 참여 범위 및 영장 무관 정보의 압수를 중심으로", 「형사판례연구」, 2016. 6.

최종혁, "사이버범죄 수사와 증거수집 실무에 대한 검토", 한국비교형사법학회 「비교형사법연구」 제19권 제4호, 2018.

2. 외국문헌

Computer Crime and Intellectual Property Section Criminal Division, Searching and Seizing Computers and Obtaining Electronic Evidence in Crimial in Criminal Investigations, Office of Legal Education Executive Office for

United States Attorneys, 2009.

Elkin Girgenti, "Computer Crimes", American Criminal Law Review, Fall, 2018.

James Saylor, "Computers as a Castle: Preventing the Plain View Doctrine From Becoming a Vehicle for overbroad Digital searches", 79 Fordham Law Review, May 2011.

Lily R. Robinton, "Courting Chaos : Conflicting Guidance From Courts Highlights the need for clearer rules to govern the search and seizure of digital evidence", 12 Yale J.L. & Tech 311 (2010).

Orio S. Kerr, "Search Warrnat In An Era of Digital Evidence", 75 Miss. L. J. 85 (2005-2006).

Orio S. Kerr, "Digital Evidence And New Crimial Procedure", Columbia Law Review (2005).

Orio S. Kerr, "Searches and Seizures in a Digital World", 119 Harvard Law Review, December, 2005.

Orio S. Kerr, "Digital Evidence and the new criminal procedure", 105 Columbia Law Review, January, 2005.

Samantha Trepel, "Digital Searches, General Warrants, and the Case for the Courts", 10 Yale Jouranl of Law and Technology, Fall 2007.

[Abstract]

Criteria for 'related' crime when seizing and searching digital evidence

Kim Young-Mi*

Today it is the time of digital evidence. Most of people can use computer, mobile and so on. And they can produce a lot of information. So whether investigation agency can search and secure digital evidence properly depends on the success of investigation.

If some investigation agency wants to know whether some digital data has the relevancy with the case, she has to click the file and read the content. Because of these properties of digital evidence, most of digital evidence is the object of 'plain view'. Digital data consists of criminal evidence(relevancy with the case) and etc data.

If law enforcement agency interpretates criminal fact on warrant very narrowly(restrict raw-language), she may not arrive the truth of the case. The purpose of search and seizure is to secure evidence. After search and seizure, the suspicion is embodied.

The fundamental reason for specifying a warrant is to prevent abuse of compulsory disposition. There is no such concern if the underlying(basic) facts are the same as the facts of warrant crimes. If another crime(not relevancy with the case) is found separately, the court must control it as another warrant. The court can control the evidence in court.

Digital storage devices can hold an enormous quantity of data. Because of the properties of digital evidence, there is a concern that the search and seizure of digital evidence may become a general warrant.

But it is no different from seizure of property if the underlying facts

* Prosecutor, Suwon District prosecutor's office

are the same as the facts of warrant crimes. Besides digital evidence can easily be concealed, destroyed.

So it has to be interpretated basic crime more flexible. And it should be introduced urgent search and seizure not to destroy evidence.

전문법칙 적용의
예외요건으로서의 특신상태
— 대법원 2014. 4. 30. 선고 2012도725 판결 —

최 준 혁*

I. 대상판결

1. 사실관계

공소장에 기재된 범죄사실은 아래와 같았다.[1]

　A(회장), B(대표이사), C(감사) 등 P저축은행의 대주주 경영진들은 P
저축은행의 임직원의 지인 등의 명의를 빌려 부동산 시행사업을 위한
특수목적법인[이하 'SPC(Special Purpose Company)'라고 함]을 설립하고 각
SPC의 법인 인감, 통장 등을 관리하면서 SPC에 대출을 실행하거나 임
직원 지인들 차명으로 대출을 실행하였다. 갑은 1990. 8. 1. P저축은행
에 입사했으며 2004. 1. 1.부터 2004. 11. 1.까지 영업2팀 과장으로 각
근무하면서 A, B, C 등이 임직원들의 지인들 차명으로 대출하여 토지
를 구입하거나 SPC를 설립하여 대출해 온 사실을 알게 되었고, 차명

---

* 법학박사, 인하대학교 법학전문대학원 교수

1) 대상판결에 관한 설명으로 이상원, "[2014년 분야별 중요판례분석] (13) 형사
   소송법", 법률신문 2015. 5. 15.; 김윤섭, "2007년 이후 형사소송법 주요 판례의
   동향 – 수사절차와 증거에 관한 대법원 판례를 중심으로 –", 형사판례연구 제
   25권, 박영사(2017), 517면; 최병천, "특신상태에 대한 비판적 고찰", 경북대학
   교 법학논고 제66집(2019. 7.), 297면.

지인을 추천하지 않은 일 등으로 임직원들과 마찰이 잦아지자 2004. 11. 1.경 퇴직금과 퇴직위로금 명목으로 1억 7,000만 원을 받고 그만두었다.

을은 1989. 3. 20. P저축은행에 입사하여 2004. 1. 1.부터 영업1팀 과장으로 근무하면서 A, B, C 등 임원들이 임직원의 지인들 명의를 빌려 부동산개발 사업 부지를 매입하거나 부동산 시행사업을 위한 SPC를 설립·운영하는 과정에 자신 및 그 시인들 명의를 사용하게 하고 그 SPC의 통장과 도장을 직접 관리하면서 여신업무를 담당하여 오던 중 자신이 관리하던 은행의 대출금 합계 7억 원 상당을 임의로 사용한 사실이 발각되어 2005. 1. 31. P저축은행을 그만두게 되었다. 그러자 을은 2005. 2.경 C에게 전화를 걸어 "정년 때까지 받을 수 있는 월급, 위로금 등으로 10억 원을 주지 않으면 P저축은행에서 차명으로 부동산을 구입하고, SPC를 만들어 부동산 시행 사업을 하고 있고, 이를 위해 관련 통장과 도장을 관리하고 있다는 내용으로 관련 자료와 함께 금융감독원이나 수사기관에 고발하고 언론에 그 내용을 공개하겠다."라고 말하는 등으로 겁을 주어 2005. 3.말경 C에게서 10억원을 받았다.

갑은 이러한 사실을 알게 되자 받아들여지지도 않을 복직을 요구하면서, 지인들의 차명을 이용하여 토지를 구입하거나 SPC를 설립하여 부동산 시행사업을 영위하는 등 재직 당시 알게 된 P저축은행 대주주 임원들의 비리를 폭로할 것처럼 협박하여 금품을 갈취하기로 마음먹었다. 갑은 2005. 6.경부터 2005. 9.경까지 사이에 자신의 고교 선배이자 당시 P저축은행 직원인 D 등을 통하여 C에게 "P저축은행에서 임직원 지인들 차명으로 SPC를 만들어 대출하고, 차명으로 대출하여 부동산을 구입하거나 부실채권을 정리하기 위해 차명으로 대출한 사실을 알고 있는데, 가만있지 않겠다."라는 취지의 말을 전하는 등 수회에 걸쳐 겁을 주었고, C의 지시를 받은 D로부터 2005. 10. 중순경 부산 모처에 있는 P2저축은행 부근 커피숍에서 5억 원이 들어있는 D

의 아버지 E 명의의 F은행 통장과 도장을 건네받았다.

2. 사건의 경과

1) 1심판결[2]

(1) 갑의 주장 중 전문증거의 증거능력에 관한 부분의 내용은 다음과 같다.

① D에 대한 검찰 진술조서 및 진술서는 모두 전문진술에 해당하는바, 갑이 이를 부동의하였음에도 D가 법정에서 증언하지 아니하였고, 형사소송법 제314조 후단의 '진술 또는 작성이 특히 신빙할 수 있는 상태 하에서 행하여졌음이 증명된 때'에 해당하지 아니하므로 증거능력이 없다.

② C에 대한 진술서 및 C의 법정진술 중 갑이 협박을 하였다는 것을 D로부터 전해 들었다는 부분은 전문증거에 불과하여 증거능력이 없다.

(2) 법원의 판단

가. D에 대한 검찰 진술조서 및 D의 진술서의 증거능력 유무

형사소송법 제312조 및 제313조에 규정된 조서나 서류는 형사소송법 제314조에 따라 증거로 할 수 있는 것인데, 이를 위해서는 진술을 요할 자가 사망, 질병 기타 사유로 인하여 공판정에 출정하여 진술을 할 수 없는 경우이어야 하고, 그 진술 또는 서류의 작성이 특히 신빙할 수 있는 상태 하에서 행하여진 것이라야 한다는 두 가지 요건이 갖추어져야 할 것인바, 여기서 첫째의 요건은 진술을 요할 자가 사망, 질병, 또는 일정한 주거를 가지고 있더라도 법원의 소환에 계속 불응하고 구인하여도 구인장이 집행되지 아니하는 등 법정에서의 신문이 불가능한 상태인 경우에도 그 요건은 충족되었다고 보아야 하고, 두 번째 요건인 특히 신빙할 수 있는 상태 하에서 행하여진 때라 함은 그 진술내용이나 조서 또는 서류의 작성에 허위개입의 여지가 거의

---

2) 서울중앙지방법원 제24형사부 2011. 9. 30. 선고 2011고합458 판결.

없고, 그 진술내용의 신빙성이나 임의성을 담보할 구체적이고 외부적인 정황이 있는 경우를 가리킨다 할 것이다(대법원 1995. 6. 13. 선고 95도523 판결 참조).

살피건대, D에 대한 증인소환장이 2011. 7. 6. 이사불명으로, 2011. 7. 18. 폐문부재로, 2011. 8. 11. 수취인부재로 각 송달불능 되었으며, D에 대한 소재탐지 결과 증인의 주소지에는 D가 거주하지 아니하고 있고, D에 대하여 2011. 6. 24.자로 체포영장이 발부되어 현재지 및 주소 등을 일체 확인할 수 없다는 것이므로 이는 '소재불명으로 인하여 공판기일에 진술할 수 없는 경우'에 해당하고, 진술의 세부적인 내용에는 일부 차이가 있더라도 진술의 전체적인 취지가 일관되는 점 등 D의 진술 내용 및 진술 경위, 기록상 나타나는 D의 진술과 부합하는 정황들에 비추어 위 서류의 작성은 특히 신빙할 수 있는 상태 하에서 행하여진 것으로 인정된다고 할 것이어서 D에 대한 검찰 진술조서 및 D의 진술서는 형사소송법 제314조에 의하여 각 증거능력이 인정된다(다만 위 진술조서 및 진술서 중 D가 C로부터 들은 내용을 진술한 부분은 전문증거라고 할 것이므로, 이 부분에 한하여서는 증거능력이 없다).

나. C의 진술서, 법정진술 중 D로부터 전해들은 부분의 증거능력 유무

전문진술이나 전문진술을 기재한 조서 · 서류는 형사소송법 제310조의2의 규정에 의하여 원칙적으로 증거능력이 없는 것인데, 다만 전문진술은 형사소송법 제316조 제2항의 규정에 따라 원진술자가 사망, 질병, 외국 거주 기타 사유로 인하여 진술할 수 없고 그 진술이 특히 신빙할 수 있는 상태 하에서 행하여진 때에 한하여 예외적으로 증거능력이 있다고 할 것이고, 전문진술이 기재된 조서 · 서류는 형사소송법 제313조 내지 제314조의 규정에 의하여 각 그 증거능력이 인정될 수 있는 경우에 해당하여야 함은 물론, 나아가 형사소송법 제316조 제2항의 규정에 따른 위와 같은 요건을 갖추어야 예외적으로 증거능력이 있다고 할 것이다(대법원 2006. 4. 14. 선고 2005도9561 판결 참조).

C의 진술서 및 법정진술 중 D로부터 전해들은 부분에 증거능력

이 있는지 여부를 살피건대, D가 소재불명으로 인하여 진술할 수 없음은 위 가항에서 본 것과 같고, D는 검찰에서 피고인이 "복직을 안 받아주면 가만히 있지 않겠다."고 하여서 이를 C에게 전달하였다는 내용이 포함된 진술서를 작성하기도 하였던 점, D의 진술 경위 및 진술 당시의 정황 등에 비추어 D의 진술내용은 특히 신빙할 수 있는 상태하에서 행하여진 때에 해당한다고 할 것이며, 또한 D의 진술서는 형사소송법 제313조에 의하여 증거능력이 인정된다고 할 것이므로 위 각 전문진술 증거들은 형사소송법 제316조 제2항에 따라 그 증거능력이 있다.

2) 2심판결3)

갑은 D에 대한 검찰 진술조서 및 D의 진술서, C의 진술서, 법정진술 중 D로부터 전해들은 부분의 증거능력 등을 다투며 항소하였다.

2심법원은 D에 대한 검찰 진술조서 및 D의 진술서의 증거능력에 관한 판단에서 1심법원의 판결내용을 반복하면서, D는 갑의 고등학교 선배로서 특별히 갑에게 불리한 진술할 이유가 없다는 점을 추가하였다. 2심법원은 C의 진술서, 법정진술 중 D로부터 전해들은 부분의 증거능력에 관한 판시에서도 1심판결의 내용을 반복하면서, C의 진술서는 원진술자가 그 진정성립을 인정하여 형사소송법 제313조에 의하여 증거능력이 인정된다고 할 것이므로 위 각 전문진술 증거들은 형사소송법 제316조 제2항에 따라 그 증거능력이 있다는 점을 추가하였다. 법원은 갑의 항소를 기각하였다.

3. 대법원의 판단

1) 형사소송법 제314조, 제316조 제2항에서 말하는 '그 진술 또는 작성이 특히 신빙할 수 있는 상태하에서 행하여진 때'라 함은 그 진술내용이나 조서 또는 서류의 작성에 허위개입의 여지가 거의 없고, 그

---

3) 서울고등법원 제8형사부 2011. 12. 30. 선고 2011노2747 판결.

진술내용의 신빙성이나 임의성을 담보할 구체적이고 외부적인 정황이 있는 경우를 가리킨다(대법원 2006. 4. 14. 선고 2005도9561 판결 등 참조). 나아가 형사소송법 제314조가 참고인의 소재불명 등의 경우에 그 참고인이 진술하거나 작성한 진술조서나 진술서에 대하여 증거능력을 인정하는 것은, 형사소송법이 제312조 또는 제313조에서 참고인 진술조서 등 서면증거에 대하여 피고인 또는 변호인의 반대신문권이 보장되는 등 엄격한 요건이 충족될 경우에 한하여 증거능력을 인정할 수 있도록 함으로써 직접심리주의 등 기본원칙에 대한 예외를 인정한 데 대하여 다시 중대한 예외를 인정하여 원진술자 등에 대한 반대신문의 기회조차 없이 증거능력을 부여할 수 있도록 한 것이므로, 그 경우 참고인의 진술 또는 작성이 '특히 신빙할 수 있는 상태하에서 행하여졌음에 대한 증명'은 단지 그러할 개연성이 있다는 정도로는 부족하고 합리적인 의심의 여지를 배제할 정도에 이르러야 한다(대법원 2014. 2. 21. 선고 2013도12652 판결 등 참조).

기록에 의하면, ① D에 대한 검찰 진술조서 및 그 작성의 진술서에 기재된 진술은, 피고인이 P저축은행 경영진들의 비리를 언론이나 감독기관에 제보하겠다는 취지의 발언을 하였는지 여부 및 누구에게 그러한 발언을 하였는지 등에 관하여 일관되지 않을 뿐만 아니라 위와 같은 협박성 발언에 관한 진술의 일부는 B와 C의 진술이나 명백한 사실관계에 배치되는 점, ② D는 경영진의 지시에 따라 5억 원을 피고인에게 지급할 때에 자신의 부친 명의의 대출을 이용하도록 하는 등 경영진에 적극 협조한 자로서 이 사건이 발생한 때로부터 5년 이상 경과한 시점에 위와 같은 진술을 하면서 P저축은행 경영진의 입장에서 피고인에게 불리한 내용을 일방적으로 진술하고 있을 개연성을 배제할 수 없어 보이는 점, ③ 피고인의 범행 부인, D의 추가 진술, 피고인에 대한 공소제기의 각 시점에 비추어 보면, 서로 다른 진술을 하는 피고인과 D를 대질신문할 수 없었던 특별한 사정이 보이지 아니함에도 수사기관은 이를 시행하지 아니한 채 D로부터 간략한 진술서만 제출받은 점 등을 알 수 있다.

이러한 사실관계를 앞서 본 법리에 비추어 보면, D에 대한 검찰 진술조서 및 그 작성의 진술서에 기재된 진술이 형사소송법 제314조에서 규정하는 특히 신빙할 수 있는 상태하에서 이루어진 것이라는 점에 관하여 합리적인 의심의 여지를 배제할 정도의 증명이 있다고 인정하기에는 부족하다.

2) 형사소송법 제314조의 '특신상태'와 관련된 법리는 마찬가지로 원진술자의 소재불명 등을 전제로 하고 있는 형사소송법 제316조 제2항의 '특신상태'에 관한 해석에도 그대로 적용된다고 봄이 상당하므로, P저축은행 경영진이 피고인에게 5억 원을 지급할 무렵 D가 C에게 한 진술이 특히 신빙할 수 있는 상태하에서 이루어진 것이라는 점은 검사가 합리적 의심을 배제할 정도로 증명하여야 하는데, 기록에 의하면 이 사건에서 D가 C에게 한 진술이 특히 신빙할 수 있는 상태하에서 이루어졌음을 인정할 별다른 자료가 없고, 나아가 검사가 이에 관하여 별다른 주장, 입증을 하지 않고 있음을 알 수 있으므로, D가 C에게 한 진술이 특히 신빙할 수 있는 상태하에서 이루어진 것이라는 점도 역시 합리적인 의심을 배제할 정도로 증명되었다고 인정하기는 부족하다.

그런데도 원심은, D가 검찰에서 "피고인이 '복직을 안 받아주면 가만히 있지 않겠다'고 하여서 이를 C에게 전달하였다"는 내용이 포함된 진술서를 작성한 점 등 그 판시와 같은 사정만을 들어, C의 진술서와 법정진술 중 D로부터 전해 들은 진술이 특히 신빙할 수 있는 상태하에서 행하여진 것으로 인정된다고 판단하였다. 이러한 원심의 판단에는 형사소송법 제316조 제2항에서 말하는 특신상태에 관한 법리를 오해하여 판결에 영향을 미친 위법이 있다.

Ⅱ. 형사소송법 개정논의와 전문법칙

형사절차의 본질적 과제는 실체형법에서 발생하는 국가형벌권을 구체적으로 실현하는 일이며, 이를 위해서는 형사절차의 기초가 되는 사실에 관하여 사안의 진상을 명백히 밝힐 필요가 있다. 형사절차의 목표 중 하나인 실체적 진실발견은 합리적 사실인정을 통해 달성되며4) 합리적 사실인정을 위한 방법을 형사소송법에 미리 조문으로 규정해 놓은 내용의 총체가 증거법이다.

'형사절차에 있어서 피고인 및 피의자의 권익을 보장하기 위하여 인신구속 제도 및 방어권보장 제도를 합리적으로 개선하고, 공판중심주의적 법정심리절차를 도입'하기 위하여 2007년 형사소송법이 대폭 개정5)될 때도 증거법 분야에서 위법수집증거법칙의 명시(제308조의2) 및 검사작성 피의자신문조서에 관한 내용의 개정, 영상녹화물의 증거능력 등 중요한 내용이 달라졌으나 그 후에도 형사소송법에서의 증거법을 개정하기 위한 학계의 노력은 계속되었다. 그 하나의 예로, 2010년에 형사법학회는 형사소송법개정 특별위원회6)를 구성하여 형사정책연구원과 공동으로 연구를 수행하였다. 이 연구는 증거법 분야의 개정안으로서 위법수집증거배제법칙에 관한 제308조의2 개정(탄핵증거로도 쓸 수 없도록 함), 제312조 제2항 삭제, 제313조의 개정(피고인의 진술서와 진술기재서를 제2항과 제3항으로 분리하고 요건을 강화함), 제314조의 개정('소재불명, 그밖에 이에 준하는 사유'를 '행방불명에 준하는 사유'로 변경),7) 제316조와 제318조의2에서 괄호(조사자증언) 삭제, 제318조의2 제2항을 제318조의3으로 독립하는 내용을 제시하였다.

---

4) 이재상·조균석, 형사소송법(12판), 박영사, 2019, 4/9.
5) 전문법칙에 관한 설명으로 법무부, 개정 형사소송법, 2007, 226면 이하.
6) 위원장: 신양균, 위원: 박미숙, 박용철, 서보학, 이승호, 이은모, 이천현, 이호중, 정한중, 천진호.
7) 그에 대하여 김유근·탁희성·박성민·이근우·이상한·최준혁·최호진·황태정, 공정하고 인권친화적인 형사절차 구축방안 연구(I), 한국형사정책연구원, 2019, 279면.

'2018년 6월 21일 법무부장관과 행정안전부장관이 발표한 「검·경 수사권 조정 합의문」의 취지에 따라 검찰과 경찰로 하여금 국민의 안전과 인권 수호를 위하여 서로 협력하게 하고, 수사권이 국민을 위해 민주적이고 효율적으로 행사'하겠다는 목표8)로 개정된 2020년 형사소송법[법률 제16924호, 2020. 2. 4., 일부개정]에서도 검사작성 피의자신문조서의 증거능력에 대한 중요한 변화가 있었으나, 그 외의 내용은 달라지지 않았다.

대상판결에서는 형사소송법 제314조가 규정하고 있는 특신상태의 의미가 문제가 되었다. 특신상태 요건을 우리 형사소송법은 여러 규정에서 두고 있는데, 전문법칙의 예외라는 이 요건을 설명하는 방법이 무엇인지, 그에 대하여 대상판결의 의미는 무엇인지가 아래에서의 논의의 주된 관심이다.

Ⅲ. 전문법칙, 그 예외와 특신상태

1. 전문법칙에 관한 일반적 설명

전문증거란 법원이 직접 듣지 않고 '전해 듣는' 증거, 구체적으로는 공판준비기일 또는 공판기일에서의 진술에 대신하여 진술을 기재한 서류 또는 공판준비기일 또는 공판기일 외에서의 타인의 진술을 내용으로 하는 진술로서 그 원진술의 내용을 이루는 사실의 진실성의 증명에 사용되는 증거를 말하며9) 전문법칙은 전문증거는 증거로 사용할 수 없다는 내용이다.

전문증거의 증거능력 제한에 관한 제301조의2의 이론적 근거로 영미법상 전문법칙과 대륙법의 직접심리주의를 함께 논의하는 이원설이 다수설이다. 전문법칙의 이론적 근거로는 선서의 결여, 원진술자의

---

8) 국가법령정보 사이트 참조(http://www.law.go.kr/lsInfoP.do?lsiSeq=213829&dsId=&efYd=99990101&chrClsCd=010202&urlMode=lsEfInfoR&viewCls=lsRvsDocInfoR&ancYnChk=0#: 2020. 5. 24. 최종검색)

9) 법원행정처, 법원실무제요 형사 II, 2014, 96면.

공판정 불출석, 반대신문의 걸어가 주로 논의된다.[10] 직접주의 또는 직접심리주의는 공개주의, 구두변론주의, 집중심리주의 등과 함께 공판절차의 기본원칙 중 하나이며, 수소법원이 재판의 기초가 되는 증거를 직접 조사해야 한다는 형식적 직접주의와 법원이 사실의 증명 여부를 판단할 때 증명대상이 되는 사실과 가장 가까운 원본증거에 기초해야 한다는 실질적 직접주의로 다시 나누어진다.[11] 전문법칙의 전형적 예외로 이해되고 있는 형사소송법 제314조에 대한 헌법재판소 전원재판부 1994. 4. 28. 선고 93헌바26 결정[12]도 전문법칙과 직접주의에 대하여 이원설의 입장에서 자세히 판시하였다.

1. 특신상태의 개념

1) 일반적인 설명

전문증거인 것처럼 보이나 실질적으로 전문증거가 아니어서 전문법칙의 적용을 받지 않는 경우를 제외하면, 전문법칙의 핵심쟁점은 전문법칙의 예외가 무엇인가라는 질문이다.[13] 전문법칙의 예외를 인정하기 위한 요건으로 영미의 증거법에서 판례에 의해 형성된 신용성의 정황적 보장[14]과 필요성이 있다고 제시되며 전문법칙에 관한 형사소

---

10) 신동운, 신형사소송법(제4판), 법문사, 2012, 1051면; 신양균·조기영, 형사소송법, 박영사, 2020, 798면; 이은모, 기본강의 형사소송법(제3판), 박영사, 2020, 343면.
11) 실질적 직접심리주의는 최량증거의 원칙과 연결된다.
미국연방증거법 제1002조 서면, 녹음, 사진의 내용을 증명함에는 서면, 녹음 또는 사진의 원본이 요구된다. 단 이 법률이나 의회가 달리 정한 경우에는 그러하지 아니하다.
오스트리아 형사소송법 제13조 ①② (생략)
③ 직접 조사될 수 있는 증거는 간접증거로 대체되어서는 안 된다. 조서 및 다른 서면의 내용은 이 법률이 허용하는 방식으로 다시 제시된 경우에만 증거로 사용할 수 있다.
12) 이 판결에 대하여 최준혁, "형사소송에서의 직접심리주의의 의미", 전북대학교 법학연구 제36집(2012. 9), 64면.
13) 전문법칙의 역사는 전문법칙의 예외의 확장의 역사라는 설명으로 권오걸, 전문법칙연구, 경북대학교출판부, 2014, 27면.
14) 최병천, "특신상태에 대한 비판적 고찰", 276면.

송법조문의 근거가 전문법칙이 아니라 대륙법계의 직접주의라고 보는 견해에서도 예외사유에 대한 설명은 다르지 않다.[15]

신용성의 정황적 보장이란 원진술이 공개한 법정에서의 법관의 면전에서 행하여지지 않았다고 하더라도 그 원진술의 진실성이 제반의 정황에 의하여 담보되는 것이며 필요성이란 요증사실에 대하여 원진술자의 진술이 법관의 면전에서 직접 진술될 수 없고 피고인에게 반대신문의 기회를 줄 수도 없으나 달리 대체성 있는 증거를 구할 수 없어 이를 이용하여야 할 필요가 있는 사유를 말한다. 신용성의 정황적 보장과 필요성이라는 두 가지 요건이 동시에 존재해야 전문증거의 증거능력을 인정할 수 있으며, 양자는 상호보완관계이나 반비례관계인 경우도 있으나 필요성만을 지나치게 강조하면 피고인의 방어권에 중대한 지장을 초래할 위험이 있다.[16] 이때의 신용성이란 증거능력과 관련된 것이므로 진술내용의 진실성이 아니라 진실성을 보장할 만한 외부적 정황을 의미한다.[17] 즉, 특신상태는 원진술의 진술정황에 관한 것으로서 진술의 임의성(제317조) 외에 요구되는 요건이라는 공통점이 있으며, 원진술의 진술정황이 진술내용에 허위 개입의 여지가 거의 없고, 진술의 신빙성이나 임의성을 담보할 구체적이고 외부적인 정황이 있는 것이며, 신용성의 정황적 보장과 같은 뜻이라고 일반적으로 이해하고 있다.

특신상태는 증거능력의 요건이므로 검사가 그 존재에 대하여 구체적으로 주장하고 입증해야 하지만, 이는 소송상의 사실에 관한 것이므로 엄격한 증명을 요하지 않고 자유로운 증명으로 족하다고 본다.[18]

---

15) 박일환·김희옥(편집대표), 주석 형사소송법 III(제5판), 470면.
16) 필요성만 존재할 경우 바로 전문법칙의 예외를 인정할 수 없다는 점은 분명한데, 전문법칙의 근거 중 반대신문권이 핵심이기 때문이다. 정웅석, "참고인 진술의 증거능력을 인정하기 위한 대면권과 전문법칙과의 관계 – Crawford 판결과 Bryant 판결을 중심으로 –", 형사법의 신동향 제35호(2012. 5), 175면.
17) 정웅석, "형사소송법상 '특신상태'의 필요성에 대한 비판적 고찰", 저스티스 제138호(2013. 10), 307면.
18) 배종대·이상돈·정승환·이주원, 형사소송법(제2판), 홍문사, 2016, 53/55: 신양

그리고 신용성의 정황적 보장을 판단하는 기준은 진술자가 진술하게 된 경위, 진술자와 사건의 관계, 진술할 때의 상황, 진술자의 기억력의 정도, 지적 수준, 진술내용이 전체적으로 보아 그 사건을 경험한 사람의 진술로 평가할 수 있는지 등의 제반정황이 종합적으로 고려된다.[19] 구체적으로는 진술에 이르게 된 동기 내지 경위, 수사기관의 부적절한 관여 여부,[20] 반대신문의 기회제공 여부, 진술자와 피진술자의 친분 내지 이해관계, 피해자 등 이해관계인과의 부적절한 사전접촉이나 매수, 협박, 간청 등 사정의 유무, 진술에 소요된 시간, 진술 당시의 진술자의 심리상태와 신뢰할 수 있는 사람의 동석 여부, 법원의 소환에 대한 원진술자의 태도, 원진술자의 신원 등 특정 여부등을 판단기준으로 삼을 수 있을 것이다.[21]

2) 이해의 어려움

특신상태는 증거능력을 인정하기 위한 요건임에도 불구하고 그 존재 여부가 쟁점이 된 것은 근래의 일이라는 지적은 이미 60여 년 전에 있었으나[22] 지금도 상황은 크게 달라지지 않았다. 성격상 임의성이나 신빙성과 혼동의 여지가 있고, 형사재판실무에서 피고인이나 변호인이 특신상태에 대한 주장을 적극적으로 하지 않았고[23] 법원도 심

균, 형사소송법(신판), 화산미디어, 2009, 789면; 이창현, 형사소송법(제5판), 정독, 2019, 882면; 정승환, 형사소송법, 박영사, 2018, 586면. 대법원 2012. 7. 26. 선고 2012도2937 판결도 같은 입장이다.

19) 김희옥·박일환(편집대표), 주석 형사소송법 III(제5판), 한국사법행정학회, 2018, 524면(이완규). 이 견해는 적법절차 준수상황도 하나의 사유가 될 수 있을 것이라고 이해한다.

20) 동의 없는 야간신문, 이익제공의 약속, 무의미한 소환의 반복, 외부와의 전화통화 등 접촉의 불허, 관련사건의 서면구형 등을 예로 드는 이승호, "조사자 증언의 증거능력", 2019. 9. 23. 제135차 대법원 형사실무연구회 토론문. 강우예, "법원에 출석하여 불일치진술한 피고인 아닌 자의 검찰진술조서의 증거능력 - 형사소송법 제312조 제4항의 특신상태의 의미에 대한 분석을 중심으로-", 형사판례연구 제26권, 박영사(2018), 471면도 참조.

21) 최준혁, "형사소송에서의 직접심리주의의 의미", 75면.

22) 권오병, "소위 「특신상태」와 증거능력에 관한 문제", 법조 제13권 제2호(1964), 2면.

리에 소극적이었기 때문이다.[24)]

다른 주된 이유는 93헌바26 결정이 밝히듯이 '그 진술 또는 작성이 특히 신빙할 수 있는 상태하에서 행하여 진 때'가 구체적으로 무엇인가에 대하여 법률에 열거도 예시도 된 바 없기 때문이라고 생각한다.[25)] 이 결정은 '직접주의와 전문법칙에 대한 예외를 인정하여야 할 필요성이 있는 사유에 관하여 구체적 사유를 열거한 일본·독일의 형사소송법에도 신용성의 정황적 보장이 있는 경우에 관하여는 열거하지 않았다'고 부연하는데, 일본의 형사소송법에서는 그나마 특신상태의 의미를 구체화할 근거를 찾을 수 있기는 하다.

가령 특히 신빙할 수 있는 상태란 공판준비 또는 공판기일에서의 진술과 전진술을 비교해서 후자에게 보다 많은 신빙성을 인정할 만한 특별한 정황을 의미하는 것이기 때문에 그 자체는 상대적인 개념이라는 과거의 설명[26)]을 이해하기 위해서는 일본형사소송법 제321조를 살펴볼 필요가 있다.[27)] 일본형사소송법에서 검찰관작성조서에 관한 제1

---

23) 승산 없는 증거에 대한 진정성립 부인을 피하라고 권유하는 천주현, 수사와 변호, 박영사, 2015, 232면.
24) 유해용, "공판중심주의와 전문법칙", 저스티스 제98호(2007/6), 191면은 "처음 형사재판 업무를 맡으면서 진술을 기재한 서면에 대한 증거조사를 할 때 유의할 점은 진술자가 법정에 증인으로 출석하여 당해 조서의 진정성립을 인정하는지 혹은 법정에 출석하지 않았으면 그 사유가 무엇인지를 따지는 일이었다. … 증인으로 법정에 출석하지 못한 경우에 증인에 대한 구인장이 집행불능된 이유와 이른바 '소재탐지보고서'가 도착하였는지가 주된 관심사였을 뿐 특히 법정 외 진술을 신뢰할 수 있는 상황 등 전문법칙의 의미나 요건을 심각하게 따져보지 않고 증거능력을 부여하는 식으로 업무처리를 해왔던 것 같다"고 고백한다. 김태업, "형사소송법 제314조에 따라 증거능력을 인정하기 위한 요건 - 대상판결; 대법원 2014. 8. 26. 선고 2011도6035 판결 -", 형사소송 이론과 실무 제7권 제1호(2015), 198면도 참조.
25) 김유근·탁희성·박성민·이근우·이상한·최준혁·최호진·황태정, 공정하고 인권친화적인 형사절차 구축방안 연구(I), 351면.
26) 권오병, "소위 「특신상태」와 증거능력에 관한 문제", 2면.
27) 일본형사소송법 제321조(피고인 이외의 자의 공술서·공술녹취서의 증거능력) ① 피고인 이외의 자가 작성한 진술서 또는 그 자의 진술을 녹취한 서면으로 진술자의 서명 또는 날인이 있는 것은 다음의 경우에 한하여 이를 증거로 할 수 있다.

항 제2호 후단과 제3호는 표현이 다른데, 이 치이는 전자가 공판기일 등에서의 진술에 비하여 검찰관작성조서가 보다 특신성이 인정되는 경우의 규정인 반면, 후자는 진술의 특신성을 말한다고 설명한다. 즉, 전자는 특신성이 있는지 여부가 상대적인 평가에 의해 정해지는 반면 후자는 비교의 대상이 없기 때문에 절대적인 평가밖에 있을 수 없으며, 이 조문은 사법경찰관이 진술을 받았을 때의 특신성 문제로서 그 입증이 매우 곤란하며 검찰관작성조서가 존재하는 경우가 많기 때문에 불가결성이라는 요건도 충족시키기 어렵다는 것이다.[28]

우리 형사소송법은 어떠한가? 소송법에서의 모든 전문증거에서 특신상태를 요건으로 하지는 않는다. 즉, 법원 또는 법관의 조서(제311조), 사법경찰관이 작성한 피의자신문조서(제312조 제3항), 수사기관이 작성한 검증조서(제312조 제6항), 진술서와 진술기재서류(제313조 제1항 본문) 및 진술서(제313조 제2항), 감정서(제313조 제3항), 당연히 증거능력 있는 서류(제315조 제1호, 제2호)는 특신상태의 존재를 법률이 요건으로 규정하고 있지 않다. 반면 검사가 작성한 피의자신문조서(제312조 제1항, 제2항), 수사기관이 작성한 진술조서(제312조 제4항), 피고인의 진술을 기

---

1. 재판관의 면전(제157조의4 제1항에 규정된 방법에 의한 경우를 포함한다)에서의 진술을 녹취한 서면에 대하여는 그 진술자가 사망, 정신 혹은 신체의 이상, 소재불명 혹은 국외에 있기 때문에 공판준비 혹은 공판기일에서 진술을 할 수 없는 때 또는 진술자가 공판준비 혹은 공판기일에 있어서 전의 진술과 상이한 진술을 하였을 때

2. 검찰관의 면전에서의 진술을 녹취한 서면에 대하여는 그 진술자가 사망, 정신 혹은 신체의 이상, 소재불명 또는 국외에 있기 때문에 공판준비 혹은 공판기일에서 진술할 수 없는 때 또는 공판준비 혹은 공판기일에서 전의 진술과 상반되거나 혹은 실질적으로 상이한 진술을 한 때. 단 공판준비 혹은 공판기일에서의 진술보다도 전의 진술을 신용할 만한 특별한 정황이 있는 때에 한한다.

3. 전2호에 규정된 서면 이외의 서면에 대하여는 진술자가 사망, 정신 혹은 신체의 이상, 소재불명 또는 국외에 있기 때문에 공판준비 혹은 공판기일에서 진술할 수 없고 또한 그 진술이 범죄사실의 존부의 증명에 없어서는 아니될 것인 때. 단 그 진술이 특히 신용할 만한 정황 하에서 이루어진 것인 때에 한한다.

28) 히라라기 토키오(조균석 역), 일본형사소송법, 박영사, 2012, 390면 이하.

재한 서류(제313조 제1항 단서), 제314조의 조서 및 그밖의 서류, 당연히 증거능력이 있는 서류(제315조 제3호), 전문진술(제316조)에서는 특신상태가 필요하다. 그런데 형사소송법은 '진술(또는 작성: 제314조)이 특히 신빙할 수 있는 상태'라는 표현을 일관되게 사용하고 있고, 제315조 제3호에서만 '기타 특히 신용할 만한 정황'이라는 약간 다른 표현이 나올 뿐이다.[29]

그렇다면 특신상태에 대한 조문의 문언 자체에서 이 개념의 의미에 대한 이해의 실마리를 찾기 어렵다고 보인다. 나아가 특신상태는 불명확한 개념[30]이기 때문에 특신상태가 존재하는지에 대한 판단은 다양한 형태로 전개되는 구체적인 사정을 배경으로 개별적으로 내려질 수밖에 없으며[31] 법원이 실체적 진실발견과 정의의 관점에서 이를 판단하여야 한다. 그렇다면 특신상태의 의미가 무엇인가는 결국 이 요건이 규정된 전문증거가 무엇인지와 연결시켜 이해하여야 한다고 보인다.

즉, 특신상태의 의미를 이해하는 방법으로, 이 개념의 정의 및 증거법에서의 위치 획정 등을 먼저 한 이후 그 내용에서 문제해결의 방안을 도출하는 연역적 방법을 생각해 볼 수 있다. 이러한 관점에서 보면, 대상판결에서의 첫 번째 강조점인 특신상태의 존재 여부에 대한 증명이 단지 그러할 개연성이 있다는 정도로는 부족하고 합리적인 의심의 여지를 배제할 정도에 이르러야 한다는 판결내용에는 의문이 생길 수도 있다.[32] 특신상태에 대한 입증은 자유로운 증명으로 족하다는

---

29) 김정한, "형사소송법상 특신상태의 의미와 개념 요소 및 판단기준에 관한 소고", 비교형사법연구 제16권 제1호(2014), 154면.
30) 정승환, "검사작성 피의자신문조서의 증거능력과 '특신상태'", 603면.
31) 신동운, 판례분석 신형사소송법, 법문사, 2010, 423면.
32) 김희옥·박일환(편집대표), 주석 형사소송법 Ⅲ(제5판), 한국사법행정학회, 2018, 505면(이완규)은 신용성의 정황적 보장은 낮은 단계의 기준으로써 이러한 정도의 신용성이 있다면 일단 다른 증거들과 함께 증거판단의 자료로 고려하도록 하는 정도라고 설명한다. 이러한 설명은 증거능력과 증명력을 구별해야 한다는 점에서는 타당하다.

설명이 일반적이고 대법원도 같은 입장이기 때문이다. 그런데 증명의 정도가 '단순히 적법하고 진술의 임의성이 담보되는 정도를 넘어 법정에서의 반대신문 등을 통한 검증을 굳이 거치지 않더라도 진술의 신빙성을 충분히 담보할 수 있어 실질적 직접심리주의와 전문법칙에 대한 예외로 평가할 수 있는 정도'여야 한다는 대법원의 2012도12 판결도 반대신문권을 강조할 뿐 증명의 정도에 대해서 명확한 입장은 밝히지 않았다고 생각하며 대상판결도 이러한 입장에서 크게 벗어났다고 보기 어렵다.[33] 오히려 2012도12 판결과 다르게 전문법칙에 대한 언급이 없다는 측면이 대상판결의 독특한 점이라고 생각한다.

이와 구별하여 귀납적 접근이라고 이름붙일 수 있는 방법은 적용례에 대한 유형화[34]를 한 후 그로부터 실무의 어떠한 경향 또는 방향성을 도출하는 것이다. 특신상태가 무엇인지에 관한 논의는 결국 실무의 판단에 영향을 받을 수밖에 없다는 특성에 비추어볼 때 이러한 접근이 오히려 특신상태를 이해하기 위한 적절한 수단이라고 볼 수도 있는데, 유형화의 방법으로 각 조문의 적용례를 나열하는 방법과 법원이 특신상태를 인정 또는 부인한 사례의 내용분석을 생각할 수 있다.

3) 특신상태에 대한 실무의 판단

(1) 적용되는 형사소송법 조문에 따른 구분

가. 제314조 관련 판례

① 대법원 1995. 6. 13. 선고 95도523 판결[35]

A는 시내버스에 승차하여 가던 중 "갑이 소매치기하는 것을 목격

---

33) 비교법적으로 보면, 영국법에서의 자백은 보통법의 원칙에 따라 전문법칙의 예외로 인정되나 검사는 자백이 자발적임을 합리적 의심의 여지 없이 입증해야 할 부담을 지며 이를 입증하지 못하면 증거능력이 없다고 설명한다. Keane · Griffiths · McKeown, The modern Law of Evidence, 8. Edit, Oxford 2010, 361.

34) 유형화의 필요성에 대하여 최준혁, "형사소송에서의 직접심리주의의 의미", 75면.

35) 신동운, 판례분석 신형사소송법, 491면.

하였다"고 말하면서 버스 안의 승객들에게 주의를 준 다음, 버스를 파출소 앞에 정차시켜 갑을 범인으로 지목하였다. A는 그 직후 경찰에서 갑과의 대질신문을 통해 갑의 범행내용을 구체적으로 명확하게 진술하였다. 그런데 A는 경찰에서 자신의 인적사항을 사실과 다르게 진술하였고, 이후 A의 인적사항은 검찰수사에서 밝혀졌다. 검찰은 갑을 특가법위반죄(절도)로 기소하였다. 갑은 제1심 공판절차에서 범행을 부인하였고 검사는 A에 대한 사경작성 진술조서를 증거로 제출하였다. 제1심법원은 A를 증인으로 채택하여 수차례에 걸쳐 소환하였으나 A는 갑의 보복이 두렵다는 이유로 주거를 옮기고, 소환에도 응하지 않았으며 발부된 구인장의 집행도 이루어지지 않았다. 항소심법원이 발부한 구인장의 집행도 이루어지지 않았고 법원은 A에 대한 사경작성 진술조서의 증거능력을 인정하여 갑에게 유죄를 선고하였다.

대법원은 '특히 신빙할 수 있는 상태하에서 행하여진 때라 함은 그 진술내용이나 조서 또는 서류의 작성에 허위개입의 여지가 거의 없고, 그 진술내용의 신빙성이나 임의성을 담보할 구체적이고 외부적인 정황이 있는 경우를 가리킨다 할 것'이라고 정의한 후, A가 시내버스에 승차하여 가던 중 피고인의 이 사건 범행을 목격하고 버스안의 승객들에게 주의를 준 다음, 버스를 파출소 앞에 정차시켜 피고인을 범인으로 지목하였고, 그 직후 경찰에서 피고인과의 대질신문을 통해 피고인의 범행내용을 구체적으로 명확하게 진술한 사실에서 특신상태가 인정된다고 보았다.

② 대법원 1995. 12. 26. 선고 95도2340 판결[36]

A단란주점의 종업원 B는 개인적으로 아는 부산 금정구 C 파출소의 경찰관 D에게 강도강간의 범행을 당하였다고 말하였다. D는 B와 함께 범인을 잡으러 다녔으나 잡지 못하였는데, 6개월이 지난 시점에서 갑이 다른 사건으로 E 경찰서에 구속되었고, 범인이 잡혔으니 한번 와서 보라는 D의 연락을 받은 B는 경찰과 검찰에 출석하여 갑을

---

36) 신동운, 판례분석 신형사소송법, 489면.

범인으로 지목하는 진술조서를 삭성하였다. B에 대한 검사작성 진술조서와 사경작성 진술조서가 증거로 제출되자 제1심법원은 조서의 진정성립을 조사하기 위해 B를 증인으로 채택하였고, 주거지로 3회 소환하였으나 폐문부재 또는 이사불명으로 소환장이 반송되었다. 1심법원은 B의 소재탐지를 관계기관에 촉탁하였고 A주점에서 종업원으로 근무한다는 보고를 받아 다시 소환하였으나 낮에는 소재하지 아니한다는 이유로 소환장이 반송되었나. 1심법원은 B가 제1심변론종결시까지 A단란주점에 그대로 근무하고 있었다는 사실을 들어 제314조의 적용을 거부하고 진술기재된 조서의 증거능력을 배척하여 강도강간죄 부분에 대하여 갑에게 무죄를 선고하였다.

대법원은 이 사안이 진술불능에 해당한다고는 보았으나 특신상태가 없다고 판결하였다. 특히 신빙할 수 있는 상태 하에서 행하여진 때라 함은 그 진술 내용이나 조서 또는 서류의 작성에 허위 개입의 여지가 거의 없고, 그 진술내용의 신빙성이나 임의성을 담보할 구체적이고 외부적인 정황이 있는 경우를 가리키는 것인데, 기록에 의하면, B는 이 사건 강도강간의 피해를 당하였다고 정식으로 고소한 바 없이 다만 개인적으로 아는 부산 금정구 C 파출소 소속 경찰관 D에게 범인의 인상착의를 말하고, 같이 범인을 잡으러 다녔으나 잡지 못하였는데, 그 범행 일시로부터 6개월이 지나 피고인이 그 범행과는 다른 사건으로 E 경찰서에 구속된 뒤, 범인이 잡혔으니 한번 와서 보라는 D의 연락을 받고, 비로소 경찰과 검찰에 출석하여 위 진술조서를 작성하였다는 것인바, 진술이 이루어진 전후 사정에 비추어 볼 때 B의 진술조서가 특히 신빙할 수 있는 상태 하에서 진술하였다고 인정할 수는 없다는 것이다.

③ 대법원 2006. 5. 25. 선고 2004도3619 판결[37]

갑은 미성년자 A(사건 당시 5세, 재판 당시 10세)를 강제추행했다는

---

37) 신동운, 판례분석 신형사소송법, 489면; 신양균 · 조기영, 판례교재 형사소송법 (제2판), 화산미디어, 2014, 777면.

공소사실로 미성년자의제강제추행죄로 기소되었으나 제1심 공판절차
에서 공소사실을 부인하였다. 검사는 유죄의 증거로 B(A의 모), C(정신
과의사)가 유도질문과 반복질문을 통해 A로 하여금 갑의 성추행사실
에 관하여 진술하도록 하여 그 대화내용을 녹음·녹화한 녹음·녹화
테이프, B가 동석한 상태에서 A가 갑의 성추행사실에 관하여 진술한
내용을 기재한 사경작성 진술조서, B, C가 동석한 상태에서 A가 갑의
성추행사실에 관하여 진술한 내용을 기재한 검사작성 진술조서를 증
거로 제출하였다. 갑은 두 진술조서에 대하여 증거동의를 하지 않았
고, 검사는 원진술자인 A를 증인으로 신청하여 채택하였으나 5회에
걸친 소환을 받고도 B가 불출석사유서를 제출한 채 공판기일에 출석
하지 아니하였다. 검사는 따로 구인장의 발부를 신청하지 아니한 채
"A가 만 5세 무렵 성추행을 당했고, 그로부터 5년 정도 경과하여 사
건 당시 정황에 대한 기억을 소실하였으며, 갑의 성추행으로 인하여
A가 외상후 스트레스 증후군을 앓고 있는데 증인신문을 하여 피해기
억을 되살리는 것은 위 질환이 악화될 수 있으므로 제314조 소정의
기타사유가 있어 증거능력이 인정된다"는 내용의 의견서를 제출하였
다. 1심재판부는 A의 현재 상태에 대한 정신감정을 해보자고 검사에
게 제의하였으나, 검사는 B가 반대한다는 이유로 이에 불응하고 증인
신청을 철회하였다. 제1심 증인신문기일 당시, A는 약 10세 남짓으로
통상의 긴장, 어색함을 지나서 조금 더 회피하는 양상, 불안증상을 보
여 정신과적 관찰을 요하는 상태에 있기는 하였으나 국내에서 정상적
으로 생활하고 있었다. 2심법원은 두 진술조서에 증거능력이 없다고
판단하고 갑에게 무죄를 선고하였다.

대법원은 제314조의 필요성 요건이 충족되지 않았다고 본 후 "A
와 B를 치료한 C는 피고인이 A를 성추행하였다고 확신하고 있는데,
위 경찰 진술조서의 작성이 있기 며칠 전에 B, C가 유도 질문과 반복
질문을 통해 A로 하여금 피고인의 성추행사실에 관하여 진술하도록
하여 그 대화내용을 녹음, 녹화하였고, 위 경찰 진술조서 작성 당시는

B가, 위 검찰 진술조서 작성 당시는 B 및 C가 각 동석한 상태에서 A의 진술이 행해졌으며, 경찰 및 검찰 진술조서가 작성될 무렵 A는 피고인의 형사처벌에 몰두하고 있던 B와 함께 생활하고 있었던 사실이 인정된다. 이와 같은 A의 진술 경위 및 진술 전후의 정황 등에 비추어 보면, 위 각 진술조서의 진술내용에 허위개입의 여지가 거의 없다고 보기는 어렵고, 그 진술내용의 신용성이나 임의성을 담보할 구체적이고 외부적인 정황이 있었다고 보기노 어려워 위 신용성의 정황적 보장의 요건이 갖추어졌다고 볼 수도 없다"고 판단하였다.

　　④ 대법원 2011. 7. 14. 선고 2011도3089 판결[38]

갑은 P부대의 공병중대장이며 을은 Q회사의 경영자인데, 군검찰은 갑이 을로부터 P부대의 시설공사의 도급과 관련하여 금품을 수수하였다는 공소사실로 갑을 특가법위반(뇌물)으로 관할 보통군사법원에 기소하였다. 그 후 군검찰관 A는 형사사법공조절차를 거치지 아니한 채 과테말라 공화국에 머물고 있는 을을 직접 만나 참고인조사를 하였으며, 을은 자유스러운 형태에서 임의수사의 형태로 A의 조사에 응하였고 참고인진술조서가 작성되었다.

대법원은 을의 참고인진술조서가 형사사법공조절차나 영사를 통한 조사가 아니어서 수사의 정형적 형태를 벗어난 점, 을이 뇌물공여자로 처벌대상이 됨에도 국외도피를 통해 책임을 회피하고 허위진술에 대한 불이익도 염려할 필요 없는 상황에서 일방적으로 진술한 점, 을이 고발에 이르게 된 데는 도피자금 제공 요구를 갑이 거절한 것에 대한 나쁜 감정이 배경인 점, 을은 귀국 후 법정 증언을 통해 자신의 진술의 진실성을 담보할 뜻이 없었다는 점, 을은 그 후 피고인의 부탁에 의해 진술조서의 내용이 사실과 다르다는 서류를 보내오고 다른 증인과의 전화통화에서도 피고인의 주장에 일부 부합하는 진술을 했다는 점 등에 비추어 특신상태가 없다고 판단하였다.

대상판결 및 대법원 2014. 8. 26. 선고 2011도6035 판결도 제314조

---

38) 신동운, 판례분석 신형사소송법 II(증보판), 법문사, 2014, 635면.

에 관한 판결이다. 대법원 2014. 2. 21. 선고 2013도12652 판결에서도 이 문제를 다루었는데, 피고인은 성매매의 혐의를 받았는데 상대방에 대한 검찰 피의자신문 과정에서 피고인과 상대방의 대질신문이 이루어졌다. 그러나 피고인과 상대방이 함께 들어간 모텔방에서 다툼이 있어 피고인이 먼저 112 신고를 하고 곧바로 상대방과 함께 경찰에서 최초조사를 받았고 조사 당시에도 피고인의 진술 내용(인터넷 채팅으로 만난 상대방과 합의 하에 모텔에 온 후에야 대가를 요구하여 신고하였다)과 상대방의 진술(인터넷 채팅으로 미리 행위의 내용과 대가를 정하였는데 피고인이 다른 행위를 요구하여 서로 다투었다)의 내용이 시종일관 일치하지 않았으며 피고인이 법원에 제출한 동영상에서는 상대방이 수사기관에서의 자신의 진술이 허위라는 취지로 진술하고 있어 참고인진술서에 기재되어 있는 상대방의 진술이 특신상태에서 이루어졌다고 보기 어렵다고 판단하였다.

나. 제315조 관련 판례

① 대법원 1992. 8. 14. 선고 92도1211 판결[39]

피고인은 '새세대 16호'라는 제목의 이적표현물을 소지하였다는 등의 공소사실로 국가보안법위반죄 등으로 기소되었다. 피고인은 제1심 공판절차에서 범행사실을 부인하였고, 검사는 사법경찰관이 작성한 '새세대 16호에 대한 수사보고서'를 증거로 제출하였다. 이 수사보고서는 새세대 16호라는 유인물의 내용을 분석한 부분과 이 유인물을 기계적으로 분석하여 그 말미에 그대로 첨부한 부분으로 구성되어 있었다.

대법원은 이 문서의 신용성이 담보되어 있어 형사소송법 제315조 제3호 소정의 "기타 특히 신용할 만한 정황에 의하여 작성된 문서"에 해당되는 문서로서 당연히 증거능력이 인정된다고 판단하였다.

---

39) 신동운, 판례분석 신형사소송법, 316면; 신양균·조기영, 판례교재 형사소송법 (제2판), 791면.

다. 제316조 관련 판례

① 대법원 2016. 11. 10. 선고 2016도13383, 2016전도135 판결[40]

피고인은 2010년 9월 유흥업소 여종업원을 목 졸라 살해하고 시신을 야산으로 옮겨 숨긴 혐의로 재판에 넘겨져 2011년 11월 대법원에서 징역 15년이 확정되어 구속수감 중이었다. 피고인은 자신을 담당했던 형사 N에게 '총 11명을 살해했다. 만나러 오라'는 내용의 편지를 보냈고, 피고인을 접견한 N은 피고인으로부터 11건의 살인범행을 저지른 자술서를 건네받았고 이를 토대로 추가 수사를 벌였다. 이후 검찰은 2007년 11월 27일 오전 4시께 술 취해 걸어가던 U(당시 38세)를 자신의 어깨와 부딪쳤다는 이유로 순간 격분해 흉기로 찔러 살해한 혐의로 피고인을 기소하였고 이 재판이 진행되던 중, 2003년 6월 실종된 것으로 알려진 피고인의 예전 동거녀인 B(당시 34세)씨를 흉기로 살해한 혐의를 적용해 2013년 4월 추가기소했으며, 피고인이 지목한 장소에서 B의 유골 13점이 드러났다. 피고인은 재판이 시작되자 말을 뒤집어 '도박으로 3,000만원 상당의 빚이 있었는데 도박 빚을 탕감받는 대가로 남성 2명과 함께 무언가 들어있는 검은 비닐을 야산에 묻었고 나중에 알고 보니 B의 시신이 담겨있었다'는 주장을 폈으나 이 주장은 받아들여지지 않았으며, 1심은 U를 살해했다는 혐의에 대해서는 피고인의 진술에 신빙성이 없고 유죄로 인정할 증거가 없다고 판단, 무죄를 선고했다. 2심법원도 "피고인이 경찰에서 한 진술은 그 내용을 부인해 증거능력이 없고 N의 법정진술 중 피고인의 자백진술을 내용으로 한 부분 또한 '특히 신빙할 수 있는 상태'가 증명되지 않아 증거능력이 없다"며 U를 살해한 혐의에 대해 무죄로 판단하고 B에 대한 혐의만 유죄로 인정해 1심의 형량을 유지했다.

대법원은 이 판결에서 특신상태의 의미에 대한 기존의 판시내용을 언급한 후 '원심판결 이유에 다소 적절하지 못한 부분이 있으나'

---

40) 사실관계는 중앙일보 2016. 11. 29. "수감 중 '살인 여죄' 자백한 50대男 무기징역 확정"(https://news.joins.com/article/20940274)

피고인이 조사경찰관이며 제1, 2심의 증인인 N 앞에서 U를 살해하였다는 범행사실을 자백하는 진술이 특히 신빙할 수 있는 상태 하에서 행하여졌음을 인정할 충분한 증거가 없어 전문진술의 증거능력이 없다고 보았다.

② 대법원 2019. 9. 10. 선고 2018도2848 판결[41])

피고인은 별건 강도상해 혐의로 수사기관에 체포된 후 구속수감되어 있었다. 경찰은 강도상해 혐의를 수사하던 중 국립과학수사연구원으로부터 피고인의 구강키트로부터 채취된 DNA가 카페 여주인 살해사건 현장에서 발견된 담배꽁초에서 검출된 DNA와 일치한다는 감정서를 받았다. 경찰관 A 등은 구치소에 수감되어 있는 피고인에 대하여 수사접견을 실시하면서 피의자신문조서(제1조서, 제2조서)를 작성하였고 8일 후 구치소 영상조사실에서 피고인을 다시 조사한 후 제3조서, 제4조서를 작성하였다. 피고인은 조서의 증거능력을 부인하였으며 A는 공판정에서 증인으로 진술하였다. 1심법원은 전문진술의 증거능력을 인정하였으나 2심법원은 특신상태를 부인하여 증거능력을 부인하였으며 대법원은 별다른 설시 없이 2심판결을 유지하였다.

2심판결이 특신상태를 부인한 이유는 다음과 같았다. ① 제1조서 작성시 피고인 진술은 변호인선임권을 침해한 상태에서 이루어졌기 때문에 이 사건 자백진술과 제1조서 작성시 피고인 진술은 특히 신빙할 수 있는 상태에서 행해졌다고 볼 수 없고, 따라서 전문진술도 증거능력이 없다. ② 제2조서 작성시 피고인이 변호인선임권을 포기하는 진술이 있었다고 하더라도 제1조서 작성시의 위법상태와 그로 인해 형성된 피고인의 심리상태는 제2조서 작성시에도 계속되었다고 볼 것이며, 그렇다면 피고인진술에 대한 전문진술도 증거능력이 없다. ③ A의 진술처럼 신문이 원활하고 자발적으로 이루어졌다면 접견 이후 조서작성 전까지 시간이 30분이나 소요되지 않았을 것이고 피의자가 일

---

41) 이 사건의 사실관계 및 판시내용에 대하여 정웅석, "조사자 증언의 증거능력", 2019. 9. 23. 제135차 대법원 형사실무연구회 발표문.

절 증거제시가 없음에도 불구하고 살인죄를 순순히 인정한다는 것은 경험칙에 반하므로 오히려 피고인의 주장처럼 접견시부터 제1조서 작성시까지 A 등의 강도 높은 추궁과 회유가 있었다고 봄이 상당하며 경찰의 피의자신문에 특신상태를 증명하는 유력한 증거가 신문의 녹음녹화임에도 불구하고 제1조서, 제2조서 작성시 A 등은 이를 이용하지 않았고 영상조사 협조요청도 하지 않았고 제3조서, 제4조서 작성시에 비로소 영상녹화가 이루어졌다. ④ 제3조서, 제4조서 작성까지 최초 조서 작성일부터 8일이 소요되었는데 그 기간 대대적인 언론보도가 있었던 점 등을 볼 때 제3조서, 제4조서 작성시 피고인이 변호인선임권을 포기하겠다는 진술을 했다고 하더라도 최초진술 및 조서작성시의 위법상태는 지속되었다고 볼 것이고, 그때의 피고인진술에 대한 전문진술도 증거능력이 없다. ⑤ 제3조서, 제4조서 작성시 피고인 진술에 관한 전문진술이 2차적 증거로 예외적으로 증거능력을 인정할 사정이 존재하지 않는다.

대법원은 '그 진술내용이나 조서 또는 서류의 작성에 허위개입의 여지가 거의 없고, 그 진술내용의 신빙성이나 임의성을 담보할 구체적이고 외부적인 정황이 있는 경우를 가리킨다 할 것'이라는 원칙을 판결에서 계속 밝히고 있어 각 조항에서의 특신상태의 의미를 동일하게 보고 있다고 이해되고 있다(소위 일원설). 그러나 조사자 증언의 증거능력에 관한 특신상태에 관한 일부 하급심 판결에서는 제312조 제3항에서의 경찰작성 피신조서의 증거능력 요건과 균형을 맞추기 위해 특신상태의 요건을 엄격하게 보아야 한다는 입장 또는 법관의 면전에서 진술이 이루어진 것과 동일시할 수 있을 정도로 객관성과 공정성을 담보할 수 있는 구체적이고 외부적인 상황이 증명되어야 한다는 입장 등에 기반하여 증거능력을 부정한 사례들이 있고, 대법원은 2016도13383 판결에서 '판결이유가 다소 부적절'하다고는 밝히나 실제로 하급심에서 특신상태가 없다고 본 판단을 대법원이 파기한 사례는 거의 없다고 한다.42)

---

42) 이승호, "조사자 증언의 증거능력", 2019. 9. 23. 제135차 대법원 형사실무연구

이는 특신상태의 의미를 조문에 따라 다르게 판단할 수 있다는 주장의 출발점이 될 수 있다고 생각한다. 형사소송법 제314조의 '특신상태'와 관련된 법리는 마찬가지로 원진술자의 소재불명 등을 전제로 하고 있는 형사소송법 제316조 제2항의 '특신상태'에 관한 해석에도 그대로 적용된다는 대상판결은, 소재불명 등이 전제되는 경우와 그렇지 않은 경우의 특신상태의 의미가 달라질 수 있다는 뜻이라고 읽을 수 있다.

형사소송법에서 특신상태가 규정되어 있는 조문을 원진술자와 진술의 상대방을 기준으로 분류하면 네 가지로 나눌 수 있다.[43] 첫째는 피고인이 수사기관에게 진술하거나 수사과정에서 진술서를 작성한 경우이다(제312조 제1항, 제2항, 제5항, 제316조 제1항). 이때의 특신상태는 실질적 직접심리주의를 실현하면서 피고인의 인권보장을 위한 안전장치로 기능하며, 그 예는 변호인의 조력이 실질적이고도 충분히 보장된 경우 등이다. 둘째는 피고인이 수사기관이 아닌 사람에게 진술한 경우이다(제315조 단서, 제316조 제1항). 이때의 특신상태는 실질적 직접주의를 실현하는 기능을 하며, 예로 범행 직후 자신의 행동에 충격을 받고 깊이 뉘우치는 상태에서의 진술 등을 든다. 셋째는 피고인이 아닌 사람이 수사기관에게 진술하거나 수사과정에서 진술서를 작성한 경우이다(제312조 제4항, 제5항, 제314조, 제316조 제2항). 이때의 특신상태는 실질적 직접심리주의의 실현 이외에도 피고인의 반대신문권을 보장하는 기능을 하는데, 예로는 피고인과의 대질신문 등을 통해 충분한 탄핵과 검증을 거친 경우 등이 거론된다.[44] 넷째는 피고인이 아닌 사람이 수

회 토론문.

43) 법원행정처, 법원실무제요 형사 Ⅱ, 107면. 차정인, "특신상태의 증명정도(합리적 의심의 여지가 없는 증명)", 형사소송법 핵심판례 110선(제3판), 195면은 수사기관이 작성한 조서(제312조 제1항, 제2항, 제4항), 수사기관 이외의 자가 작성한 진술기재서류(제313조 제1항 단서)와 전문진술(제316조 제1항), 원진술자가 공판에 출석할 수 없는 경우(제314조, 제316조 제2항)로 분류한다.

44) 참고인이 법정에서 자신의 검찰 진술조서의 내용을 부인하는 경우는 제314조에서 규정한 참고인이 부재한 경우보다 더 심각하기 때문에 제312조 제4항의

사기관이 아닌 사람에게 진술하거나 수사과정 외에서 진술서를 작성하는 경우이다(제314조, 제316조 제2항). 이때의 특신상태는 피고인의 반대신문권을 보장하면서 실질적 직접심리주의를 실현하며, 예로 죽음에 임박해서 한 말이나 반사적으로 한 말 등을 든다.

첫 번째의 대표적인 경우인 검사작성 피의자신문조서의 증거능력을 인정하기 위해 특신상태를 요구하는 이유는 이 조서에 대해 증거능력이 과도하게 부여되는 상황을 통제하기 위해서이다.45) 이 조문이 우리 형사소송법에서 갖는 의미로 인해, 제312조 제1항과 제2항에 의해 증거능력이 인정되지 않는 검사작성 피의자신문조서는 제314조에 기해 증거능력이 인정될 수도 없다. 이에 비추어 볼 때 전문법칙의 전형적인 예외는 제312조가 아니라 제314조라고 보아야 할 것이다. 다른 한편으로 제314조의 특신상태는 제313조46)와 비교해 볼 때, 피고인이 출석할 수 있는 상황과 원진술자의 진술불능의 상황을 규정하고 있다는 점에서 구별된다.47) 그러므로 제313조 제1항 단서의 특신상태는 제314조 단서의 특신상태에도 해당할 수 있으나, 제314조 단서의 특신상태에는 출석불능 상태 하에서의 특신상태가 추가된다고 이해할 수 있으며48) 원진술자가 진술이 불가능한 경우에는 그렇지 않은 경우와 비

특신상태가 일률적으로 제314조보다 낮은 기준이며 약한 기준으로 심사된다고 보아서는 안 된다는 지적으로 강우예, "법원에 출석하여 불일치진술한 피고인 아닌 자의 검찰진술조서의 증거능력 - 형사소송법 제312조 제4항의 특신상태의 의미에 대한 분석을 중심으로 -", 480면.

45) 신동운, 신형사소송법, 1086면; 김인회, 형사소송법, 483면.

46) 제313조 제1항의 서면은 수사과정 이외의 상황에서 작성되며 검사면전 피의자신문조서와 달리 아무런 절차적 제한 없이 여러 가지 상황에서 다양한 형태로 작성될 수 있다. 신동운, 신형사소송법, 1123면; 정승환, 형사소송법, 660면.

47) 대법원 2017. 12. 22. 선고 2016도15868 판결: 형사소송법 제312조, 제313조는 참고인 진술조서 등에 대하여 피고인 또는 변호인의 반대신문권이 보장되는 등 엄격한 요건이 충족될 경우에 한하여 증거능력을 인정할 수 있도록 함으로써 직접심리주의 등 기본원칙에 대한 예외를 인정하고 있다. 형사소송법 제314조는 여기에서 나아가 원래의 진술자 등에 대한 반대신문을 할 기회가 없었는데도 참고인 진술조서 등의 증거능력을 인정할 수 있는 예외를 정하고 있다.

교해서 특신상태에 대한 높은 수준의 증명을 요구하는 대법원의 입장[49])은 타당하다고 보인다.

(2) 특신상태의 인정 또는 부인과 그 이유를 기준으로 하는 구분

다른 한편으로는 특신상태를 인정하는 판결과 부인하는 판결을 구별한 후 부인하는 판결에서의 근거가 무엇인지를 절차적 적법성, 진술의 신빙성, 다른 이유 등으로 나누어서 살펴볼 수도 있다.

즉, 앞에서 본 여러 판결에서 대법원이 실제로는 진술이 진실할 것, 진술을 기재한 서면의 내용이 진술과 일치할 것, 진술 당시의 상황이 진실성과 임의성을 담보할 것 모두를 특신상태의 요건으로 보는 관점이다.[50]) 그리고 이러한 판단방식은 특신상태의 판단기준에 관한 설명 중 증거능력과 증명력을 혼동한다고 비판받는 견해인 진술의 신빙성과 다수설인 신용성의 정황적 보장을 합쳐놓았다고 이해할 수 있다.[51])

3. 피의자신문조서에서 특신상태가 전문법칙의 예외요건인가?

반면 다수설은 여전히 우리 형사소송법의 특신상태는 단일하게 설명할 수 있다고 본다. 제312조 제1항, 제2항의 각 단서에 규정한 특신상태의 문구는 제314조, 제316조 등에도 규정되어 있으며 이는 전문법칙 예외의 일반적 사유로서의 신용성의 정황적 보장을 말한다고 보는 것이 타당하다는 설명[52])이 그러한데, 제312조에서의 특신상태가 다른 조문에도 원용될 수 있으며 이때의 특신상태는 신용성의 정황적 보장이라는 이러한 설명은 매우 오래되었다.[53]) 즉, 제312조 제1항 단

---

48) 신동운, 신형사소송법, 1134면.
49) 차정인, "특신상태의 증명 정도 (합리적 의심의 여지가 없는 증명)", 195면.
50) 최병천, "특신상태에 대한 비판적 고찰", 298면.
51) 이상원, "[2014년 분야별 중요판례분석] (13) 형사소송법", 법률신문 2015. 5. 15. 제312조의 '특신상태'가 증거능력의 문제를 증명력판단의 문제로 이전시킬 염려가 있다는 지적으로 배종대·이상돈·정승환·이주원, 신형사소송법, 58/55.
52) 김희옥·박일환(편집대표), 주석 형사소송법 III(제5판), 한국사법행정학회, 2018, 524면(이완규).
53) 이재상, 형사소송법(제5판), 박영사, 1996, 516면.

서는 피고인의 진술과 피의자신문조서의 기재내용이 일치하지 않는 경우에 피의자신문조서에 대하여 신용성의 정황적 보장을 요구하고 있다고 한다. 그리고 이 조서에 대하여는 성립의 진정이 인정될 뿐만 아니라 신용성의 보장이 있는 때에만 증거능력이 인정된다고 해석하여야 한다.54) 피해자의 진술이 특히 신빙할 수 있는 상태에서 행하여진 것인가는 구체적 사안에 따라 판단해야 하며, 특신상태는 증거능력의 요건이므로 외부적 부수사정에 따라 판단하여야 하나 판단의 자료로 진술의 내용은 당연히 참작할 수 있다는 것이다.

이 견해는 아래에 적시하는 몇 가지 의문점이 있는데, 그러한 의문을 해결하는 가장 좋은 방법은 입법이라고 생각한다.

가. 서로 다른 법조문에 사용된 단어가 동일하다고 하더라도 그 단어의 의미가 동일하다고 보아야 하는 것은 아니며 특신상태의 구체적 의미는 그 특신상태가 요구되는 상황이 무엇인지에 따라 달라질 수 있다는 점은 대법원의 여러 판결에서 확인하였다.55)

나. 형사소송법의 제정과정을 보면 특신상태는 1954년 형사소송법 제314조와 제316조에서 원진술자가 사망, 질병 기타 사유로 법정진술이 불가능한 경우 전문증거의 증거능력을 인정하는 예외요건으로 등장하였다. 그런데, 1961년 개정을 통해 제312조 제1항 단서, 제313조 제1항 단서 및 제316조 제1항에서 원진술자의 법정진술에도 불구하고 전문증거의 증거능력을 인정하는 요건으로도 확장되었다.56) 특신상태에 관해서 제312조의 자리에서 주로 논의하는 이유는 이 조문의 실질적 중요성 때문이지, 이 조문에 규정된 특신상태에 대한 설명이 다른 조

---

54) 이재상, 형사소송법(제5판), 516면은 여기에서 특신상태가 없다고 의심할 만한 사유가 없으면 증거능력이 인정된다는 대법원의 과거판례를 비판한다.
55) 일본의 해석론에 대한 설명으로 최병천, "특신상태에 대한 비판적 고찰", 290면.
56) 최병각, "특신상태의 증명정도", 비교형사법연구 제20권 제1호(2018. 4.), 149면.

문의 특신상태의 이해에 바로 원용될 수 있기 때문이 아니라
고 보인다.

다. 과연 제312조에서의 특신상태에 대한 고유한 해석론이 존재하
는지 의문이다. 피의자신문조서의 특신상태를 어떻게 이해해
야 하는가(소위 완화요건설 또는 가중요건설)에 대한 논쟁은 오
래되었으나 이는 특신상태의 내용에 대한 논쟁이라고 보기 어
렵다. 특히 2007년의 형사소송법 개정 이후 제312조의 특신상
태 이해에 도움을 주는 새로운 판결을 찾을 수 있는지 의문인
데, 2007년의 형사소송법 개정이 이 문제를 해결했기 때문은
아니라고 생각한다.[57]

라. 전문법칙의 근거와 전문법칙의 예외를 인정하는 이유는 구별
해야 한다. 전문법칙의 주된 이유는 반대신문권이며, 전문법
칙의 예외를 인정하는 이유는 신용성의 정황적 보장과 필요
성이라는 다수설의 설명에 동의한다. 그런데, 피의자신문조서
는 피의자의 진술이 조서의 형태로 법정에 현출된다는 점에
서 전문증거라고 볼 수 있겠으나 원진술자인 피고인은 공판
정에 재정하는 것이 원칙이다. 조서란 사실 전문법칙에서 가
장 금하는 형태 중 하나인데, 법정에서는 반드시 원진술자가
진술하여야 하고 피고인의 진술에 대한 반대신문이 허용되어
야 하며, 다만 피의자의 자백에서는 당사자주의 아래에서의
자백의 한계로 인해 예외가 인정된다고 이해하기 때문이다.[58]
피고인의 진술에 대한 피고인의 반대신문이 논리모순이라는
점에서 전문증거에 대한 증거능력을 부인하기 위한 새로운
이론적 근거로 실질적 직접주의가 있다는 설명[59]을 택할 수

57) 헌법재판소 1995. 6. 29. 선고 93헌바45 결정에서의 김진우 재판관, 조승형 재
　　판관의 반대의견에 대하여 정승환, "검사작성 피의자신문조서의 증거능력과
　　'특신상태'", 691면.
58) 차동언, 형사증거법 Ⅰ-공판중심주의와 전문법칙-, 161면.
59) 박일환·김희옥(편집대표), 주석 형사소송법 Ⅲ(제5판), 442면; 신동운, 신형사

있고 전문법칙에 관한 우리 형사소송법의 조문의 상당수를
직접주의를 통해서도 이해할 수 있으나, 사실 이는 결국 피의
자신문조서의 증거능력 인정에 관한 문제이지 전문법칙의 내
용 또는 근거에 관한 질문이 아니다. 그러한 점에서 대상판결
이 '직접심리주의 등 기본원칙'이라고만 할 뿐 전문법칙을 따
로 언급하지 않는다는 점은 주목할 만하다.

다음으로 조서의 증거능력을 인정하는 이유가 전문법칙의 예
외에 해당하기 때문인지도 의문이다. 검사 작성 피의자신문조
서의 증거능력을 인정하는 근거를 신용성의 정황적 보장과
연결시키는 견해는 법률전문가이면서 준사법기관이면서 객관
의무를 부담하고 있는 검사의 지위를 고려하여 신용성을 인
정한 입법적 선택이라고 설명한다.[60] 하지만 검찰 또는 경찰
등 수사기관이 피의자에 대해서 조서를 작성하는 경우에서,
원진술이 공개한 법정에서의 법관의 면전에서 행하여지지 아
니하였어도 그 원진술의 진실성이 제반 사정에 의하여 담보
되어 영미법의 전문법칙의 예외가 말하는 신용성의 정황적
보장이 인정될 수 있는 상황은 상정하기 어렵다.

마. 신용성의 정황적 보장설이 그 후에 나온 적법절차설 또는 결
합설을 비판하는 주된 논거는, 이미 제312조 제1항에서 적법
한 절차에 의한 작성을 요건으로 하고 있기 때문에 특신상태
의 내용에 적법절차의 이해를 포함시켜서 이해하면 중복해석
이라는 점이다.[61] 말하자면 피의자신문절차가 적법할 것은 피
의자신문조서의 증거능력을 인정하기 위한 전제요건에 불과
하지 전문법칙의 범위를 벗어난다는 것이다.[62] 이 지적은 오

소송법, 1055면; 이주원, 형사소송법(제2판), 박영사, 2020, 399면.
60) 김희옥 · 박일환(편집대표), 주석 형사소송법 III(제5판), 한국사법행정학회, 2018, 497면(이완규).
61) 배종대 · 이상돈 · 정승환 · 이주원, 형사소송법, 53/53; 이창현, 형사소송법, 881면.
62) 이재상 · 조균석, 형사소송법(제12판), 40/44. 이재상, 신형사소송법(제2판), 박영

히려 우리 형사소송에서의 피의자신문조서가 영미의 전문법
칙으로는 이해할 수 없다는 의미로 받아들일 수 있다고 생각
한다.

바. 중복해석이라는 지적 자체는 할 수 있다고 보인다. 그런데, 적
법한 절차와 방식 및 특신상태를 함께 규정하고 있는 제312조
제1항 및 제4항이 개정되면 어떻게 될 것인가? 적어도 제312
조 제1항에 내용부인을 규정하여 제312조 제3항과 일치시키자
는 개정안은 오래 전부터 학계의 다수입장이었으며, 개정 형
사소송법[법률 제16924호, 2020. 2. 4., 일부개정]은 그에 따랐
다. 법률의 근거가 없어지니 비판논거는 힘을 잃게 될 것인
가? 비록 제312조 제4항은 그대로 남아있고 이 조문에서도 '적
법한 절차와 방식'은 요구되나, 적어도 특신상태를 피의자신문
조서와 연결시켜서 생각할 필요는 없어졌다고 보인다.

Ⅳ. 맺으며: 입법과 해석

'요증사실과 관련하여 신용성이 결여된 증거를 유형적으로 배제
하기 위한 원칙'[63]이라는 전문법칙의 정의 및 그 예외상황을 규정하고
있는 특신상태를 피의자신문조서에 기반한 설명을 통해 구체화하려는
시도는 성공하기 어렵다.[64]

만약 제310조의2가 제314조와 제315조 사이에 위치하였다면 우리
법은 직접주의의 원칙에 따라 조서의 증거능력도 제한하는 동시에 영
미에서 수입한 전문법칙도 규정하여 피고인의 방어권 보장에 충실한

사, 2008, 40/45(570면)의 설명도 동일하였다.

63) 신양균·조기영, 형사소송법, 800면.

64) 과거의 제312조와 제313조가 성립의 진정이라는 제한 하에서 전문법칙의 예
외에 관한 요건인 필요성과 신용성의 정황적 보장 없이 조서의 증거능력을
인정한 것은 '변형된 조서중심주의'라는 지적(주광일, 1986)에 대해 김유근·탁
희성·박성민·이근우·이상한·최준혁·최호진·황태정, 공정하고 인권친화적
인 형사절차 구축방안 연구(Ⅰ), 256면.

내용을 갖추었을 것이다. 그런데 조서규정 앞에 전문법칙 규정을 둠으로써 조서가 전문법칙의 예외로 읽히는 이상한 상황이 된 것이다.[65]

새로운 입법을 통해서도 전문법칙 조문의 위치는 동일하고 특신상태에 관한 조문이 크게 달라지지 않았으니[66] 이 문제는 결국 해석을 통해 해결할 수밖에 없을 것이며 제314조의 특신상태를 직접심리주의 등 기본원칙에 기반하여 이해해야 하며, 제314조의 특신상태와 관련된 법리는 제316조 제2항의 특신상태에도 그대로 적용된다는 내용의 대상판결은 그러한 시도의 하나로 이해할 수 있을 것이다.

[주 제 어]
전문법칙, 특신상태, 형사소송법 제312조, 연역적 접근/귀납적 접근

[Key Words]
Hearsay rule, particularly reliable state, Article 312 of Korean Criminal Procedure Act, deductive explanation/inductive explanation

접수일자: 2020. 5. 24. 심사일자: 2020. 6. 29. 게재확정일자: 2020. 6. 29.

---

65) 적절한 지적으로 김희균, "전문진술을 기재한 조서의 증거능력", 가천법학 제12권 제1호(2019), 201면.
66) 특신상태의 내용을 구체적으로 열거/예시하자는 제안으로 최병각, "특신상태의 증명정도", 164면.

[참고문헌]

1. 한국문헌

(1) 단행본

강동욱, 형사절차와 헌법소송, 동국대학교출판부, 2011.

권오걸, 전문법칙연구, 경북대학교출판부, 2014.

김유근·탁희성·박성민·이근우·이상한·최준혁·최호진·황태정, 공정하고 인권친화적인 형사절차 구축방안 연구(I), 한국형사정책연구원, 2019.

김인회, 형사소송법(2판), PNC미디어, 2018.

김희옥·박일환(편집대표), 주석 형사소송법 III(제5판), 한국사법행정학회, 2018.

배종대·이상돈·정승환·이주원, 형사소송법(2판), 홍문사, 2016.

법무부, 개정 형사소송법, 2007.

법원행정처, 법원실무제요 형사 II, 2014.

신동운, 신형사소송법(제4판), 법문사, 2012.

_____, 판례분석 형사소송법, 법문사, 2010.

_____, 판례분석 형사소송법 II(증보판), 법문사, 2014.

신양균, 형사소송법(신판), 화산미디어, 2009.

신양균·조기영, 판례교재 형사소송법(제2판), 화산미디어, 2014.

_____, 형사소송법, 박영사, 2020.

이은모, 기본강의 형사소송법(제3판), 박영사, 2020.

이재상, 형사소송법(제5판), 박영사, 1996.

_____, 신형사소송법(제2판), 박영사, 2008.

이재상·조균석, 형사소송법(제12판), 박영사, 2019.

이주원, 형사소송법(제2판), 박영사, 2020.

이창현, 형사소송법(제5판), 정독, 2019.

정승환, 형사소송법, 박영사, 2018.

차동언, 형사증거법 I―공판중심주의와 전문법칙―, 법문사, 2007.

천주현, 수사와 변호, 박영사, 2015.

(2) 논 문

강우예, "법원에 출석하여 불일치진술한 피고인 아닌 자의 검찰진술조서의
증거능력 ― 형사소송법 제312조 제4항의 특신상태의 의미에 대한 분석
을 중심으로 ―", 형사판례연구 제26권, 박영사(2018), 439~488면.

권오병, "소위 「특신상태」와 증거능력에 관한 문제", 법조 제13권 제2호
(1964), 1~7면.

김미라, "사망 식전에 넘긴 진술과 특신상태 ― 대법원 2017. 12. 22. 선고
2016도15868 판결을 중심으로 ―", 형사법의 신동향 제62호(2019. 3),
165~197면.

김윤섭, "2007년 이후 형사소송법 주요 판례의 동향 ― 수사절차와 증거에
관한 대법원 판례를 중심으로 ―", 형사판례연구 제25권, 박영사(2017),
489~529면.

김정한, "형사소송법상 특신상태의 의미와 개념 요소 및 판단기준에 관한
소고", 비교형사법연구 제16권 제1호(2014), 153~181면.

김태업, "형사소송법 제314조에 따라 증거능력을 인정하기 위한 요건 ― 대
상판결; 대법원 2014. 8. 26. 선고 2011도6035 판결 ―", 형사소송 이론과
실무 제7권 제1호(2015), 167~203면.

김희균, "전문진술을 기재한 조서의 증거능력", 가천법학 제12권 제1호
(2019), 179~206면.

이상원, "[2014년 분야별 중요판례분석] (13) 형사소송법", 법률신문 2015. 5. 15.

이승호, "조사자 증언의 증거능력", 2019. 9. 23. 제135차 대법원 형사실무연
구회 토론문.

정승환, "검사작성 피의자신문조서의 증거능력과 '특신상태'", 형사법연구
제19권 제3호(2007), 679~696면.

정웅석, "형사소송법상 '특신상태'의 필요성에 대한 비판적 고찰", 저스티스
제138호(2013. 10), 306~331면.

_____, "조사자 증언의 증거능력", 2019. 9. 23. 제135차 대법원 형사실무연
구회 발표문.

최병각, "특신상태의 증명정도", 비교형사법연구 제20권 제1호(2018), 147~169면.

최병천, "특신상태에 대한 비판적 고찰", 경북대학교 법학논고 제66집(2019), 273~306면.

최준혁, "형사소송에서의 직접심리주의의 의미", 전북대학교 법학연구 제36집(2012), 57~90면.

_____, "다른 사건의 공판조서와 직접심리주의", 형사소송 이론과 실무 제11권 제2호(2019), 61~89면.

한제희, "조사자 증언 관련 특신상태의 판단과 증명", 형사판례연구 제22권, 박영사(2014), 453~493면.

2. 영어문헌

Keane · Griffiths · McKeown, The modern Law of Evidence, 8. Edit, Oxford 2010.

3. 일본문헌

히라라기 토키오(조균석 역), 일본형사소송법, 박영사, 2012.

[Abstract]

'particularly realiable state' as Exception of Hearsay rule in Korean Criminal Procedure Act

Choi, Jun-Hyouk*

Korean Criminal Procedure Act regulate Hearsay rule as follows: in Principle any document which contains out of court statements or any testimony which imports another person's statement shall not be admitted as evidence to prove the truth of the matter asserted.

As Exception of Hearsay rule, paragraphs from Article 312(Protocol etc. Prepared by Prosecutor or Senior Judicial Police Officer) to Article 316 (Statement of Hearsay) grant admissibility to hearsay evidence where the requirement to be in a 'particularly reliable state' is recognized.

In the judgment dealt with in this article, the Supreme Court of Korea ruled that the particularly reliable state of Article 314 should be understood based on basic principles such as Unmittelbarkeit der Hauptverhandlung, and that the legal principles related to this state of Article 314 should be applied to the special status of Article 316.

I agree with this position of the Supreme Court. The meaning of the particularly reliable state as Exception of Hearsay rule cannot be understood based on the Protocol of interrogation of the suspect in preparation of the prosecutor, as is the case with many Authors.

* Professor, School of Law, Inha University

2019년도 형법판례 회고

오 영 근*

I. 머리말

2019년 선고된 대법원 형사판결 중 2020. 5. 6. 현재 대법원 종합
법률정보 사이트1)에 등록되어 있는 대법원 형사판결 및 결정은 모두
109건이다. 이것은 다른 해에 비해 현저히 적은 숫자이다. 위 사이트
에 공개되는 판결의 수가 이렇게 줄어든 이유를 알 수는 없다. 그러나
판결을 위해 법관들이 들인 노력과 나아가 판결이 이루어지기까지 피
의자, 피고인, 검사, 변호인, 참고인, 증인, 그 밖의 수많은 국민들의
노력, 시간, 비용 등을 고려한다면, 이러한 현상은 결코 바람직하다고
할 수 없다.

공개되는 판결문들이 많아야 국민의 알권리도 충족되지만, 판례
평석이 활성화될 수 있을 것이다. 아직도 일반 학술논문은 물론 특히
분량이 많은 박사학위논문들은 먼저 외국의 문헌들을 (각주까지) 번역
하는 작업을 우선시하는 악습에서 벗어나지 못하고 있다. 그래도 요즈
음에는 모든 논문들에서 대법원 판례들을 언급하고 있고 이것이 논문
을 평가하는 데에 중요한 기준이 되고 있다. 이러한 학계의 상황을 고
려할 때에도 공개되는 판결문들이 줄어든다는 것은 형사법학발전에
역행하는 것이다.

---

* 한양대학교 법학전문대학원 교수
1) https://glaw.scourt.go.kr/wsjo/panre/sjo060.do#1548648740496. 2019. 5. 6. 검색.

따라서 대법원 종합법률정보 사이트에 대법원판결 전부를 게재하고 하급심판결들도 모두 링크될 수 있도록 해야 할 것이다. 그래야 우리의 현실에서 발생하는 사건들에 대해 우리 형법규정을 해석, 적용한 결과와 그에 대한 평가를 통해 새로운 형법이론이 생성되거나 정비되는 올바른 형법학이 확립되고, 이에 따라 실무도 개선되는 선순환이 이루어질 수 있는 기초가 마련될 수 있을 것이다. 현재의 판례평석은 주로 법률적 판단에 국한될 수밖에 없지만, 하급심판결들이 공개되면 사실인정 부분에 대한 평석도 가능하게 될 것이다.

2020. 5. 6. 현재 2019년에 선고된 대법원 형사판결 중 대법원 종합법률정보 사이트에 게재된 전원합의체 판결 및 결정은 모두 9건이고, 그 중에서 형법판결은 모두 4건이다.[2)]

4건의 전원합의체 형법판결 모두 종래의 입장을 변경한 것은 없다. 매년 지적하듯 대법원의 판례 중에는 변경을 요하는 판례들이 많은데 기존 판례의 입장을 변경한 판결이 하나도 없다는 것은 매우 아쉽다고 할 수 있다.

그럼에도 불구하고 긍정적인 측면은 이 판결들에서 매우 활발한 법리논쟁이 벌어졌다는 것이다. 대부분의 판결에서 별개의견, 반대의견 등이 많았고 제시하는 논리도 상당히 정교한 것이 많았다. 특히 사후적 경합범의 양형에 관한 대법원 2019. 4. 18. 선고 2017도14609 전원합의체 판결에서는 다수의견 뿐만 아니라 반대의견과 두 개의 별개의견이 나름대로 매우 정교하고 설득력 있는 논리를 전개하고 있다.

대법원판결에는 법관들이 들인 노력의 극히 일부분만 나타난 것이고 이것만을 가지고 평석을 한다는 것은 매우 위험한 일일 수도 있다. 그럼에도 불구하고 전체적으로 평가할 때 2019년에도 대법원이 논리적 일관성보다는 범죄인필벌을 우선시하는 경향이 여전함을 느낄

---

2) 대법원 2019. 11. 21. 선고 2018도13945 전원합의체 판결, 대법원 2019. 8. 29. 선고 2018도14303 전원합의체 판결, 대법원 2019. 6. 20. 선고 2018도20698 전원합의체 판결, 대법원 2019. 3. 21. 자 2015모2229 전원합의체 결정, 대법원 2019. 3. 21. 선고 2017도16593 전원합의체 판결 등 5건은 형사소송법판결이다.

수 있다. 나아가 피고인들의 정당한 이익을 보호하는 사법부의 본래적 사명에 충실하기 보다는 일반인들의 분노감정에 따른 엄벌주의 요구에 편승하는 경향과 이러한 경향이 점점 더 강해진다는 염려를 지울 수 없다. 그리고 피고인들의 신분과 지위에 따른 '형법이론의 적용과 양형의 양극화 내지 차별화 현상'은 더 심해진다는 우려마저 생겨난다.

이하에서는 위의 전원합의체 판결 4건과 대법원이 파기환송한 판결들을 중심으로 필자가 임의로 선정한 판결들에 대해 살펴보기로 한다.3) 이 글에서 필자가 제시하는 논리나 결론은 판결과 관련된 이론적 의문과 차후의 연구를 촉구하는 의미를 가질 뿐이다.

Ⅱ. 수뢰죄와 제3자뇌물제공죄의 공동정범의 구별

— 대법원 2019. 8. 29. 선고 2018도2738 전원합의체 판결4) —

1. 사실관계

재벌총수인 피고인은 대통령 甲과 단독면담을 하게 되었다. 이를 알게 된 乙은 피고인에게 乙의 딸인 丙에게 경주용 말을 사주도록 하라고 하면서 甲에게 관계서류를 전달하였다. 甲은 2014. 9. 피고인과의 면담에서 丙에게 좋은 경주용 말을 사주라고 요청하였고, 2015. 7. 면담에서도 피고인 측의 승마관련 지원이 부족하다며 다시 한번 '좋은 말을 사줘라'라고 하였다. 마침 자신의 재벌승계작업에 甲의 도움이 필요했다고 판단한 피고인은 丙에게 경주용 말을 사주었다.5)

대상판결의 다수의견은 甲, 乙에게 뇌물수수죄(제129조 제1항)의

---

3) 이 글의 대상판결에 대한 좀더 자세한 평석은 로앤비 천자평석(http://www.lawnb.com/Info/ContentList)에 게재되어 있다.

4) 대법원 2019. 8. 29. 선고 2018도13792 전원합의체 판결도 유사한 내용이다. 이 판결에서는 피고인이 최아무개이고, 대상판결에서는 피고인이 이아무개라는 점에 차이가 있다.

5) 이 사건의 사실관계는 복잡하고 법적 쟁점도 많지만, 이 글에서는 다른 쟁점들은 논외로 하고 비공무원 乙과 대통령 甲이 공모하여 피고인으로 하여금 乙에게 경주용 말을 사준 것으로 단순화하였다.

공동정범을 인정한 데에 비해, 별개의견과 반대의견은 甲에게 제3자뇌물제공죄, 乙에게 제3자뇌물제공죄의 교사범이나 방조범을 인정해야 한다고 하였다.

2. 판결요지

[다수의견] 뇌물수수죄의 공범들 사이에 직무와 관련하여 금품이나 이익을 수수하기로 하는 명시적 또는 암묵적 공모관계가 성립하고 공모 내용에 따라 공범 중 1인이 금품이나 이익을 주고받았다면, 특별한 사정이 없는 한 이를 주고받은 때 금품이나 이익 전부에 관하여 뇌물수수죄의 공동정범이 성립하고, 금품이나 이익의 규모나 정도 등에 대하여 사전에 서로 의사의 연락이 있거나 금품 등의 구체적 금액을 공범이 알아야 공동정범이 성립하는 것은 아니다.

금품이나 이익 전부에 관하여 뇌물수수죄의 공동정범이 성립한 이후에 뇌물이 실제로 공동정범인 공무원 또는 비공무원 중 누구에게 귀속되었는지는 이미 성립한 뇌물수수죄에 영향을 미치지 않는다. 공무원과 비공무원이 사전에 뇌물을 비공무원에게 귀속시키기로 모의하였거나 뇌물의 성질상 비공무원이 사용하거나 소비할 것이라고 하더라도 이러한 사정은 뇌물수수죄의 공동정범이 성립한 이후 뇌물의 처리에 관한 것에 불과하므로 뇌물수수죄가 성립하는 데 영향이 없다.

[반대의견] 공무원과 비공무원이 뇌물을 받으면 뇌물을 비공무원에게 귀속시키기로 미리 모의하거나 뇌물의 성질에 비추어 비공무원이 전적으로 사용하거나 소비할 것임이 명백한 경우에 공무원이 증뢰자로 하여금 비공무원에게 뇌물을 공여하게 하였다면 형법 제130조의 제3자뇌물수수죄의 성립 여부가 문제 될 뿐이며, 공무원과 비공무원에게 형법 제129조 제1항의 뇌물수수죄의 공동정범이 성립한다고 할 수는 없다.

3. 평 석

뇌물수수죄의 공동정범에서 공동가공 의사의 내용인 '특정한 범죄행위'는 '공무원이 전적으로 또는 비공무원과 함께 뇌물을 수수하기로 하는 범죄행위'를 말한다고 하는 반대의견이 훨씬 설득력이 있다. 다수의견이 甲, 乙에게 수뢰죄의 공동정범을 인정한 것은 평소 甲이 乙의 의사에 심각하게 종속되어 있었고, 이에 따라 甲과 乙 등이 경제공동체로서의 성격을 지니고 있음도 고려한 것으로 보인다. 그러나 이러한 사실들이 합리적 의심이 없을 정도로 증명되지 않았으므로 乙, 丙은 제3자라고 해야 할 것이다.

그런데 이 사건은 애초부터 뇌물죄의 문제가 아니라 공갈죄의 문제로 접근했어야 했을 것이다. 甲도 乙도 피고인이 승계작업을 위한 부정한 청탁을 할 것이라는 것에는 아예 관심조차 없이 대통령이라는 지위를 이용하여 피고인을 비롯한 재벌총수들로부터 경제적 지원을 받으려고 했다고 할 수 있기 때문이다. 뇌물죄는 기본적으로 관련자들의 자유로운 의사에 따른 행위를 전제로 한다. 그런데 대통령이 재벌총수들에게 불합리한 경제적 지원을 요구하였다면 그 행위는 공갈죄에서 요구되는 (묵시적) 협박에는 충분히 해당하기 때문이다.

따라서 甲과 乙에게는 대통령이라는 직위를 이용한 공갈죄의 공동정범을 인정하는 것이 사실관계에 맞고, 논리적으로 명쾌하고 할 것으로 보인다. 뇌물죄에서와 달리 강도죄, 사기죄, 공갈죄, 배임수재죄 등에서는 재물 또는 재산상 이익을 본인이 취득하거나 제3자가 취득하는 것 차이에 아무런 차이가 없기 때문이다. 결국 특별검사나 법원 모두 甲, 乙이 모두 화이트칼라에 속하는 사람들이기 때문에 폭력범죄인 공갈죄보다는 화이트칼라범죄인 뇌물죄로 파악해야 한다는 편견을 가졌고, 이로 인해 시간과 노력을 낭비한 것은 아닌가 하는 의문을 제기해 본다.

Ⅲ. 법정형 하한이 설정된 사후경합범의 감경방법
— 대법원 2019. 4. 18. 선고 2017도14609 전원합의체 판결 —

1. 사실관계

피고인은 35회에 걸쳐 향정신성의약품매매죄 및 미수죄를 범하였는데 그 중 33회에 걸친 향정신성의약품매매죄(법정형은 무기 또는 5년 이상의 징역)로 징역 4년의 확정판결을 받았다. 그런데 위 재판의 계속 중 나머지 2건(향정신성의약품매매죄와 매매미수죄)의 죄에 대해 기소되었다.

제1심은 형법 제39조 제1항에 따라 형법 제55조 제1항 제3호를 적용하여 법률상 감경을 한 다음(각 2년 6개월 이상 15년 이하의 징역), 형법 제37조 전단, 제38조 제1항에 따른 경합범 가중(2년 6개월 이상 22년 6개월 이하의 징역)과 작량감경을 차례로 적용하여 산출한 처단형의 범위(징역 1년 3개월부터 11년 3개월까지) 내에서 피고인에게 징역 1년 6개월을 선고하였다(대전지방법원 공주지원 2017. 3. 8. 선고 2017고합3 판결).

대전고등법원은 후단경합범에 대해 제39조 제1항에 따른 감경에는 법률상 감경에 관한 형법 제55조 제1항이 적용되지 않는다는 이유로 제1심판결을 파기하고 피고인에게 징역 6개월을 선고하였다(대전고법 2017. 8. 25. 선고 2017노120 판결).

대법원 전원합의체는 9 대 4의 의견으로 항소심판결을 파기하고 사건을 대전고등법원으로 환송하였다.

2. 판결요지

[다수의견] 형법 제39조 제1항 후문의 "그 형을 감경 또는 면제할 수 있다."라는 규정 형식도 다른 법률상의 감경 사유들과 다르지 않다. 이와 달리 형법 제39조 제1항이 새로운 감경을 설정하였다고 하려면 그에 대하여 일반적인 법률상의 감경과 다른, 감경의 폭이나 방식이 제시되어야 하고 감경의 순서 또한 따로 정했어야 할 것인데 이에

대하여는 아무런 정함이 없다. 감경의 폭이나 방식, 순서에 관해 달리 정하고 있지 않은 이상 후단 경합범에 대하여도 법률상 감경 방식에 관한 총칙규정인 형법 제55조, 제56조가 적용된다고 보는 것이 지극히 자연스럽다.

[3인의 반대의견 1] '형평을 고려하여 형을 선고한다.'는 것은 형평을 고려하여 적절한 범위에서 형을 감경하여 선고형을 정하거나 형을 면제할 수 있다는 것이고, 이때 형법 제55조 제1항은 적용되지 않는다고 보아야 한다. 만일 형법 제39조 제1항에 따른 감경을 할 때 형법 제55조 제1항의 제한을 받는다고 본다면 형평에 맞지 않는 결과가 될 수도 있기 때문이다.

[1인의 반대의견 2] '감경'과 '면제'가 함께 규정된 경우에 '감경 또는 면제'는 분절(分節)적인 의미가 아니라 일체(一體)로서의 단일한 개념으로 이해되어야 한다. 따라서 '감경 또는 면제'에 의한 처단형의 범위는 그 하한은 '0'이 되고, 그 상한은 장기나 다액의 2분의 1로 되며, 달리 그 중간에 공백의 여지는 없다.

3. 평 석

(1) 다수의견 및 반대의견 2의 문제점

피고인이 35건의 범죄에 대해 동시적 경합범으로 재판을 받았을 경우에도 징역 4년을 선고받았을 가능성이 매우 높고, 아무리 높아져도 항소심의 판결처럼 4년 6개월을 넘을 가능성은 거의 없다고 할 수 있다. 그리고 이러한 문제점은 단순히 이 사건에서만이 아니라 앞으로도 계속 발생할 가능성이 있다. 심지어 대상판결과 같은 법리가 확립된다면 선고형이 가볍다고 생각하는 검사가 한꺼번에 기소할 수 있는 여러 개의 범죄를 분할 기소하여 궁극적으로는 피고인이 좀더 높은 형벌을 선고받도록 하는 데에 악용될 수도 있을 것이다. 따라서 이러한 문제를 방지할 수 있도록 좀더 탄력적인 해석태도가 필요하다고 할 수 있다.

반대의견 2는 형의 면제는 피고인의 양형책임이 '0'의 수준에 있는 경우라고 한다. 그러나 형의 면제는 양형책임에 따른 것이라기 보다는 정책적인 이유에서 인정되는 것이다.

(2) 이 사건의 바람직한 해결방법

반대의견 1의 논리는 거의 대부분 항소심에서 개발한 것으로 보이는데, 이러한 항소심의 노력은 매우 높이 평가할 수 있다.

다만, 이 사건에서 다수의견과 같은 논리가 예상되므로 아예 항소심에서 형면제판결을 하였으면 좋았을 것이라는 아쉬움이 있다. 항소심이 지적한대로 수사기관이 피고인의 마약 범죄 35건을 모두 수사하고서도 특별한 사정없이 33회에 걸친 범죄만 우선 기소하고 이 사건 범죄를 분리기소한 것은 공소권남용이라고 할 수도 있다. 이러한 점을 고려한다면 피고인에게 징역 6개월이 아니라 형면제를 선고하는 것이 바람직했을 것이다. 이 경우 검사가 상고하여 대법원에서 형면제판결의 적법성이 문제되었다고 하더라도 상고가 기각될 가능성이 높다. 이로 인해 피고인은 항소심의 판단보다 6개월 징역을 덜 선고받는 혜택을 받았지만, 대상판결로 인해 항소심의 판단보다 9개월 징역을 더 선고받는 것보다는 나은 결과라고 할 수 있다.

다른 한편으로는 향정신성의약품매매 및 매매미수죄는 일종의 영업범이므로 포괄일죄라고 할 수도 있을 것이다. 이렇게 해석한다면 나머지 2건에 대해서도 확정판결의 기판력이 미치므로 법원은 공소시각의 판결을 할 수도 있었을 것이다.

Ⅳ. 고위공직자와 강요죄에서 협박의 개념
— 대법원 2019. 8. 29. 선고 2018도13792 전원합의체 판결 —

1. 사실관계

대통령 甲과 청와대경제수석인 乙은 공모하여 ① A대기업과 관계자들에 대해 K스포츠재단 관련 출연 등을, ② B그룹에 대해 납품계약과 광고주 발주를, ③ C회사에 대해 채용·보직변경과 광고대행사 선정을, ④ D그룹에 대해 특정 재단에 대한 추가 지원을, ⑤ E그룹에 대해 특정 법인에 대한 지원을, ⑥ F 주식회사에 대해 스포츠단 창단, 용역계약 체결, 특정법인에 대한 지원을, ⑦ G그룹에 대해 스포츠단 창단과 용역계약 체결 등을 요구하였다.

피고인들은 직권남용권리행사방해죄와 동시에 강요죄로 기소되었다. 대법원은 항소심판결 중 강요죄를 인정한 부분을 파기하고 사건을 항소심으로 환송하였다. 이 판결에 별개의견은 있었지만, 반대의견은 없었다.

2. 판결요지

행위자가 직업이나 지위에 기초하여 상대방에게 어떠한 이익 등의 제공을 요구하였을 때 그 요구 행위가 강요죄의 수단으로서 해악의 고지에 해당하는지 여부는 행위자의 지위뿐만 아니라 그 언동의 내용과 경위, 요구 당시의 상황, 행위자와 상대방의 성행·경력·상호관계 등에 비추어 볼 때 상대방으로 하여금 그 요구에 불응하면 어떠한 해악에 이를 것이라는 인식을 갖게 하였다고 볼 수 있는지, 행위자와 상대방이 행위자의 지위에서 상대방에게 줄 수 있는 해악을 인식하거나 합리적으로 예상할 수 있었는지 등을 종합하여 판단해야 한다. 공무원인 행위자가 상대방에게 어떠한 이익 등의 제공을 요구한 경우 위와 같은 해악의 고지로 인정될 수 없다면 직권남용이나 뇌물 요구

등이 될 수는 있어도 협박을 요건으로 하는 강요죄가 성립하기는 어렵다.

3. 평 석

대상판결은 "행위자가 직무상 또는 사실상 상대방에게 영향을 줄 수 있는 직업이나 지위에 있고 직업이나 지위에 기초하여 상대방에게 어떠한 요구를 하였더라도 곧바로 그 요구 행위를 위와 같은 해악의 고지라고 단정하여서는 안 된다고 한다"라고 하고 이러한 법리를 대통령과 청와대 경제수석에게 적용하고 있다.

그러나 중하위직 공무원들에게는 이러한 논리가 타당하다고 할 수 있지만, 대통령과 청와대 경제수석과 같이 광범위한 권한을 가진 최고위직 또는 고위직 공무원들의 경우에는 대상판결에서 밝히고 있는 대로 "그 요구 행위를 특별한 사정이 없는 한 해악의 고지라고 단정할 수 있다"라고 바꿔야 할 것이다. 그리고 대상판결의 사건에서는 재물이나 재산상 이익을 제공을 강요하는 행위들이 많다. 따라서 이 사건에서 대부분의 행위들에 대해서는 강요죄가 아니라 공갈죄의 문제로 다루었어야 했을 것이다.

판례는 직권남용죄와 공무원 지위를 이용한 불법행위와는 구별해야 한다고 한다. 그런데 고위공무원으로 갈수록 직권남용죄의 범위는 늘어나고 지위를 이용한 불법행위의 범위는 줄어든다고 해야 한다. 그리고 고위직으로 갈수록 직권남용죄에 해당되지 않는 행위는 무죄가 아니라 강요죄나 공갈죄 등에 해당되는 경우가 많을 것이다. 따라서 고위공직자로 갈수록 공갈죄나 강요죄 등을 먼저 검토하고 그것이 인정되지 않을 때 직권남용권리행사방해죄를 검토하는 것이 좀 더 간명한 형법적 검토방법일 것이다.

V. 준강간죄의 불능미수

— 대법원 2019. 3. 28. 선고 2018도16002 전원합의체 판결 —

1. 사실관계

피고인은 2017. 4. 17. 22:30경 자신의 집에서 피고인의 처, 피해자와 함께 술을 마시다가 다음 날 01:00경 피고인의 처가 먼저 잠이 들고 02:00경 피해자도 안방으로 들어가자 피해자를 따라 들어갔다. 당시 피해자는 반항이 불가능할 정도로 술에 취하지 않았지만, 피고인은 피해자가 술에 만취하여 항거불능의 상태에 있다고 오인하고 누워 있는 피해자를 1회 간음하였다.[6]

2. 판결요지

[다수의견] 피고인이 피해자가 심신상실 또는 항거불능의 상태에 있다고 인식하고 그러한 상태를 이용하여 간음할 의사로 피해자를 간음하였으나 피해자가 실제로는 심신상실 또는 항거불능의 상태에 있지 않은 경우에는, 실행의 수단 또는 대상의 착오로 인하여 준강간죄에서 규정하고 있는 구성요건적 결과의 발생이 처음부터 불가능하였고 실제로 그러한 결과가 발생하였다고 할 수 없다. … 피고인이 행위 당시에 인식한 사정을 놓고 일반인이 객관적으로 판단하여 보았을 때 준강간의 결과가 발생할 위험성이 있었으므로 준강간죄의 불능미수가 성립한다.

[반대의견] 강간죄나 준강간죄는 구성요건결과의 발생을 요건으로 하는 결과범이자 보호법익의 현실적 침해를 요하는 침해범이다. 그러므로 강간죄나 준강간죄에서 구성요건결과가 발생하였는지 여부는 간음이 이루어졌는지, 즉 그 보호법익인 개인의 성적 자기결정권이 침해

---

6) 이 사건 재판의 경과는 조금 복잡하지만, 최종적으로는 위와 같은 사실관계를 전제로 판결이 이루어졌다.

되었는지를 기준으로 판단하여야 한다.

다수의견은 준강간죄의 행위의 객체를 '심신상실 또는 항거불능의 상태에 있는 사람'이라고 보고 있다. … 다수의견의 견해는 형벌조항의 문언의 범위를 벗어나는 해석이다. 다수의견은 피고인에게 '실행의 수단의 착오'도 있었던 것처럼 설시하고 있으나, 이 사건에서 어떠한 점에서 실행의 수단의 착오가 있다는 것인지 설명이 없다.

[3인의 보충의견 1] (준강간죄는) '사람의 심신상실 또는 항거불능의 상태'를 이용하여야 하므로 행위의 객체는 심신상실 또는 항거불능의 상태에 있는 사람이라고 해석할 수밖에 없다. 간음의 상대방이 아닌 다른 사람의 심신상실 또는 항거불능의 상태를 이용하는 것이 아니기 때문이다. 다수의견은 이러한 문언의 통상적인 의미와 범위 안에서 형법 제299조를 체계적이고 논리적으로 해석하는 것이므로, 다수의견이 형벌규정 문언의 범위를 벗어났다는 반대의견에는 동의할 수 없다.

[2인의 보충의견 2] (사기죄나 공갈죄에서와 같이) 강간죄와 준강간죄에서도 피고인이 목적 내지 의욕한 결과가 발생했더라도 인과관계의 결여로 미수범은 성립할 수 있다. 범죄의 미완성은 구성요건적 결과가 발생하지 않은 것을 의미하며, 행위자가 그 목적을 달성했느냐에 의하여 결정되는 것이 아니다.

3. 평 석

(1) 반대의견의 문제점

대상판결의 반대의견은 다음과 같은 문제점이 있다.

첫째, 반대의견은 준강간죄는 결과범이라고 하지만 준강간죄는 거동범이라고 해야 할 것이다. 반대의견이 결과범 및 침해범에서는 보호법익의 침해가 있으면 결과가 발생한 것이고 (분명하지는 않지만) 이로써 범죄는 기수에 이른 것이라는 입장이라면 이 역시 문제가 있다. 왜냐하면 보호법익의 침해와 구성요건적 결과는 구별되는 것이고, 보호법익의 침해와 구성요건적 결과가 발생하였다고 하더라도 행위와 결과 사이에 인과관계가 없는 경우에는 미수가 될 수 있기 때문이다. 거동범이면서 침해범인 경우 보호법익의 침해가 있더라도 거동이 종료하지 않으면 미수에 불과하다. 따라서 준강간죄와 같은 거동범에서는 항거불능상태를 이용한 간음행위를 통한 성적 자기결정권의 침해가 있어야 기수가 될 수 있다.

둘째, 반대의견은 준강간죄의 객체를 '항거불가능 상태에 있는 사람'이라고 하는 것은 문언의 범위를 넘어서는 해석이라고 한다. 그러나 존속살해죄의 주체가 '자'로 규정되어 있지만, 그 존속의 직계비속이라고 해석하는 것은 논리해석으로서 형법해석의 원칙에 어긋나는 해석이라고 할 수는 없다.

셋째, 반대의견과 같이 준강간죄의 객체가 사람이라고 하더라도 항거가능 상태에 있는 사람을 항거불가능 상태에 있다고 오인하고 간음한 경우 수단의 착오라고 할 수는 있을 것이다.

(2) 추상적 위험설의 문제점

이 판결에서 불능미수의 위험성에 대해 추상적 위험설에 따라야 한다는 데에는 견해가 일치한다. 그러나 객관주의에 좀 더 가까운 우리의 미수범체계에서는 추상적 위험설보다는 구체적 위험설에 따라야 할 것이다. 객관주의에 의하면 결과발생이 불가능한 경우를 처벌하는 것은 예외에 속하고 예외는 엄격하게 해석해야 하는데 추상적 위험보다는 구체적 위험이 좀더 객관적 위험이기 때문이다.

다만, 구체적 위험설 중에는 일반인이 인식할 수 있었던 사정과 행위자가 특별히 인식할 수 있었던 사정을 기초로 한다는 입장이 있는데, 이것은 추상적 위험설보다 오히려 위험성을 더 넓게 인정하는 것이라고 할 수 있다. 따라서 일반인이 인식할 수 있었던 사정만을 기초로 하는 구체적 위험설이 타당하다고 할 수 있나. 이에 따를 경우 이 사건에서 일반인들이 인식할 수 있었던 사정은 피해자가 항거불가 능이 아닌 상태일 것이므로 준강간죄의 불능미수의 위험성이 인정되 지 않을 것이다. 따라서 피고인의 행위는 강제추행죄에 해당된다고 해 야 할 것이다.

VI. 대부업법상 대부의 개념
— 대법원 2019. 9. 26. 선고 2018도7682 판결 —

1. 사실관계

피고인은 관할관청에 등록하지 아니하고 인터넷 사이트에 '소액 대출 및 소액결제 현금화' 등의 문구를 적시한 광고글을 게시하였다. 피고인은 이를 보고 접근한 A에게 문화상품권 4만5천원을 휴대전화결 제를 통해 구매하게 한 후 인증되는 문화상품권의 핀번호를 자신에게 알려주도록 하였다. 피고인은 1만원을 선이자 명목으로 공제하고 3만5 천원을 A의 계좌에 송금해 주고, 위 핀 번호는 상품권업자에게 판매 하였다. 피고인은 같은 방법으로 총 5,089회에 걸쳐 합계 약 3억원을 대부하여 대부업법위반죄(제2조 제1호, 제3조, 제19조 제1항 제1호)를 범 하였다는 이유로 기소되었다.

대법원은 유죄를 인정한 항소심판결에 대해 유추해석금지 위반을 이유로 파기환송하였다.

2. 판결요지

대부업법 제2조 제1호가 규정하는 '금전의 대부'는 그 개념요소로 서 거래의 수단이나 방법 여하를 불문하고 적어도 기간을 두고 장래 에 일정한 액수의 금전을 돌려받을 것을 전제로 금전을 교부함으로써 신용을 제공하는 행위를 필수적으로 포함하고 있어야 한다고 보는 것이 타당하다.

피고인이 의뢰인들에게 일정한 할인료를 공제한 금전을 교부하고 이와 상환하여 교부받은 상품권은 소지자가 발행자 또는 발행자가 지정하는 일정한 자에게 이를 제시 또는 교부하는 등의 방법으로 사용함으로써 권면금액에 상응하는 물품 또는 용역을 제공받을 수 있는 청구권이 화체된 유가증권의 일종인 점, 피고인과 의뢰인들 간의 상품권 할인매입은 매매에 해당하고, 피고인과 의뢰인들 간의 관계는 피고인이 의뢰인들로부터 상품권 핀번호를 넘겨받고 상품권 할인매입 대금을 지급함으로써 모두 종료되는 점 등의 여러 사정을 종합하면, 피고인이 의뢰인들로부터 상품권을 할인매입하면서 그 대금으로 금전을 교부한 것은 대부의 개념요소를 갖추었다고 보기 어려워 대부업법의 규율 대상이 되는 '금전의 대부'에 해당하지 않는다.

3. 평 석

예를 들어 A가 백화점에서 산 10만원짜리 상품권을 피고인에게 9만원에 판 경우 피고인이 A에게 9만원을 대부해주고 1만원을 이자로 받았다고 할 수는 없을 것이다. 대상판결의 사건은 A가 휴대전화 회사로부터 돈을 빌려 피고인에게 4만5천원짜리 상품권을 구입한 후 다시 피고인에게 현금 3만5천원에 판 것과 마찬가지이다. 이 경우 피고인과 A 사이에는 아무런 채권채무관계가 없고, 휴대전화 회사와 A 사이에만 채권채무관계가 존재한다. 따라서 피고인이 A에 대한 휴대전화 회사의 대부행위를 이용한 것이라고 할 수는 있어도 피고인 자신이 A에게 대부행위를 한 것이라고 할 수는 없다.

다른 예로 B가 자신의 카드로 카드가맹점에서 10만원을 결제하고 9만원을 현금으로 교부받는 소위 '카드깡'의 경우에도 10만원에 대한 채권채무관계는 카드회사와 B 사이에만 존재하고 카드가맹점과 B 사이에는 채권채무관계가 존재하지 않는다. 따라서 이 경우에도 카드회사를 대부자라고 할 수는 있어도 카드기맹점을 대부자라고 할 수는 없을 것이다.

Ⅶ. 보험사기죄의 실행의 착수, 기수 및 종료 시기
― 대법원 2019. 4. 3. 선고 2014도2754 판결 ―

1. 사실관계

피고인은 甲이 당뇨병과 고혈압이 발병한 상태였음에도 불구하고 그것을 고지하지 않고 A보험회사와 甲을 피보험자로 하는 2개의 보험계약을 체결하였다. 고지의무 위반을 이유로 A보험회사로부터 일방적 해약이나 보험금 지급거절을 당할 수 없는 소위 면책기간 2년을 도과한 이후인 2002. 12. 6.부터 2012. 1. 6.경까지 피고인은 甲의 당뇨병과 고혈압 치료비 등의 명목으로 14회에 걸쳐 보험금 약 1억 2천만원을 수령하였다.

피고인은 사기죄로 기소되었다. 대법원은 공소시효의 완성을 이유로 피고인에게 면소를 선고한 항소심판결에 대해 파기환송하였다.

2. 판결요지

[1] 상법상 고지의무를 위반하여 보험계약을 체결하였다는 사정만으로 보험계약자에게 미필적으로나마 보험금 편취를 위한 고의의 기망행위가 있었다고 단정하여서는 아니 되고, 더 나아가 보험사고가 이미 발생하였음에도 이를 묵비한 채 보험계약을 체결하거나 보험사고 발생의 개연성이 농후함을 인식하면서도 보험계약을 체결하는 경우 또는 보험사고를 임의로 조작하려는 의도를 갖고 보험계약을 체결하는 경우와 같이 그 행위가 '보험사고의 우연성'과 같은 보험의 본질을 해할 정도에 이르러야 비로소 보험금 편취를 위한 고의의 기망행위를 인정할 수 있다. 피고인이 위와 같은 고의의 기망행위로 보험계약을

체결하고 위 보험사고가 발생하였다는 이유로 보험회사에 보험금을 청구하여 보험금을 지급받았을 때 사기죄는 기수에 이른다.

[2] 피고인의 보험계약 체결행위와 보험금 청구행위는 A보험회사를 착오에 빠뜨려 처분행위를 하게 만드는 일련의 기망행위에 해당하고 A보험회사가 그에 따라 보험금을 지급하였을 때 사기죄는 기수에 이르며, 그 전에 A보험회사의 해지권 또는 취소권이 소멸되었더라도 마찬가지이므로, 이와 달리 보험계약이 체결되고 최초 보험료가 납입된 때 또는 A보험회사가 보험계약을 더 이상 해지할 수 없게 되었을 때 또는 고지의무 위반 사실을 알고 보험금을 지급하거나 지급된 보험금을 회수하지 않았을 때 사기죄가 기수에 이른다는 전제 아래 공소사실 전부에 대하여 공소시효가 완성되었다고 보아 면소를 선고한 원심판결에 보험금 편취를 목적으로 하는 사기죄의 기수시기에 관한 법리를 오해한 위법이 있다.

3. 평 석

(1) 보험사기죄의 실행의 착수와 기수 및 종료 시기

판례는 원칙적으로 보험금청구시에 보험사기죄의 실행의 착수가 있지만, 예외적으로 대상판결이 제시하는 경우에서는 보험계약체결시에도 보험사기죄의 실행의 착수를 인정한다. 그러나 예외적 사유가 있는 경우에도 보험계약체결 행위는 보험회사의 재산권을 직접적으로 침해하는 행위라고 할 수는 없기 때문에 보험사기의 실행의 착수행위라기 보다는 예비행위에 불과하다고 해야 할 것이다.

보험사기죄의 기수시기는 보험금 수령시라고 할 수 있는데, 여러 차례에 걸쳐 보험금 청구와 지급이 이루어졌을 때에도 최초의 보험금 수령시 기수가 된다고 해야 할 것이다. 사기죄와 같은 상태범에서는 기수와 동시에 범죄가 종료된다고 해야 하지만, 포괄일죄의 경우에는 최종의 범죄행위가 종료한 때 범죄도 종료하고 이때부터 공소시효도 진행한다고 해야 할 것이다(대법원 2014. 10. 30. 선고 2012도12394 판결).

(2) 평 가

대상판결은 피고인의 최종 보험금 수령시에 보험사기죄가 종료하고 이때부터 공소시효가 진행된다고 하지만, 이것은 A보험회사가 피고인의 고지의무위반을 그때까지 알지 못했을 때에나 타당하다. A보험회사가 고지의무 위반을 알고 있는 상태에서 피고인의 보험금청구를 항소심판결과 같이 사기범죄로 취득한 이익을 구체화 내지 실현한행위에 불과하다고 할 수는 없다. 새로운 보험금청구행위로 기존에 확보된 이익이 아니라 새로운 이익을 취득하는 것이라고 해야 하고 피고인에게 기망의 고의도 있기 때문이다.

그러나 이 경우 보험회사의 착오가 없었으므로 사기죄의 기수는될 수 없다. 나아가 이 경우 실행의 수단의 착오로 보험금수령의 결과발생 가능성이 없으므로 사기죄의 불능미수도 문제될 수 있다. 그리고장애매수 혹은 불능미수가 성립한다고 하더라도 이 경우 피고인이 취득한 보험금은 특경가법상의 이득액에는 포함될 수 없을 것이다. 따라서 이 경우 공소시효는 최후의 보험금수령시가 아니라 최후의 보험금청구시부터 진행된다고 해야 할 것이다.

공소시효에 관한 대상판결의 결론은 타당하지만, 논리에는 정밀성이 부족하다고 할 수 있다.

Ⅷ. 의료법위반 의료행위와 의료보험 사기죄

　— 대법원 2019. 5. 30. 선고 2019도1839 판결 —

　(비교판결 : 대법원 2018. 4. 10. 선고 2017도17699 판결)

1. 사실관계

[대상판결] 치과의사인 피고인 乙은 의료법위반죄 등으로 입건되어 영업정지의 행정처분을 당할 염려가 발생하자, 치과의사인 피고인

甲과 함께 甲의 치과의사면허를 빌려 甲 명의로 'M치과의원'을 개설
하여 총 57회에 걸쳐 M치과의원에서의 의료행위를 근거로 국민건강
보험공단으로부터 합계 2억여 원을 甲명의의 농협 계좌로 송금받았다.

[비교판결] 의료인이 아닌 피고인은 한의사, 간호사, 일반직원을
고용하여 'H한의원'이라는 상호로, 치과의사, 치위생사 등을 고용하여
'Y치과'라는 상호로 불법의료기관을 개설하였다. 피고인은 위 의료기
관들의 의료행위를 근거로 약 11개월 동안 국민건강보험공단으로부터
합계 약 1억 6천만원을 교부받았다.

2. 판결요지

[대상판결] 의료인으로서 자격과 면허를 보유한 사람이 의료법에
따라 의료기관을 개설하여 건강보험의 가입자 또는 피부양자에게 국
민건강보험법에서 정한 요양급여를 실시하고 국민건강보험공단으로부
터 요양급여비용을 지급받았다면, 설령 그 의료기관이 다른 의료인의
명의로 개설·운영되어 의료법 제4조 제2항을 위반하였더라도 그 자
체만으로는 국민건강보험법상 요양급여비용을 청구할 수 있는 요양기
관에서 제외되지 아니하므로, 달리 요양급여비용을 적법하게 지급받
을 수 있는 자격 내지 요건이 흠결되지 않는 한 국민건강보험공단을
피해자로 하는 사기죄를 구성한다고 할 수 없다.

[비교판결] 의료인의 자격이 없는 일반인(비의료인)이 개설한 의료
기관이 마치 의료법에 의하여 적법하게 개설된 요양기관인 것처럼 국
민건강보험공단에 요양급여비용의 지급을 청구하는 것은 국민건강보
험공단으로 하여금 요양급여비용 지급에 관한 의사결정에 착오를 일
으키게 하는 것이 되어 사기죄의 기망행위에 해당하고, 이러한 기망행
위에 의하여 국민건강보험공단으로부터 요양급여비용을 지급받을 경

우에는 사기죄가 성립한다.

3. 평 석

(1) 의료법위반행위의 유형

의료법은 "의료인은 다른 의료인 또는 의료법인 등의 명의로 의료기관을 개설하거나 운영할 수 없다"(제4조 제2항)고 규정하고 있지만 위반행위에 대한 과태료나 형벌에 처하는 규정은 두고 있지 않다. 이에 비해 의료인이 아니면 의료기관을 개설할 수 없다는 취지로 규정하고(제33조 제2항), 그 위반행위에 대해 10년 이하의 징역이나 1억원 이하의 벌금에 처한다고 규정하고 있다(제87조). 한편 보건범죄단속에 관한 특별조치법은 영리를 목적으로 무면허의료행위(의료법 제5조)를 업(業)으로 한 비의료인에 대해 무기 또는 2년 이상의 징역 및 벌금의 병과규정을 두고 있다(제5조).

이것은 무면허의료행위, 비의료인의 의료기관 개설행위, 의료인의 타인명의 의료기관 개설행위의 순으로 국민의 생명, 신체의 안전을 위태화하거나 침해할 가능성이 크기 때문에 처벌의 정도나 여부를 달리하는 것이라고 할 수 있다.

(2) 의료법위반행위에 따른 요양급여취득과 사기죄

비교판결의 논리대로 국민건강보험법이 의료법에 따라 개설된 의료기관만을 요양기관으로 건강보험제도 내에 편입시키고 국민건강보험공단에 요양급여청구를 허용하는 것으로 해석한다면 대상판결의 사건에서도 피고인들이 요양급여를 청구할 수는 없다고 해야 한다.

또한 판례는 일관되게 "거래의 상대방이 일정한 사정에 관한 고지를 받았더라면 거래를 하지 않았을 것이라는 관계가 인정되는 경우에는, 그 거래로 재물을 받는 자에게는 신의성실의 원칙상 사전에 상대방에게 그와 같은 사정을 고지할 의무가 있다. 그런데도 이를 고지하지 않은 것은 고지할 사실을 묵비함으로써 상대방을 기망한 것이

되어 사기죄를 구성한다"고 한다(대법원 2018. 8. 1. 선고 2017도20682 판결). 따라서 대상판결의 피고인들이 요양급여를 청구한 것은 묵시적 기망이거나 적어도 부작위에 의한 기망에 해당된다고 해야 할 것이다. 피고인들이 타인명의로 개설한 의료기관에서 행한 요양급여라는 것을 고지하였다면 국민건강보험공단에서 요양급여를 지급하지 않았을 것이기 때문이다.

(3) 대상판결의 평가

대상판결은 의료법위반행위의 국민건강에 대한 위험성의 정도에 따라 전자에서는 사기죄를 부정하고 후자에서는 사기죄를 인정한 것이라고 보인다. 그러나 사기죄는 재산범죄이므로 기망행위의 전제가 되는 행위의 위험성에 따라서만 기망행위 여부가 결정되는 것은 아니다. 그 종류가 무엇이든 의료법을 위반한 의료행위에 대해 국민건강보험공단은 요양급여를 지급할 의사도 의무도 없다. 국민건강보험공단이 요양급여 지급여부를 결정할 때에는 국민의 건강 뿐만 아니라 의료체계, 의료재정이나 행정질서 등과 같은 여러 가지 요인들을 고려할 것이기 때문이다. 예를 들어 적법하게 개설된 의료기관에서 과잉치료를 하고 요양급여를 과다청구하는 경우 국민의 건강에 위험을 발생시키지는 않지만 사기죄에는 해당될 수 있다.

이러한 의미에서 대상판결은 재산범죄인 사기죄의 기망행위 여부를 결정할 때에 그 전제가 되는 의료행위의 성격을 필요 이상으로 고려한 것이라고 할 수 있다.

Ⅸ. 성매매 유인광고와 음란한 문언의 범위
— 대법원 2019. 1. 10. 선고 2016도8783 판결 —

1. 사실관계

피고인 甲, 乙, 丙은 공모하여 2013. 6.부터 약 10개월 동안 대량문자메시지 발송사이트인 'm.smsrun.kr' 등을 이용하여 불특정 다수의 휴대전화기에 "흥분한 내~꺼~ 벌어지는 거 보러 오실래요?", "혼자 집에 있는데 봉~지가 벌렁거려 참을 수가 없어요"라는 등의 문언이 기재된 31,342건의 문자메시지를 전송하였다.

피고인들은 정보통신망법상의 음란문언배포죄(제44조의7 제1항 제1호, 제74조 제1항 제2호)로 기소되었다. 제1심과 항소심은 위 문언들이 저속하고 문란하다고 할 수는 있어도 음란성은 없나는 이유로 피고인들에게 무죄를 선고하였다. 대법원은 항소심판결을 파기하고 사건을 부산지방법원으로 환송하였다.

2. 판결요지

(사실관계에 제시된 문자메시지의) 문언은 건전한 성의식을 저해하는 반사회적 성행위 등을 표현함에 있어 단순히 저속하다거나 문란한 느낌을 준다는 정도를 넘어서 사람의 존엄성과 가치를 심각하게 훼손·왜곡하였다고 평가할 수 있을 정도에 이른 점, 피고인 甲, 乙, 丙은 성인 폰팅업체를 운영하거나 관리하는 사람들로 문자메시지를 수신하는 불특정 다수로 하여금 자신들의 업체를 이용하도록 광고하기 위한 목적을 가지고 있었으며, 문자메시지의 내용은 사회통념상 일반 보통인의 성욕을 자극하여 성적 흥분을 유발하고 정상적인 성적 수치심을 해하여 성적 도의관념에 반하는 점, 피고인 甲, 乙, 丙이 문자메시지를 전송한 동기 및 그 내용에 비추어 위 문자메시지에서 하등의 문학적·예술적·사상적·과학적·의학적·교육적 가치를 발견할 수 없는 점을 종합하면 문자메시지는 '음란한 문언'에 해당한다.

3. 평 석

대상판결의 논리대로 음란성 여부는 표현물을 전체적으로 관찰·평가해야 한다. 그런데 문제된 문자메세지들은 글자 수가 대부분 20자를 넘지 않는 1, 2줄의 문장으로 이루어졌다. 사람의 존엄성과 가치를 심각하게 훼손·왜곡하였다고 평가할 수 있을 정도로 노골적인 방법에 의하여 성적 부위나 행위를 적나라하게 표현 또는 묘사하기에는 너무 적은 분량이다.

이러한 문자메세지를 받고 보통인들이 성적 호기심을 느낄 수는 있겠지만, 성욕을 자극받아 성적으로 흥분할 것이라고 생각할 수는 없다. 보통인이라면 불쾌감 내지 유치하다는 느낌을 받거나 기껏해야 '한번 전화해볼까?'하는 정도의 호기심을 느낄 수는 있을 것이다.

무엇보다 이 사건 문자메세지는 성매매를 광고하는 내용이라고 할 수 있다. 따라서 피고인들의 행위는 정보통신망법의 음란문언배포죄가 아니라 성매매처벌법상 성매매업소광고죄(제20조 제1항 제2호)나 성매수권유죄(제3호) 등으로 처벌할 수 있을 것이다(3년 이하의 징역 또는 3천만원 이하의 벌금).

이러한 의미에서 검사의 기소 자체가 잘못 되었다고 할 수 있고, 검사의 잘못을 바로 잡은 제1심 판결과 항소심판결과 달리 피고인에게 유죄를 선고한 대상판결은 성표현의 자유를 극단적으로 제약하는 시대착오적 판결이라고 할 수 있다.

X. 신상정보변경 미신고죄의 문제점

— 대법원 2019. 10. 17. 선고 2018도2446 판결 —

1. 사실관계

성폭력처벌법상의 신상등록대상자인 피고인은 관할경찰서의 장에게 기본신상정보를 제출하면서 주거지 및 직장 전화번호와 함께 휴대전화 번호도 제출하였는데, 그 후 휴대전화 번호만 변경되었다. 피고인은 휴대전화 변경 번호 안내 서비스에 가입하여 종전 휴대전화 번호로 전화가 걸려오면 변경된 휴대전화 기기로 수신되었다.

관할경찰서의 경찰관은 전화번호 변경 점검을 위해 피고인이 제출한 휴대전화 번호로 전화를 걸었으나 피고인이 받지 않자 연락을 달라는 문자 메시지를 동일한 휴대전화 번호로 전송하였다. 곧이어 변경된 휴대전화 번호를 안내하는 메시지를 전송받았고, 약 2분 후 피고인으로부터 변경된 휴대전화 번호로 전화가 걸려와 통화가 이루어졌다.

피고인은 성폭법상 신상정보변경미신고죄(제43조, 제50조 제3항 제2호)로 기소되었다. 대법원은 피고인에게 유죄를 인정한 항소심판결에 대해 파기환송하였다.

2. 판결요지

성폭력처벌법 제43조 제1항 제5호가 신상정보 등록대상자가 제출하여야 할 기본신상정보의 하나로 전화번호를 규정한 취지는 관할경찰서 등이 신상정보 등록대상자에게 신속하게 연락할 수 있는 수단을 확보하기 위한 데에 있다. … 제출하지 아니한 변경정보가 전화번호인 경우 '정당한 사유'의 유무를 판단할 때에는 성폭력처벌법령에서 기본신상정보의 하나로 전화번호를 규정한 입법 취지를 충분히 고려하면서, 변경정보를 제출하지 아니한 동기와 경위, 그로 인하여 신상정보 등록대상자와의 연락이 곤란해지는 결과가 발생하였는지 여부 등을 아울러 참작하여 구체적인 사안에 따라 개별적으로 판단하여야 한다.

3. 평 석

비록 대법원에서 무죄판결을 받았지만, 형사사건에 연루되어 있다는 것만으로도 일반국민들은 큰 고통을 겪는다. 따라서 피고인을 기소한 검사나 항소심판결은 인권(?)인지감수성이 현저히 부족하다고 할 수 있다. 아니면 성범죄는 엄벌해야 하고 불기소 또는 무죄판결을 하는 경우 문제가 될 것이라는 심리적 부담을 느낀 것은 아닌가 할 정도로 이 사건의 기소와 항소심판결은 이해되지 않는다.

대상판결이 언급하고 있는대로 전화번호변경미신고죄의 보호법익
은 관할 경찰서의 피고인에 대한 연락가능성이다. 그런데 이것이 형법
의 보호법익 될 수 있는지 의문이다. 특히 미신고행위는 전형적인 행
정상의 의무태만 행위라고 할 수 있으므로 행정제재를 과하면 충분함
에도 불구하고 형사처벌까지 하는 것은 전형적인 과잉범죄화 및 과잉
형벌화에 속한다고 할 수 있다.

특히 신상등록대상자 중에 성폭력처벌법상의 공중밀집장소 추행
죄(제11조), 성적 목적 다중이용장소 침입죄(제12조), 통신매체이용 음란
죄(제13조), 카메라등이용촬영죄(제14조)와 같은 강력범죄에 속하지 않
고 우발적인 성격의 범죄자나 그 미수범 및 약식명령을 받은 성범죄
자까지 포함시킨 것은 과잉금지원칙에 반한다.

특히 오늘날 형사실무에서는 성범죄의 피해자 보호가 충분히 이
루어지지 않는 문제도 심각하지만, 다른 한편으로는 성범죄의 피의자
나 피고인은 자신의 무죄를 합리적 의심이 불가능할 정도로 증명하지
않으면 유죄판결을 선고받아야 한다는 문제점도 점점 부각되고 있다.
따라서 비록 성폭력범죄라고 하더라도 형벌 이외에 신상등록등과 같
은 부수적 제재들은 대폭 축소하는 입법적 조치가 필요하다.

XI. 필로폰수입죄의 불능미수 여부
— 대법원 2019. 5. 16. 선고 2019도97 판결 —

1. 사실관계

피고인은 M과 공모하여 M이 베트남에서 발송한 필로폰 30g을 넣
고 용해한 물을 부은 '워터볼'을 국내에서 수령하여 필로폰수입죄(마약
류관리법 제58조 제1항 제6호)를 범하였다는 이유로 기소되었다.

항소심은 M이 보낸 워터볼 안에 들어 있던 액체에 필로폰이 용
해되어 있었다는 점을 인정하지 않았지만 공소장변경 없이 피고인에

게 필로폰수입죄의 불능미수를 인정하였다. 대법원은 필로폰이 들어 있는 용액이 발송되었다는 증거가 없다는 이유로 항소심판결에 대해 파기환송하였다.

2. 판결요지

[1] 국제우편 등을 통하여 향정신성의약품을 수입하는 경우에는 국내에 거주하는 사람이 수신인으로 명시되어 발신국의 우체국 등에 향정신성의약품이 들어 있는 우편물을 제출할 때에 범죄의 실행에 착수하였다고 볼 수 있다. 따라서 피고인이 M에게 필로폰을 받을 국내 주소를 알려주었다고 하더라도 M이 필로폰이 들어 있는 우편물을 발신국의 우체국 등에 제출하였다는 사실이 밝혀지지 않은 이상 피고인 등의 이러한 행위는 향정신성의약품 수입의 예비행위라고 볼 수 있을지언정 이를 가지고 향정신성의약품 수입행위의 실행에 착수하였다고 할 수는 없다.

[2] 피고인은 베트남에 거주하는 M으로부터 필로폰을 수입하기 위하여 워터볼의 액체에 필로폰을 용해하여 은닉한 다음 이를 국제우편을 통해 받는 방식으로 필로폰을 수입하고자 하였다. 이러한 행위가 범죄의 성질상 그 실행의 수단 또는 대상의 착오로 인하여 결과의 발생이 불가능한 경우가 아님은 너무도 분명하다.

3. 평 석

판결요지 [2]의 의미가 무엇인지, 이러한 설시를 한 이유가 무엇인지 궁금하다.

첫째, 그 의미가 필로폰수입죄의 실행의 착수가 없으므로 불능미수를 논할 필요가 없다는 의미라면, 판결요지 [2]는 필요가 없다. 실행의 착수가 없다면 장애미수나 중지미수는 물론 불능미수도 검토할 필요가 없기 때문이다.

둘째, 그 의미가 피고인과 M이 공모한 내용으로는 불능미수가 될 수 없다는 의미라면 이 역시 타당하지 않다. 불능미수 여부는 실제 행위도 고려해야 하기 때문이다. 예컨대 M이 착오로 필로폰이 녹아있는 워터볼이 아닌 다른 워터볼이나 필로폰이 아닌 설탕이 녹아있는 워터볼을 발송하였다면 불능미수가 문제될 수 있다.

셋째, 그 의미가 위 두 번째에 제시된 행위가 있는 경우 M이 불능미수의 죄책을 진다고 하더라도 피고인은 불능미수가 아닌 장애미수의 죄책을 진다고 하는 의미라면, 이 역시 타당하다고 할 수 없다. 공동정범에서 일부가 장애미수의 죄책을 지고 일부가 중지미수의 죄책을 지는 경우는 있을 수 있다. 중지미수에서는 자의에 의한 중지 혹은 결과발생의 방지라고 하는 별개의 행위가 있기 때문에 이것을 이유로 죄책을 달리 정할 수 있기 때문이다. 그러나 불능미수에서는 별개의 행위가 없으므로 공동정범 중 일부가 불능미수, 일부가 장애미수의 죄책을 지는 경우란 있을 수 없기 때문이다.

결국 판결요지 [2]는 불능미수를 인정한 항소심의 부당함을 친절하게 설명하려 했지만 친절한 설명의 불능미수 내지 불능범으로 사족에 불과하다고 할 수 있다.

[주 제 어]
뇌물죄, 공갈죄, 보험사기, 음란, 불능미수, 준강간

[Key Words]
Bribery, Blackmail, Insurance Fraud, the Concept of Obscene, Untauglich Versuch, Quasi-Rape

접수일자: 2020. 5. 24. 심사일자: 2020. 6. 29. 게재확정일자: 2020. 6. 29.

[Abstract]

The Reviews of the Criminal Cases of the Korean Supreme Court in 2019

OH, Young-Keun*

In the year of 2019, 109 criminal cases by the Korean Supreme Court(KSC) are registered on the internet homepage of the Court (https://glaw.scourt.go.kr/wsjo/panre/sjo060.do#1548648740496). 4 criminal law cases of which are decided by the Grand Panel. In this paper, above 4 cases and other several cases are reviewed which seem to be comparatively important to the author. All the reviews are constituted as follows : 1. The Fact of the Case, 2. The Summary of Decision and 3. The Note.

The contents of this paper is as follows;

I. Introduction

II.-V. The Cases by the Grand Panel of the Korean Supreme Court

In these chapters, 4 cases of the Grand Panel are reviewed. The subjects of the cases are 'the distinction between bribery and blackmail' (II), 'the sentencing of the multiple crimes, some of which are partly charged'(III), 'the criminal character of the request by the highest-ranking officials'(IV) and 'the untauglich Versuch of quasi-rape'(V).

VI-XI. The Cases relating to the Interpretation of Individual Crimes

In this chapter, 6 cases are reviewed. The subjects of the cases are

---

* Prof. Dr., School of Law, Hanyang University

'the concept of the loan in the Loan Act', 'the problems of the insurance fraud', 'the breach of the Medical Act and the insurance fraud', 'the concept of obscene in text messages', 'not-reporting of the changed mobile phone number by the sexual criminals', and 'untauglich Versuch of the import of methamphetamine'.

刑事判例研究 總目次
(1권~28권)

[刑事判例硏究(6)]

[刑事判例研究(21)]

[刑事判例研究(23)]

한국형사판례연구회 2019년도 발표회

○ 제315회 형사판례연구회(2019.01.07)

  이승호 교수: 외국에서 집행된 구금의 처리방안에 대한 소고

  최병각 교수: 공동정범과 방조범

○ 제316회 형사판례연구회(2019.02.14.~15)

  오영근 교수: 2018년 형법판례 회고

  유주성 교수: 업무상 위력에 의한 간음(형법 제303조)에 관한 해석

  박경세 검사: 보이스 피싱 사기방조 하급심 판결 검토

○ 제317회 형사판례연구회(2019.03.04)

  심영주 박사: 양심적 병역거부

  한제희 검사: 명예훼손 사건에서 '사실'의 의미와 입증

○ 제318회 형사판례연구회(2019.04.08)

  조인현 박사: 수사목적 불심검문 사안(事案)의 판단 법리

  백원기 교수: 항소심이 양형부당을 이유로 제1심판결을 파기하는 경우
       에 관하여

○ 제319회 형사판례연구회(2019.05.18.~19)

  김대권 판사: 추징보전과 관련된 실무상 쟁점

  오진세 검사: 범죄수익환수 관련 법률의 개정동향과 의의

  최호진 교수: 부정청탁금지법의 금품수수에 대한 형법 해석적 관점에

서 몇 가지 문세점 — 2018도7041판결

점 ─ 셜록 홈즈의 가추법, 배제적 '또는', 패러다임적 삼
단논법과 법적 논증의 근거

한국형사판례연구회 회칙

1997. 11. 03. 제정
2006. 12. 04. 개정
2007. 12. 10. 개정
2011. 12. 05. 개정
2013. 12. 02. 개정

제 1 장 총 칙

제 1 조 [명칭]
본회는 한국형사판례연구회(이하 '본회'라 함)라 한다.

제 2 조 [주소지]
본회는 서울특별시에 주소지를 둔다.

제 3 조 [목적]
본회는 형사판례를 연구하고 회원 상호간의 의견교환을 장려·촉진·지원함으로써 형사법학 및 형사판례의 발전을 도모함을 목적으로 한다.

제 4 조 [사업]
본회는 전조의 목적을 달성하기 위하여 다음의 사업을 한다.
1. 형사판례연구
2. 월례연구발표회 및 토론회 개최
3. 학술지 '형사판례연구' 및 기타 간행물의 발간
4. 기타 본회의 목적에 적합한 사업

제 2 장 회 원

제 5 조 [회원]
본회의 회원은 본회의 목적에 찬동하는 자로서, 다음 각 호에 따라 구성한다.

1. 정회원은 판사, 검사, 변호사, 대학의 전임강사 이상의 자, 박사학
   위 소지자 기타 이와 동등한 자격을 갖추었다고 인정되는 자로서
   정회원 3인 이상의 추천과 이사회의 승인을 얻은 자로 한다.
2. 준회원은 대학원 박사과정 이상의 연구기관에서 형사법학 및 유
   관분야를 연구하는 자로서 정회원 1인 이상의 추천과 이사회의
   승인을 얻은 자로 한다.
3. 기관회원은 대학도서관 기타 형사법학을 연구하는 유관기관으로
   정회원 3인 이상의 추천과 이사회의 승인을 얻은 기관으로 한다.

제 6 조 [권리의무]

회원은 본회의 각종 사업에 참여할 수 있는 권리를 가지며 회칙준수,
총회와 이사회 의결사항의 이행 및 회비납부의 의무를 진다.

제 7 조 [자격상실]

회원 중 본회의 목적에 위배되거나 품위를 손상시키는 행위를 한 자
는 이사회의 결의에 의하여 제명할 수 있다.

제 3 장 총   회

제 8 조 [종류와 소집]

① 총회는 정기총회와 임시총회로 하고, 회장이 이를 소집한다.
② 정기총회는 매년 하반기 중에 소집함을 원칙으로 한다.
③ 임시총회는 회장이 필요하다고 인정하거나, 이사회의 의결이 있거
   나, 재적회원 2/5 이상의 요구가 있을 때에 소집한다.
④ 총회의 소집은 적어도 회의 7일 전에 회의의 목적을 명시하여 회
   원들에게 통지하여야 한다. 다만 긴급하다고 인정되는 사유가 있
   는 때에는 예외로 한다.

제 9 조 [권한]

총회의 의결사항은 다음과 같다.

1. 회칙의 제정 및 개정에 관한 사항

2. 회장·부회장 및 감사의 선임에 관한 사항

3. 예산 및 결산의 승인에 관한 사항

4. 기타 회장이 이사회의 의결을 거쳐 회부한 사항

제10조 [의결]

총회의 의결은 출석회원 과반수의 찬성으로 한다.

제 4 장 이 사 회

제11조 [구성 및 소집]

① 이사회는 회장, 부회장 및 이사로 구성한다.

② 회장·부회장은 당연직 이사로서, 각각 이사회의 의장·부의장이 된다.

③ 이사회는 회장이 필요하다고 인정하거나 이사 3인 이상의 요구가 있을 때에 회장이 소집한다.

제12조 [권한]

이사회는 다음 사항을 심의·의결한다.

　1. 사업계획에 관한 사항

　2. 재산의 취득·관리·처분에 관한 사항

　3. 총회의 소집과 총회에 회부할 의안에 관한 사항

　4. 총회가 위임한 사항

　5. 기타 회장이 회부한 본회 운영에 관한 중요사항

제13조 [의결]

이사회의 의결은 재적이사 과반수의 출석과 출석이사 과반수의 찬성으로 한다.

제14조 [상임이사회]

① 회장은 이사회의 효과적인 운영을 위하여 이사 중에서 총무, 연구, 연구윤리, 출판, 섭외, 재무, 법제, 홍보의 업무를 전담할 상임이사를 위촉할 수 있다.

② 상임이사회는 회장, 부회장, 상임이사로 구성한다.

③ 회장은 상임이사회를 소집하고 그 의장이 된다.

④ 이사회는 필요하다고 인정되는 경우에는 그 권한을 상임이사회에 위임할 수 있으며, 회장은 긴급하다고 인정되는 사유가 있는 경우에는 이사회의 권한을 상임이사회로 하여금 대행하게 할 수 있다.

⑤ 상임이사회의 의결은 재적상임이사 과반수의 출석과 출석상임이사 과반수의 찬성에 의한다.

제 5 장 임   원

제15조 [종류]

본회에 다음의 임원을 둔다.

1. 회장 1인
2. 부회장 4인
3. 이사 5인 이상 40인 이내
4. 감사 2인

제16조 [임원의 선임]

① 회장은 부회장 및 상임이사 중에서 이사회의 추천을 받아 총회에서 선임한다.

② 부회장은 이사 중에서 이사회의 추천을 받아 총회에서 선임한다.

③ 이사는 회장의 추천을 받아 총회에서 선임한다.

④ 감사는 이사회의 추천을 받아 총회에서 선임한다.

제17조 [임원의 직무]

① 회장은 본회를 대표하고 회무 전반을 관장한다.

② 부회장은 회장을 보좌하고, 회장 유고시에 그 직무를 대행한다.

③ 이사는 이사회의 구성원으로서 중요 회무를 심의·의결한다.

④ 감사는 본회의 사업과 회계를 감사하여 정기총회에 보고한다.

제18조 [임원의 임기]

① 임원의 임기는 2년으로 하되 중임할 수 있다.

② 임원이 궐위된 때의 후임자의 임기는 전임자의 잔임기간으로 한다.

제19조 [고문]

① 본회의 발전을 위하여 약간 명의 고문을 둘 수 있다.

② 고문은 이사회의 의결을 거처 회장이 위촉힌다.

제20조 [간사]

① 회장의 명을 받아 회무를 처리하기 위하여 간사 약간 명을 둘 수 있다.

② 간사는 회장이 임명한다.

제21조 [위원회]

① 본회에 편집위원회와 연구윤리위원회를 둔다.

② 본회 사업의 효율적인 추진을 위하여 이사회의 의결을 거처 필요
한 분과위원회를 둘 수 있다.

제 6 장 재 무

제22조 [재정]

① 이 회의 재정은 회원의 회비, 기부금, 보조금 및 기타 수입으로 한다.

② 회비의 액수는 이사회가 정한다.

제23조 [예산과 결산]

재정에 관한 수입과 지출은 매년도마다 예산으로 편성하여 총회의 결
의를 얻어야 하고 결산은 다음 연도 총회에 보고하여야 한다.

부칙(1997. 11. 03)

제 1 조

발기인 및 발기인 3인 이상의 추천을 받아 이 회의 회원이 되기를 승
낙한 자는 제 5 조 제 2 항의 규정에 불구하고 회원이 된다.

부칙(2006. 12. 04)

제 1 조 [시행일]

이 회칙은 이사회의 승인이 있은 날부터 시행한다.

부칙(2007. 12. 10)

제 1 조 [시행일]
이 회칙은 이사회의 승인이 있은 날부터 시행한다.

부칙(2011. 12. 05.)

제1조 [시행일]
이 회칙은 이사회의 승인이 있은 날부터 시행한다.

부칙(2013. 12. 02.)

제1조 [시행일]
이 회칙은 이사회의 승인이 있은 날부터 시행한다.

한국형사판례연구회 편집위원회 규정

1997. 11. 03. 제정
2006. 12. 04. 개정
2007. 12. 10. 개정
2013. 12. 02. 개정

제 1 조 [목적]

이 규정은 한국형사판례연구회(이하 '본회'라 함) 회칙 제 4 조 제 3 호에 규정된 학술지 기타 간행물의 발간을 위한 편집위원회(이하 '위원회'라 함)의 구성과 운영에 관한 사항을 정함을 목적으로 한다.

제 2 조 [구성]

위원회는 편집위원장을 포함한 10인 이내의 편집위원으로 구성한다.

제 3 조 [편집위원의 선임 및 임기]

① 편집위원장은 본회의 출판담당 상임이사로 한다.

② 편집위원은 본회의 회원 중에서 이사회가 선임한다.

③ 편집위원의 임기는 2년으로 하되, 연임할 수 있다.

제 4 조 [업무]

위원회의 주요업무는 다음 각 호와 같다.

　1. 본회의 학술지 '형사판례연구'의 편집 및 출판

　2. '형사판례연구' 원고의 접수 및 게재여부 심사

　3. 기타 간행물의 편집 및 출판

　4. 편집위원회의 업무와 관련된 지침의 제정

제 5 조 [운영]

① 이 위원회는 위원장 또는 편집위원 과반수의 요구가 있는 경우에 위원장이 소집한다.

② 이 위원회의 의결은 편집위원 과반수의 출석과 출석위원 과반수의

찬성에 의한다.

③ 편집위원장은 위원회의 업무를 효율적으로 수행하기 위하여 편집
간사를 둘 수 있다.

제6조 [투고원고의 심사]

① 위원회는 '형사판례연구' 기타 간행물에 투고된 원고를 심사하여 그 게
재여부를 의결한다.

② 위원회는 '형사판례연구'에 투고되는 원고의 작성 및 문헌인용방법, 투
고절차 등에 관한 지침(투고지침)을 제정할 수 있다.

③ 위원회는 '형사판례연구'에 투고된 원고의 심사기준 및 절차에 관한 지
침(심사지침)을 제정할 수 있다.

④ 제1항의 원고 게재여부에 관한 의결은 '可', '否', '수정후 재심의'로 나눈
다.

⑤ '수정후 재심의'로 의결된 원고가 수정·투고된 때에는 위원회는 그 재
심의를 위원장 또는 약간 명의 위원에게 위임할 수 있고, 재심의의 결
정은 '可' 또는 '否'로 한다.

제7조 [형사판례연구의 발간]

① '형사판례연구'는 연1회 발간하며, 발간일자는 매년 6월 30일로 한다.

② 학술대회 발표논문 기타 학회에서 개최하는 학술발표회에서 발표된 논
문은 '형사판례연구'의 별책으로 발간할 수 있다.

제8조 [개정]

이 규정의 개정은 이사회의 승인을 받아야 한다.

부칙(2006. 12. 04)

제1조 [시행일]

이 규정은 이사회의 승인이 있은 날부터 시행한다.

부칙(2007. 12. 10)

제 1 조 [시행일]

이 규정은 이사회의 승인이 있은 날부터 시행한다.

부칙(2013. 12. 02)

제 1 조 [시행일]

이 규정은 이사회의 승인이 있은 날부터 시행한다.

한국형사판례연구회 심사지침

2006. 12. 04. 제정
2007. 12. 10. 개정

제 1 조 [목적]
이 지침은 한국형사판례연구회 편집위원회 규정 제 6 조 제 3 항에 규정된 '형사판례연구' 투고원고에 대한 심사기준 및 절차에 관한 지침을 정함을 목적으로 한다.

제 2 조 [원고모집의 공고]
① 편집위원장은 매년 1월 중에 각 회원에게 전자우편으로 '형사판례연구'에 대한 원고를 모집하는 공문을 발송하고, 본 학회 홈페이지(http://www.kaccs.com)에 원고모집에 관한 사항을 게시한다.
② 원고모집을 공고함에 있어서는 투고절차, 논문작성 및 문헌인용방법, 심사기준 및 절차에 관한 기본적인 사항을 고지하여야 한다.

제 3 조 [원고접수]
① 편집간사는 원고를 접수하고, 각 투고자에게 전화 또는 전자우편으로 접수결과를 통보한다.
② 편집간사는 투고자의 인적사항, 논문제목, 접수일자, 분량 등을 기재한 접수결과표를 작성하여 투고원고를 편집위원장에게 송부한다.
③ 편집위원장은 투고원고가 편집위원회가 정한 투고지침에 현저히 위배된다고 판단하는 경우에는 투고자에게 수정을 요구할 수 있다.

제 4 조 [심사위원의 선정 및 심사원고 송부]
① 편집위원장은 각 투고원고에 대해 3인의 심사위원을 선정하고, 각 심사위원에게 심사기한을 정하여 심사원고를 송부한다.
② 심사위원을 선정함에 있어서는 해당분야에 대한 심사위원의 전문성을 고려하고 심사의 공정성을 기할 수 있도록 유의한다.
③ 심사원고에는 투고자의 인적사항이 기재되어서는 안 되며, 이미 기재되어 있는 경우에는 그 내용 가운데 인적 사항을 추론할 수 있

는 부분을 삭제한다.

제5조 [투고원고에 대한 심사]

① 심사위원은 투고원고를 심사하고 심사평가서를 작성하여 심사기간 내에 이를 편집위원장에게 송부한다.

② 심사위원은 투고원고를 심사함에 있어서는 다음의 각 호의 사항을 기준으로 한다.

1. 일반연구의 논문의 경우에는 주제의 창의성, 연구방법의 적절성, 내용의 완결성, 논문작성 및 문헌인용방법의 정확성, 연구결과의 학문적 기여도

2. 번역논문의 경우에는 번역의 필요성, 번역의 정확성 및 학문적 기여도

제6조 [투고원고에 대한 게재여부의 결정]

① 편집위원장은 심사위원의 심사평가가 완료된 후 투고원고에 대한 게재여부의 결정을 위한 편집회의를 개최한다.

② 편집위원장은 심사결과표를 작성하여 편집회의에 보고하고, 편집 회의에서는 이를 토대로 게재여부를 결정한다. 다만 투고원고의 게재여부에 대한 최종결정이 있을 때까지 투고자 및 심사위원의 인적사항이 공개되지 않도록 유의하여야 한다.

③ 투고원고에 대한 게재여부의 결정은 다음 각 호의 기준에 의한다.

1. 3인의 심사위원 모두 게재 '可' 의견을 내거나, 2인의 심사위원이 게재 '可' 그리고 1인이 '수정후 재심의' 의견을 낸 때에는 게재 '可'로 결정한다. 다만 수정을 조건으로 할 수 있다.

2. 1인의 심사위원이 게재 '可' 의견을 내고 2인이 '수정후 재심의' 의견을 내거나 3인의 심사위원이 모두 '수정후 재심의' 의견을 낸 때에는 '수정후 재심의' 결정을 한다.

3. 투고원고에 대한 심사결과 심사위원 중 1인 이상이 게재 '否' 의견을 낸 경우에는 게재하지 아니한다. 다만 2인이 게재 '可' 의견을 내고 1인이 게재 '否' 의견을 낸 때에는 '수정후 재심의' 결정을 할 수 있다.

④ 수정원고에 대한 심사는 편집위원회 규정 제6조 제4항에 따라 편집위원장이 직접 또는 약간 명의 심사위원에게 위임하여 게재 '可' 또는 '否'로 결정한다. 다만 '수정후 재심의'결정된 원고에 대하여 투고자가 수정을 거부한 경우에는 '否'로 결정한다.

⑤ 편집위원장은 게재결정이 내려진 투고원고가 타인의 원고를 표절한 것이거나 이미 다른 학술지에 게재한 사실이 있는 것으로 밝혀진 때에는 게재결정을 취소한다.

제7조 [심사결과의 통보, 이의신청]

① 편집위원장은 편집회의 후 즉시 각 투고자에게 결정결과 및 이유 그리고 사후절차를 내용으로 하는 공문을 발송한다.

② 게재 '否' 결정을 받은 투고자는 편집위원장에게 이의신청을 할 수 있으며, 편집위원장은 이의신청에 대해서 인용 또는 기각여부를 결정한다.

③ 편집위원장이 이의신청에 대해 인용결정을 한 때에는 심사위원을 다시 선정하고 심사를 의뢰하여 그 결과에 따라 게재 '可' 또는 '否' 결정을 한다.

제8조 [최종원고의 제출, 교정 및 편집]

① 게재 '可'의 결정을 통보받은 투고자는 정해진 기간 내에 최종원고를 작성하여 편집간사에게 제출한다.

② 최종원고에 대한 교정 및 편집에 관한 사항은 편집위원장이 결정하며, 필요한 때에는 교정쇄를 투고자에게 송부하여 교정을 하게 할 수 있다.

제9조 [논문게재예정증명서의 발급]

편집위원장은 '형사판례연구'의 발행 이전에 최종적으로 게재가 결정된 원고에 대하여 투고자의 신청이 있는 경우에는 '논문게재예정증명서'를 발급한다.

제10조 ['형사판례연구' 게재논문의 전자출판]

'형사판례연구'에 게재된 논문의 전자출판과 관련된 사항은 편집위원회의 결정에 따른다.

부칙(2006. 12. 04)

제 1 조 [시행일]
이 지침은 '형사판례연구' 제15권 발행시부터 적용한다.

부칙(2007. 12. 10)

제1조 [시행일]
이 지침은 '형사판례연구' 제16권 발행시부터 적용한다.

한국형사판례연구회 투고지침

2006.12.04. 제정
2007.12.10. 개정
2011.12.05. 개정

제 1 조 [목적]

이 지침은 한국형사판례연구회 편집위원회 규정 제 6 조 제 2 항에 규정된 '형사판례연구' 투고원고에 대한 논문작성, 문헌인용방법 및 투고 절차에 관한 사항을 정함을 목적으로 한다.

제 2 조 [논문제출]

① 투고원고는 다른 학술지에 발표되지 않은 것으로서 형법, 형사소송법 및 행형법 등 형사법 분야에 관한 것이어야 한다.

② 투고자는 원고마감기한 내에 투고신청서와 함께 원고파일 및 심사용 출력원고 3부를 편집간사에게 직접 또는 등기우편으로 제출한다. 다만 심사용 출력원고에는 필자가 누구임을 알 수 있는 사항 (성명, 소속, 직위, 연구비지원 등)이 기재되어서는 안 된다.

③ 원고파일은 한글 프로그램으로 다음 각 호의 형식에 따라 작성하여 플로피디스켓 또는 전자우편으로 제출한다.

1. 용지종류 및 여백 : A4, 위쪽 35mm, 오른쪽 및 왼쪽 30mm, 아래쪽 30mm

2. 글자모양 및 크기 : 휴먼명조체 11포인트(단 각주는 10포인트)

3. 줄간격 : 160%

④ 투고원고의 분량은 원고지 120매 이하를 원칙으로 하며 이를 초과하는 경우 초과게재료를 납부하여야 한다.

⑤ 투고원고가 이 지침에 현저히 위반되는 경우 편집간사는 투고자에게 수정을 요구할 수 있다.

⑥ 편집간사는 투고원고의 접수결과를 편집위원장에게 보고하고, 투고자에게 전화 또는 전자우편으로 접수결과를 통보한다.

제 3 조 [논문작성방법]

① 투고원고의 작성에 있어서는 편집위원회 규정 및 이 지침에 규정된 사항을 준수하여야 한다.

② 투고원고는 다음 각 호의 내용으로 구성되어야 한다.

　1. 제목(한글 및 외국어)

　2. 저자명, 소속기관(한글 및 외국어). 저자(공동저자 포함)의 소속 기관은 각주 형태로 표기한다.

　3. 목차

　4. 본문(항목번호는 Ⅰ, 1, (1), 가, ①, A의 순서로 함)

　5. 주제어(5단어 내외의 한글 및 외국어)

　6. 초록(500단어 내외의 외국어)

③ 투고원고의 내용은 원칙적으로 국문으로 작성되어야 한다. 다만 외국인의 원고 기타 논문의 특성상 외국어로 작성되어야 하는 것은 외국어로 작성할 수 있으나 국문으로 된 번역문을 첨부하여야 한다.

④ 제 2 항 각 호의 외국어는 영어, 독일어, 프랑스어, 중국어, 일본어 중의 하나로 작성한다.

⑤ 저자가 2인 이상인 경우에는 책임저자와 공동저자의 구분을 명시하여야 한다.

제 4 조 [논문작성시 유의사항]

투고원고를 작성함에 있어서는 다음 각 호의 사항에 유의하여야 한다.

　1. 국내외의 문헌을 인용함에 있어서는 최신의 문헌까지 인용하되 가급적 교과서 범주를 넘어서 학술논문 수준의 문헌을 인용하고, 교과서의 경우에는 출판연도와 함께 판수를 정확하게 기재한다.

　2. 외국법에 관한 논문이 아닌 한 국내의 학술논문을 인용하여 국내 학설의 현황을 파악할 수 있도록 하고, 외국문헌은 필요한 한도 내에서 인용한다.

　3. 이론이나 학설을 소개하는 경우 일부 문헌만을 근거로 삼지 않고 될수록 많은 문헌을 인용하여 다수설 및 소수설의 평가가 정확

히 되도록 유의한다.

4. 기존의 학설을 비판하거나 새로운 학설을 주장하는 경우 그 근 거되는 논의상황이 국내의 상황인지 또는 외국의 상황인지를 명확하게 구별하고, 자신의 주장이 해석론인지 형사정책적 제안인지도 분명히 제시한다.

5. 원고는 원칙적으로 한글로 작성하며 한자와 외국어는 혼동이 생길 수 있는 경우에만 괄호 안에 넣어서 표기한다.

6. 외국의 논문이 번역에 가깝게 게재논문의 기초가 되어서는 안 된다.

제5조 [문헌인용의 방법]

다른 문헌의 내용을 인용하는 경우에는 다음 각 호의 방식에 의하고, 각주에서 그 출처를 밝혀야 한다.

1. 인용되는 내용이 많은 경우에는 별도의 문단으로 인용하고, 본문과 구별되도록 인용문단 위와 아래를 한 줄씩 띄우고 글자크기를 10포인트 그리고 양쪽 여백을 4ch(칸)으로 설정한다.

2. 인용되는 내용이 많지 않은 경우에는 인용부호(" ")를 사용하여 표시한다.

3. 인용문의 내용 중 일부를 생략하는 경우에는 생략부호(…)를 사용하고, 내용을 변경하는 경우에는 변경표시([ ])를 하여야 한다.

4. 인용문의 일부를 강조하고자 할 때에는 국문은 밑줄을 쳐서 표시하고 영문은 이탤릭체를 사용한다.

제6조 [각주의 내용]

① 각주에서는 원칙적으로 한글을 사용하여야 하고, 인용되는 문헌이 외국문헌인 경우에도 저자명, 논문제목, 서명 또는 잡지명, 발행지, 출판사 등과 같은 고유명사를 제외한 나머지는 한글로 표기한다. 특히 See, Cf, Ibid, Supra, Hereinafter, et al, etc, Vgl, Dazu, Siehe, a.a.O., f(ff), usw 등과 같이 외국어로 된 지시어는 사용하지 않는다.

② 인용문헌이 여러 개인 경우에는 각각의 문헌 사이에 세미콜론(;)을 표기하여 구분한다.

③ 문헌을 재인용하는 경우에는 원래의 문헌을 표시한 후 괄호 안에

참조한 문헌을 기재한 후 '재인용'이라고 표시한다.

④ 제1항 내지 제3항 및 제7조 내지 제11조에 규정된 이외의 사항에 대하여는 한국법학교수협의회에서 결정한 「논문작성 및 문헌인용에 관한 표준(2000)」에 따른다.

제 7 조 [인용문헌의 표시]

① 인용되는 문헌이 단행본인 경우에는 저자, 서명, 판수, 발행지 : 출판사, 출판연도, 면수의 순시로 기새한다. 다만 발행지와 출판사는 생략할 수 있다.

② 인용되는 문헌이 논문인 경우에는 저자, 논문제목, 서명(잡지인 경우에는 잡지명, 권수 호수), 발행지 : 출판사, 출판연월, 면수의 순서로 기재한다. 다만 발행지와 출판사는 생략할 수 있고, 월간지의 경우에는 권수와 호수 및 출판년도 대신에 'ㅇㅇㅇㅇ년 ㅇ월호'로 기재할 수 있다. 그리고 논문 제목은 동양문헌인 때에는 인용부호(" ")안에 기재하고, 서양문헌인 때에는 별도의 표시 없이 이탤릭체로 표기한다.

　　예) 김종서, "현행 지방자치관계법의 비판적 검토", 인권과
　　　　정의 1992년 3월호, 99쪽.

③ 서명 및 잡지명은 그 명칭의 전부를 기재하여야 한다. 다만 외국문헌의 경우 처음에는 그 전부를 표기하고 이후부터는 약어로 기재할 수 있다.

④ 저자가 두 명인 경우에는 저자명 사이에 가운데점(·)을 표시하고, 세 명 이상인 경우에는 대표 저자만을 표기한 후 '외(外)'라고 기재한다.

⑤ 인용문헌이 편집물인 경우에는 저자명 뒤에 '편(編)'이라고 기재한다.

⑥ 인용문헌이 번역물인 경우에는 저자명 뒤에 사선(/)을 긋고, 번역자의 이름을 기입한 뒤 '역(譯)'이라고 기재한다.

　　예) Karl Larenz·Claus-Wilhelm Canaris/허일태 역, 법학방법론,
　　　　2000, 120쪽.

⑦ 기념논문집, 공청회자료집 등은 서명 다음에 콜론(:)을 표시하고 그 내용을 표시한다.

예) 현대형사법의 쟁점과 과제 : 동암 이형국 교수 화갑기념논문집

제 8 조 [판례의 표시]

① 판례는 선고법원, 선고연월일, 사건번호 및 출처의 순서로 개재하되, 출처는 괄호 안에 표기한다.

  예) 대법원 1996. 4. 26. 선고 96다1078 판결(공 1996상, 1708), 대전
    고법 2000. 11. 10. 선고 2000노473 판결(하집 2000(2), 652)

② 판례의 출처는 다음 각 호와 같이 약어를 사용하여 표시한다.

  1. 법원공보(또는 판례공보) 1987년 125면 이하→ 공 1987, 125
  2. 대법원판례집 제11권 2집 형사편 29면 이하→ 집11(2), 형 29
  3. 고등법원판례집 1970년 형사·특별편 20면 이하→ 고집 1970,
    형특 20
  4. 하급심판결집 1984년 제 2 권 229면→ 하집 1984(2), 229
  5. 판례카드 3675번→ 카 3675
  6. 헌법재판소판례집 제5권 2집 14면 이하→ 헌집5(2), 14
  7. 헌법재판소공보 제3호 255면→ 헌공3, 255
  8. 판례총람 형법 338조 5번→ 총람 형338, 5

③ 외국판례는 당해 국가에서 일반적으로 사용되는 표기방법에 따른다.

제 9 조 [법령의 표시]

① 법령은 공식명칭을 사용하여야 하며, 띄어쓰기를 하지 않고 모두 붙여 쓴다.

② 법령의 이름이 긴 경우에는 '[이하 ○○○이라고 한다]'고 표시한 후 일반적으로 사용되는 약칭을 사용할 수 있다.

  예) 성폭력범죄의처벌및피해자보호등에관한법률[이하 성폭력
    특별법이라고 한다]

③ 법령의 조항은 '제○조 제○항 제○호'의 방식으로 기재하며, 필요한 경우에는 본문, 단서, 전문 또는 후문을 특정하여야 한다.

④ 법령이 개정 또는 폐지된 때에는 그 연월일 및 법령 호수를 기재하여야 한다.

  예) 형사소송법(1995. 12. 29. 법률 제5054호로 개정되고 1997. 12.

13. 법률 제5435호로 개정되기 이전의 것) 제201조의2 제1항

⑤ 외국의 법령은 당해 국가에서 일반적으로 사용되는 표기방법에 따른다.

제10조 [기타 자료의 표시]

① 신문에 실린 자료는 작성자와 기사명이 있는 경우 저자명, "제목", 신문명, 연월일자, 면을 표시하고, 작성자와 기사명이 없는 경우에는 신문명, 연월일, 면을 표시한다.

　　예) 박상기, "부동산 명의신탁과 횡령죄", 법률신문, 1997. 10. 27, 14쪽.

② 인터넷 자료는 저자명, "자료명", URL, 검색일자를 표시한다.

　　예) 박영도 외, "법률문화 및 법률용어에 관한 국민여론 조사",

　　　http://www.klri.re.kr/LIBRARY/library.html, 2002. 6. 1.검색.

제11조 [동일한 문헌의 인용표시]

① 앞의 각주에서 제시된 문헌을 다시 인용할 경우에는 저자명, 주 ○)의 글(또는 책), 면의 순서로 표기한다.

② 바로 앞의 각주에서 인용된 문헌을 다시 인용하는 경우에는 앞의 글(또는 앞의 책), 면의 순서로 표기한다.

③ 하나의 각주에서 동일한 문헌을 다시 인용할 경우는 같은 글(또는 같은 책), 면의 순서로 표기한다.

제12조 [표 및 그림의 표시]

표와 그림은 <표 1>, <그림 1>의 방식으로 일련번호와 제목을 표시하고, 표와 그림의 왼쪽 아랫부분에 그 출처를 명시하여야 한다.

제13조 [편집위원회의 결정통보 및 수정원고 제출]

① 편집위원회는 투고원고에 대한 심사위원의 평가가 완료된 후 편집회의를 개최하여 투고원고에 대한 게재여부를 결정하고 투고자에게 그 결과를 서면 또는 전자우편으로 통지한다.

② 편집위원회가 투고원고에 대하여 '수정후 재심의' 결정을 한 경우 투고자는 정해진 기간 내에 수정원고를 제출하여야 한다.

제14조 [학회비 및 게재료 납부]

① 편집위원회에 의해 게재결정된 투고원고는 투고자가 당해 연도 회

비를 납부한 경우에 한하여 학회지에 게재될 수 있다.
② 편집위원회에 의해 게재결정된 투고원고의 투고자는 다음 각 호의 구분에 의하여 게재료를 납부하여야 한다.
  1. 교수 및 실무가: 편당 20만원
  2. 강사 기타: 편당 10만원
③ 투고원고(외국어 초록 포함)의 분량이 원고지 120매를 초과하고 150매 이하인 경우에는 1매당 3천원, 150매를 초과하는 경우에는 1매당 5천원의 초과게재료를 납부하여야 한다.

제15조 [논문연구윤리 준수]
① 투고원고는 논문연구윤리 확인서에 포함된 논문연구윤리를 준수하여야 한다.
② 투고원고는 논문연구윤리 확인서를 제출한 경우에 한하여 학회지에 게재될 수 있다.

제16조 [논문사용권 등 위임동의서 제출]
투고원고는 논문사용권 및 복제·전송권 위임동의서를 제출한 경우에 한하여 학회지에 게재될 수 있다.

제17조 [중복게재의 제한]
① '형사판례연구'에 게재된 논문은 다른 학술지에 다시 게재할 수 없다.
② 편집위원회는 제1항에 위반한 투고자에 대하여 결정으로 일정기간 투고자격을 제한할 수 있다.

부칙 (2006. 12. 04)

제1조 [시행일]
이 지침은 '형사판례연구' 제15권 발행시부터 적용한다.

부칙 (2007. 12. 10)

제1조 [시행일]

이 지침은 '형사판례연구' 제16권 발행시부터 적용한다.

부칙(2011.12.05.)

제1조 [시행일]

이 지침은 '형사판례연구' 제20권 발행시부터 적용한다.

한국형사판례연구회
연구윤리위원회 규정

2007. 12. 10. 제정
2008. 06. 02. 개정

제 1 조 [목적]

이 규정은 연구윤리위반행위의 방지 및 건전한 연구윤리의 확보를 위한 기본적인 원칙과 방향을 제시하고, 한국형사판례연구회(이하 '본회'라 함) 회원의 연구윤리위반행위에 대한 조치와 절차 등을 규정함을 목적으로 한다.

제 2 조 [연구윤리위반행위]

연구윤리위반행위는 다음 각 호의 하나에 해당하는 것을 말한다.

1. "위조" ― 존재하지 않는 데이터 또는 연구결과 등을 허위로 만들어 내는 행위

2. "변조" ― 연구의 재료·장비·과정 등을 인위적으로 조작하거나 데이터를 임의로 변형·삭제함으로써 연구의 내용 또는 결과를 왜곡하는 행위

3. "표절" ― 타인의 아이디어, 연구의 내용 또는 결과 등을 정당한 승인 또는 인용 없이 도용하는 행위

4. "부당한 논문저자 표시" ― 연구내용 또는 결과에 대하여 과학적·기술적 공헌 또는 기여를 한 사람에게 정당한 이유 없이 논문저자 자격을 부여하지 않거나, 과학적·기술적 공헌 또는 기여를 하지 않은 자에게 감사의 표시 또는 예우 등을 이유로 논문저자 자격을 부여하는 행위

5. "중복게재" ― 과거에 공간된 논문 등 저작물을 중복하여 출판하는 행위

6. "소사방해·부정은폐" — 본인 또는 타인의 연구윤리위반행위의 의혹
   에 대한 조사를 고의로 방해하거나 제보자에게 위해를 가하는 행위

제 3 조 [연구윤리위원회]

① 연구윤리위반행위의 조사·의결을 위하여 연구윤리위원회(이하 '위
   원회'라 함)를 둔다.

② 연구윤리위원회는 연구윤리위원장을 포함한 10인 이내의 위원으로
   구성한다.

③ 연구윤리위원장(이하 '위원장'이라 함)은 본회의 연구윤리담당 상임
   이사로 한다.

④ 연구윤리위원(이하 '위원'이라 함)은 본회 회원 중에서 이사회가 선임한
   다.

⑤ 연구윤리위원의 임기는 1년으로 하며, 연임할 수 있다.

제 4 조 [연구윤리위원회의 조사]

① 위원장은 다음 각 호의 경우 위원회에 연구윤리위반 여부의 조사
   를 요청하여야 한다.

   1. 제보 등에 의하여 연구윤리위반행위에 해당한다는 의심이 있는 때
   2. 본회 회원 10인 이상이 서면으로 연구윤리위반행위에 대한 조사
      를 요청한 때

② 제보의 접수일로부터 만 5년 이전의 연구윤리위반행위에 대해서는
   이를 접수하였더라도 처리하지 않음을 원칙으로 한다. 단, 5년 이
   전의 연구윤리위반행위라 하더라도 피조사자가 그 결과를 직접 재
   인용하여 5년 이내에 후속 연구의 기획·수행, 연구결과의 보고 및
   발표에 사용하였을 경우와 공공의 복지 또는 안전에 위험이 발생
   하거나 발생할 우려가 있는 경우에는 이를 처리하여야 한다.

③ 연구윤리위반행위의 사실 여부를 입증할 책임은 위원회에 있다.
   단, 피조사자가 위원회에서 요구하는 자료를 고의로 훼손하였거나
   제출을 거부하는 경우에 요구자료에 포함되어 있다고 인정되는 내
   용의 진실성을 입증할 책임은 피조사자에게 있다.

④ 위원회는 제보자와 피조사자에게 의견진술, 이의제기 및 변론의 권리와 기회를 동등하게 보장하여야 하며 관련 절차를 사전에 알려주어야 한다.

제5조 [연구윤리위원회의 의결]

① 위원회의 연구윤리위반결정은 재적위원 과반수의 출석과 출석위원 3분의 2 이상의 찬성으로 의결한다.

② 조사·의결의 공정을 기하기 어려운 사유가 있는 위원은 당해 조사·의결에 관여할 수 없다. 이 경우 당해 위원은 재적위원의 수에 산입하지 아니한다.

제6조 [제보자의 보호]

① 제보자는 연구윤리위반행위를 인지한 사실 또는 관련 증거를 위원회에 알린 자를 말한다.

② 제보자는 구술·서면·전화·전자우편 등 가능한 모든 방법으로 제보할 수 있으며 실명으로 제보함을 원칙으로 한다. 단, 익명의 제보라 하더라도 서면 또는 전자우편으로 논문명, 구체적인 연구윤리위반행위의 내용과 증거를 포함하여 제보한 경우 위원회는 이를 실명 제보에 준하여 처리하여야 한다.

③ 위원회는 제보자가 연구윤리위반행위 신고를 이유로 부당한 압력 또는 위해 등을 받지 않도록 보호해야 할 의무를 지니며 이에 필요한 시책을 마련하여야 한다.

④ 제보자의 신원에 관한 사항은 정보공개의 대상이 되지 않으며, 제보자가 신고를 이유로 제3항의 불이익을 받거나 자신의 의지에 반하여 신원이 노출될 경우 위원회 및 위원은 이에 대한 책임을 진다.

⑤ 제보자는 연구윤리위반행위의 신고 이후 진행되는 조사 절차 및 일정 등을 알려줄 것을 위원회에 요구할 수 있으며, 위원회는 이에 성실히 응하여야 한다.

⑥ 제보 내용이 허위인 줄 알았거나 알 수 있었음에도 불구하고 이를

신고한 제보자는 보호 대상에 포함되지 않는다.

제 7 조 [피조사자의 보호]

① 피조사자는 제보 또는 위원회의 인지에 의하여 연구윤리위반행위
의 조사대상이 된 자 또는 조사 수행 과정에서 연구윤리위반행위
에 가담한 것으로 추정되어 조사의 대상이 된 자를 말하며, 조사
과정에서의 참고인이나 증인은 이에 포함되지 아니한다.

② 위원회는 검증 과정에서 피조사자의 명예나 권리가 부당하게 침해
되지 않도록 주의하여야 한다.

③ 연구윤리위반행위에 대한 의혹은 판정 결과가 확정되기 전까지 외
부에 공개되어서는 아니 된다.

④ 피조사자는 연구윤리위반행위의 조사·처리절차 및 처리일정 등을
알려줄 것을 위원회에 요구할 수 있으며, 위원회는 이에 성실히
응하여야 한다.

제 8 조 [예비조사]

① 예비조사는 연구윤리위반행위의 의혹에 대하여 조사할 필요가 있
는지 여부를 결정하기 위한 절차를 말하며, 신고 접수일로부터 30
일 이내에 착수하여야 한다.

② 예비조사 결과 피조사자가 연구윤리위반행위 사실을 모두 인정한
경우에는 본조사 절차를 거치지 않고 바로 판정을 내릴 수 있다.

③ 예비조사에서 본조사를 실시하지 않는 것으로 결정할 경우 이에 대
한 구체적인 사유를 결정일로부터 10일 이내에 제보자에게 문서 또
는 전자우편으로 통보한다. 단, 익명제보의 경우는 그러하지 않다.

④ 제보자는 예비조사 결과에 대해 불복하는 경우 통보를 받은 날로
부터 30일 이내에 위원회에 이의를 제기할 수 있다.

제 9 조 [본조사]

① 본조사는 연구윤리위반행위의 사실 여부를 입증하기 위한 절차를
말하며, 예비조사에서 본조사의 필요성이 인정된 경우 즉시 착수
하여야 한다.

② 위원회는 제보자와 피조사자에게 의견진술의 기회를 주어야 하며, 본조사결과를 확정하기 이전에 이의제기 및 변론의 기회를 주어야 한다. 당사자가 이에 응하지 않을 경우에는 이의가 없는 것으로 간주한다.

③ 제보자와 피조사자의 이의제기 또는 변론 내용과 그에 대한 처리 결과는 조사결과 보고서에 포함되어야 한다.

제10조 [판정]

① 판정은 본조사결과를 확정하고 이를 제보자와 피조사자에게 문서 또는 전자우편으로 통보하는 절차를 말하며, 본조사에 의하여 연구윤리위반이 인정된 경우 즉시 하여야 한다.

② 예비조사 착수 이후 판정에 이르기까지의 모든 조사 일정은 6개월 이내에 종료되어야 한다.

③ 제보자 또는 피조사자가 판정에 불복할 경우에는 통보를 받은 날로부터 30일 이내에 본회 회장에게 이의신청을 할 수 있으며, 본회 회장은 이의신청 내용이 합리적이고 타당하다고 판단할 경우 이사회의 결정으로 임시 조사위원회를 구성하여 재조사를 실시하여야 한다.

제11조 [위원회의 권한과 의무]

① 위원회는 조사과정에서 제보자·피조사자·증인 및 참고인에 대하여 진술을 위한 출석을 요구할 수 있고 피조사자에게 자료의 제출을 요구할 수 있으며, 이 경우 피조사자는 반드시 이에 응하여야 한다.

② 위원회 및 위원은 제보자의 신원 등 위원회의 직무와 관련하여 알게 된 사항에 대하여 비밀을 유지하여야 한다.

제12조 [조사의 기록과 정보의 공개]

① 위원회는 조사 과정의 모든 기록을 음성, 영상, 또는 문서의 형태로 5년 이상 보관하여야 한다.

② 조사결과 보고서는 판정이 끝난 이후 공개할 수 있다. 단, 증인·참고인·자문에 참여한 자의 명단 등은 당사자에게 불이익을 줄 가능성이 있을 경우 공개하지 않을 수 있다.

제13조 [연구윤리위빈행위에 대한 조치]

위원회가 연구윤리위반행위로 결정한 때에는 다음 각 호의 조치를 취하여야 한다.

　　1. 투고원고를 '형사판례연구' 논문목록에서 삭제

　　2. 투고자에 대하여 3년 이상 '형사판례연구'에 논문투고 금지

　　3. 위반사항을 한국형사판례연구회 홈페이지에 1년간 공고

　　4. 한국학술진흥재단에 위반내용에 대한 세부직인 사항 통보

제14조 [연구윤리에 대한 교육]

위원회는 본회 회원의 연구윤리의식을 고취시키기 위하여 연구수행과정에서 준수해야 할 연구윤리 규범, 부정행위의 범위, 부정행위에 대한 대응방법 및 검증절차 등에 관한 교육을 실시하여야 한다.

제15조 [규정의 개정]

이 규정의 개정은 이사회의 의결에 의한다.

부칙(2008. 06. 02)

제 1 조 [시행일]

이 규정은 이사회의 의결이 있은 날부터 시행한다.

한국형사판례연구회 임원명단

2020년 6월 현재

한국형사판례연구회 회원명부

2020년 6월 현재

〈학 계〉

성 명	직 위	근무처	우편번호 주 소		식상 자택 전화번호
강 기 정	명예교수	창원대 법학과	51140	경남 창원시 의창구 창원대학로 20	055-213-3203
강 동 범	교수	이화여대 법학전문대학원	03760	서울 서대문구 이화여대길 52	02-3277-4480
강 석 구	선임 연구 위원	형사정책 연구원	06764	서울 서초구 태봉로 114	02-3460-5128
강 수 진	교수	고려대 법학전문대학원	02841	서울 성북구 안암동 145	02-3290-2889
강 우 예	교수	한국해양대 해사법학부	49112	부산 영도구 태종로 727	051-410-4393
권 오 걸	교수	경북대 법학전문대학원	41566	대구 북구 대학로 80	053-950-5473
권 창 국	교수	전주대 경찰행정학과	55069	전북 전주시 완산구 천잠로 303	063-220-2242
김 대 근	연구 위원	형사정책 연구원	06764	서울 서초구 태봉로 114	02-3460-5175
김 대 원	초빙교수	성균관대 법학전문대학원	03063	서울 종로구 성균관로 25-2	02-760-0922
김 봉 수	교수	전남대 법학전문대학원	61186	광주 북구 용봉로 77	062-530-2278
김 선 복	전교수	부경대 법학과	48513	부산 남구 용소로 45	051-629-5441

성 명	직 위	근 무 처	우편번호 / 주 소	직장/자택 전화번호
김 성 돈	교수	성균관대 법학전문대학원	03063 서울 종로구 성균관로 25-2	02-760-0343
김 성 룡	교수	경북대 법학전문대학원	41566 대구 북구 대학로 80	053-950-5459
김 성 은	교수	강원대 법학전문대학원	24341 강원 춘천시 강원대학길 1	033-250-6539
김 성 천	교수	중앙대 법학전문대학원	06974 서울 동작구 흑석로 84	02-820-5447
김 영 철	전교수	건국대 법학전문대학원	05029 서울 광진구 능동로 120	02-2049-6047
김 영 환	명예교수	한양대 법학전문대학원	04763 서울 성동구 왕십리로 222	02-2220-0995
김 유 근	연구위원	형사정책연구원	06764 서울 서초구 태봉로 114	02-3460-5182
김 인 선	명예교수	순천대 법학과	57922 전남 순천시 중앙로 255	061-750-3430
김 인 회	교수	인하대 법학전문대학원	22212 인천 남구 인하로 100	032-860-8965
김 재 봉	교수	한양대 법학전문대학원	04763 서울 성동구 왕십리로 222	02-2220-1303
김 재 윤	교수	건국대 법학전문대학원	05029 서울 광진구 능동로 120	02-450-4042
김 재 희	교수	성결대 파이데이아칼리지	14097 경기 안양시 성결대학교 53	031-467-8114
김 정 현	겸임교수	숭실대 법학과	06978 서울시 동작구 상도로 369	02-820-0470
김 정 환	교수	연세대 법학전문대학원	03722 서울 서대문구 연세로 50	02-2123-3003

성 명	직 위	근 무 처	우편번호 주 소	직장 자택 전화번호
김 종 구	교수	조선대 법학과	61452 광주광역시 동구 필문대로 309	062-230-6703
김 종 원	명예교수	성균관대 법학과	03063 서울 종로구 성균관로 25-2	02-760-0922
김 태 명	교수	전북대 법학전문대학원	54896 전북 전주시 덕진구 백제대로 567	063-270-4701
김 택 수	교수	계명대 경찰법학과	42601 대구 달서구 달구벌대로 1095	053-580-5468
김 한 균	선임 연구 위원	형사정책 연구원	06764 서울 서초구 태봉로 114	02-3460-5163
김 혁 돈	교수	가야대 경찰행정학과	50830 경남 김해시 삼계로 208번지	055-330-1145
김 형 준	교수	중앙대 법학전문대학원	06974 서울 동작구 흑석로 84	02-820-5452
김 혜 경	교수	계명대 경찰행정학과	42601 대구 달서구 달구벌대로 1095	053-580-5956
김 혜 정	교수	영남대 법학전문대학원	38541 경북 경산시 대학로 280	053-810-2616
김 희 균	교수	서울시립대 법학전문대학원	02504 서울 동대문구 서울시립대로 163	02-6490-5102
남 선 모	교수	세명대 법학과	27136 충북 제천시 세명로 65	043-649-1231
노 수 환	교수	성균관대 법학전문대학원	03063 서울시 종로구 성균관로 25-2	02-760-0354
도 중 진	교수	충남대 국가안보융합 학부	34134 대전 유성구 대학로 99번지	042-821-5297
류 부 곤	교수	경찰대 법학과	31539 충남 아산시 신창면 황산길 100-50	041-968-2763

성 명	직 위	근 무 처	우편번호 주 소	직장 자택 전화번호
류 석 준	교수	영산대 공직인재학부	50510 경남 양산시 주남로 288	055-380-9423
류 인 모	교수	인천대 법학과	22012 인천 연수구 아카데미로 119	032-835-8324
류 전 철	교수	전남대 법학전문대학원	61186 광주 북구 용봉로 77	062-530-2283
류 화 진	교수	영산대 공직인재학부	50510 경남 양산시 주남로 288	055-380-9448
문 성 도	교수	경찰대 법학과	31539 충남 아산시 신창면 황산길 100-50	041-968-2562
민 영 성	교수	부산대 법학전문대학원	46241 부산 금정구 부산대학로63번길 2	051-510-2514
박 강 우	전교수	충북대 법학전문대학원	28644 충북 청주시 서원구 충대로 1	043-261-2622
박 광 민	교수	성균관대 법학전문대학원	03063 서울 종로구 성균관로 25-2	02-760-0359
박 기 석	교수	대구대 경찰행정학과	38453 경북 경산시 진량읍 대구대로 201	053-850-6182
박 미 숙	선임 연구위원	형사정책 연구원	06764 서울 서초구 태봉로 114	02-3460-5166
박 상 기	명예교수 전법무부 장관	연세대 법학전문대학원 법무부	03722 서울 서대문구 연세로 50	02-2123-3005
박 상 진	교수	건국대 공공인재대학 경찰학과	27478 충북 충주시 충원대로 268	043-840-3429
박 성 민	교수	경상대 법과대학	52828 경남 진주시 진주대로 501	055-772-2035
박 수 희	교수	가톨릭관동대 경찰행정학과	25601 강원 강릉시 범일로 579번길 24	033-649-7336

성 명	직 위	근 무 처	우편번호	주 소	직장 자택 전화번호
박 찬 걸	교수	대구가톨릭대 경찰행정학과	38430	경북 경산시 하양읍 하양로 13-13	053-850-3339
백 원 기	교수	인천대 법학과	22012	인천 연수구 아카데미로 119	032-835-8328
변 종 필	교수	동국대 법학과	04620	서울 중구 필농로1길 30	02-2260-3238
서 거 석	명예교수	전북대 법학전문대학원	54896	전북 전주시 덕진구 백제대로 567	063-270-2663
서 보 학	교수	경희대 법학전문대학원	02447	서울 동대문구 경희대로 26	02-961-0614
성 낙 현	교수	영남대 법학전문대학원	38541	경북 경산시 대학로 280	053-810-2623
소 병 철	석좌교수	농협대학교	10292	경기도 고양시 덕양구 서삼릉길 281	031-960-4000
손 동 권	전교수	건국대 법학전문대학원	05029	서울 광진구 능동로 120	02-450-3599
손 지 영	전문위원	법과인간행동연 구소, 법무법인 케이에스앤피	06606	서울 서초구 서초중앙로24길16	02-596-1234
송 광 섭	교수	원광대 법학전문대학원	54538	전북 익산시 익산대로 460	063-850-6373
승 재 현	연구 위원	형사정책 연구원	06764	서울 서초구 태봉로 114	02-3460-5164
신 가 람	박사과정	연세대	03722	서울 서대문구 연세로 50	02-2123-8644
신 동 운	명예교수	서울대 법학전문대학원	08826	서울 관악구 관악로 1	02-880-7563
신 양 균	교수	전북대 법학전문대학원	54896	전북 전주시 덕진구 백제대로 567	063-270-2666

성 명	직 위	근 무 처	우편번호	주 소	직장 자택 전화번호
심 영 주	강사	인하대 법학전문대학원	22212	인천광역시 남구 인하로 100 인하대학교 로스쿨관	032-860-7920
심 재 무	교수	경성대 법학과	48434	부산 남구 수영로 309	051-663-4518
심 희 기	교수	연세대 법학전문대학원	03722	서울 서대문구 연세로 50	02-2123-6037
안 경 옥	교수	경희대 법학전문대학원	02447	서울 동대문구 경희대로 26	02-961-0517
안 성 조	교수	제주대 법학전문대학원	63243	제주 제주시 제주대학로 102	064-754-2988
안 성 훈	연구 위원	형사정책 연구원	06764	서울 서초구 태봉로 114	02-3460-5182
안 원 하	교수	부산대 법학전문대학원	46241	부산 금정구 부산대학로63번길 2	051-510-2502
오 경 식	교수	강릉원주대 법학과	25457	강원 강릉시 죽헌길 7	033-640-2211
오 병 두	교수	홍익대 법학과	04066	서울 마포구 와우산로 94	02-320-1822
오 영 근	교수	한양대 법학전문대학원	04763	서울 성동구 왕십리로 222	02-2220-0994
원 재 천	교수	한동대 법학과	37554	경북 포항시 북구 흥해읍 한동로 558	054-260-1268
원 혜 욱	교수	인하대 법학전문대학원	22212	인천 남구 인하로 100	032-860-7937
유 용 봉	교수	한세대 경찰행정학과	15852	경기 군포시 한세로 30	031-450-5272
윤 동 호	교수	국민대 법학과	02707	서울 성북구 정릉로 77	02-910-4488

성 명	직 위	근 무 처	우편번호	주 소	직장 자택 전화번호
윤 용 규	명예교수	강원대 법학전문대학원	24341	강원 춘천시 강원대학길 1	033-250-6517
윤 종 행	교수	충남대 법학전문대학원	34134	대전광역시 유성구 대학로 99번지	042-821-5840
윤 지 영	연구 위원	형사정책 연구원	06764	서울 시초구 태봉로 114	02-3460-5136
윤 해 성	연구 위원	형사정책 연구원	06764	서울 서초구 태봉로 114	02-3460-5156
은 숭 표	전교수	영남대 법학전문대학원	38541	경북 경산시 대학로 280	053-810-2615
이 강 민	조사위원	대법원 법원도서관	10413	경기도 고양시 일산동구 호수로 550	031-920-3697
이 경 렬	교수	성균관대 법학전문대학원	03063	서울 종로구 성균관로 25-2	02-760-0216
이 경 재	교수	충북대 법학전문대학원	28644	충북 청주시 서원구 충대로 1	043-261-2612
이 경 호	전 교수	한국해양대 해사법학부	49112	부산 영도구 태종로 727	051-410-4390
이 근 우	교수	가천대 법학과	13120	경기 성남시 수정구 성남대로 1342	031-750-8728
이 기 헌	교수	명지대 법학과	03674	서울 서대문구 거북골로 34	02-300-0813
이 동 희	교수	경찰대 법학과	31539	충남 아산시 신창면 황산길 100-50	041-968-2662
이 상 문	교수	군산대 해양경찰학과	54150	전북 군산시 대학로 558	063-469-1893
이 상 용	전교수	명지대 법학과	03674	서울 서대문구 거북골로 34	02-300-0817

성 명	직 위	근 무 처	우편번호 주 소	직장 자택 전화번호
이 상 원	교수	서울대 법학전문대학원	08826 서울 관악구 관악로 1	02-880-2618
이 상 한	초빙교수	충북대학교 법학전문대학원	28644 충북 청주시 서원구 충대로 1	043-261-2620
이 상 현	교수	숭실대 국제법무학과	06978 서울 동작구 상도로 369	02-820-0486
이 순 욱	교수	전남대 법학전문대학원	61186 광주 북구 용봉로 77	062-530-2225
이 승 준	교수	충북대 법학전문대학원	28644 충북 청주시 서원구 충대로 1	043-261-3689
이 승 현	연구 위원	형사정책 연구원	06764 서울 서초구 태봉로 114	02-3460-5193
이 승 호	교수	건국대 법학전문대학원	05029 서울 광진구 능동로 120	02-450-3597
이 영 란	명예교수	숙명여대 법학과	04310 서울 용산구 청파로47길 100	02-710-9494
이 용 식	명예교수	서울대 법학전문대학원	08826 서울 관악구 관악로 1	02-880-7557
이 원 상	교수	조선대 법학과	61452 광주광역시 동구 필문대로 309	062-230-6073
이 유 진	선임 연구위원	청소년정책 연구원	30147 세종특별자치시 시청대로 370 세종국책연구단지 사회정책동(D동)	044-415-2114
이 윤 제	주몬트리 올총영사	주 몬트리올 대한민국 총영사관	1250 Rene-Levesque Bld. West, Suite 3600(36층), Montreal Quebec, Canada, H3B 4W8	(1-514) 845-2555
이 은 모	명예교수	한양대 법학전문대학원	04763 서울 성동구 왕십리로 222	02-2220-2573

성 명	직 위	근 무 처	우편번호 주 소	직장 자택 전화번호
이 인 영	교수	백석대 경찰학부	31065 충남 천안시 동남구 문암로 76	041-550-2124
이 정 념	교수	숭실대 법학과	06978 서울 동작구 상도로 369 전산관 522호	02-820-0461
이 정 민	교수	단국대 법학과	16890 경기 용인시 수지구 죽전로 152	031-8005-3973
이 정 원	전교수	영남대 법학전문대학원	38541 경북 경산시 대학로 280	053-810-2629
이 정 훈	교수	중앙대 법학전문대학원	06974 서울 동작구 흑석로 84	02-820-5456
이 주 원	교수	고려대 법학전문대학원	02841 서울 성북구 안암동 5가 1번지	02-3290-2882
이 진 국	교수	아주대 법학전문대학원	16499 경기 수원시 영통구 월드컵로 206	031-219-3791
이 진 권	교수	한남대 경찰행정학과	34430 대전 대덕구 한남로 70	042-629-8465
이 창 섭	교수	제주대 법학전문대학원	63243 제주 제주시 제주대학로 102	064-754-2976
이 창 현	교수	한국외대 법학전문대학원	02450 서울 동대문구 이문로 107(이문동 270)	02-2173-3047
이 천 현	선임 연구위원	형사정책 연구원	06764 서울 서초구 태봉로 114	02-3460-5125
이 충 상	교수	경북대 법학전문대학원	41566 대구 북구 대학로 80	053-950-5456
이 태 언	전 교수	부산외대 법학과	46234 부산 금정구 금샘로 485번길 65	051-509-5991
이 호 중	교수	서강대 법학전문대학원	04107 서울 마포구 백범로 35	02-705-7843

성 명	직 위	근 무 처	우편번호	주 소	직장 자택 전화번호
이 희 경	연구교수	성균관대 글로벌리더학부	03063	서울특별시 종로구 성균관로 25-2	02-760-0191
임 정 호	연구 위원	형사정책 연구원	06764	서울 서초두 태봉로 114	02-3460-5150
임 창 주	교수	서영대학교 사회복지행정과	10843	경기도 파주시 월롱면 서영로 170	031-930-9560
장 규 원	교수	원광대 경찰행정학과	54538	전북 익산시 익산대로 460	063-850-6905
장 성 원	교수	세명대 법학과	27136	충북 제천시 세명로 65	043-649-1208
장 승 일	강사	전남대 법학전문대학원	61186	광주 북구 용봉로 77	062-530-2207
장 연 화	교수	인하대 법학전문대학원	22212	인천 남구 인하로 100	032-860-8972
장 영 민	명예교수	이화여대 법학전문대학원	03760	서울 서대문구 이화여대길 52	02-3277-3502
전 지 연	교수	연세대 법학전문대학원	03722	서울 서대문구 연세로 50	02-2123-5996
전 현 욱	연구 위원	형사정책 연구원	06764	서울 서초구 태봉로 114	02-3460-9295
정 도 희	교수	경상대 법학과	52828	경남 진주시 진주대로 501	055-772-2042
정 승 환	교수	고려대 법학전문대학원	02841	서울 성북구 안암동5가 1번지	02-3290-2871
정 영 일	명예교수	경희대 법학전문대학원	02447	서울 동대문구 경희대로 26	02-961-9142
정 웅 석	교수	서경대 법학과	02713	서울 성북구 서경로 124	02-940-7182

성 명	직 위	근 무 처	우편번호	주 소	직장 자택 전화번호
정 준 섭	교수	숙명여대 법학과	04310	서울 용산구 청파로47길 100	02-710-9935
정 진 수	전 선임 연구위원	형사정책 연구원	06764	서울 서초구 태봉로 114	02-3460-5282
정 한 중	교수	한국외대 법학전문대학원	02450	서울 동대문구 이문로 107	02-2173-3258
정 행 철	명예교수	동의대 법학과	47340	부산 부산진구 엄광로 176	051-890-1360
정 현 미	교수	이화여대 법학전문대학원	03760	서울 서대문구 이화여대길 52	02-3277-3555
조 국	교수	서울대 법학전문대학원	08826	서울 관악구 관악로 1	02-880-5794
조 균 석	교수	이화여대 법학전문대학원	03760	서울 서대문구 이화여대길 52	02-3277-6858
조 병 선	교수	청주대 법학과	28503	충북 청주시 청원구 대성로 298	043-229-8221
조 인 현	연구원	서울대 법학연구소	08826	서울 관악구 관악로 1	02-880-5471
조 준 현	전 교수	성신여대 법학과	02844	서울 성북구 보문로 34다길 2	02-920-7122
조 현 욱	학술 연구교수	건국대 법학연구소	05029	서울 광진구 능동로 120	02-450-3297
주 승 희	교수	덕성여대 법학과	01369	서울 도봉구 쌍문동 419	02-901-8177
천 진 호	교수	동아대 법학전문대학원	49236	부산 서구 구덕로 225	051-200-8509
최 민 영	연구 위원	형사정책 연구원	06764	서울 서초구 태봉로 114	02-3460-5178

성 명	직 위	근 무 처	우편번호	주 소	직장 자택 전화번호
최 병 각	교수	동아대 법학전문대학원	49236	부산 서구 구덕로 225	051-200-8528
최 병 문	교수	상지대 법학과	26339	강원 원주시 우산동 660	033-730-0242
최 상 욱	교수	강원대 법학전문대학원	24341	강원 춘천시 강원대학길 1	033-250-6516
최 석 윤	교수	한국해양대 해양경찰학과	49112	부산 영도구 태종로 727	051-410-4238
최 우 찬	교수	서강대 법학전문대학원	04107	서울 마포구 백범로 35	02-705-8404
최 준 혁	교수	인하대 법학전문대학원	22212	인천 남구 인하로 100	032-860-7926
최 호 진	교수	단국대 법학과	16890	경기 용인시 수지구 죽전로 152	031-8005-3290
탁 희 성	선임 연구위원	형사정책 연구원	06764	서울 서초구 태봉로 114	02-3460-5161
하 태 영	교수	동아대 법학전문대학원	49236	부산 서구 구덕로 225	051-200-8573
하 태 훈	교수	고려대 법학전문대학원	02841	서울 성북구 안암동5가 1번지	02-3290-1897
한 상 돈	명예교수	아주대 법학전문대학원	16499	경기 수원시 영통구 월드컵로 206	031-219-3786
한 상 훈	교수	연세대 법학전문대학원	03722	서울 서대문구 연세로 50	02-2123-5998
한 영 수	교수	아주대 법학전문대학원	16499	경기 수원시 영통구 월드컵로 206	031-219-3783
한 인 섭	교수 원장	서울대 법학전문대학원 형사정책연구원	08826 06764	서울 관악구 관악로 1 서울 서초구 태봉로 114	02-880-7577 02-575-5282

성 명	직 위	근 무 처	우편번호	주 소	직장 자택 전화번호
허 일 태	명예교수	동아대 법학전문대학원	49236	부산 서구 구덕로 225	051-200-8581
허 황	부연구 위원	한국형사정책 연구원	06764	서울특별시 서초구 태봉로 114	02-3460-5124
홍 승 희	교수	원광대 법학전문대학원	54538	전북 익산시 익산대로 460	063-850-6469
황 만 성	교수	원광대 법학전문대학원	54538	전북 익산시 익산대로 460	063-850-6467
황 문 규	교 수	중부대 경찰행정학과	32713	충청남도 금산군 추부면 대학로 201	041-750-6500
황 윤 정	석사과정	연세대	03722	서울 서대문구 연세로 50	02-2123-8644
황 정 인	경정	형사정책 연구원	06764	서울 서초구 태봉로 114	02-3460-5170
황 태 정	교수	경기대 경찰행정학과	16227	경기 수원시 영통구 광교산로 154-42	031-249-9337
황 호 원	교수	한국항공대 항공교통물류 우주법학부	10540	경기 고양시 덕양구 항공대학로 76	02-300-0345

〈변 호 사〉

이 름	직 위	근 무 지	우편번호	주 소	직장 자택 전화번호
강 민 구	대표 변호사	법무법인 진솔	06605	서울 서초구 서초중앙로 148 김영빌딩 11층	02-594-0344
강 용 현	대표 변호사	법무법인 태평양	06132	서울 강남구 테헤란로 137 현대해상빌딩 17층	02-3404-1001 (3404-0184)
고 제 성	변호사	김&장 법률사무소	03170	서울 종로구 사직로8길 39 세양빌딩 김앤장 법률사무소	02-3703-1117

이 름	직 위	근 무 지	우편번호 주 소	직장 자택 전화번호
곽 무 근	변호사	법무법인 로고스	06164 서울 강남구 테헤란로 87길 36(삼성동 159-9 도심공항타워 14층)	02-2188-1000 (2188-1049)
권 광 중	변호사	권광중 법률사무소	06004 서울 강남구 압구정로 201, 82동 803호(압구정동, 현 대아파트)	010-9111-3031
권 순 철	변호사	SDG 법률사무소	05854 서울특별시 송파구 송파대로 201(송파 테라타워2) 218호	02-6956-3996
권 오 봉	변호사	법무법인 좋은	47511 부산 연제구 법원로 18 (거제동, 세종빌딩) 8층	051-911-5110
권 익 환	변호사	권익환 법률사무소	06646 서울 서초구 서초대로 260 (서초동) 703호	02-522-9403
권 태 형	변호사	김&장 법률사무소	03170 서울 종로구 사직로8길 39 세양빌딩	02-3703-1114 (3703-4980)
권 태 호	변호사	법무법인 청주로	28625 청주시 서원구 산남동 산남로 64 엔젤변호사 B/D 7층	043-290-4000
금 태 섭	변호사	금태섭 법률사무소	07233 서울 용산구 대사관로11길 8-13 101호	010-5282-1105
김 광 준	변호사	김광준 법률사무소	42013 대구 수성구 동대구로 351	053-218-5000
김 광 준	변호사	법무법인 태평양	06132 서울 강남구 테헤란로 137 현대해상빌딩 17층	02-3404-1001 (3404-0481)
김 남 현	변호사	법무법인 현대 노원분사무소	08023 서울 양천구 신월로 385 동진빌딩 302호	02-2606-1865
김 대 휘	대표 변호사	법무법인 화우	06164 서울 강남구 영동대로 517 아셈타워 22층	02-6003-7120

이 름	직 위	근 무 지	우편번호	주 소	직장 자택 전화번호
김 동 건	고문 변호사	법무법인 천우	06595	서울 서초구 서초대로41길 20, 화인빌딩 3층	02-591-6100
김 동 철	대표 변호사	법무법인 유앤아이	35240	대전 서구 둔산중로 74 인곡타워 3층	042-472-0041
김 상 헌	대표이사	NHN	13561	경기 성남시 분당구 불정로 6 NAVER그린팩토리	1588-3830
김 상 희	변호사	김상희 법률사무소	06596	서울 서초구 서초대로 49길 18 상림빌딩 301호	02-536-7373
김 성 준	변호사	김성준 법률사무소	01322	서울 도봉구 마들로 735 율촌빌딩 3층	02-3493-0100
김 영 규	변호사	법무법인 대륙아주	06151	서울 강남구 테헤란로 317 동훈타워	02-563-2900 (3016-5723)
김 영 운	변호사	법무법인 정앤파트너스	06640	서울특별시 서초구 서초중앙로 52 영진빌딩 5층	02-583-0010
김 용 헌	파트너 변호사	법무법인 대륙아주	06151	서울 강남구 테헤란로 317 동훈타워 7,8,10-13,15,16층	02-563-2900
김 종 형	변호사	법무법인 온세	06596	서울 서초구 서초대로49길 12, 405호	02-3477-0300
김 주 덕	대표 변호사	법무법인 태일	06595	서울 서초구 법원로3길 25 태흥빌딩 4층	02-3477-7374
김 진 숙	변호사	법무법인 바른	06181	서울 강남구 테헤란로 92길 7 바른빌딩	02-3476-5599 (3479-2381)
김 진 환	변호사	법무법인 새한양	06595	서울 서초구 법원로 15, 306호(서초동, 정곡서관)	02-591-3440
김 희 옥	고문 변호사	법무법인 해송	06606	서울 서초구 서초대로 301 동익성봉빌딩 9층	02-3489-7100 (3489-7178)

이 름	직 위	근 무 지	우편번호 주 소	직장 자택 전화번호
문 성 우	대표 변호사	법무법인 바른	06181 서울 강남구 테헤란로 92길 7 바른빌딩	02-3476-5599 (3479-2322)
문 영 호	변호사	법무법인 태평양	06132 서울 강남구 테헤란로 137 현대해상빌딩 17층	02-3404-1001 (3404-0539)
박 민 식	변호사	법무법인 에이원	06646 서울특별시 서초구 반포대로30길 34, 5층 (서초동, 신정빌딩)	02-521-7400
박 민 표	변호사	박민표 법률사무소	05050 서울시 서초구 반포대로 34길 14, 정명빌딩 401호, 501호	02-534-2999
박 영 관	변호사	법무법인 동인	06620 서울 서초구 서초대로74길 4 삼성생명서초타워 17층	02-2046-1300 (2046-0656)
박 혜 진	변호사	김&장 법률사무소	03170 서울 종로구 사직로8길 39 세양빌딩	02-3703-1114 (3703-4610)
백 승 민	변호사	법무법인 케이에이치엘	06647 서울 서초구 반포대로28길 33 (서초동)	02-2055-1233
백 창 수	변호사	법무법인 정률	06069 서울 강남구 학동로 401 금하빌딩 4층	02-2183-5500 (2183-5539)
봉 욱	변호사	봉욱 법률사무소	06647 서울 서초구 서초대로 248 (서초동) 월헌회관빌딩 701호	02-525-5300
서 우 정	변호사	김&장 법률사무소	03170 서울 종로구 사직로8길 39 세양빌딩	02-3703-1114 (3703-1788)
석 동 현	대표 변호사	법무법인 대호	06134 서울 강남대로 테헤란로 119 대호레포츠빌딩 6층	02-568-5200
선우 영	대표 변호사	법무법인 세아	06164 서울 강남구 삼성동 159-1 트레이드타워 205호	02-6000-0040 (6000-0089)

이 름	직 위	근 무 지	우편번호 주 소	직장 자택 전화번호
손 기 식	고문 변호사	법무법인 대륙아주	06151 서울 강남구 테헤란로 317 동훈타워	02-563-2900
손 기 호	변호사	유어사이드 공동법률사무소	10414 경기 고양시 일산동구 장백로 208, 504호	031-901-1245
신 남 규	변호사	법무법인 화현	06646 서울 서초구 반포대로30길 29, 5층~10층(서초동, 마운틴뷰)	02-535-1766
신 용 석	변호사	법무법인 동헌	06595 서울 서초구 법원로1길 5 우암빌딩 3층	02-595-3400
여 훈 구	변호사	김&장 법률사무소	03170 서울 종로구 사직로8길 39 세양빌딩	02-3703-1114 (3703-4603)
안 미 영	변호사	법무법인(유한) 동인	06620 서울 서초구 서초대로74길 4, 17층 (서초동, 삼성생명서초타워)	02-2046-1300
오 세 인	대표 변호사	법무법인 시그니처	06605 서울 서초구 서초중앙로 148, 3층 (서초동, 희성빌딩)	02-6673-0088
원 범 연	변호사	법무법인 강남	06593 서울 서초구 서초중앙로 203 OSB빌딩 4층	02-6010-7000 (6010-7021)
유 병 규	법무팀장	삼성SDS	05510 서울 송파구 올림픽로35길 125 삼성SDS 타워	02-6115-3114
윤 병 철	변호사	법무법인 화우	06164 서울 강남구 영동대로 517 아셈타워 22층	02-6182-8303
윤 영 석	변호사	산솔합동법률사무소	18453 경기 화성시 동탄반석로 196 아이프라자 905호	031-360-8240

이 름	직 위	근 무 지	우편번호 주 소	직장 자택 전화번호
윤 재 윤	파트너 변호사	법무법인 세종	04631 서울 중구 퇴계로 100 스테이트타워 남산 8층	02-316-4114 (316-4205)
이 건 종	변호사	법무법인 화우	06164 서울 강남구 영동대로 517 아셈타워 22층	02-6003-7542
이 광 재	변호사	이광재 법률사무소	05044 서울 광진구 아차산로 375 크레신타워 507호	02-457-5522
이 기 배	대표 변호사	법무법인 로월드	06647 서울 서초구 서초대로 254 오퓨런스빌딩 1602호	02-6223-1000
이 명 규	변호사	법무법인 태평양	06132 서울 강남구 테헤란로 137 현대해상빌딩 17층	02-3404-1001 (3404-0131)
이 상 진	변호사	법무법인 바른	06181 서울 강남구 테헤란로 92길 7 (대치동 945-27번지) 바른빌딩 리셉션: 5층, 12층	02-3479-2361
이 상 철	상임위원	국가인권위원회	04551 서울 중구 삼일대로 340 (저동 1가) 나라키움 저동빌딩	02-2125-9605
이 승 호	변호사	법무법인 태평양	03161 서울 종로구 우정국로 26 센트로폴리스빌딩 B동	02-3404-6520
이 승 현	파트너 변호사	법무법인 지평	03740 서울 서대문구 충정로 60 KT&G 서대문타워 10층	02-6200-1804
이 완 규	변호사	법무법인 동인	06620 서울 서초구 서초대로74길 4 (서초동), 삼성생명 서초타워 15, 17, 18층	02-2046-0668
이 용 우	상임고문 변호사	법무법인 로고스	06164 서울 강남구 테헤란로 87길 36(삼성동 159-9 도심공항타워빌딩 14층)	02-2188-1001

이 름	직 위	근 무 지	우편번호	주 소	직장 자택	전화번호
이 용 주	전국회의 원	국회	07233	서울 영등포구 의사당대로 1 국회의원회관 532호		02-784-6090
이 재 홍	변호사	김&장 법률사무소	03170	서울 종로구 사직로8길 39 세양빌딩		02-3703-1114 (3703-1525)
이 종 상	법무팀장	LG그룹	07336	서울 영등포구 여의대로 128 LG트윈타워		02-3277-1114
이 훈 규	고문 변호사	법무법인(유) 원	06253	서울 강남구 강남대로 308 랜드마크타워 11층		02-3019-3900 (3019-5457)
이 홍 락	변호사	법무법인 로고스	06164	서울 강남구 테헤란로 87길 36(삼성동 도심공항타워 8/14/16층)		02-2188-1069
임 동 규	변호사	법무법인 동광	06595	서울 서초구 법원로3길 15, 201호 (서초동, 영포빌딩)		02-501-8101
전 주 혜	국회의원	국회	07233	서울 영등포구 의사당대로 1 국회의원회관		02-784-9340
정 구 환	변호사	법무법인 남부제일	07301	서울 영등포구 영신로34길 30		02-2635-5505
정 동 기	변호사	법무법인 열림	06181	서울 강남구 테헤란로 524, 4층 (대치동, 성대세빌딩)		02-552-5500
정 동 욱	고문 변호사	법무법인 케이씨엘	03151	서울 종로구 종로5길 58 석탄회관빌딩 10층		02-721-4000 (721-4471)
정 석 우	변호사	법무법인 동인	06620	서울 서초구 서초대로74길 4 삼성생명서초타워 17층		02-2046-1300 (2046-0686)

이 름	직 위	근 무 지	우편번호 주 소	직장 자택 전화번호
정 소 연	변호사	법률사무소 보다	07332 서울 영등포구 여의대방로65길 23 1508호	02-780-0328
정 점 식	국회의원	국회	07233 서울 영등포구 의사당대로 1 국회의원회관	02-784-6327
정 진 규	대표 변호사	법무법인 대륙아주	06151 서울 강남구 테헤란로 317 동훈타워	02-563-2900
조 영 수	변호사	법무법인 로월드	06647 서울 서초구 서초대로 254 오퓨런스빌딩 1602호	02-6223-1000
조 은 석	변호사	조은석 법률사무소	06233 서울 강남구 테헤란로8길 8 (역삼동, 동주빌딩) 1302호	02-508-0008
조 희 진	대표변호 사	법무법인 담박	06647 서울특별시 서초구 서초대로 250, 11층(서초동, 스타갤러리브릿지)	02-548-4301
차 맹 기	변호사	김&장 법률사무소	03170 서울 종로구 사직로8길 39	02-3703-5732
최 교 일	대표 변호사	법무법인(유 한)해송	06606 서울 서초구 서초대로 301, 9층 (서초동, 익성봉빌딩)	02-3489-7132
최 근 서	변호사	최근서 법률사무소	06595 서울 서초구 법원로2길 15 길도빌딩 504호	02-532-1700
최 길 수	변호사	법률사무소 베이시스	06594 서울 서초구 서초중앙로 119 세연타워 11층	02-522-3200
최 동 렬	변호사	법무법인 율촌	06180 서울 강남구 테헤란로 518 (섬유센터 12층)	02-528-5200 (528-5988)
최 성 진	변호사	법무법인 세종	04631 서울 중구 퇴계로 100 스테이트타워 남산 8층	02-316-4114 (316-4405)

이 름	직 위	근 무 지	우편번호 주 소		직장 자택 전화번호
최 운 식	대표 변호사	법무법인 대륙아주	06151	서울 강남구 테헤란로 317 동훈타워	02-563-2900 (3016-5231)
최 재 경	변호사	최재경 법률사무소	06164	서울 강남구 영동대로 511 삼성트레이드타워 4305호	02-501-3481
최 정 수	대표 변호사	법무법인 세줄	06220	서울 강남구 테헤란로 208 안제타워 17층	02-6200-5500
최 창 호	변호사	더리드 법률사무소	06158	서울특별시 강남구 테헤란로 439 연당빌딩 4층 402호	02-2135-1662
최 철 환	변호사	김&장 법률사무소	03170	서울 종로구 사직로8길 39 세양빌딩	02-3703-1114 (3703-1874)
추 호 경	고문 변호사	법무법인 대륙아주	06151	서울 강남구 테헤란로 317 동훈타워	02-563-2900 (3016-5242)
한 영 석	변호사	변호사 한영석 법률사무소	06593	서울 서초구 반포4동 45-11 (화빌딩 502호)	02-535-6858
한 웅 재	변호사	한웅재 법률사무소	06610	서울 서초구 서운로 212 (서초동, 서초푸르지오써밋) 202동 2501호	010-5290-3157
홍 석 조	회장	BGF리테일	06162	서울 강남구 테헤란로 405	02-1577-3663
황 인 규	대표이사	CNCITY 에너지	34800	대전광역시 중구 유등천동로 762	042-336-5100

〈법 원〉

이 름	직 위	근 무 지	우편번호	주　소	직장 자택 전화번호
권 순 건	부장판사	창원지방법원	51456	경남 창원시 성산구 창이대로 681	055-266-2200
권 창 환	재판 연구관	대법원	06590	서울특별시 서초구 서초대로 219(서초동)	02-3480-1100
김 광 태	법원장	대전고등법원	35237	대전광역시 서구 둔산중로 78번길 45(둔산동)	042-470-1114
김 기 영	헌법 재판관	헌법재판소	03060	서울 종로구 북촌로 15(재동 83)	02-708-3456
김 대 웅	부장판사	서울고등법원	06594	서울 서초구 서초중앙로 157	02-530-1114
김 동 완	판사	광주고등법원	61441	광주 동구 준법로 7-12	02-530-1114
김 우 진	수석연구 위원	사법정책연구 원	10413	경기 고양시 일산동구 호수로 550 사법연수원 본관동 4층, 9층, 10층	031-920-3509
김 정 원	수석부장 연구관	헌법재판소	03060	서울 종로구 북촌로 15(재동 83)	02-708-3456
김 형 두	부장판사	서울고등법원	06594	서울 서초구 서초중앙로 157	02-530-1114
김 희 수	재판 연구관	대법원	06590	서울 서초구 서초대로 219	02-3480-1100
김 희 철	부장판사	창원지방법원 통영지원	53029	경남 통영시 용남면 동달안길 67	055-640-8500
남 성 민	부장판사	수원고등법원	16512	경기도 수원시 영통구 법조로 105	031-639-1658
박 진 환	부장판사	서울중앙지법	06594	서울 서초구 서초중앙로 157	02-530-1114

이 름	직 위	근 무 지	우편번호 주 소	직장 자택 전화번호
송 민 경	판사	서울고등법원	06594 서울 서초구 서초중앙로 157	02-530-1114
송 영 승	판사	서울고등법원	06594 서울 서초구 서초중앙로 157	02-530-1114
오 기 두	부장판사	인천지방법원	22220 인천광역시 미추홀구 소성로 163번길17(학익동)	032-860-1702
오 상 용	부장판사	서울남부지방법원	08088 서울 양천구 신월로 386	02-2192-1114
우 인 성	부장판사	수원지방법원 여주지원	12638 경기도 여주시 현암동 640-10(현암로 21-12)	031-880-7500
유 현 정	판사	수원지방법원	16512 경기도 수원시 영통구 법조로 105	031-210-1114
윤 승 은	부장판사	서울고등법원	06594 서울 서초구 서초중앙로 157	02-530-1114
이 규 훈	부장판사	광주지방법원	61441 광주광역시 동구 준법로 7-12(지산2동)	062-239-1114
이 민 걸	부장판사	대구고등법원	42027 대구광역시 수성구 동대구로 364	053-757-6600
이 승 련	민사제1 수석부장 판사	서울중앙지방법원	06594 서울시 서초구 서초중앙로 157	02-530-1114
이 정 환	판사	서울고등법원	06594 서울 서초구 서초중앙로 157	02-530-3114
이 창 형	부장판사	서울고등법원	06594 서울 서초구 서초중앙로 157	02-530-3114
임 경 옥	판사	인천지방법원 부천지원	14602 경기 부천시 원미구 상일로 129	032-320-1114
한 경 환	부장판사	서울중앙지법	06594 서울 서초구 서초중앙로 157	02-530-1114

이 름	직 위	근 무 지	우편번호 주 소	직장 자택 전화번호
한 대 균	부장판사	대전지방법원 천안지원	31198 충남 천안시 동남구 청수14로 77	041-620-3000
황 민 웅	판사	서울북부지방 법원	01322 서울 도봉구 마들로 749	02-910-3114

〈검 찰〉

이 름	직 위	근 무 지	우편번호 주 소	직장 자택 전화번호
고 석 홍	검사	서울고등검찰 청	06594 서울 서초구 반포대로 158 414호	02-530-3114
고 흥	검사장	인천지검	22220 인천 미추홀구 소성로163번길 49 801호	032-860-4301
구 태 연	부장검사	인천지검	22220 인천 미추홀구 소성로163번길 49 714호	032-860-4314
권 순 범	검사장	부산지검	47510 부산 연제구 법원로 15	051-606-4301
김 기 준	부장검사	청주지검	28624 충북 청주시 서원구 산남로70번길 51	043-299-4393
김 석 우	중경단장	서울남부지검	08088 서울 양천구 신월로 390	02-3219-4507
김 영 기	증권범죄 합수단장	서울남부지검	08088 서울 양천구 신월로 390	02-3219-2302
김 윤 섭	부장검사	부산지검	47510 부산 연제구 법원로 15	051-606-4309
노 진 영	부장검사	전주지검	54867 전주 덕진구 가인로 11	063-259-4326
류 장 만	검사	부산지검	47510 부산광역시 연제구 법원로 15 우편번호	051-606-4567

이 름	직 위	근 무 지	우편번호	주 소	직장 자택 전화번호
박 수 민	검찰연구관	대검찰청	06590	서울 서초구 반포대로 157	02-3480-3900
박 종 근	차장검사	서울북부지검	01322	서울 도봉구 마들로 747	02-3399-4555
박 지 영	검찰연구관	대검찰청	06590	서울 서초구 반포대로 157	02-3480-2000
백 재 명	검사	서울고검	06594	서울 서초구 반포대로 158	02-530-3048
송 삼 현	검사장	서울남부지검	08088	서울 양천구 신월로 390	02-3219-4311
서 민 주	검사	서울서부지검	08088	서울 마포구 마포대로 174	02-706-0069
신 승 희	검사	부산지검	47510	부산광역시 연제구 법원로 15	051-606-4352
심 우 정	기획조정 실장	법무부	13809	경기 과천시 관문로 47 정부과천청사 법무부(1동)	02-2110-3003
안 성 수	검사	서울고검	06594	서울 서초구 반포대로 158	02-530-3114
이 선 욱	차장검사	춘천지검	24342	강원도 춘천시 공지로 288	033-240-4301
이 선 훈	검사	수원고검	16512	수원 영통구 법조로 91	031-5182-3498
이 자 영	검사	부산지검	47510	부산광역시 연제구 법원로 15	051-606-3300
이 주 형	부장검사	대검찰청	06590	서울특별시 서초구 반포대로 157	02-535-9484
전 승 수	검사	수원고검	16512	수원 영통구 법조로 91 (하동 991)	031-5182-3114

이 름	직 위	근 무 지	우편번호	주 소	직장 자택 전화번호
정 진 기	감찰부장	서울고검	06594	서울특별시 서초구 반포대로 158	02-530-3170
정 혁 준	부부장검사	제주지검	63223	제주특별자치도 제주시 남광북5길 3	064-729-4309
조 상 준	차장검사	서울고검	06594	서울특별시 서초구 반포대로 158	02-530-3114
조 지 은	검사	대구서부지청	42635	대구 달서구 장산남로 40	053-570-4451
최 기 식	검사	서울고검	06594	서울특별시 서초구 반포대로 158	02-530-3114
최 순 호	검사	전주지검	54889	전북 전주시 덕진구 사평로 25	063-271-0872
최 인 호	검사	부산고검	47510	부산 연제구 법원로 15	051-506-3208
한 연 규	검사	창원지검	51456	경남 창원시 성산구 창이대로 669	055-239-4355
한 제 회	교수	법무연수원 용인분원	16913	경기 용인 기흥구 구성로 243	031-288-2321
홍 완 희	검사	대구지검	42027	대구 수성구 동대구로 366	053-740-4223
황 병 주	검사	서울고검	06594	서울특별시 서초구 반포대로 158	02-530-3114
황 철 규	국제형사센 터 소장	법무연수원	27873	충북 진천군 덕산면 교연로 780	043-531-1600

刑事判例研究 〔28〕

2020년　6월　20일　초판인쇄
2020년　6월　30일　초판발행

편　자　한국형사판례연구회
발행인　안종만·안상준
발행처　(주) 박영사
　　　　서울특별시 금천구 가산디지털2로 53, 210호
　　　　전화 (733)6771 FAX (736)4818
　　　　등록 1959. 3. 11. 제300-1959-1호(倫)

편자와
협의하여
인지첩부
생략함

www.pybook.co.kr　e-mail: pys@pybook.co.kr
파본은 구입하신 곳에서 교환해 드립니다. 본서의 무단복제행위를 금합니다.

ISBN 979-11-303-3705-0
978-89-6454-587-4(세트)
정　가　47,000원　　ISSN 1225-6005　28